Armin Pongs

GESELLSCHAFT X

In welcher Gesellschaft leben wir eigentlich?

Auf dem Weg zu einem
neuen Gesellschaftsvertrag

Band 1

DILEMMA
VERLAG

Armin Pongs
In welcher Gesellschaft leben wir eigentlich?
Auf dem Weg zu einem neuen Gesellschaftsvertrag.
Dilemma Verlag, München 2007
ISBN 978-3-9805822-2-3

Dritte, erweiterte, aktualisierte und komplett überarbeitete Auflage:

Montgelasstraße 8, 81679 München
Fon: 089/ 99 80 79 11
Fax: 089/ 99 75 07 23
Mobil: 0171/ 28 140 82
Homepage: http://www.dilemma-verlag.de
E-Mail: kontakt@dilemma-verlag.de

Herausgeber und Autor: Armin Pongs
Interviewleitung: Armin Pongs, Ethel Pongs
Übersetzungen: Armin Pongs, Rainer Kellers
Fotos: Armin Pongs
Illustrationen: Klaus Espermüller
Textredaktion: Carmen Eller, Rainer Kellers
Schlussredaktion: Michael Pfingstl
Layout: Szabolcs Gergely
Druck: Druckkollektiv GmbH, Gießen
Printed in Germany

in memoriam

Ethel Pongs
(1954-2002)

| Fragen unserer Zeit |

In welcher Gesellschaft leben wir eigentlich? Wodurch wird der Mensch zum selbstbewussten Bürger? Was ist unter Bürgerarbeit zu verstehen? Ist die Gesellschaft bereit für ein Grundeinkommen? Ist ein bedingungsloses Einkommen für alle zu finanzieren? Worauf gründen sich Institutionen, und worauf gründet sich sozialer Zusammenhalt? Wie können wir die Machtausübenden kontrollieren und sicherstellen, dass sie ihre Macht nicht missbrauchen? Wie organisiert man grenzüberschreitend eine Politik, die die Vorherrschaft des internationalen Finanzkapitals wieder zurückdrängt? Wie können Formen des Politischen auf internationaler Ebene entstehen? Aus welchen Quellen wird künftig die Identität von Individuum und Gesellschaft erwachsen? Welches Bild von Arbeit, Staat und Freiheit wird in Zukunft dominieren? Welche Rolle spielen Bildung, Beruf, Einkommen und Alter bei der Wahl von Lebenspartnern, Lebensumfeld und Lebensgewohnheiten? Wie wirken sie sich auf Freizeitverhalten, Werthaltung und Mediennutzung aus? Warum soll jemand, der arbeiten darf, höhere Konsumchancen haben als einer, der jenseits des Arbeitsmarktes auf eine vielleicht sehr nützliche Weise tätig ist? Was gibt dem individuellen Leben und der Gesellschaft Struktur, wenn die Berufstätigkeit in Normarbeitsverhältnissen dies nicht mehr leistet? Wie können Menschen sinnvoll leben, auch wenn sie keinen Arbeitsplatz finden? Können wir nichts tun, um globale Katastrophen abzuwenden? Können wir ohne Rückbezug auf die Vergangenheit die Zukunft planen oder auch nur über sie nachdenken? Wie wirkt sich Werbung auf Kinder aus, die bis zu ihrem 18. Lebensjahr durchschnittlich 500.000 Werbespots gesehen haben? Welche Informationen sind relevant und welche irrelevant? Wer kann unsere Wahrnehmung und Urteilsfähigkeit schulen, damit wir der Flut an Neuigkeiten, die uns jeden Tag überschwemmt, nicht schutzlos ausgeliefert sind? Welchen Nutzen hat es für den Menschen, mit einer Türklinke oder einem Toaster zu sprechen? Wohin führt das Zusammenwirken von Wissenschaft, Technik und kapitalistischer Wirtschaftsweise? Welches Ziel hat das Steigerungsspiel? Hat das Reich der Freiheit tatsächlich das Reich der Notwendigkeit besiegt? Was ist unter Erlebnisorientierung zu verstehen? Ist Demokratie mit erdnussknabbernden, lethargischen Fernsehzuschauern möglich? Führt die Globalisierung zu einer weltweiten Umverteilung von Arbeit und Einkommen? Was treibt die Gesellschaft auseinander? Wie können wir als Gleiche und doch Verschiedene zusammen leben? Wann wird man zum Inländer? Wie kann Reichtum gerecht verteilt werden, wenn in einer Gesellschaft Erwerbsarbeit ungleich verteilt ist? In welcher Gesellschaft leben wir eigentlich? In welcher Welt wollen wir leben?

| Inhalt |

Straßenkreuzung in Berlin-Reinickendorf

| Per Anhalter durch die Gesellschaft

17. Juni 1998

Es ist morgens, sieben Uhr dreißig. Schon zwanzig Minuten stehe ich im schwarzen Anzug mit einer Aktentasche in der Hand bei Blitz und strömendem Regen an der Autobahnauffahrt München-Freimann. Ich habe einen Schirm, kein Geld und muss so schnell wie möglich nach Berlin.

Ein Lied der Kölner Band „BAP" geht mir durch den Kopf: „Nemm mich met, einfach met, irjendwohin, wohin weiß ich nit." Nur will ich nicht irgendwohin. Ich will nach Berlin. Um siebzehn Uhr habe ich ein Interview an der Humboldt-Universität. Autos unterschiedlichster Marken und Farben fahren an mir vorbei. Immer wieder halte ich meinen Daumen in den Regen, doch niemand scheint mich zu sehen. Kann es wirklich sein, dass keiner anhält?

Endlich bremst ein blauer BMW. Ein junger Mann in Anzug und Krawatte lässt das Seitenfenster herunter: „Wohin wollen Sie?" „Fahren Sie nach Berlin?", frage ich.

„Nein, aber bis Nürnberg. Steigen Sie ein."

Er nimmt seine Arbeitsmappe vom Beifahrersitz, und meine Reise geht los. Die Fensterscheiben sind beschlagen, und draußen gleiten die Regentropfen in dicken Schnüren an ihnen herab. Im Schritttempo schieben wir uns durch den morgendlichen Berufsverkehr. Besonders unangenehm, weil der Gestank der Kläranlage Großlappen durch die Lüftung ins Wageninnere strömt. Auf dem Mittelstreifen zwischen den Fahrbahnen sehe ich den Berliner Bär, er grüßt mit erhobener Pfote, ab jetzt sind es noch 580 Kilometer. „Eigentlich hätte ich Sie gar nicht mitnehmen dürfen", sagt der Fahrer. Er hat eine randlose Brille, eine hohe Stirn und lächelt verlegen. „Die Betriebsleitung verbietet, fremde Personen im Firmenwagen mitzunehmen."

„Für welche Firma arbeiten Sie denn?"

„Bei Siemens feile ich an der Technik für Hörgeräte."

„Wie bitte?“, sage ich. Er lacht und ich kann seine etwas ungepflegten Zähne sehen. Hinter dem Autobahnkreuz München-Nord geht es zügiger voran. „Wohin fahren Sie?“, frage ich.
„Ich werde um zwölf Uhr in Erlangen erwartet.“
„Ist Siemens eigentlich noch ein deutsches Unternehmen?“
„Nein, die Siemens AG ist ein Konzern, der zwar hier seine Wurzeln hat, aber Niederlassungen in der ganzen Welt besitzt.“ Er erzählt, wie sich die globalen Veränderungen auf seinen Berufsalltag auswirken. Er ist mehrmals im Jahr für längere Zeit im Ausland, spricht bei der Arbeit überwiegend Englisch und führt Projekte in internationalen Teams durch. Er hat es eilig und gibt Gas. „Heute ist man auch im Beruf gezwungen, auf der Überholspur zu fahren.“ Er zieht nach links und es blitzt. Dieses Mal kommt der Blitz nicht aus den Wolken, sondern aus der Radarfalle der Autobahnpolizei. Unbekümmert tritt er weiter aufs Gas. „Wer sich bremsen lässt, verliert den Anschluss oder bleibt sogar ganz liegen.“ Ich denke an das Plakat am Straßenrand, das wir gerade passierten: „Jetzt überholen ihn alle“, hieß es da über einen Raser, der in den Tod fuhr. Ich hoffe, mein Fahrer fährt vor Übermut nicht gegen einen Brückenpfeiler, und schließe die Augen. Ich bin müde und meine Füße sind nass.
Als ich meine Augen wieder öffne, sehe ich die Hopfenstangen der Holledau. Wie Girlanden ranken sich die Kletterpflanzen um das dunkle Holz. „Was dem Bier die Würze gibt, wächst hier an der Stange“, sagt der Ingenieur. Ich schaue auf seinen Bauch. Er sieht trainiert aus.
Bei Ingolstadt erheben sich links die Audi-Ringe über der Stadt, rechts liegen die weißen Öltanks der Esso-Raffinerie in den Donauauen. Sie sehen aus wie riesige Marshmallows, schaumige Zylinder aus Zuckermasse, die Kinder gerne über dem Lagerfeuer grillen.
„Wie viele Kriege müssen wir noch um Öl führen, bis sich andere Treibstoffe durchsetzen?“, frage ich.
„Es gibt schon lange Pläne für neue Motoren, aber die Ölmultis blokkieren diese Entwicklung“, sagt der Ingenieur. „Außerdem verdient der Staat nicht schlecht am schwarzen Gold.“ Ich denke darüber nach,

wie sehr unser Leben vom Erdöl abhängt. Ohne Öl läuft im Prinzip gar nichts. Was passiert, wenn die Ölreserven weltweit schwinden und die Preise für Sprit und Heizöl weiter steigen?
Um neun Uhr dreißig sind wir kurz vor der Autobahnraststätte Nürnberg-Feucht. Da mein Fahrer nach Erlangen muss, lässt er mich vor der Abzweigung nach Erlangen auf dem Seitenstreifen raus. Ich verabschiede mich und laufe fast einen Kilometer weit entlang der Leitplanke zur Tankstelle. Der Regen ist jetzt fein wie dichter Nebel. Da gerade kein Auto an der Zapfsäule steht, packe ich eine Semmel mit Käse und Schinken aus. Für Nürnberger Bratwürste ist es noch zu früh. Außerdem möchte ich so schnell wie möglich weiter.
In diesem Moment hält ein roter Audi. Die Frau am Steuer ist blond, um die Sechzig und hat eine Stoppelfrisur. Ich gehe auf sie zu und frage, ob sie in Richtung Leipzig unterwegs ist. Ich bemühe mich freundlich zu wirken. Sie fährt nur bis Bayreuth. Da die Zeit drängt, steige ich ein. „Ich komme gerade von der Bundesanstalt für Arbeit", erzählt sie, noch bevor wir überhaupt losgefahren sind. Im Auto läuft Klassik Radio und es riecht nach kalter Asche. „Was haben Sie in der 'Verwaltungsbehörde für Arbeitslosigkeit' gemacht?", frage ich ein wenig ironisch. „Ich habe mir die geschönten Arbeitsmarktzahlen angeschaut", antwortet sie und lacht. „Denken Sie, die Lage auf dem Arbeitsmarkt wird sich mit einer neuen Bundesregierung verbessern?"
„Ich habe da keine große Hoffnung", sagt sie. „Das liegt nicht in der Macht der Politiker. Die Mentalität der Leute ist das Problem. Das Anspruchsdenken lähmt den Arbeitsmarkt. Viele wollen von Anfang an das große Geld verdienen, ohne etwas dafür zu tun." Während sie hastig eine Zigarette raucht, erzählt sie mir von ihrer Arbeit als Personalchefin in der IT-Branche und von der Schwierigkeit, qualifizierte Mitarbeiter zu finden.
„Gehen nicht viele Arbeitsplätze dadurch verloren, dass viele Unternehmen ins Ausland abwandern?"
„Das stimmt schon, aber wissen Sie auch warum? Deutschland hat die höchsten Arbeitskosten, und gleichzeitig die kürzesten Arbeitszeiten

in Europa. Ein Software-Entwickler arbeitet in Rumänien oder China für einen Bruchteil des in Deutschland üblichen Gehalts. Um international konkurrenzfähig zu bleiben, müssen die Firmen Deutschland verlassen."

Wir kommen gerade an der Ausfahrt Sulzbach-Rosenberg vorbei. „Die Arbeitslosigkeit steigt aber auch durch den Niedergang vieler Industriezweige", sage ich. „In der Maxhütte ist auch schon der Ofen aus. Haben Sie davon gelesen?"

„Ja, unglaublich. Wenn man sich vorstellt, dass noch in den fünfziger Jahren 5000 Arbeiter dort Stahl produzierten."

Mir fällt der Kulturpark „Zeche Zollverein" ein, den ich vor einigen Wochen in Essen besucht habe. Deutschland wird nach und nach zu einem Museum, denke ich. Die alten Industriestandorte sind die Touristenattraktionen der Zukunft. Vielleicht werden wir eines Tages alle Reiseleiter, lernen Chinesisch und begleiten Menschen aus fernen Ländern durch die Ruinen unserer untergegangenen Industriekultur.

An der nächsten Autobahnraststätte trennen sich unsere Wege. Hier hat der Regen nachgelassen, der Ölfilm auf der Straße schäumt wie Flüssigseife.

Mein nächster Fahrer trägt eine schwarz-weiß gestreifte Hose, sie verrät, dass er seine Brötchen mit Semmeln verdient. „Mein Großvater war Webermeister in Mönchengladbach", erzähle ich ihm und beschreibe das Haus meiner Eltern mit der Webereihalle, in der mein Onkel bis 1972 Hosen für Metzger und Bäcker webte, „heute lassen sich die Bäcker in Taiwan einkleiden." Mit seinem tiefergelegten roten Opel geht es auf der A9 weiter Richtung Thüringen. „Diese Strecke fahre ich alle zwei Wochen", sagt der korpulente Mann. „Meine Familie wohnt in Dresden. Ich arbeite in München. Das ist kein einfacher Spagat." Der Bäcker bietet mir eine frische Brezel an, während er mit dem Bauch lenkt. „Aber ich bin nicht der Einzige. Rund sechzig Prozent der Bäcker in München kommen aus dem Osten: Thüringen, Mecklenburg-Vorpommern, Sachsen." „Dann ist Bayern ja wirklich multikulturell", sage ich und grinse. An der Ausfahrt Helmbrechts lässt

er mich neben grauen, alten Häusern aussteigen und fährt weiter Richtung Dresden.
Der Himmel ist hier blau. Es ist bald zwölf. Ich muss weiter. „Wohin wollen Sie?", ruft jemand über mir. Ich schaue nach oben und sehe einen Mann, der sich aus dem Fenster lehnt. Er hat tiefe Falten im Gesicht und blickt mich fragend an. „Ich muss nach Berlin!", rufe ich zu ihm hinauf. „Die Berliner Luft ist besser als das, was ich und meine Plastikblumen hier täglich einatmen müssen." Er hat viele Rosen hinter seinem verwitterten Fensterrahmen.
„Wie lange wohnen Sie schon hier an der Autobahn?"
„Schon ewig."
„Ist das Leben hier nicht ziemlich schwierig?"
„Das Schlimmste ist die Arbeitslosigkeit. Die ist hier so hoch wie sonst nirgends in Bayern."
„Wie kommt es?" „Sehen Sie dieses Gebäude dort drüben?", fragt er und zeigt auf einen mittelalterlichen Turm, der wuchtig aus der Landschaft ragt. „Das Arbeitsamt der Stadt ist doppelt so groß."
Nach einigen Minuten, die mir wie eine Ewigkeit vorkommen, hält ein gelber Lastwagen. Hinter dem Steuer sitzt ein hagerer Mann mit Lachfalten und schiefen Zähnen. „Vor fünfundzwanzig Jahren kam ich aus Özdeveli, einer kleinen Provinz in Mittelanatolien, nach Deutschland." Ich bemerke die Gebetskette zwischen seinen Fingern. Früher hat er in einem Steinkohlebergwerk in Gelsenkirchen gearbeitet. Als die Zeche geschlossen wurde, ist er zurück in die Türkei gegangen und hat Kühltransporte mit Fisch quer durch Europa von Bodrum nach Madrid gefahren. Seit fünf Jahren arbeitet er für einen Dumpinglohn als Kraftfahrer bei einem Unternehmen, das im Auftrag der Deutschen Paketpost quer durch die Republik unterwegs ist. Auf der Konsole liegt ein schmales, langes Brot. „Möchten Sie probieren?", fragt er. „Das ist Pide, gefüllt mit Kaschkaval und Spinat." Das Brot ist würzig und warm. „Normalerweise fahre ich die Pakete in der Nacht", sagt er, als wir über die Schlaglöcher der Brücke der Deutschen Einheit holpern. Ich sehe in seine leuchtenden Augen mit den umso dunk-

leren Augenrändern. Er erzählt, dass er immer erst in letzter Minute erfährt, welches der dreißig Frachtzentren er am nächsten Tag beliefern muss. Auf meine Frage nach seinen Arbeitsbedingungen antwortet er: „Nachtarbeit ist schon sehr anstrengend. Die Wenigsten sind fest angestellt, und ungelernte Kräfte bekommen nur sehr wenig gezahlt, eigentlich viel zu wenig zum Leben. Viele leiden unter Kreislaufbeschwerden und fühlen sich ausgebrannt."

Da die Fahrt im Lkw nur schleppend vorwärts geht, entschließe ich mich, an der nächsten Raststätte auszusteigen. Zu meinem Glück hält gleich darauf ein türkisfarbener Nissan. Die Fahrerin zögert zuerst, nimmt mich dann aber doch mit.

Die Straße ist uneben, aus Beton, ein Überbleibsel der ehemaligen Transitstrecke. „Zu DDR-Zeiten habe ich in einer Schuhfabrik gearbeitet. Eine Arbeitsstelle auf Lebenszeit – hieß es", erzählt mir die Frau. Gleich nach der Wende war das Unternehmen dem allgemeinen Strukturwandel zum Opfer gefallen. Von einem Tag auf den anderen war sie ohne Arbeit. Einige Monate lebte sie von Sozialhilfe, später hatte sie jedes Jahr einen anderen Job: Bürokauffrau, Taxifahrerin, Friseurin, Gemüseverkäuferin.

„Das stelle ich mir ziemlich aufreibend vor."

„Ja, das schafft nicht jeder", sagt sie. „So wie meine beiden Söhne, die jetzt nicht einmal mehr einen Ausbildungsplatz bekommen."

Ich fahre bis zur Autobahnraststätte Osterfeld mit, eine Reklametafel preist den Aufschwung im Osten. „Unser Helmut ist in Wahrheit ein Grüner", sage ich, „er heißt Kohl und verspricht blühende Landschaften." Wir fahren an abgemähten Feldern vorbei, sie sehen geplündert aus, wie nach einem Krieg.

„Ja, ja. Lügen ist Kult. Seit sechzehn Jahren verspricht der Kohl Arbeitsplätze, die wie Pilze aus dem Boden schießen werden. Und jetzt prahlt er kraftmeierisch damit, die Arbeitslosigkeit bis zur Jahrtausendwende zu halbieren."

„Der Schröder ist noch grüner hinter den Ohren", ergänze ich. „Er erklärt die Arbeitslosigkeit doch glatt zur Chefsache."

Als ich mich verabschiede, ist es bereits halb drei. Um fünf Uhr habe ich mein Interview. Ich verschwinde in einer Telefonzelle. „Ich bin kurz vor Leipzig“, sage ich. „Ich fürchte, ich werde nicht pünktlich sein.“ „Sie machen das schon“, ermuntert mich der Mann am anderen Ende der Leitung. Wenn der wüsste, dass ich per Anhalter unterwegs bin.
Die Sonne bricht durch die Wolkendecke, als ich ins Freie trete. Noch 200 Kilometer und eineinhalb Stunden. Wie soll ich das nur schaffen? Inzwischen ist eine knallrote Rostlaube mit Berliner Kennzeichen auf den Parkplatz gefahren. Diesmal sage ich, mehr um mich zu beruhigen: „Du fährst doch bestimmt nach Berlin!“ Der junge Fahrer mit kurzen Haaren und tiefblauen Augen nickt. Keine fünf Minuten später sind wir auf der Autobahn. Er gibt Vollgas und mir wird ganz mulmig. Immerhin steigen aber so meine Chancen, pünktlich zum Interview zu kommen. „Was willst Du in Berlin?“, fragt er. Ich erzähle ihm von meinem Vorhaben, ein Buch zu schreiben, das die Themen der Zeit einem großen Leserpublikum zugänglich macht. „Die zentrale Frage lautet: In welcher Gesellschaft leben wir eigentlich?“ „In welcher Gesellschaft wir eigentlich leben?“, wiederholt er, „das frage ich mich auch oft.“ „Und hast Du eine Antwort gefunden?“, frage ich.
„Viele interessieren sich für das Geld, aber nur wenige für die Welt. Jeder denkt an sich und zappt sich durchs Leben.“ Ich schaue auf die Autobahn, die wie abgerolltes Zelluloid vor uns liegt und in der Sonne glitzert.
„Und was machst Du so?“, frage ich ihn.
„Ich bin Zivi in der Charité. Heute Abend schmeißen wir wieder zu zweit die Station.“ Der Zivi erzählt mir von dem Pflegenotstand und ich muss an meine Aufenthalte im Krankenhaus und die schlechte Betreuung denken. Über seinen Erzählungen vergesse ich die Zeit. Erst als wir an der ehemaligen deutsch-deutschen Grenzstation „Drei Linden“ wieder auf den Berliner Bär treffen, wird mir klar, dass wir kurz vor der Hauptstadt sind. Ich blicke auf die Uhr. Viertel nach vier. Der Zivi bietet an, mich bis Berlin-Mitte zu fahren.

Auf der Avus muss er abrupt bremsen. Hier hat es gekracht. Die Autos schleichen an der Unfallstelle vorbei, um einen Blick auf die Szene zu werfen. „Diese Sensationslust ist doch wieder typisch für unsere Gesellschaft“, sagt der Zivi und schaut mich an. „Wie bist Du eigentlich dazu gekommen, ein Buch über die Gesellschaft zu schreiben?“
„Willst Du die kurze oder die lange Antwort?“, frage ich zurück. Ich erzähle ihm von dem Soziologen Anthony Giddens. Seine Analysen des Gesellschaftswandels in Folge der Globalisierung und dem, was Giddens „die Politik der Lebensführung“ nennt, haben mich in dem Wunsch bestärkt, ein eigenes Unternehmen zu gründen und mein Leben selbst in die Hand zu nehmen. „Außerdem wollte ich auch nach meinem Studium Soziologie betreiben. Damit hatte ich gerade begonnen und daran halte ich fest.“ Als wir durch Reinickendorf fahren, traue ich meinen Augen nicht. Rechts neben uns verläuft die „Gesellschaftstraße“. Ungläubig betrachte ich das Straßenschild und bitte meinen Fahrer, mich für ein Foto aussteigen zu lassen. Als ich durch den Sucher meiner Kamera schaue, entdecke ich ein noch viel kurioseres Detail. Die „Gesellschaftstraße“ mündet ausgerechnet in die „Provinzstraße“. Und nicht nur das, die „Provinzstraße“ hat auch noch Vorfahrt. Betrachtet man die Gesellschaft als den Bund und die Provinz als die Länder, hat offenbar hier in Berlin die lokale Politik mehr zu sagen. „Aber hat die Politik der Provinz nicht auch ihre Grenzen?“, fragt der Zivi, als ich ihm von meiner Entdeckung berichte.
„Ja, und manche Dinge lassen sich selbst auf nationaler Ebene nicht regeln, Arbeitslosigkeit zum Beispiel!“ Ob meine selbstgewählte Strategie wohl funktionieren wird?
Kurze Zeit später erreichen wir die ehemalige Grenze zwischen Pankow und Wedding. Wo achtundzwanzig Jahre lang die Mauer stand, flanieren jetzt Touristen. Eine Umleitung folgt auf die andere und führt uns durch die Stadt: Straße des 17. Juni, Tiergarten, Reichstag, Brandenburger Tor und Potsdamer Platz. Überall ragen Baukräne in den Berliner Himmel. Der Zivi holt seine Sonnenbrille aus dem Handschuhfach und stellt fest: „Nicht nur Berlin, sondern unsere gesamte

Gesellschaft ist eine Baustelle. Alles ist im Umbruch: Werte, Beziehungen, Berufsbilder."
Ich bin jetzt schon seit einem Jahr im Aufbruch. Ich schaue aus dem Fenster. Die Anziehungskraft Berlins geht wahrscheinlich vom Berliner Preisniveau aus: Lebensunterhalt und Wohnungsmieten sind hier sehr viel günstiger als in München, wo ich pausenlos arbeiten muss, um meine Miete bezahlen zu können. Auf dem Bordstein kniet ein junger Mann mit Rastalocken hinter seinem Didgeridoo. Daneben verkaufen zwei Pakistani sowjetische Bärenmützen, Matrijoschkas, Fahnen mit Hammer und Sichel und militärische Abzeichen. Arbeitsnomaden aus der ganzen Welt haben sich in Berlin versammelt. Auch viele Skandinavier sind hier, wie mir der Zivi erzählt. Ein Freund von ihm stammt aus Oslo, ist Graphikdesigner und arbeitet für eine Kulturstiftung in Norwegen. „Der kennt den Unterschied zwischen stupider Routinearbeit und kreativem Problemlösen. Und er arbeitet für einen dreimal so hohen Stundenlohn wie viele Graphikdesigner hier in Berlin", sagt der Zivi. „Für den ist Berlin wie das Paradies."
Die meisten Passanten sind jung, tragen Anzug und Krawatte. Kaum einer von ihnen scheint über vierzig zu sein. Nur einer fällt aus der Reihe. Es ist ein Mann mit verfilztem Barthaar, der einen Hit der Rolling Stones auf der Luftgitarre spielt. Mitten auf einer Verkehrsinsel singt er: „I can't get no satisfaction."
„Es gibt immer mehr schräge Vögel in dieser Gesellschaft", sagt der Zivi. „Erst gestern habe ich eine Frau gesehen, die mit einem Rettungsring um den Hals vor einem Supermarkt Selbstgespräche führte." Mir fällt dabei die verwirrte Frau ein, die nachts oft vor meinem Haus steht, seltsame, ruckartige Gesten macht und spurlos verschwindet, bevor sie das Tageslicht dabei erwischt.
Ich schaue wieder aus dem Seitenfenster. Die Vielfalt auf der Straße fasziniert mich. Berlin ist zum Treffpunkt für die Gegensätze der Welt geworden. Schon Aristoteles sagte, dass Menschen, die sich zu ähnlich sind, keine Stadt zuwege bringen würden. „Bunte Republik Deutschland", wie es in einem Lied von Udo Lindenberg heißt. Heute leben

sogar Menschen, die sich früher wahrscheinlich niemals begegnet wären, zusammen in einer Stadt. Die Art und Weise, wie ich zurzeit die Entfernungen überbrücke ist mühsam, bringt mich aber vorwärts.
Um fünf vor fünf biegen wir vor der Humboldt-Universität links in die Universitätsstraße ab. Ich danke meinem Zivi, ohne den ich es nie rechtzeitig geschafft hätte, habe sogar noch Zeit, mir Gesicht und Hände zu waschen und klopfe um punkt siebzehn Uhr an die Bürotür von Claus Offe. Er ist Professor für Politikwissenschaft und Arbeitsmarktexperte. An seiner unvermeidlichen Pfeife ziehend öffnet er die Tür und bittet mich herein. Der Raum ist von einem angenehm süßen Tabakduft erfüllt. Er schaut auf die Uhr: „Ich weiß gar nicht, was sie haben. Just in time!" Ich sage nichts und lächle nur. Per Anhalter habe ich mein Ziel Berlin pünktlich erreicht.
Als ich nach dem eineinhalbstündigen Interview zur Museumsinsel gehe, habe ich Offes Worte noch im Ohr: „Trotz Wirtschaftswachstum steigt die Arbeitslosigkeit. Technischer Fortschritt schafft keine neuen Arbeitsplätze."
Warum aber behaupten die Politiker es dann immer wieder, frage ich mich. Vielleicht müssen wir einfach das Ziel Vollbeschäftigung aufgeben und eine logische Alternative endlich in die öffentliche Diskussion bringen. Claus Offe und der Soziologe Ulrich Beck streiten schon seit Jahren für ein Konzept, das finanzierbar ist: ein bedingungsloses Grundeinkommen, das Kinder und Bildung aufwertet, Arbeit neu bewertet und Freiraum schafft für die Kreativität des Einzelnen. Ein Grundeinkommen, das nicht daran gebunden ist, ob jemand arbeitet oder nicht, und das auch nicht aus dem Steueraufkommen der verbleibenden Erwerbsarbeitsplätze finanziert wird, sondern durch eine erhöhte Konsumsteuer. Die soziale Sicherung muss von der Erwerbsarbeit entkoppelt werden.
Es knattert und rumpelt, als drei hellblaue Trabis an mir vorbeifahren. „Wir bleiben zusammen, bis dass der TÜV uns scheidet", steht auf der Heckscheibe eines Wagens. Aus den Fenstern ragen Teleobjektive. Touristen in Trabis auf der Jagd nach Motiven: Berliner Dom, Rotes

Rathaus, Fernsehturm, Alexanderplatz. In der Nähe vom Palast der Republik stoße ich auf Karl Marx und Friedrich Engels. „Wir sind schuldig“, hat jemand auf das Denkmal gesprüht. Unwillkürlich schüttele ich den Kopf. Woran soll Marx schuld gewesen sein? Am Missbrauch seiner Theorien bestimmt nicht. Auch nicht an der hohen Arbeitslosigkeit und ihren sozialen Auswirkungen. Schließlich hat er in seinen späteren Schriften ausdrücklich darauf hingewiesen, dass wir uns nicht alleine über Arbeit definieren sollen. Leider hat er aber auch keine Antwort darauf gegeben, wie Menschen auch dann sinnvoll leben können, wenn sie noch nicht einmal mehr eine Ausbildungsstelle oder partout keinen Arbeitsplatz mehr finden.
Als ich wenig später auf der Wiese zwischen Reichstag und Bundeskanzleramt stehe, kommt eine ältere Frau mit einem Regenschirm auf mich zu. Sie hat einen Berlin-Führer unter dem Arm. „Woher kommen Sie?“, fragt sie neugierig.
„Ich komme aus München. Und Sie?“
„Ich wohne in Neubrandenburg, der Stadt mit der höchsten Arbeitslosenrate in ganz Deutschland.“
Ich schaue sie verwundert an.
„Jeder Vierte hat keine Arbeit!“, betont sie.
Die Frau blickt zum Reichstagsgebäude. „Wer ist eigentlich damit gemeint?“, sagt sie und zeigt auf den Satz, der am Giebel des Reichstags zu lesen ist: Dem Deutschen Volke. „Was meinen Sie?“, frage ich. Sie zeigt auf eine Karikatur in ihrem Reiseführer: zwei knollennasige Männer, ein Ossi und ein Wessi, stehen vor dem Reichstag. „Wir sind ein Volk“, sagt der Ossi. „Wir auch“, erwidert der Wessi. Ich schmunzle und merke an: „Der Weg zur inneren Einheit ist noch weit.“
„Was glauben Sie, wer hier wohl demnächst einziehen wird?“, fragt die Neubrandenburgerin und zeigt auf das neue Bundeskanzleramt.
„Hoffentlich nicht schon wieder jemand, der uns einen Bären aufbindet. Ich habe genug von diesen leeren Versprechen.“
„Ja, jede Partei verspricht vor den Wahlen immer das Blaue vom Himmel. Wir brauchen eine Politik, die nichts verspricht und alles hält.“

Vom Tiergarten her höre ich wummernde Bässe in einem mir vertrauten Rhythmus. Ich verabschiede mich von der Frau und laufe in die Richtung, aus der die Musik kommt.
Auf der Open-Air-Bühne steht die Kölner Kultband BAP. Wolfgang Niedecken singt auf Kölsch: „Ne schöne Jrooß ahn all die, die unfählbar sinn, vun nix en Ahnung hann, die ävver immerhin su dunn als ob, weil…op Fassade, do stonn se halt drop."

Der 17. Juni neigt sich seinem Ende zu. Früher war es ein Feiertag. Heute ist es ein Arbeitstag. Während ich darüber nachdenke, für wie viele Menschen das überhaupt noch so ist, bricht die Nacht herein. Die Fahrt heute und die vielen Gespräche werden mehr als diesen Tag prägen. Auf mich wartet eine ganze Menge Arbeit. Es ist an der Zeit, dass sich etwas tut in dieser Republik. Ich blicke auf zur Siegessäule, die golden in der untergehenden Sonne leuchtet und hoffe auf den Engel, der sich und uns erlöst.

| In welcher Gesellschaft leben wir eigentlich?

Menschen stellen diese Frage, wenn sie unzufrieden sind, angesichts tiefgreifender Veränderungen ihres Lebens die Orientierung verlieren oder sich durch neue Herausforderungen überfordert fühlen. Sie suchen nach Halt in einer schnelllebigen und unruhigen Zeit, in der steigende Arbeitslosigkeit, Sozialkürzungen und Terroranschläge die Nachrichten bestimmen.

Alle Welt redet ständig über „die Gesellschaft". Was ist darunter aber eigentlich zu verstehen? Ein Blick in die Geschichte zeigt: Der Begriff ist unscharf und erlaubt eine Vielzahl an Interpretationen. Zentral für die Vorstellungswelt des 19. Jahrhunderts war das Bild von der Gesellschaft als Gewebe, vergleichbar mit dem Netz einer Spinne. Der Gedanke, die Gesellschaft als verflochtenes Ganzes zu sehen, das durch ein inneres Prinzip zusammengehalten wird, beeinflusste Denker verschiedenster Epochen.

Für Georg Wilhelm Friedrich Hegel war es der Geist, für Karl Marx die Produktionsweise, die alle anderen gesellschaftlichen Beziehungen bestimmte. Max Weber stellte jedoch die Kultur als zentralen Bezugspunkt der Menschen heraus. Anders als in früheren Zeiten orientierte sich seiner Meinung nach die Wirtschaft zu Beginn des 20. Jahrhunderts sehr stark an kulturellen Maßstäben. Ferdinand Tönnies wiederum sah die Gesellschaft in Abgrenzung von der „häuslichen Gemeinschaft mit ihren unendlichen Wirkungen auf die menschliche Seele." Gesellschaft definierte er dagegen als „ein bloßes Nebeneinander voneinander unabhängiger Personen." Emile Durkheim unterschied zwischen dem Gesellschaftstyp, bei dem Integration durch „mechanische Solidarität", also gemeinsame Anschauungen und Gefühle, erfolgt und den Gesellschaften, die auf dem Prinzip „organisierter Solidarität" beruhen. Hier stehen vertragliche Vereinbarungen im Mittelpunkt des öffentlichen Lebens.

Es gibt in der Soziologie kein Einvernehmen darüber, was unter Gesellschaft zu verstehen sei. Dieser Begriff lässt sich nicht eindeutig definieren. Eine Theorie, die Gesellschaften als Gemeinschaften von Menschen in klar voneinander abgegrenzten Nationalstaaten untersucht, greift zu kurz. Die Welt hat sich verändert und die Grenzen einer Gesellschaft sind schon lange nicht mehr mit geografischen Grenzen identisch. Niklas Luhmann erklärt diesen Wandel, indem er auf die Kommunikation verweist, die ihm als Grundeinheit sozialer Systeme gilt: In den meisten gesellschaftlichen Teilsystemen funktioniert der kommunikative Austausch über Ländergrenzen hinweg.

Mit flexiblen Grenzen und Nationalstaaten, die zunehmend ihre Souveränität verlieren, hat der Begriff Gesellschaft, der einst die Gesamtheit sozialer Interaktionen in einem begrenzten Territorium zu erfassen suchte, seine frühere Tiefenschärfe verloren. Menschen, Waren und Dienstleistungen überschreiten heute nationale Grenzen. Wir leben in einer Zeit der internationalen Kommunikation und Interaktion. Die Gesellschaft hat sich mit dem Begriff gewandelt. Dieser bezeichnet heute ein abstraktes Ordnungsprinzip, aber nicht mehr eine soziale Ordnung. Gesellschaft gibt es nicht mehr im Singular, sondern nur noch im Plural. Gesellschaften sind auch nicht statisch, sie befinden sich in stetem Fluss. Aufbau und Struktur lassen sich somit nicht in Ruhe studieren. Bevor der Untersuchungsgegenstand richtig erfasst wird, sind Phänomene, die man mühevoll zu beschreiben suchte, wieder verschwunden. Eine erneute Betrachtung liefert dann lediglich eine weitere Momentaufnahme.

In welcher Gesellschaft leben wir eigentlich? Dies ist eine auf die Zukunft ausgerichtete Frage. Sie soll dazu beitragen, soziale Gegebenheiten zu verbessern. Antworten finden insbesondere dann Anerkennung, wenn sich viele Menschen in ihnen wiederfinden. Natürlich unterliegen wir bei der Beschreibung der Gesellschaft der Gefahr, die Wirklichkeit zu vereinfachen. Um Tendenzen herauszuarbeiten, ist es aber unvermeidlich, bestimmte Phänomene besonders zu betonen oder zu überspitzen. Damit wir nicht, in den Worten Karl Mannheims, zum „Opfer einer verkürzten Perspektive" werden, stellt das Buch mehrere Sichtweisen gegenüber, die unterschiedliche Akzente setzen und versuchen, übergreifende soziale Zusammenhänge verständlich zu machen. Diese Interpretationen sollten wir nicht verallgemeinern, sondern dazu nutzen, unsere eigenen Vorstellungen über die Gesellschaft zu erweitern.

Die Gesellschaft, in der wir leben, ist eine schwarze Materie. Sie ist ein offenes Geheimnis, das jeder zu kennen meint, das sich aber letztlich nie gänzlich erfassen lässt. Wir können nur das beschreiben, was wir sehen, und nur dann etwas sehen, wenn wir unseren Blick darauf richten. Um die Gesellschaft, in der wir leben, zu charakterisieren, ist es notwendig, sie erst einmal näher zu betrachten. Deshalb thematisiert die Buchreihe „Gesellschaft X" Gesellschaftsbegriffe, unterschiedliche Formen des Zusammenlebens und verschiedene Verhaltensmuster, die das Alltagsleben bestimmen.

Dass man sich mit einem solchen Versuch aufs Glatteis begibt, war mir schon 1998 zu Beginn der Arbeit an diesem Projekt bewusst. Aber der damit verbundene Wunsch, sozialwissenschaftliche Themen einem breiten Leserkreis zugänglich zu machen, war größer als meine Befürchtungen, mich auf die Eisfläche zu begeben.

Ich erhebe nicht den Anspruch, einen repräsentativen Querschnitt von Expertenmeinungen oder einen detaillierten Überblick über Gesellschaftstheorien zu geben. Ziel war es, die momentan interessantesten wissenschaftlichen Analysen zu verdichten und so verständlich wie möglich darzustellen. Dazu wird am Anfang jedes Kapitels kurz der biografische Hintergrund des befragten Sozialforschers beleuchtet. Es folgen eine Zusammenfassung der jeweiligen Gesellschaftsanalyse und ein standardisierter Fragebogen, der das Selbstverständnis des Experten aufzeigen soll. Das Interview im Anschluss dient dazu, die Theorie des Wissenschaftlers kritisch zu hinterfragen.

Das Buch zeigt, dass es auf die Frage „In welcher Gesellschaft leben wir eigentlich?" eine Vielfalt von Antworten gibt. Die unterschiedlichsten Sichtweisen und Positionen werden dargestellt. Dabei wird auch immer wieder der Begriff der Gesellschaft neu analysiert und gedeutet. Gesellschaftsmodelle sind ein wichtiges Element der öffentlichen

Auseinandersetzung. Zudem sind sie Stichwortgeber für politische Akteure.

Die Experten wurden ausgewählt auf der Grundlage ihrer Publikationen zu Gesellschaftstheorien und Zeitdiagnosen. Die Tatsache, dass nur eine Frau auf die zentrale Frage antwortet, darf und sollte kritisiert werden, und zwar im Zusammenhang mit der Unterrepräsentation von Frauen im sozialwissenschaftlichen Lehrberuf. In Deutschland werden nur sieben Prozent der C4 Professuren von Frauen bekleidet.

Das Buch verfolgt nicht die Absicht, eine abschließende Wertung vorzunehmen; vielmehr hilft es, sich mit Gesellschaftsbeschreibungen intensiv auseinanderzusetzen, sie zu hinterfragen und im letzten Schritt zu entmythologisieren.

Dass ich letztlich dieses Projekt, das mit bisher zwei Buchpublikationen, zwei audiovisuellen Wanderausstellungen sowie über 500 Vorträgen, Seminaren und Podiumsdiskussionen seit Anfang 1999 auf sich aufmerksam macht, konsequent verfolgen und weiter ausbauen konnte, habe ich der überwältigenden Resonanz der vielen Leserinnen und Leser zu verdanken, die mich mit ihren Zuschriften ermuntert haben. Danken möchte ich allen Lesern, die dem Aufruf gefolgt sind, Fragen an die Autoren zu stellen, und allen Käufern des Buches sowie den Rezensenten und Berichterstattern.

Das Buch ist zum Standardwerk an Universitäten, Fachhochschulen, Akademien und vielen weiteren gesellschaftlichen Institutionen geworden. Dozenten verwenden es für Vorlesungen und Seminare in Bildungseinrichtungen von über hundert Städten in Deutschland, Österreich, Italien, Frankreich, Tschechien, Polen, Schweden, Dänemark, Rumänien, Israel, Marokko, Korea, China, Japan, Mexiko, Brasilien, der Slowakei und der Schweiz. Seit Februar 2000 ist die dazugehörige Ausstellung bereits an über achtzig Orten in sieben verschiedenen Ländern gezeigt worden. Allen Veranstaltern und Organisatoren gilt ein ganz großes Dankeschön. Ich danke allen „Gesellschaftsexperten“ dieses Buches für die Bereitschaft zur Stellungnahme und für die große

Unterstützung, ohne die die inhaltliche Konzeption des Buches nicht zu verwirklichen gewesen wäre. Danken möchte ich Anil Jain und Szabolcs Gergely für die Gestaltung und Überarbeitung der Homepage (www.dilemma-verlag.de), auf der auch die beiden Ausstellungen zum Buch einzusehen sind, sowie Alexander Wiegand, der als Provider dafür sorgt, dass diese Homepage überhaupt erst einen Platz im weltweiten Netz findet. Mein Dank gilt Rainer Kellers und Carmen Eller für die Textdokumentation der ersten und der zweiten Auflage sowie Michael Pfingstl für die Korrekturen der vorliegenden, dritten Ausgabe. Ebenso danke ich Elena Alvarez, meinen Eltern und meinem Bruder Uwe für die Anregungen bei der Gestaltung des Covers. In der ersten Auflage des vorliegenden Buches habe ich noch meiner Frau Ethel und meinem Sohn Alejandro für die „Schafsgeduld" gedankt, die uns im Dilemma zusammengehalten hat. Damals hatte ich gerade erst ein schweres Krebsleiden überwunden. Der großen Unterstützung, Gesellschaft und Liebe meiner Frau habe ich es zu verdanken, dass ich wieder gesund bin. Vor viereinhalb Jahren starb meine Frau, die im Spätsommer 2000 schwer an Krebs erkrankte. Ihr, der ich so viel zu verdanken habe, widme ich dieses Buch. Ohne sie hätte dieses Projekt nicht diesen erfolgreichen Verlauf genommen. Ihr kreativer Geist und ihre grenzenlose Liebe werden mich auch weiterhin inspirieren und mich begleiten bei meinen Recherchen, bei meinen Forschungs- und Vortragsreisen und bei der Suche nach neuen Antworten auf die Frage „In welcher Gesellschaft leben wir eigentlich?".
Vor Ihnen liegt nun die dritte, komplett überarbeitete, aktualisierte und erweiterte Auflage des ersten Bandes von „In welcher Gesellschaft leben wir eigentlich?". Ich hoffe, dieses Buch regt Sie an, auch in Ihrem Umfeld lebhafte Diskussionen über gesellschaftliche Themen zu initiieren.

Armin Pongs — München, 19. Februar 2007

Die Gesellschaft auf dem Zebrastreifen der Soziologie

| Auf dem Weg zu einem neuen Gesellschaftsvertrag

Die Gesellschaft ist in Bewegung. Wir sind Zeugen eines tiefgreifenden Strukturwandels. Angesichts vielfältiger, komplexer und teilweise auch widersprüchlicher Entwicklungen verändern sich die Organisationsstrukturen der Gesellschaft und damit die Lebensbedingungen vieler Menschen. Die Neuerungen in der Informations- und Kommunikationstechnologie, die Verbreitung verschiedenster Massenmedien, die Zunahme der Mobilität, die Liberalisierung und Beschleunigung des globalen Austauschs von Waren, Dienstleistungen und Kapital haben nachhaltige Transformationen in Gang gesetzt, die die Konturen der Industriegesellschaft, die Grenzen des Nationalstaates und die Strukturen repräsentativer Demokratie verschwimmen lassen.

Ausgangspunkt der Fragestellung „In welcher Gesellschaft leben wir eigentlich?“ war das inflationäre Aufkommen von Gesellschaftsbeschreibungen und Zeitdiagnosen. Seit den frühen siebziger Jahren kursieren Theorien über die postideologische, postindustrielle, postkapitalistische oder postmoderne Gesellschaft. Begriffe wie Risikogesellschaft, Erlebnisgesellschaft, Multioptionsgesellschaft, Informationsgesellschaft und Wissensgesellschaft wurden zu Schlüsselbegriffen soziologischer Konzepte.

Vorweg sei schon einmal betont: Auf die Ausgangsfrage gibt es keine eindeutige Antwort. Ein einheitlicher Blick ist nicht möglich, da sich unzählige Argusaugen auf die Gesellschaft richten. Es gibt ein breitgefächertes Angebot an Bestandsaufnahmen, die sich teilweise widersprechen, teilweise aber auch ergänzen, was mitunter erst ihren Reiz ausmacht. Bei den Gesellschaftsbeschreibungen des vorliegenden Buches handelt es sich folglich nicht um umfassende oder gar abschließende Konzepte oder Gesellschaftsideologien, sondern um Momentaufnahmen und Deutungsangebote, die dazu beitragen sollen, die Aufmerksamkeit auf Problemfelder zu lenken und auf mögliche Fehlentwicklungen zu reagieren.

Das Jahr 1973 leitete eine Reihe von Gesellschaftsbeschreibungen ein, die alle das Präfix „post“ im Titel trugen. Daniel Bell wagte in diesem Jahr die Prognose einer postindustriellen Gesellschaft, in der nicht mehr vorrangig die Produktion von Gütern die Gesellschaftsstruktur bestimmt, sondern Informationsverarbeitung und die damit verbundenen Dienstleistungen zentrale Bedeutung einnehmen. Tatsächlich waren im Jahr 2000 von den insgesamt sechsunddreißig Millionen Beschäftigten in der Bundesrepublik Deutschland 2,7 Prozent in der Landwirtschaft, 33,1 Prozent in Handwerk und Industrie und bereits 64,2 Prozent in dienstleistenden Berufen tätig. Die Hoffnung aber, die in der Industrie wegrationalisierte Arbeit in den Dienstleistungssektor umzulagern, erfüllte sich nicht. Im Gegenteil: Gerade in Banken oder Versicherungen fielen Arbeitsplätze der zunehmenden Automatisierung und Digitalisierung zum Opfer. In der Konsequenz verringerte

man Angebote für Kunden und schloss Bankfilialen und Postämter. Finanzielle Transaktionen wurden vom öffentlichen Schalter an den heimischen Computer verlegt. Aber nicht nur geschäftliche Angelegenheiten, sondern auch Behördengänge erledigen die Bürger inzwischen immer häufiger online. Der Rückgang des produzierenden Gewerbes ging einher mit dem steigenden Wachstum des Dienstleistungsbereichs zum führenden Wirtschaftssektor. Zur gleichen Zeit drängten immer mehr Menschen auf den Arbeitsmarkt, auf dem es immer weniger Stellen zu verteilen gab. Im Zuge dieser Entwicklungen begannen die Kürzungen staatlicher Wohlfahrts- und Sicherungsleistungen.
Vor dem Hintergrund der steigenden Zahl an Erwerbslosen beschrieb Claus Offe 1984 in seinem Buch „Arbeitsgesellschaft", wie sich die Konzepte von Beruf und Arbeit wandeln. „Die traditionelle Arbeitswelt mit ihrer klar strukturierten Unterteilung in eine Ausbildungszeit, in Arbeitszeit und Freizeit und der verdienten Auszeit im Ruhestand gibt es in dieser Weise heute nicht mehr", sagt Offe. Das Modell einer beruflichen Tätigkeit auf Lebenszeit gehört der Vergangenheit an. Die Biografie heutiger Arbeitnehmer weist immer mehr Brüche auf. Kennzeichnend für die postindustrielle Arbeitswelt sind Menschen ohne festes Berufsbild, die entweder zeitlich begrenzte Jobs haben oder arbeitslos sind. Individuelle Geschäfts- und Arbeitsverträge ersetzen zunehmend kollektive Vereinbarungen. Aufgrund verlängerter Arbeitszeiten treten Menschen heute später ins Berufsleben ein und scheiden immer öfter vorzeitig aus. Mit weniger menschlicher Arbeit werden heute mehr Güter hergestellt und mehr Dienstleistungen erbracht. Die Zahl der dauerhaft arbeits- und sozialrechtlich abgesicherten Vollzeitarbeitenden ging auf fünfzig Prozent zurück. Von Monat zu Monat wächst jedoch die Zahl derer, die Teilzeit arbeiten und die versicherungsfrei, temporär und scheinselbstständig beschäftigt sind. Arbeit, die nicht nach festen Normen organisiert ist, hat die größte Zuwachsrate. Doch trotz dieser Entwicklungen werden die Politiker nicht müde, die „Bekämpfung" der Arbeitslosigkeit zur Chefsache zu erklären. „Ohne Arbeit, keine Politik", lautet die Befürchtung der politischen

Parteien, die ihre Legitimation an dem immer widersprüchlicher werdenden Ziel festmachen, mehr Arbeit zu schaffen. Dabei widerspricht dies allen technischen und wirtschaftlichen Entwicklungen der letzten Jahrzehnte. Schließlich ist es einer der bestimmenden Wesenszüge des Kapitalismus, Arbeitsprozesse zu optimieren und damit letztlich Arbeitsplätze weg zu rationalisieren, also „weniger Arbeit" zu schaffen, mit weniger Arbeit mehr zu produzieren und größeren Profit zu erzielen. Nur die Politik scheint sich gegen diese Logik zu stemmen. Der gemeinsame Nenner in der Parteienlandschaft lautet: „mehr Arbeit, koste es, was es wolle." So behauptet die CDU stur und hartnäckig: „Sozial ist, was Arbeit schafft." Für die SPD sind Arbeitsplätze die schönsten Plätze in Deutschland. Bündnis 90/Die Grünen singen fröhlich „Brüder, durch Sonne zur Arbeit" und die FDP fordert: „Arbeit muss sich wieder lohnen." In den arbeitsideologischen Reigen reiht sich auch die PDS/Die Linkspartei mit ihrem Slogan: „Arbeit soll das Land regieren." Vor jeder Landtags- oder Bundestagswahl wird „das deutsche Wirtschaftswunder", das nur im Zusammenhang mit dem einzigartigen Aufbau des zerstörten Landes nach dem Zweiten Weltkrieg zu verstehen ist, in Erinnerung gerufen und als unverrückbares Ziel unserer Gesellschaft beschworen. Vollmundig wird versprochen, dass Vollbeschäftigung wie 1949, als es faktisch keine Arbeitslosen gab, wieder möglich ist. Dabei ist man sich längst darüber bewusst, dass die Vollerwerbsgesellschaft, die es nur im Zeitraum zwischen Anfang der fünfziger bis Ende der sechziger Jahre gab, nicht mehr erreicht werden kann. Ganz einfach deshalb, weil die Steigerung der Produktivität mit weniger Arbeit gelingt. Es ist an der Zeit, dass die Politik einsieht, dass sich mit Arbeit kein Staat mehr machen lässt. Wie erfolglos die Bemühungen der Politik um neue Arbeitsplätze sind, zeigt sich am kontinuierlichen Anstieg der Arbeitslosen seit Mitte der siebziger Jahre und auch immer dann, wenn Monat für Monat die Bundesagentur für Arbeit, oder treffender formuliert, die Nürnberger Verwaltungsbehörde für Arbeitslosigkeit, den erneuten Anstieg an Erwerbslosen bekannt gibt. Das wahre Ausmaß der Beschäftigungskrise bilden die Zahlen aus Nürnberg noch nicht einmal ab. Offiziell gibt es in Deutschland zurzeit rund 4,5 Millionen registrierte Menschen ohne Erwerbsarbeit. Die tatsächliche Zahl der Un- oder Unterbeschäftigten liegt aber bei insgesamt mehr als sieben Millionen. Wir nähern uns einer Zwei-Drittel-Gesellschaft, in der nur noch zwei Drittel derjenigen, die prinzipiell einer Erwerbsarbeit nachgehen könnten, in gesicherten Beschäftigungsverhältnissen stehen, während ein Drittel dauerhaft von der Erwerbsarbeit ausgeschlossen ist und zusehen muss, wie es über die Runden kommt.

Die Zeiten, in denen man händeringend nach Arbeitern suchte, sind lange vorbei. Von Mitte der fünfziger bis Anfang der siebziger Jahre, als Deutschland Gastarbeiter aus Italien, Griechenland und der Türkei ins Land holte, gab es einen Mangel an Arbeitskräften. Heute gibt es einen Mangel an Arbeitsstellen. Die zunehmende Einwanderung machte Deutschland de facto zu einer multikulturellen Gesellschaft, auch wenn viele Stimmen sich dagegen wehrten. Dabei leisteten Ausländer einen entscheidenden Beitrag zum wachsenden Wohlstand in der Bevölkerung. Doch fehlende Bereitschaft zur Integration von Einwanderern einerseits und die Vorenthaltung staatsbürgerlicher Rechte andererseits führten zu individuellen Problemen und kulturellen Spannungen.

Einwanderer werden nach wie vor nicht als Mitbürger anerkannt. Sie sind willkommene Gäste, aber nur, wenn die Zeit ihres Aufenthalts begrenzt ist. Von wenigen Ausnahmen abgesehen, existieren sie in der öffentlichen Wahrnehmung unter dem Etikett „Ausländer", obwohl sie ihren Wohnsitz in Deutschland haben. Ein Paradox. Der Begriff „Ausländer" wird zunehmend problematischer, weil das deutsche Staatsbürgerrecht selbst in seiner reformierten Fassung noch stark am Prinzip des „ius sanguinis", dem Blutsrecht, orientiert ist und damit der Lebenswirklichkeit vieler Migranten nicht gerecht wird, die schon seit Jahrzehnten in der Bundesrepublik leben. Es ist Zeit, sich der Realität zu stellen, und die sieht so aus, dass wir in Deutschland schon längst in einer 6-5-4-Gesellschaft leben: Jeder sechste Bewohner hat

einen Migrationshintergrund, jede fünfte Ehe ist binational und jedes vierte Kind, das heute in Deutschland geboren wird, hat mindestens einen Elternteil, der keinen deutschen Pass hat.
Claus Leggewie war einer der wenigen, die schon Mitte der achtziger Jahre auf die gesellschaftlichen Veränderungen hinwiesen und rechtliche Konsequenzen forderten. Er bemängelt das fehlende Interesse an Integration und bezeichnet das deutsche Staatsbürgerschaftsrecht als „unzureichend". Leggewie spricht nicht von unbegrenzten Kapazitäten, Einwanderer aufzunehmen. Er engagiert sich aber für ein friedliches und gerechtes Zusammenleben, dessen Grundlage ein neues Verständnis des Staatsbürgertums bildet. Der Grundsatz „no taxation without representation" muss auch in Deutschland Gültigkeit erlangen. Wenn aus ein paar Millionen steuerzahlender „Ausländer" gleichberechtigte Bürger geworden sind, die auch wählen dürfen, werden ihre Interessen von Politikern und Medien stärker wahrgenommen und berücksichtigt. Nur so kann in Leggewies Augen verhindert werden, dass ethnische Konflikte zu einem zentralen Element gesellschaftlicher Auseinandersetzung werden. Der Sozialforscher Wilhelm Heitmeyer attestiert einer Gesellschaft, in der Integration nicht gelingt, ein erhöhtes Gewaltpotential.
Szenen der Gewalt erleben wir über das Fernsehprogramm bereits jetzt direkt in unseren Wohnzimmern. Neil Postman warnt in seinen Schriften immer wieder vor der Macht und Suggestionskraft dieses Mediums. Das Fernsehen ist in den Augen des New Yorker Wissenschaftlers zum Dreh- und Angelpunkt von Menschen geworden, die keine andere als die auf dem Bildschirm vermittelte Wirklichkeit mehr zu kennen scheinen. Die Folge: Die Zuschauer laufen Gefahr, zu verdummen, passiv und einsam sowie Opfer manipulativer Strategien zu werden. Seine Kritik konzentriert sich auf die neuen Kommunikationsmedien, die uns keine Zeit lassen, die aufgenommenen Informationen zu verarbeiten. Die unüberschaubare Datenmenge im Internet und die auf Unterhaltungsformat zugeschnittenen Fernsehprogramme stehlen nicht nur kostbare Zeit, sie untergraben nach Ansicht Post-

mans auch die Fähigkeit, sich eigene Urteile zu bilden: „Durch das Fernsehen und die neuen elektronischen Medien wird uns das Denken abgewöhnt.“ Der Voyeur am heimischen Bildschirm fragt nicht mehr nach dem Nutzen der Programme, die ihm zwar Informationen bieten, aber keine Erkenntnis ermöglichen. Wenn wir vor dem Bildschirm sitzen, sollten wir uns immer darüber bewusst sein, „dass Fernsehen in erster Linie unterhält.“ Postman kritisiert, wie elektronische Medien gesellschaftliche Phänomene entpolitisieren und damit demokratische Entscheidungsprozesse behindern. Demokratie aber lebt von Orten, an denen die „res publica“, alle interessierende Angelegenheiten, besprochen und entschieden werden. Postmans Arbeit ist ein Plädoyer für eine Renaissance der Aufklärung und die Neugestaltung der Demokratie. Wie aber ist Demokratie mit erdnussknabbernden, lethargischen Fernsehzuschauern möglich?

Postman lokalisiert Politik nicht in den dafür ausgeschriebenen Arenen mit ihren jeweiligen Akteuren, wie etwa Parlament, politische Parteien oder Gewerkschaften. Vielmehr glaubt er an den mündigen Bürger, der sich einmischt und die gesellschaftliche Wirklichkeit auch über die Grenzen des Nationalstaates hinweg gestaltet. Denn er weiß: Der Raubbau am Regenwald ist nicht nur eine brasilianische Angelegenheit, die Verschmutzung des Ozeans kein Problem von Miami oder die Zerstörung der Ozonschicht nicht allein eine Gefahr für Australier oder Neuseeländer. Postman betont: Man muss nicht seine nationale oder regionale Identität aufgeben, um ein globales Bewusstsein zu entwickeln.

Dieser Gedanke der gegenseitigen Abhängigkeit und globalen Zusammenarbeit findet sich auch in den Schriften von Ulrich Beck, der mit seinem Buch „Risikogesellschaft“ 1986 den Nerv der Zeit traf. Die verheerende Explosion am 26. April 1986 in einem der vier Blöcke des ukrainischen Atomkraftwerks Tschernobyl führte zu einer neuen Form der Risikowahrnehmung. „Die Reaktorkatastrophe erschütterte den euphorisch gefeierten Fortschrittsglauben und die bis dahin hochgehaltenen Sicherheitsgarantien“, so Beck. Die getroffenen Maßnahmen angesichts des unerwartet eingetretenen Super-GAUs waren völlig unzureichend. Wie der Blick in die Katastrophenordnung für Kernkraftwerke belegt, waren im Fall des größtanzunehmenden Unfalls beispielsweise in Deutschland Sicherheitsvorkehrungen nur für einen Umkreis von 28,5 Kilometern getroffen. Die radioaktive Wolke machte jedoch nicht vor nationalen Grenzen Halt und stellte die Nachbarstaaten der heutigen Ukraine vor erhebliche Probleme. Auch neue, sich weltweit ausbreitende Krankheiten wie AIDS oder SARS zwingen die nationale Politik zur Kooperation auf internationaler Ebene.

Der Unfall in Tschernobyl schärfte das Risikobewusstsein und verdeutlichte, dass nationale Institutionen, die vormals für Stabilität und Sicherheit sorgten, angesichts derartiger Ereignisse mit globalen Auswirkungen überfordert sind. In Zeiten von terroristischen Angriffen, der Erderwärmung und weltweiten Konjunkturschwankungen können politische Parteien, staatliche Behörden und großindustrielle Eliten keinen umfassenden Schutz mehr bieten. Neben den globalen Gefahren macht Beck auch auf die zunehmenden Risiken der individuellen Lebensgestaltung aufmerksam. Da sich zum Beispiel traditionelle Familienbindungen und die daran geknüpften Geschlechterrollen wandeln, entstehen neuartige Spannungen und Konflikte. Der Verlust althergebrachter Lebensprinzipien führt dazu, dass soziale Risiken zunehmend als individuelles Schicksal erfahren werden. Um gesundheitliche Gefahren wie etwa BSE oder die Vogelgrippe abzuwenden, sind die Menschen gezwungen, sich zu informieren und vorbeugende Maßnahmen zu ergreifen. Die in den Zeiten des Wohlfahrtsstaates entwikkelte „Vollkaskomentalität“ weicht der Einsicht, dass jeder sich selbst gegenüber verantwortlich ist. Jeder Mensch ist in den Worten Jean-Paul Sartres zur Freiheit verurteilt und damit verdammt, sein Leben selbst in die Hand zu nehmen. Allerdings sind viele Menschen oft aufgrund unzureichender Bildung und aufgrund der Komplexität gesellschaftlicher Zusammenhänge nicht in der Lage, verantwortliche Entscheidungen zu treffen. Durch die zunehmende Individualisierung entsteht eine Gesellschaft von Menschen, die sich keinen nationalen oder regionalen Strukturen verbunden fühlen und wie Atome in einem Teilchenbeschleuniger leben. Ulrich Beck interpretiert die Individualisierung jedoch nicht als Vereinzelung und Beziehungslosigkeit. Indem sich industriegesellschaftliche Lebensformen auflösen, entstehen aber Brüche, die sich niederschlagen im drastischen Rückgang der Mitgliederzahlen politischer Parteien, religiöser Gemeinschaften und Arbeitnehmerverbände. Wo Menschen sich immer weniger den etablierten Gruppierungen anschließen wollen, eröffnen sich aber auch neue Möglichkeiten für politisches Engagement.

Einen Grundstein für diese Hoffnung legte schon Ralf Dahrendorf in seinen Anfang der neunziger Jahre vorgelegten Schriften, in denen er sich für persönliche Freiheitsrechte, die pluralistisch-gewaltenteilige Demokratie und die offene Gesellschaft stark macht. Die Bürgergesellschaft in Dahrendorfs Sinne lebt von dem freien Entschluss ihrer Mitglieder, sich in Assoziationen zusammenzuschließen, und bildet somit den Gegenpart zu einer staatlich kontrollierten Gesellschaft. Die Bürgergesellschaft ist dann lebendig, wenn ihre Mitglieder die Möglichkeit haben, ihr Leben zu gestalten, und der Staat nur einen begrenzten Einfluss auf die freie Entwicklung der wirtschaftlichen und sozialen Kräfte hat. Das Recht, wählen zu können, und das entsprechende nötige Angebot stehen im Mittelpunkt der Vorschläge und Forderungen von Ralf Dahrendorf. Darüber hinaus darf Meinungsfreiheit nicht davon abhängen, ob und wie viel jemand an den Fiskus zahlt, und das Wahlrecht nicht von der Bereitschaft zur Nachbarschaftshilfe. Eine lebendige Bürgergesellschaft sieht Dahrendorf als unverzichtbares Charakteristikum einer freiheitlichen, offenen und demokratischen Gesellschaft. Funktionieren kann diese jedoch nur, wenn alle Mitglieder der Gemeinschaft ähnliche Wertvorstellungen haben.

Mit dem Zusammenhang von Werten und sozialen Umbrüchen beschäftigt sich der Politikwissenschaftler Ronald Inglehart. Seine Theorie vom Wertewandel, die er erstmals 1971 formulierte, bestätigte sich in seinen empirischen Untersuchungen. Die jüngere Generation, die in Zeiten des Wohlstands und in hoch technisierten Gesellschaften aufgewachsen ist, räumt laut Inglehart den Werten höchste Priorität ein, die mit Selbstentfaltung und Lebensqualität verbunden sind. Dagegen stellen ältere Menschen, die in unsicheren Zeiten aufgewachsen sind, materielles Wohlergehen und einen sicheren Arbeitsplatz an die Spitze ihrer Wertehierarchie.

Zum Wandel traditioneller politischer, religiöser und sozialer Normen tragen nach Ansicht Ingleharts zwei Faktoren bei. Erstens können Menschen, die auf einem relativ hohen Sicherheitsniveau leben, eher Abweichungen von vertrauten Mustern akzeptieren als Menschen, die um die Befriedigung ihrer grundlegenden existenziellen Bedürfnisse fürchten. Und zweitens hat mit dem Ausbau wohlfahrtsstaatlicher Netzwerke der Sozialstaat Funktionen übernommen, die einst Familie und Kirche vorbehalten waren. Nach und nach entstehen so neue Verhaltensmuster, die von traditionellen Normen abweichen. Der von Inglehart diagnostizierte Wertewandel vollzieht sich dadurch, dass eine Generation die andere ablöst. Es wächst die Gruppe der Menschen, die an einer Politik alten Stils nicht interessiert ist, sich aber auf andere Art engagiert. Immer mehr junge Menschen werden ohne Parteibuch in unzähligen Bürgerinitiativen aktiv. Da sich die Mitglieder postmaterialistischer Gesellschaften nicht mehr vorrangig um das eigene Überleben sorgen müssen, rückt der Wunsch nach einem befriedigenden individuellen Lebensstil in den Vordergrund.

Die These der Individualisierung, die immer wieder neu formuliert wurde, von Georg Simmel über Max Weber bis Ulrich Beck, veranlasste Gerhard Schulze zu einer empirischen Studie, die 1992 unter dem Titel „Die Erlebnisgesellschaft" veröffentlicht wurde. Seinen Untersuchungen zufolge leben immer mehr Menschen losgelöst von bestimmten kollektiven Vorgaben und verwenden zunehmend Zeit und Energie darauf, einen Überblick über die sich ihnen bietenden Möglichkeiten zu gewinnen.

Gerhard Schulze untersucht Steigerungslogik und Fortschrittsglauben dahingehend, welche Auswirkungen Wirtschaftswachstum und Bildungsexpansion auf die Konstitution der Gesellschaft haben. Welche

Rolle spielen Bildung, Beruf, Einkommen und Alter bei der Wahl von Lebenspartnern, Lebensumfeld und Lebensgewohnheiten? Wie wirken sie sich auf Freizeitverhalten, Werthaltung und Mediennutzung aus? Schulze fand in seiner empirischen Studie heraus, dass Bildung und Alter bei der Selbstverortung des Individuums an Bedeutung gewinnen, während Variablen wie Einkommen und Beruf in den Hintergrund rücken. Die Lebensgestaltung wird immer mehr vom subjektiven Entwurf und immer weniger von der objektiv vorgegebenen Situation bestimmt. Je zahlreicher die Möglichkeiten, zwischen Konsumgütern, Lebensstilen, Berufen oder potenziellen Partnern zu wählen, desto dringlicher stellt sich die Frage: Was will ich eigentlich?

Zwei Jahre nach Schulzes Publikation veröffentlichte Peter Gross ein Buch, in dem er die unvermeidliche „Steigerungslogik" der Gesellschaft zum Ausgangspunkt seiner Zeitdiagnose machte. In seinem Werk „Die Multioptionsgesellschaft" betont der Schweizer Soziologe, dass wir uns in der heutigen Zeit einer ständig steigenden Zahl von Möglichkeiten gegenüber sehen. Alle Menschen haben ein garantiertes „Grundeinkommen" an Optionen. Sie können sich in gleichem Maße Dinge wünschen und vorstellen. Hinsichtlich der Verteilung materieller Güter gibt es jedoch große Unterschiede. Der entscheidende Wert in unserer Gesellschaft ist Freiheit. Darunter versteht Gross einerseits die Freiheit, etwas zu wählen, andererseits die Freiheit, sich von überlieferten Gewissheiten, Selbstverständlichkeiten und Traditionen zu befreien. Diese Entwicklung bietet laut Gross die Chance, sich zu emanzipieren und, in Anlehnung an den Begriff von Anthony Giddens, zu „entbetten".

Die Verheißungen einer erlebnisorientierten Multioptionsgesellschaft erreichen nach Meinung der beiden Autoren nicht nur Gesellschaften mit Wirtschaftswachstum und Bildungsexpansion, sondern über die neuen Medien auch die hintersten Ecken der Welt. Selbst wenn die entsprechenden Möglichkeiten nicht überall gleichermaßen vorhanden sind, wecken zumindest die Verheißungen in virtueller Form auch bei Menschen in den abgeschiedensten Regionen Bedürfnisse und den

Wunsch, diese möglichst bald zu befriedigen. Die weltweiten Wanderbewegungen sind Ausdruck dieses Wunsches.

Gross thematisiert auch die Angst, in einer Welt scheinbar grenzenloser Optionen Überblick und Orientierung zu verlieren. Er fordert deshalb in seiner Theorie der „Differenzakzeptanz", die Diskrepanz zwischen Anspruch und Wirklichkeit zu erkennen und hinzunehmen. Nur so kann der Mensch verhindern, Opfer seiner eigenen „Ich-Jagd" zu werden.

Während Peter Gross betont, wie eine Vielfalt an Optionen Menschen nicht nur motiviert, sondern auch irritiert, beschäftigt sich Karin Knorr-Cetina mit den zwei Seiten der Wissensexplosion. Wissen ermöglicht nicht nur Erkenntnis, sondern kann den modernen Menschen auch verunsichern. Die Wissensgesellschaft ist nach Karin Knorr-Cetina dadurch gekennzeichnet, dass Wissen nicht mehr länger das Monopol der Wissenschaft ist. Vielmehr sind Experten in nahezu allen Bereichen der Gesellschaft damit beschäftigt, Informationen zu produzieren. In jeder größeren Bank gibt es beispielsweise ganze Abteilungen von Analysten, die den Anlegern Tipps zum Aktienkauf geben und Entwicklungen auf den Finanzmärkten akribisch aufzeichnen sowie Strategen, die an der Optimierung von Organisationsabläufen arbeiten. Die Beobachtungen und Erkenntnisse der Experten bestimmen maßgeblich die Strukturen, innerhalb derer wir kommunizieren und handeln. In der Wissensgesellschaft muss jeder lebenslang lernen. Allerdings werden Menschen, die keinen Platz in der modernen Arbeitswelt finden, zunehmend ausgeschlossen.

Mit ihrem Konzept stellt Knorr-Cetina die auf Daniel Bell zurückgehenden Definitionsversuche in Frage, nach denen in einer Wissensgesellschaft nicht mehr Kapital und Arbeit, sondern Wissen die zentrale Produktivkraft darstellt. Dies ist zwar in den Augen der Professorin nicht grundsätzlich falsch, aber einseitig; denn „eigentlich handelt es sich dabei um Konzeptionen einer Wissensökonomie." Eine Wissensgesellschaft zeichnet sich ihrer Vorstellung nach nicht nur durch eine wachsende Zahl von Experten und technischen Geräten

aus, sondern durch Strukturen, die dazu dienen, Wissen zu produzieren und zu verbreiten. Ein besseres Verständnis der sich schnell verändernden Gesellschaft verspricht sich Karin Knorr-Cetina von Forschungen, die zeigen, wie Wissen produziert und in der Mikrobiologie, der Hochenergiephysik und an den Finanzmärkten angewendet wird. Wir wissen immer mehr, aber trotzdem ist unsere Gesellschaft eine Quelle offener Fragen. Es ist deshalb sehr wichtig, umzudenken und immer neue Antworten zu finden. Vielleicht gelingt es uns, Arbeit neu zu bewerten, wenn wir ein wichtiges Paradox der heutigen Zeit erkennen: Lohnarbeit und Kapital sind nicht länger durch ein enges Geflecht sozialer und tariflicher Verträge untrennbar miteinander und mit der Gesellschaft verbunden. Kapital ist aufgrund der technologischen und politischen Möglichkeiten in den vergangenen zwanzig Jahren auf bis dahin unbekannte Weise mobil geworden. Ein Unternehmen auf einem Teil des Globus abzubauen und woanders wieder aufzubauen, ist relativ einfach. Deshalb gehen Unternehmen dorthin, wo sie die besten Bedingungen finden: ein angemessenes Arbeitsumfeld, geringe Arbeitskosten, gute Absatzchancen. Und sie sind darüber hinaus in der Lage, einzelne Staaten gegeneinander auszuspielen, indem sie einen Handel um die günstigsten Steuersätze betreiben. Arbeitskräfte wiederum, vor allem für niedrig qualifizierte Arbeit, sind weltweit im Übermaß vorhanden. Die Löhne sind deshalb unter Druck geraten, und sie werden es weiter bleiben.
Vor diesem Hintergrund stellt sich die Frage, wie wir angemessen auf die Herausforderungen und Probleme der Zeit reagieren können, und zwar als Einzelne und als Gesellschaft. Es ist an der Zeit, dass wir uns aus dem Teufelskreis des klassischen Arbeitsmarktes befreien. Das Modell einer vertraglich durchkonstruierten Gesellschaft verliert an Bedeutung, wenn sich klassische Wirtschaftsmuster auflösen. Kapital hat sich in globalisierten Aktiengesellschaften entpersonalisiert und lässt sich an den Börsen oder mit einer geringen Zahl von Wissensarbeitern vermehren. Die klassische Erwerbsarbeit wird immer weniger relevant und unqualifizierte Kräfte werden dabei auf Dauer das Nachsehen haben.

Es ergeben sich weitere Fragen, die öffentlich gestellt werden müssen: Was gibt dem individuellen Leben und der Gesellschaft Struktur, wenn die Berufstätigkeit in Normarbeitsverhältnissen dies nicht mehr leistet? Wie können Menschen ein sinnvolles Leben führen, auch wenn sie keinen Arbeitsplatz finden? Was wurde aus der Hoffnung von Jean Fouratié, der im zunehmenden Ersatz menschlicher Arbeitskraft durch Maschinen die Chance sah, Zeit und Raum für kreative Tätigkeiten zu gewinnen?

Vielleicht kann die Idee eines an keine Bedingungen geknüpften Grundeinkommens, das mit minimalem bürokratischem Aufwand verteilt werden und zur Grundsicherung der Existenz dienen soll, einen Weg weisen. Diese Idee ist nicht neu, sie wurde vor allem durch die Schriften von Joseph Popper-Lynkeus populär, der schon 1912 die Theorie einer „Allgemeinen Nährpflicht" ausformulierte und damit auch Albert Einstein faszinierte, der im „Recht auf Arbeit" nichts anderes erkennen konnte als das „Recht auf Zuchthaus". Sozial- und Wirtschaftswissenschaftler plädieren schon seit Jahrzehnten dafür, die vorhersehbaren Folgen der ausklingenden Arbeitsgesellschaft durch ein Grundeinkommen für alle Bürger abzufedern. Der Unterschied zur Sozialhilfe und ihren vielfältigen Erscheinungsformen ist einfach: Jeder Bürger bekommt ein Grundeinkommen, das der Sicherung der Existenz dient. Es wird bezahlt wie ein Gehalt und ersetzt in fast allen Modellen, die von verschiedener Seite vorgelegt werden, die Vielzahl öffentlicher Almosen, die den Sozialstaat heute so völlig überlasten. Es macht den Menschen auch jenseits der Erwerbsarbeit handlungsfähig, setzt Existenzängsten ein Ende und garantiert die Teilhabe am gesellschaftlichen Leben. Es gibt den Menschen die Möglichkeit zur Selbstentfaltung und reduziert den aufgeblähten Verwaltungsapparat auf ein Minimum. Denn wo ein Grundeinkommen den Lebensstandard sichert, braucht man weder Sozialhilfe noch Arbeitslosengeld, kein Rentensystem oder Kindergeld – und auch nicht die unzähligen weiteren Subventionen, die heute oft nach Gutdünken verteilt werden. Statt Milliarden an Steuergeldern und praktisch alle Energie auf die sinnlose Debatte um den Erhalt der Vollbeschäftigungsgesellschaft zu lenken, heißt die Losung der Zeit, die Grundlagen einer sozialen Grundsicherung für alle auszuarbeiten. Ziel wäre eine kapitalistische Gesellschaft mit menschlicherem Antlitz, die den Menschen von dem Zwang zur Erwerbsarbeit, die immer weniger vorhanden ist, befreit.

Es ist Zeit für einen neuen Gesellschaftsvertrag, der ein neues Selbstbild und Selbstbewusstsein des Menschen sowie eine sich wandelnde und fortschrittliche Gesellschaft im Blick hat. Wie dieser Gesellschaftsvertrag letztlich aussieht, sollte auf der Grundlage eines intensiven Austausches entschieden werden. Er ist nicht durch eine Ideologie oder ein berechnendes Kalkül zu erreichen, auch nicht durch ein Expertengremium, das von der Bundesregierung einberufen wird, um Rezepte zu erarbeiten. Möglich wird dies nur, indem wir eine öffentliche Debatte entfachen und eine Vorstellung davon entwickeln, wer wir sind und in welcher Gesellschaft wir leben wollen. Wir müssen Verantwortung übernehmen und uns gemeinsam für Veränderungen im gesellschaftlichen Raum einsetzen. Die Herausforderung besteht darin, einen Gesellschaftsvertrag auszuhandeln, der uns nicht nur in technischer und ökonomischer Hinsicht voranbringt, sondern unsere Gesellschaft auch menschlicher gestaltet. Je mehr Menschen sich an dieser Diskussion beteiligen, desto eher wird es gelingen, die Gesellschaft von morgen auf die Basis von Demokratie, Freiheit und Gerechtigkeit zu stellen.

Ich wünsche Ihnen bei der nun folgenden Vorstellung verschiedener soziologischer Konzepte neue Einsichten und uns allen eine kontroverse Debatte im Sinne Ralf Dahrendorfs, der sagt: „Was nicht kontrovers ist, ist nicht der Rede wert.“

RISIKOGESELLSCHAFT

Ulrich Beck

I Woher kommen Sie?

„Die alte territoriale Identitätslogik, nach der man den Geburtsort einer Person, ihre Muttersprache und ihre Nationalität allein vom Hinsehen und Zuhören erschließen kann, gilt nicht mehr. Wer das tut, kann sich und andere in größte Verlegenheit bringen." Dieses Zitat von Ulrich Beck lässt sich auch auf sein eigenes Leben übertragen. Obwohl viele seinen Geburtsort in Deutschland vermuten, erblickte er tatsächlich außerhalb der Grenzen der heutigen Bundesrepublik das Licht der Welt. Ulrich Beck wurde am 15. Mai 1944 als jüngstes von fünf Kindern in Stolp geboren, einer Kleinstadt in Pommern, die im heutigen Polen liegt. Kurz vor dem Einmarsch der russischen Armee floh die Familie zu Verwandten in den Westen. Seinen Geburtsort hat Beck erstmals wieder im Jahre 2002 aufgesucht.
Kindheit und Jugend verbrachte er in Hannover. Nach dem Abitur war er als Wehrpflichtiger bei der Marine und tat auf dem Schulschiff „Gorch Fock" Dienst. Als Stipendiat der Studienstiftung des deutschen Volkes ging Beck 1966 nach Freiburg. Nach einem Semester Jura wechselte er Fach und Studienort und schrieb sich auf dem Höhepunkt der 68er Studentenbewegung an der Münchner Ludwig-Maximilians-Universität für die Fächer Soziologie, Philosophie, Psychologie und Politikwissenschaft ein. Nach seiner Promotion in Soziologie arbeitete Beck sieben Jahre als wissenschaftlicher Mitarbeiter im Sonderforschungsbereich „Theoretische Grundlagen sozialwissenschaftlicher Berufe und Arbeitskräfteforschung". Seiner Habilitation 1979 folgte der Ruf als Professor für Soziologie an die Universität Münster, und 1980 wurde er Herausgeber der Zeitschrift „Soziale Welt".
1981 trat er eine ordentliche Professur für Soziologie in Bamberg an, wo er elf Jahre lang lehrte. Seine schriftstellerische Arbeit verrichtete er aber auch damals in München und am Starnberger See. In seinem Haus an der Ostseite des Sees entstand auch der Artikel „Jenseits von Stand und Klasse?", der erstmals 1983 in der Zeitschrift „Soziale Welt" erschien und in Fachkreisen für kontroverse Diskussionen sorgte, was

Beck als Anlass nahm, seine Thesen zur Individualisierung zu konkretisieren und auszubauen. Als es am 26. April 1986 zum Reaktorunfall in Tschernobyl kam, hatte er sein Buch, das einige Wochen später unter dem Titel „Risikogesellschaft" erschien, schon verfasst. In diesem Werk thematisiert Beck die Gefahren der Atomtechnologie, die sich durch den Super-GAU bestätigten. Der Soziologe verweist in dem Buch aber nicht nur auf globale Risiken, sondern auch auf das Phänomen der Individualisierung, das sich in den zunehmenden Möglichkeiten der Lebensgestaltung und den damit einhergehenden Risiken ausdrückt.
Während seiner Lehrtätigkeit in Bamberg folgte Beck Einladungen nach Essen und Berlin, wo er als Fellow am Kulturwissenschaftlichen Institut und am Wissenschaftskolleg arbeitete. 1992 trat er die Nachfolge seines Mentors Karl-Martin Bolte in München an. Im Mittelpunkt seiner Forschungsarbeit am Institut für Soziologie in Schwabing stehen neben den Bereichen Arbeit, Technik und Ökologie die Analyse sozialer Ungleichheit und die Untersuchung von Modernisierungsprozessen.
Von 1995 bis 1997 war Beck zudem Mitglied der Kommission für Zukunftsfragen der Freistaaten Bayern und Sachsen. Ein Schwerpunkt dieser Kommission war es, Vorschläge zu erarbeiten, wie ehrenamtliches Bürgerengagement gefördert werden könnte. Beck plädierte dafür, Bürgerarbeit stärker finanziell zu unterstützen, da sie von Nutzen für die Gesellschaft sei und Demokratie fördere.
Zwischenzeitlich hielt sich Beck auch als „Distinguished Research Professor" der University of Wales in Cardiff auf. Seine kollegiale Freundschaft zu Anthony Giddens und seine Vorliebe für dunkles Bier zogen ihn häufig nach Großbritannien. 1997 nahm Beck schließlich die Stelle des „Visiting Centennial Professor" an der London School of Economics and Political Science an. Darüber hinaus ist er seit 1999 Sprecher des von ihm initiierten Sonderforschungsbereichs „Reflexive Modernisierung" an der Universität München.
Im November 2001 hielt Ulrich Beck in Moskau als erster Wissenschaftler aus einem westlichen Staat einen Vortrag vor dem russischen

Parlament. Das Thema lautete: „Was bedeutet der 11. September für die Weltrisikogesellschaft?"
Beck erwies sich über die Jahre seiner wissenschaftlichen Tätigkeit hinweg als äußerst produktiver Publizist. Seine regelrechte Veröffentlichungswut wurde ihm geradezu zum Vorwurf gemacht. Bezeichnenderweise sagt man über ihn: „Herr Beck schreibt schneller, als wir lesen können." Der umtriebige Wissenschaftler ist mit der Soziologin Elisabeth Beck-Gernsheim verheiratet. Gemeinsam schrieben sie das viel beachtete Werk „Das ganz normale Chaos der Liebe".

| Ausgewählte Buchveröffentlichungen:

Ulrich Beck: Risikogesellschaft.
Suhrkamp Verlag, Frankfurt/M. 1986

Ulrich Beck: Gegengifte. Die organisierte Unverantwortlichkeit.
Suhrkamp Verlag, Frankfurt/M. 1988

Ulrich Beck: Was ist Globalisierung?
Suhrkamp Verlag, Frankfurt/M. 1997

Ulrich Beck: Schöne neue Arbeitswelt.
Campus Verlag, Frankfurt/M. 1999

Ulrich Beck: Macht und Gegenmacht im globalen Zeitalter.
Suhrkamp Verlag, Frankfurt/M. 2003

Ulrich Beck: Der kosmopolitische Blick.
Suhrkamp Verlag, Frankfurt/M. 2004

Ulrich Beck: Weltrisikogesellschaft.
Suhrkamp Verlag, Frankfurt/M. 2007

| Wohin gehen Sie?

„Die conditio humana ist am Beginn des 21. Jahrhunderts nicht mehr national, sondern nur noch global zu begreifen", stellt Ulrich Beck fest. Der Soziologe wird nicht müde zu betonen, dass die Gegenwart von einem fundamentalen Wandel bestimmt ist. In diesem wird die fortschrittsgläubige, nationalstaatlich geschlossene Gesellschaft von einer transnationalen Risikogesellschaft abgelöst. In der neuen Gesellschaft verteilt man nicht mehr erwirtschafteten Reichtum, sondern Gefahren wie Klimaveränderung oder Risiken beim Verzehr von genetisch veränderten Lebensmitteln.

Entscheidend ist für Beck die Frage, inwieweit es gelingen wird, die nationalstaatlichen Institutionen und Identitäten den globalen Gegebenheiten anzupassen. Skeptisch ist er gegenüber der Ideologie des Globalismus, die verspricht, dass wirtschaftliche Freiheit wie selbstverständlich politische Freiheit nach sich zieht. Nach Ansicht Becks ist das Gegenteil der Fall: „Globalisierung verwandelt Politik und Demokratie in Zombies." Konkret gesagt: „Der globale Kapitalismus gefährdet die Kultur der demokratischen Freiheit, indem er soziale Ungleichheiten radikalisiert und die Prinzipien grundlegender sozialer Gerechtigkeit und Sicherheit aufhebt." Beck meint, dass die entstandenen Risiken in der Konsequenz von Staat und Wirtschaft auf die Individuen umverteilt werden. „Wollen wir das?", fragt er und betont, dass die globalen Märkte nur über ein Risikobewusstsein der politischen Entscheidungsträger reguliert werden können.

Radioaktive Wolken machen nicht vor nationalstaatlichen Grenzen Halt.

I Die Risikogesellschaft

In seinem 1986 erschienenen Buch „Risikogesellschaft“ lenkt Ulrich Beck den Blick auf die zunehmenden technisch und industriell erzeugten Risiken, die gesellschaftliche Entwicklungen und Konflikte auf der ganzen Welt immer stärker beeinflussen.
Der Reaktorunfall von Tschernobyl im Jahr der Veröffentlichung bestätigte seine These und führte die Gefahren hoch entwickelter Technologien drastisch vor Augen. Das Ereignis war insbesondere auch deshalb so dramatisch, weil niemand mit einem Störfall dieser Größenordnung gerechnet hatte. In der Katastrophenordnung für Kernkraftwerke in der Bundesrepublik Deutschland waren Vorkehrungen für einen möglichen GAU (größtmöglicher anzunehmender Unfall) auf den Umkreis von 28,5 Kilometern beschränkt. Tschernobyl hat gezeigt, dass radioaktive Wolken aber weder vor solchen imaginären noch vor nationalen Grenzen Halt machen.

Angesichts der nicht kalkulierbaren Folgen der Nuklear-, Chemie- oder Gentechnologie, angesichts terroristischer Angriffe, unabsehbarer Konjunkturschwankungen und globaler Wahrnehmung der vielfältigen Modernisierungsrisiken erodiert das Sicherheitsversprechen des Staates. Die Einsicht wächst, dass innenpolitische Sicherheit nur durch Zusammenarbeit auf internationaler Ebene zu gewährleisten ist.
Das „Bewusstwerden der globalen Gefährdungslage“ vereint die zerstrittenen Lager und eröffnet die Möglichkeit, gemeinsame Problemlösungen für Gefahren mit zunehmend universalem Charakter zu finden. „Die Risikogesellschaft wird reflexiv“, indem sie sich selbst als Problem erkennt, Konventionen überprüft und vorherrschende Denkstrukturen, Handlungsweisen und Lebensformen hinterfragt. Entscheidend ist allerdings, wie effektiv das öffentliche Bewusstsein auf die „globale Bedrohungsspirale“ reagiert. Einen erheblichen Anteil am Erfolg öffentlicher Wahrnehmung von Risiken haben Bürgerinitiativen, Umwelt-, Menschenrechts- und Verbraucherschutzgruppen sowie Globalisierungskritiker, die sich auf unterschiedlichen Ebenen für eine gerechtere, friedlichere und nachhaltigere Weltordnung engagieren. Die Protestaktionen der unterschiedlichen Gruppen halten das öffentliche Bewusstsein wach und üben Handlungsdruck auf die Schaltstellen von Wirtschaft und Politik aus. Unternehmen sehen sich plötzlich gezwungen, über ihre Produkte detaillierte Auskünfte zu geben, oder man wirft ihnen vor, die Sicherheit der Konsumenten zu gefährden. Regierungen wiederum sehen sich veranlasst – wie im Fall von BSE oder der Vogelgrippe – Maßnahmen zu ergreifen, um die Gesundheit der Bürger zu schützen.
Nur mit einem geschärften öffentlichen Risikobewusstsein, durch die Wahrnehmung der Gefahren als „gemeinsames Schicksal“ und durch internationale Regelungen kann, so Beck, etwas gegen den internationalen Terrorismus, gegen Umweltverschmutzung, wachsende Selbstvernichtungspotenziale und Zivilisationskrankheiten unternommen werden. „Letztlich geht es um die Überlebensfähigkeit von Natur und Mensch.“ Um dies zu gewährleisten, ist es, so Beck, notwendig, den

Energieverbrauch zu senken, mit Ressourcen sparsamer umzugehen, die sozialen und wirtschaftlichen Ungleichheiten abzubauen, von veralteten Großtechnologien Abschied zu nehmen, die Forschung an ethischen Grundsätzen auszurichten, die Umweltverschmutzung einzudämmen und die Zerstörung unserer Lebensgrundlagen aufzuhalten.
Globale Gefahren sind die eine Seite. Beck sieht in der Risikogesellschaft auch das Phänomen der Individualisierung immer deutlicher hervortreten: Im Zuge des Wandels von der Industrie- zur Risikogesellschaft wird das Individuum aus den vormals „traditionell festgeschriebenen Lebenszusammenhängen freigesetzt" und sieht sich ungeahnten Entfaltungsmöglichkeiten der Lebensgestaltung gegenüber.
Die Kehrseite der Medaille sind die Widersprüche und Risiken des entstandenen Freiraums. Die Auflösung gewohnter Strukturen raubt den Menschen die Verlässlichkeit vertrauter Bindungen. Wurden die Probleme des Individuums in der traditionellen Gesellschaft noch vom Familienverband gelöst und Risiken der Lebensgestaltung durch das Sicherungsnetz der Gesellschaft aufgefangen, ist der Einzelne nun verstärkt auf sich selbst gestellt und muss unter zunehmend unsicheren Bedingungen vielfältige Entscheidungen treffen: Soll ich heiraten oder nicht? Soll ich Rindersteaks oder genetisch manipulierte Tomaten essen oder nicht? Soll ich ein Mobiltelefon in meiner Hosentasche mit mir führen oder nicht? Entscheidungen werden erst möglich nach intensiver Beschäftigung mit dem Themenfeld und den für die spezifische Situation relevanten Informationen. Der Alltag verläuft nicht mehr nach traditionellen Mustern oder unter der Maßgabe von Gruppenzwängen. Das Leben muss aus eigener Kraft selbstständig organisiert, geplant und gemeistert werden – bei allen Anstrengungen, Schwierigkeiten und Konflikten, die dieser gesellschaftliche Wandel für Männer, Frauen und Kinder mit sich bringt.
Da die Bedingungen, unter denen wir leben, nicht vorhersehbar oder kontrollierbar sind, bedeutet die eigenverantwortliche Lebensgestaltung eine besondere Herausforderung und schwierige Aufgabe. Viele Menschen sind allerdings den Anforderungen des modernen Lebens

nicht gewachsen und finden sich in der Risikogesellschaft nicht zurecht.
Becks Thesen verweisen darauf, dass die neuen Lebensbedingungen mit ihren vielfältigen Chancen, Risiken und Folgeproblemen uns dazu zwingen, unsere starren Denkgewohnheiten aufzugeben und über Distanzen und Grenzen hinweg zu handeln. „In unserem eigenen Interesse", so Beck, „müssen wir über den Tellerrand unserer Selbstverständlichkeiten schauen und uns neu orientieren in den stürmischen Winden der Weltrisikogesellschaft."

| Sehen Sie sich selbst als Gesellschaftstheoretiker, Gesellschaftskritiker, Gesellschaftsarchitekt oder als geselliger Zeitgenosse?

Ich bin weder gesellig noch sehe ich mich als Architekt – der Schein trügt. Aber es ist schon richtig: Ich versuche, aufzuzeigen, wie im sozialen und politischen Raum Vertrautes verschwindet und Unerwartetes hervorbricht. Diese Prozesse möchte ich beim Namen nennen und dabei sowohl den Erwartungen der Wissenschaft als auch denen der Öffentlichkeit gerecht werden.
Soziologie ist und bleibt ein Ärgernis. Sie soll aber auch im wissenschaftlichen und öffentlichen Raum faszinieren – durch Einsichten und Sprache.

| Welche Rolle spielen Sie in der Gesellschaft?

Ich bin ein Soziologe, der bewusst die Öffentlichkeit sucht, um bei den Menschen Interesse an der Soziologie zu wecken. Dabei balanciere ich meist auf dem schmalen Grad zwischen fachlichem Diskurs und öffentlicher Auseinandersetzung und bin immer der Gefahr ausgesetzt, abzustürzen. Soziologie muss, will sie öffentlich werden, auch Wahrnehmungskunst und Sprachkunst sein. Sie muss mitunter auch jenen zur Sprache verhelfen, denen es die Sprache verschlagen hat.

| Welcher Gesellschaftsgruppe fühlen Sie sich zugehörig?

Ich fühle mich der wachsenden Gruppe derer zugehörig, die Provinzialismus mit dem Erfahrungsschatz praktisch gelebten Weltbürgertums verbinden wollen. In diesem Sinne bin ich ein langsam seiner Selbst bewusst werdender Weltbürger deutscher Provenienz.

| Welche Gesellschaftsromane haben Sie fasziniert?

Nach wie vor faszinieren mich „Der Mann ohne Eigenschaften“ von Robert Musil, „Doktor Faustus“ von Thomas Mann und Rainer Maria Rilkes „Die Aufzeichnungen des Malte Laurids Brigge“. Gottfried Benn hat bei mir die Liebe zur Sprache geweckt, seine Prosa zwingt zur Radikalität. Auch der Soziologe hat ja nur die Sprache, um zu wirken.

| Welchem Gesellschaftsspiel gehen Sie gerne nach?

Eine meiner heimlichen Fähigkeiten ist das Zaubern. Mit meinen Tricks unterhalte ich gerne meine unzähligen Nichten und Neffen.

| In welcher Gesellschaft leben wir eigentlich?

Die Gesellschaften, in denen wir leben, sind im gängigen Verständnis der Soziologie nationalstaatlich organisiert. Der Staat gilt als Schöpfer, Kontrolleur und Garant der Gesellschaft. Gesellschaften werden als Behälter gedacht, die im Machtraum des Staates entstehen und bestehen. Die Bezeichnung „nationale Gesellschaft“ läuft aber immer mehr auf einen Etikettenschwindel hinaus. Was als national erscheint und ausgeschildert wird, ist in seiner Essenz eigentlich transnational oder kosmopolitisch. Ich glaube deshalb, dass der Begriff der „Weltrisikogesellschaft“ ein Schlüssel zu einem besseren Verständnis des Weltgeschehens sein kann. Wir sitzen alle im weltweiten Gefahrenraum. Heutige Risiken haben die Zerstörungskraft von Kriegen, Finanzkrisen vernichten weltweit Existenzgrundlagen, und die Folgen des Klimawandels werden uns immer stärker vor Augen geführt. Um zu begreifen, in welcher Gesellschaft wir leben, ist eine große kooperative Anstrengung der Sozial- und Geisteswissenschaften erforderlich.

| Worin sehen Sie die Stärken und Schwächen dieser Gesellschaft?

Ich bin fasziniert von der politischen Freiheit, die diese Gesellschaft bietet. Das gilt sowohl im globalen Vergleich als auch gerade vor dem geschichtlichen Hintergrund Deutschlands. Allerdings wird die Notwendigkeit eines grundlegenden politischen Wandels unterschätzt. Alles, was „uns Deutschen" heilig ist – Sozialstaat, soziale Marktwirtschaft, die Vollbeschäftigungsgesellschaft, die Renten, nicht zuletzt das Staatsbürgerschaftsrecht – muss umgedacht und umgebaut werden. Wer soll das alles ändern?

| Wollen Sie die Gesellschaft verändern?

Ja. Solange man davon ausgehen konnte, dass das vorhandene System trägt, war es nicht notwendig, über neue Institutionen nachzudenken. In einer Phase, die ich als „Zweite Moderne" bezeichne, muss die Soziologie, ohne ihre Neutralität aufzugeben, einen Beitrag zum Aufbau weiterer möglicher Institutionen leisten. Dies ist vor dem Hintergrund zu sehen, dass die Gesellschaft anfängt, über grundlegende Reformen nachzudenken, und dass darüber in allen gesellschaftlichen Handlungsfeldern Konflikte entstehen. Ich habe Vorschläge am Beispiel der Bürgerarbeit unterbreitet.

| Wie sieht für Sie die ideale Gesellschaft aus?

Ich kenne keine ideale Gesellschaft. Aber es gibt einige unverzichtbare Prinzipien: Grundrechte wie der Schutz gegen willkürliche Verhaftung und Verfolgung, eine materielle Basissicherung, ein Dach über dem Kopf und eine Zukunftsperspektive.

| Wie sieht die Gesellschaft von morgen aus?

Das kann niemand sagen. Aber wir werden mit weniger Arbeit mehr materiellen Reichtum erzeugen. Das heißt, wir müssen aus dem Elend fehlender Arbeitsmöglichkeiten die Konturen einer neuen Gesellschaft entwickeln, in der ein Recht auf diskontinuierliche Erwerbsarbeit neue Freiräume eröffnet für Selbstständigkeit, Muße und politische Beteiligung sowie für Familienarbeit, an der sich auch die Männer beteiligen. Weitere Herausforderungen warten auf uns in der Zukunft: Wir müssen Antworten auf ökologische Krisen finden und angesichts zunehmender Individualisierung kollektiv bindende politische Entscheidungen ermöglichen. Ob dies alles gelingt? Jedenfalls stehen wir vor der Wahl: Verfall oder politische Erneuerung? Wahrscheinlich erleben wir beides zugleich.
Für Deutschland bedeutet dies eine neue Erfahrung: An die Stelle von Verheißungen sind Angstszenarien getreten. Die Risiken, die früher der Staat auf sich nahm, werden jetzt auf die Individuen abgewälzt. „Die Gesellschaft des Mehr" nahm den Staat in die Verantwortung, „die Gesellschaft des Weniger" setzt auf das Individuum, setzt es somit auch frei bis an die Grenzen seiner Möglichkeiten. Es gilt, Antworten auf folgende Fragen zu finden: Wird die Gesellschaft des Weniger, also die Gesellschaft mit weniger Sicherheit, die demokratischen Rechte schützen? Sind Demokratie und Freiheit jenseits der Vollbeschäftigungsorthodoxie möglich? Wie wird der Mensch selbstbewusster Bürger – ohne Erwerbsarbeit?

| Im Buch „Risikogesellschaft" sprechen Sie 1986 über die Verschiebung der gesellschaftlichen Konfliktlinien und Entwicklungsmöglichkeiten: „Die treibende Kraft der Klassengesellschaft lässt sich in dem Satz fassen: Ich habe Hunger! Die Bewegung, die mit der Risikogesellschaft in Gang gesetzt wird, kommt demgegenüber in der Aussage zum Ausdruck: Ich habe Angst! An die Stelle der Gemeinsamkeit der Not tritt die Gemeinsamkeit der Angst. Der Typus der Risikogesellschaft markiert in diesem Sinne eine gesellschaftliche Epoche, in der die Solidarität aus Angst entsteht und zu einer politischen Kraft wird." Hat Ihre Konzeption der „Risikogesellschaft" mit den Terroranschlägen vom 11. September 2001 an Aktualität gewonnen?

Die Konzeption der Risikogesellschaft hat zahlreiche Dimensionen. Meist werden mit diesem Begriff die sogenannten Großgefahren oder globalen Risiken assoziiert. Der transnationale Terrorismus hat ein neues Kapitel der Risikogesellschaft aufgeschlagen. Man muss klar unterscheiden zwischen den Attentaten vom 11. September 2001 und ihrer öffentlichen Wahrnehmung. Die US-amerikanische Öffentlichkeit reagierte geschockt, verängstigt und hilflos. Angst entwickelt ihre eigene politische Dynamik. Die Angst vor weiteren Anschlägen und einem möglichen Krieg hat Anleger dazu bewegt, ihre Aktien zu verkaufen und Kapitalgeber davon zurückgehalten, Investitionen zu tätigen. Der Kreislauf der weltweiten Finanzströme und der Ablauf unseres geschäftlichen Lebens kamen ins Stocken. Angst und Misstrauen stürzten die Weltwirtschaft in eine Krise. Die terroristischen Anschläge haben gezeigt, dass im Zeitalter der globalen Gefahren selbst die mächtigste Nation der Welt ohnmächtig ist, alleine etwas gegen entstaatlichte kriegerische Gewalt und andere Bedrohungen auszurichten. Nationale Sicherheit und internationale Kooperation sind direkt ineinander verzahnt. Um innere Sicherheit zu gewährleisten, sind staatenübergreifende Kooperationen und Koalitionsbildung notwendig. Dialoge über nationale, kulturelle und sprachliche Grenzen hinweg müssen gesucht und geführt werden.

| Mit dem Begriff des „Risikos" wird „die Hoffnung zum Ausdruck gebracht, Fehlschläge im Kontext des unvermeidbaren menschlichen Handelns und einer mehr oder weniger durchschaubaren Umwelt kalkulierbar machen zu können." Stimmen Sie dieser Beschreibung des Versicherungswissenschaftlers Matthias Haller zu?

Der Risikobegriff ist sehr alt. Er stammt interessanterweise aus der interkontinentalen Handelsschifffahrt und gewann im Zusammenhang mit Versicherungen an Bedeutung. Für Abenteurer und Kaufleute, die auszogen, fremde Welten zu erobern, war die Gefahr, dass eines ihrer Schiffe von Piraten überfallen wurde oder unterging, extrem groß. Die Geburtsstunde des Risikobegriffs geht zurück auf den Moment, als man die gemeinsamen Gefahren erkannte, denen alle interkontinentalen Handelsunternehmen ausgesetzt waren. Man vereinbarte, in eine gemeinsame Kasse einzuzahlen, aus der dann bei einem Überfall oder Schiffsuntergang Entschädigungen ausgezahlt wurden. Unsicherheiten wurden nicht mehr als schicksalhafte Bedrohungen, sondern als berechenbare Wagnisse verstanden, gegen die man Vorsichtsmaßnahmen zu treffen hatte.
Den Begriff „Risiko" bezog man aber schon recht früh auf Probleme, die durch zivilisatorische und technisch-ökonomische Prozesse ausgelöst worden waren. Man kann die Industrialisierung auch als Weg dahin sehen, Risiken und entsprechende Versicherungen aufeinander zu beziehen. Ich bin ein Stück weiter gegangen, indem ich gezeigt habe, dass die institutionellen Antworten von modernen Gesellschaften auf die Folgen selbst erzeugter Risiken und Gefahren zu diesen in einem problematischen Verhältnis stehen können.

| Was sich gerade durch den Reaktorunfall von Tschernobyl bewahrheitete.

Tschernobyl bestätigte meine These. Wir hatten es mit einer globalen, nicht berechenbaren Gefahr zu tun, vor der nationalstaatlich institutionalisierte Regelungsmechanismen versagten. Deutschland war nicht das einzige Land, das ratlos reagierte. Die Katastrophe hatte sich in einem anderen Land ereignet, aber die radioaktive Wolke machte natürlich nicht vor Staatsgrenzen Halt. In den Verwaltungsvorschriften des deutschen Katastrophenschutzes war ein derartiger Fall nicht berücksichtigt. Tschernobyl führt auch heute noch vor Augen, dass sich Risiken der Kernenergie weder zeitlich noch sozial eingrenzen lassen. Risiken und Gefahren gibt es aber nicht nur bei der Kernenergie, man denke nur an die drohende Klimakatastrophe oder an die Gentechnologie. Niemand hat da einen Versicherungsschutz. Wir leben in einer Weltrisikogesellschaft, in der mit Unfällen jederzeit zu rechnen ist, deren Auswirkungen unter Umständen weltweit zu spüren sind. Über den schlimmsten Fall kann man eigentlich nicht mehr rational nachdenken.

| Das hört sich sehr pessimistisch an. Können wir nichts tun, um globale Katastrophen abzuwenden? Lässt sich nicht vielleicht eine übergeordnete Institution vorstellen, die globale Sicherheit garantiert?

Mir wird ja inzwischen oft eher der gegenteilige Vorwurf gemacht, ich sei ein unrettbarer Optimist. Das hängt damit zusammen, dass eine Gesellschaft fast unfreiwillig in Bewegung gerät, wenn sie Risiken wahrnimmt. Märkte brechen zusammen, Unternehmen müssen sich rechtfertigen, Politiker Rede und Antwort stehen. In gewisser Weise ist die Risikogesellschaft sogar eine selbstkritische Gesellschaft. Sie ist eine Gesellschaft des schlechten Gewissens.

| Sind die Risiken für das menschliche Leben im Vergleich zu früheren Gesellschaftsepochen gestiegen? Haben sich Menschen nicht immer schon zusammengeschlossen, um gemeinsam Risiken und Gefahren zu begegnen?

Ich glaube nicht, dass wir heute in einem objektiven Sinn riskanter leben als früher. Viele Dinge können wir besser kontrollieren. Die Lebenserwartung hat sich beispielsweise stark erhöht. Risiken nimmt man zum einen heute anders wahr als früher, zum anderen reagiert man unterschiedlich auf sie. Das Risiko hat für den Alltag der Menschen heute eine andere Bedeutung. Es ist nicht mehr möglich, zu denken und zu handeln, ohne globalen Gefahren ausgesetzt zu sein, die letztlich das gesamte Leben auf unserem Planeten auslöschen könnten. Der Fortschritt von Wissenschaft und Technologie hat eine neue Kategorie von Risiken geschaffen, die sich im Unterschied zu jenen früherer Epochen nicht mehr kalkulieren lassen. Die heutige Gesellschaft befindet sich somit in einer Risikofalle. Sie kann sich bei der Entscheidung für oder gegen eine bestimmte Handlungsweise nicht mehr auf eine rationale Abschätzung des Risikopotenzials stützen.

| Niklas Luhmann hat in seiner Schrift „Soziologie des Risikos" darauf hingewiesen, dass Risiken stets auch Gefahren sind. Zwischen beiden Momenten besteht – wie er 1991 schrieb – eine Art „Symmetriebeziehung": Was für den einen ein freiwillig eingegangenes Wagnis ist, kann für den anderen eine unfreiwillige Bedrohung sein. Gegenwärtig beobachten wir nicht nur die Bedrohung des Sozialen durch riskante Technologien, sondern auch die zunehmende Gefahr des individuellen sozialen Abstiegs. Wie geht die Generation, die Sie als „Kinder der Freiheit" bezeichnen, mit den gestiegenen Risiken um, die sich aus dem Abbau sozialstaatlicher Sicherheiten ergeben?

Wir leben in einer hochgradig individualisierten Gesellschaft, in der traditionelle Sicherheiten keine Rolle mehr spielen und herkömmliche Rezepte der Organisation von Ehe und Familie nicht mehr anwendbar sind. Während die Achtundsechziger den Marsch durch die Institutionen propagierten, trat man in den neunziger Jahren die Flucht aus den Institutionen an. Die „Kinder der Freiheit" sind zu einer Generation von Lebenskünstlern herangewachsen, die mobil, flexibel und häufig auch schöpferisch sein will. Kreative junge Leute machen heute viele

Dinge gleichzeitig, kommen aber oft auf keinen grünen Zweig. Sie erleben längst eine Welt, die sich von Wohlstand, Sicherheitsdenken und Fortschrittsversprechen verabschiedet hat. Trotzdem ist Selbstverwirklichung für eine ganze Generation zur Bedingung geworden. Gerade höher qualifizierte junge Menschen wollen heute etwas tun, das auch dem eigenen Selbstverständnis entspricht. Wer hoch individualisiert leben will, der muss sich immer stärker vernetzen. Nur in dem Maße, in dem man sozial aktiv ist, nur wo man sich immer wieder aufs Neue in Netzwerke einbringt und soziale Kontakte pflegt, kann dieses eigene Leben geführt werden. Wer für sich leben will, muss sozial leben, sonst kommt er nicht über die Runden. Das ist eine der Grundregeln und Erfahrungen der Individualisierung.

| Es vergeht kein Tag, an dem wir nicht auf die ökologischen Folgen des Autoverkehrs, die Gefahren von Asbest oder die Auswirkungen des FCKW-Ausstoßes in Gestalt des hierdurch mitverursachten Ozonlochs hingewiesen werden. Sind wir angesichts der nur schleichenden Einsicht in die Notwendigkeit ökologischen Handelns noch zu retten, um einen Buchtitel des Journalisten Heribert Prantl zu zitieren?

Egal, ob wir optimistisch oder skeptisch in die Zukunft sehen – wir alle wandern bei der Suche nach einer Antwort im Nebel. Standortdebatten unter rein ökonomischen Gesichtspunkten führen auf keinen Fall aus der Krise. Wer sich die Frage stellt, ob wir noch zu retten sind, hat eine politische Absicht, die Rettung möglichst heute noch zu beginnen. Das halte ich für wichtig. Noch wichtiger ist aber die Frage, wie diese Rettung aussehen könnte.

| Welche Vorstellungen schweben Ihnen denn vor?

Mir geht es um eine „verantwortliche Moderne“: Wie können wir die „Niemandsherrschaft“ überwinden, die organisierte Unverantwortlichkeit? Das allgemeine Bildungssystem, einschließlich der Universität, muss so weit wie möglich entspezialisiert werden. Dadurch schafft man den dringend benötigten Freiraum, um die Eigenständigkeit, den Selbstwert und den Hedonismus der Bildung neu zu erproben und zu erfahren. Es gilt, demokratisches Verhalten einzuüben und darüber hinaus die Konfrontation mit unsicheren Verhältnissen als Chance zu begreifen.

| Welche Chancen sehen Sie in diesem Zusammenhang?

Die organisierte Unverantwortlichkeit in der Moderne hatte ihren Ursprung darin, dass die Akteure ein bestimmtes System internalisieren und diesem entsprechend denken, entscheiden und handeln. Diese Haltung enthebt sie der Verantwortung für ihr eigenes Tun. In der individualisierten Gesellschaft dagegen muss der einzelne Mensch lernen, sich selbst als Planungsbüro in Bezug auf seinen eigenen Lebenslauf zu verstehen. Er wird zum „homo optionis“. Die Perspektive verändert sich und Systemgläubige werden plötzlich zu Akteuren. In der Verbindung von Verantwortungsgefühl und Eigeninitiative liegt die Chance, die zerstörerische Dynamik der Risikogesellschaft zu unterbrechen. Modernisierungsrisiken können am ehesten von den Menschen bewältigt werden, die sich als Akteure verstehen und als solche bereit sind, sich produktiv mit den bestehenden Problemen auseinander zu setzen. Das Leben in der Risikogesellschaft zwingt zum Überblick, zur Zusammenarbeit über alle sorgfältig etablierten und gepflegten Grenzen hinweg. Das Denken und Handeln muss sich an einer übergeordneten sozialen Rationalität orientieren: dem Überleben der gesamten Menschheit.

| Sie schreiben, mit dem Grad des Risikos steigt auch die Bereitschaft zur Demokratie. Wie ist das zu verstehen, und mit welchen Beispielen können Sie dies belegen?

Zunächst einmal ist festzuhalten, dass die vorhandenen Autoritäten einer Gesellschaft durch die zunehmende Wahrnehmung von Risiken

unter Zugzwang geraten. Das Management eines Konzerns ist plötzlich dazu gezwungen, Rechenschaft über Produkte und deren Herstellung abzulegen. Die Öffentlichkeit interessiert sich nun verstärkt dafür, was in Lebensmitteln enthalten ist oder wie Abfälle entsorgt werden.
Das Risiko wirkt wie eine Peitsche, die eine Gesellschaft antreibt, etwas zu tun, was sie ansonsten möglicherweise nicht getan hätte. Es gibt aber per se weder eine Richtlinie vor noch eröffnet es eine Perspektive. „Risiko" ist letztlich ein negativer Begriff und es würde jegliches Handeln blockieren, die Gesellschaft nur unter diesem Aspekt zu sehen. Risiken helfen uns zu verstehen, was wir besser vermeiden, aber nicht, was wir tun sollen.

| Charakteristisch für die sozialstrukturelle Entwicklung der Bundesrepublik Deutschland, so sagten Sie im Buch „Risikogesellschaft", sei der „Fahrstuhl-Effekt": durch einen erhöhten Lebensstandard verschwimmt der soziale Klassencharakter der Lebensbedingungen. Können wir unter dem Druck des angespannten Arbeitsmarktes und der stetig wachsenden Arbeitslosenzahlen, im Zuge des Abbaus von Sozialleistungen und der Umgestaltung des Wohlfahrtsstaates davon ausgehen, dass der Fahrstuhl wieder eine Etage tiefer gefahren ist, zurück zur Klassengesellschaft?

Die These vom „Fahrstuhl-Effekt nach unten" hat ihre Berechtigung. Bis in die achtziger Jahre fuhr unsere Gesellschaft in einem Fahrstuhl nach oben. Die Ungleichheiten blieben zwar bestehen, aber es ging für alle aufwärts. Die Welt schien eine einzige Chance zu sein. Am Beginn des 21. Jahrhunderts drohen überall Gefahren, der Fahrstuhl führt nach unten. Eine ganze Reihe von selbstverständlichen sozialen Sicherheiten, die wir in der wohlfahrtsstaatlichen Phase mit Vollbeschäftigung in den sechziger und siebziger Jahren hatten, entfallen jetzt zunehmend. Ich gehe davon aus, dass die soziale Ungleichheit radikalere Formen annehmen wird und wir in gewisser Weise stärker als bisher zwischen verschiedenen Gruppen differenzieren müssen. Allerdings würde ich weiterhin nicht von „Klassen“ sprechen. Ich sehe drei Gruppen. Als erstes die Globalisierungsgewinner, denen sich extreme Profitmöglichkeiten eröffnen. Dann gibt es eine Leistungselite, die den Globalisierungsgewinnern zuarbeitet, die zwischen Beschäftigung, Nicht-Beschäftigung oder Unterbeschäftigung wechselt, aber wahrscheinlich immer noch relativ gut zurechtkommt. Und schließlich sehe ich die wachsende Gruppe derjenigen, die nicht mehr gebraucht werden. Es ist absehbar, dass die Arbeitsplätze für Unqualifizierte wegfallen, wegrationalisiert oder in andere Länder exportiert werden. So stehen erhebliche Einbrüche in der Sozialstruktur bevor. Diese Phänomene sind im Lichte der Individualisierung zu sehen. Ein Klassenbewusstsein im alten Sinne kann deshalb kaum entstehen.

| Ist das Phänomen der Individualisierung der Grund dafür, dass es trotz dieser tiefen Einschnitte so ruhig bleibt? Wo bleibt der kollektive Aufschrei, wo der Aufstand der Massen?

Die Individualisierung hat den Charakter sozialer Konflikte verändert. Viele Menschen mögen dasselbe Schicksal teilen, aber ein kollektiver Aufschrei ist nicht zu vernehmen, weil die Menschen keine Stellung mehr im Produktionsprozess einnehmen. Darüber hinaus gibt es keine einheitliche Erklärung für ihr Leiden, keinen sichtbaren Gegner, der zum Nachgeben gezwungen werden kann. Im Gegenteil: Viele, die vom Absturz betroffen oder bedroht sind, suchen bei sich selbst die Schuld für ihr Versagen. Ein wesentlicher Ausdruck der Individualisierung ist der Modus der Selbstzurechnung, das heißt, dass man alle positiven und negativen Ergebnisse sich selbst zurechnet.
Niemand hat den Mut, die Menschen hierzulande darüber aufzuklären, dass die Gleichung „mehr Wachstum bedeutet mehr Arbeitsplätze“ nicht mehr gilt. Der Grund liegt in der höheren Produktivität der Arbeit und der neuen Austauschbarkeit von Arbeit. Deshalb: Schluss mit den Selbstschuldzuweisungen. Immer mehr Menschen in den ka-

pitalistischen, auf Arbeit fixierten Wohlstandsgesellschaften werden – ich wage es kaum auszusprechen – nicht mehr gebraucht, sie werden überflüssig. Die Unternehmen können auch ohne Arbeiter ihre Gewinne maximieren, sie müssen sie nicht einmal mehr ausbeuten. Die Reichen können heute auch ohne Ausbeutung reicher werden. Die Regierungen können auch ohne die Stimmen der Armen gewählt werden; und die Wirtschaft kann wachsen, ohne dass sich am Schicksal der Armen und Arbeitslosen etwas ändert.

| Millionen von Menschen sorgen sich um ihre Arbeitsplätze und damit um ihre Lebensqualität. In Ihrem Buch „Schöne neue Arbeitswelt“ sagten Sie schon 1999, die Zeit der Vollbeschäftigung sei unwiderruflich vorbei. Halten Sie den Kampf gegen Arbeitslosigkeit wirklich für aussichtslos?

Das Volumen der Erwerbsarbeit schrumpft seit Mitte der achtziger Jahre in allen hoch entwickelten Ländern. Es wird Zeit, öffentlich darüber zu debattieren, wie es jenseits von Vollbeschäftigung weitergehen soll. Eine Vollbeschäftigung, wie wir sie in der Bundesrepublik Deutschland in der Nachkriegszeit hatten, wird es in Zukunft mit Sicherheit nicht mehr geben. Bis Mitte der siebziger Jahre war die sichere und gut bezahlte Vollzeitarbeitsstelle für alle die soziale Norm. Durch die neoliberale Marktideologie hat sich der deutsche Arbeitsmarkt an den Brasiliens angeglichen. Dort ist nur eine Minderheit der Menschen den ganzen Tag fest angestellt. Viele leben als Arbeitsnomaden, die zwischen verschiedenen Tätigkeiten wechseln. Derartig prekäre und unsichere Beschäftigungsformen sind auch bei uns immer häufiger anzutreffen. Bereits jeder dritte Arbeitnehmer ist heute nicht mehr auf traditionelle Weise angestellt. Die Zahl der geringfügig Beschäftigten ist in den letzten zehn Jahren von 2,8 Millionen auf 5,6 Millionen gestiegen. Immer mehr Menschen werden in Zukunft mit immer weniger sozialer Sicherheit auskommen müssen.

| Wie gehen andere Staaten mit diesen Problemen um? Wie sieht das beispielsweise in den Niederlanden oder in den USA aus?

Verglichen mit Deutschland gehen in den Niederlanden wesentlich mehr Menschen einer Teilzeitarbeit nach. Dieses Modell funktioniert aber auch nur deshalb, weil es dort eine steuerfinanzierte Basissicherung für Rente und Gesundheitsfürsorge gibt. In der Bundesrepublik finanziert sich der Sozialstaat ausschließlich durch Erwerbsarbeit. Dieses System gilt es, aufzubrechen. Soziale Grundsicherung muss von Erwerbsarbeit abgekoppelt werden.
In den USA sind die neuen Jobs in Wirtschaftsbereichen niedriger Produktivität angesiedelt, vornehmlich im Handel und bei Gaststätten. In Zeiten, in denen man dort vom „Jobwunder" sprach, ist die Kriminalitätsrate erheblich gestiegen. Zwischen 1980 und 1996 hat sich die Zahl der Gefängnisinsassen verdreifacht.

| In der postindustriellen Gesellschaft sollten – wie das auch der Soziologe Daniel Bell beschrieben hat – die im Industriesektor wegrationalisierten Arbeitsplätze in den Dienstleistungsbereich umgelagert werden. Die steigenden Arbeitslosenzahlen sprechen aber eine andere Sprache. Wie erklären Sie sich das?

Ich habe mich mit diesem Thema eingehend beschäftigt und Vergleichsstudien angestellt. Gegenüber der Prognose, dass Arbeitsplätze, die in der Industrie wegfallen, im Dienstleistungsbereich neu entstehen, bin ich dabei immer skeptischer geworden. Wo bitte sollten diese Plätze entstehen? Sieht man genau hin, stellt man fest, dass gerade im Dienstleistungsbereich radikal Arbeitsplätze zerstört werden. In Banken oder Versicherungen beispielsweise, zwei zentralen Bereichen des Dienstleistungssektors, fallen Arbeitsplätze der Automatisierung zum Opfer. Der Dienstleistungsbereich bringt keine Entlastung auf dem Arbeitsmarkt. Im Gegenteil. In den USA und in Großbritannien, wo angeblich Vollbeschäftigung herrscht, besteht dieser Sektor vornehmlich aus kleinen Dienstleistungen, Haushaltstätigkeiten, die in Deutschland nebenher gemacht werden. Ich kann mir nicht vorstellen, dass eine, zugespitzt gesagt, „neofeudale Dienstbotengesellschaft", in der sich wenige Reiche viele Bedienstete leisten, eine Perspektive für Deutschland sein kann.

| Welche Perspektive sehen Sie dann?

Die ernüchternde Wahrheit lautet, dass zukünftig die Mehrheit der Bevölkerung aus ihrem Arbeitsverhältnis herausfallen wird. Zuerst wird es diejenigen treffen, die keinen Bildungsabschluss haben, danach folgen diejenigen, die dem Hochleistungsdruck dieser Turbogesellschaft nicht gewachsen sind. Jugendliche mit geringem oder gar keinem Bildungsabschluss werden zu „Überflüssigen" einer Wirtschaft, die ohne ihre Arbeitskraft auskommt, ja sogar weiter wächst, weil gering qualifizierte Arbeitsplätze automatisiert oder in Billiglohnländer auslagert werden. Wir stehen erst am Anfang einer Entwicklung, in der Arbeitsplätze durch technische Neuerungen ersetzt werden. Das verfügbare Beschäftigungsvolumen, verstanden als Arbeitszeit pro Person, schrumpft in allen nachindustriellen Ländern der Welt seit Mitte der siebziger Jahre rapide. Wir laufen auf einen Kapitalismus ohne Arbeit zu. Dies gilt auch für die USA und Großbritannien, wo die Arbeitslosigkeit zunehmend durch verschiedene Formen der Unterbeschäftigung verdeckt wird. Dies ist aber auch keine Lösung. Was nutzt es, wenn ein Arbeiter drei Jobs hat, aber damit seine Familie nicht ernähren kann?

| Gibt es also keine Lösung? Oder kann das von Ihnen in einem Bericht der Bayerisch-Sächsischen Zukunftskommission schon 1996 vorgestellte Konzept der „Bürgerarbeit" einen Ausweg aus dem Problem der Massenarbeitslosigkeit weisen?

Wir müssen das Phänomen der Massenarbeitslosigkeit auch einmal anders interpretieren, nämlich nicht immer nur als Katastrophe, sondern als mögliche Entfaltungschance. Unsere Gesellschaft sollte sich nicht ausschließlich über Erwerbsarbeit definieren. Schließlich ist das aus historischer Perspektive eine Umkehrung aller Werte. Vor der Industrialisierung war die Lebensqualität nicht zwangsläufig durch die Arbeit bestimmt. Wir brauchen andere Formen der Aktivität, die garantieren, dass die demokratische Ordnung trotz des Verfalls der Erwerbsarbeit weiterhin bestehen kann. Materielle Sicherheit darf nicht allein von Erwerbsarbeit abhängen. Man muss den Blick für die Vielfalt alternativer Tätigkeiten öffnen. Ich nenne nur einige zentrale Punkte: Familienarbeit, Selbstarbeit und darüber hinaus auch das, was ich als Bürgerarbeit bezeichne.

| Was ist unter Bürgerarbeit zu verstehen? Können Sie dieses Konzept konkreter beschreiben?

Bürgerarbeit ist freiwilliges soziales Engagement, das projektgebunden in kooperativen, selbstorganisierten Arbeitsformen stattfindet. Sie soll am Gemeinwohl orientierte Tätigkeitsfelder erschließen, die im System des Markes zu kurz kommen und durch die Krise des Sozialstaates gefährdet sind.

Ich stelle mir vor, Existenzsicherung nicht alleine über Erwerbsarbeit zu gewährleisten, sondern einen Gesellschaftsvertrag auszuhandeln, in dem sowohl Familienarbeit als auch Bürgerarbeit in die existenzielle Grundsicherung eingebunden sind. Für Aktivitäten und Arbeiten, die dem Wohl der Gesellschaft dienen, könnte es ein Bürgereinkommen oder Bürgergeld geben. Diejenigen, die darauf angewiesen sind, sollen für ihre Tätigkeit Bürgergeld statt Sozialhilfe oder Arbeitslosenhilfe bekommen. Dies wäre eine Reform des Wohlfahrtsstaates, die man möglicherweise ohne großen finanziellen Aufwand durchführen könnte. Je nach Lebensphase und Interesse würde der Bürger zwischen verschiedenen Tätigkeitsbereichen wechseln. Man sollte sich in Erinnerung rufen, dass die Erwerbsarbeit ein Zwang ist, der seine Wurzeln in der Sklavenarbeit hat. In der Antike war Arbeit ein Merkmal, das den

Menschen aus der Gesellschaft ausschloss. Sie wurde mit Frauen und Sklaven in Verbindung gebracht, die nicht zur politischen Gemeinschaft gehörten. Ihnen wurde jede Art von Mitsprache untersagt. Auch Karl Marx hat Arbeit nicht nur als „Menschwerdung" gesehen, sondern auch als „ein aufgefülltes Nichts". Wir müssen einsehen, dass wir in einer historischen Entwicklungsphase angelangt sind, in der das Joch der Arbeit nicht mehr in demselben Maße von allen getragen werden muss. Eine Gesellschaft ohne den Zwang zur Erwerbsarbeit würde ein erweitertes Verständnis von Freiheit ermöglichen. Dabei sollte es aber nicht zur Spaltung zwischen Erwerbstätigen und Bürgerarbeitern kommen. Grundvoraussetzung wäre es, zwischen den verschiedenen Bereichen wechseln zu können und die Arbeitszeit für alle radikal zu verkürzen. Der Job kann nicht das einzige Lebensziel sein.

| Angesichts der geschwächten Position der Familie, der Wohngemeinde und der Kirche ist aber doch die Arbeit weiterhin ein zentraler Identitätsstifter. Auch der Schlüssel zur Sicherung der eigenen Existenz liegt weiterhin im Arbeitsmarkt. Meinen Sie wirklich, dass man an diesem rigiden System etwas ändern kann? Welche Chance räumen Sie der Möglichkeit ein, die Bürgerarbeit im großen Stil zu verwirklichen?

Je problematischer der alte Arbeitsmarkt wird, desto kreativer muss der Staat werden. Es kommt mehr denn je darauf an, den „aktivierenden Staat" zu entdecken. Denn nur dieser kann eine neue Definition von Arbeit, von öffentlichen, gemeinnützigen Tätigkeiten, die sowohl innerhalb als auch außerhalb des staatlichen Sektors angesiedelt sind, ermöglichen. Der Staat muss die Mittel für Personal- und Sachkosten zur Verfügung stellen, um erst einmal ein Fundament für Projekte der Bürgerarbeit zu schaffen und die Sache ins Rollen zu bringen. Den zweiten Schritt müssten die Unternehmen gehen. Sie sollten nicht nur eine wirtschaftliche Rolle spielen, sondern als gesellschaftliche und politische Akteure Verantwortung übernehmen. Das würde bedeuten, dass sie Menschen Beschäftigungsverträge bieten, die diesen eine größere

Arbeitszeitsouveränität einräumen. Die Arbeitszeit sollte auf verschiedene Weise abgeleistet werden können, so dass die Möglichkeit bestünde, auch etwas ganz anderes zu tun. Voraussetzung hierfür wäre, das soziale Sicherungssystem zu modifizieren. Man könnte zum Beispiel die Rentenvorsorge vom Erwerbsarbeitsverhältnis ablösen oder Bürgerarbeit für Renten- und Krankenversicherungen anerkennen. Das halte ich für gar nicht so utopisch. Vollbeschäftigung ist für mich dagegen eine Fiktion der Politik.

| Was ist der Unterschied zwischen der Bürgerarbeit und einer dieser vielen staatlich subventionierten Arbeitsbeschaffungsmaßnahmen, die das wahre Ausmaß der Beschäftigungskrise verdecken?

ABM-Stellen sind auf Erwerbsarbeit bezogen. Die Bürgerarbeit soll ihren eigenen Reiz haben. Die Jobs, die hier entstehen, haben nicht den Charakter der bisherigen Dienstleistungsberufe. Das Konzept zielt gerade darauf ab, aus der Erwerbsarbeit auszubrechen. Die Idee ist, Freiräume für soziales Unternehmertum und für kreative Projekte zu bieten, also Initiativen zum Wohle der Mitmenschen oder der Umwelt ins Leben zu rufen, die aber keiner staatlichen Kontrolle unterliegen. Es könnten auch Betätigungsfelder sein, die über das klassische Engagement der Betreuungs-, Nachbarschafts- und Pflegedienste hinausgehen. Durch die massive Verbreitung der modernen Kommunikationsmittel hat sich der Aufgabenbereich für soziales und kulturelles Engagement erheblich erweitert. Durch Bürgerarbeit sollten Arbeitslose wieder an das Erwerbsleben herangeführt werden und insbesondere Qualifikationen erwerben, die ihnen dann in Beschäftigungsverhältnissen nützen. Unter Umständen könnten notorisch Überbeschäftigte auch freiwillig aus der Erwerbsarbeit ausscheren und ein oder zwei Jahre lang Bürgerarbeit betreiben. Eine andere Gruppe, die in das Konzept einbezogen werden müsste, sind Frührentner mit umfangreichem Wissen und großer Erfahrung.

| Da liegt die schlichte Frage nahe: Wer soll das bezahlen?

100 Milliarden Euro kostet in Deutschland die Arbeitslosigkeit jährlich. Aus diesem Topf und aus der Sozialhilfe ließen sich Mittel abzweigen nach dem Motto: Bürgerarbeit statt Arbeitslosigkeit finanzieren. Das Geld der öffentlichen Kassen würde damit sinnvoller eingesetzt, und darüber hinaus könnte man Menschen bei der weiteren Gestaltung ihres Lebens helfen. Durch eine eigenständige Tätigkeit, die gesellschaftlich anerkannt und entlohnt wird, kämen sie nicht nur in den Genuss von mehr Lebensqualität, sondern wären auch besser qualifiziert.
Letztlich ist eine neue steuerfinanzierte Gesundheits- und Rentenvorsorge, eine Bürgerversicherung oder Grundsicherung, erforderlich, die ähnlich wie in den Niederlanden Beschäftigung und soziale Sicherheit entkoppelt. Die Bürgergesellschaft muss politisch-architektonisch so konstruiert werden, dass sie weder Markt noch Staat ist.

| Was halten Sie von den Vorstellungen des Mannheimer Steuerexperten Benediktus Hardorp und des deutschen Unternehmers Götz Werner, die ein „bedingungsloses Grundeinkommen" fordern, das an die Stelle aller bisherigen Sozialleistungen (außer Krankenversicherung) treten und über eine erhöhte Konsumsteuer in Form der Mehrwertsteuer finanziert werden soll?

Die Konsumsteuer in Form der Mehrwertsteuer ist sicherlich die zeitgemäße Steuer der globalen Arbeitsteilung. Der Kapitalismus würde zugleich gefördert und gezähmt: Denn Steuern lassen sich überall unterlaufen, nur da nicht, wo die Ware verkauft wird. Das wäre also auch eine Antwort auf die Frage, wie das global mobile Kapital zur Verantwortung – sprich Finanzierung der Demokratie und Bürgergesellschaft – herangezogen werden kann. So wird der Unternehmer entlastet und beteiligt sich trotzdem am Gemeinwohl. Allerdings: Wer viel verdient, sollte auch zusätzlich direkte Steuern zahlen.

| Was ist unter Grundeinkommen konkret zu verstehen? Wie hoch sollte der Betrag sein, der vom Staat steuerfrei ausgezahlt wird?

Jeder Bürger würde, unabhängig von seinem Alter und seiner sozialen Situation, einen festen Geldbetrag von etwa 800 Euro monatlich erhalten, der ihm zur grundsätzlichen Existenzsicherung dienen soll. Alle Sorgen um die einfachen Grundbedürfnisse des Daseins wären damit auf einen Schlag erledigt.

| Würde da denn überhaupt noch einer arbeiten wollen?

Lassen Sie mich umgekehrt fragen: Wer will denn von 800 Euro monatlich leben? Die Erwerbsarbeit bleibt weiterhin das Motiv des Statusgewinns, des Konsums, der Macht, der Anerkennung, der Arbeitswut. Überhaupt werden gerade dann viele erst arbeiten wollen, weil sie sich endlich den Lohn nicht mehr vom Arbeitgeber vorschreiben lassen müssen, sondern selbstständig über eine gerechte Vergütung verhandeln können. Sie riskieren dabei weniger, weil sie ja ihr Grundeinkommen haben. Das Grundeinkommen soll die Grundbedürfnisse, nicht den bisherigen Lebensstandard sichern. Es soll befreien vor allem von der oft erniedrigenden, entwürdigenden Willkür der Arbeitslosenämter und „Job-Center“, die den Hartz IV-Empfänger zum zehnten Mal zu einer Fortbildung schicken, bei der er lernt, wie man sich richtig bewirbt. Wir müssen uns vom Dogma der Vollbeschäftigung befreien. Freiheit statt Vollbeschäftigung! – das ist heute die Alternative.

| Und was ist mit den „billigen“ Jobs, die niemand machen will?

Die werden teurer werden, gerade weil sie gemacht werden müssen und weil man dann niemanden mehr einfach mit einem Hungerlohn abspeisen kann. Das ist ja das Besondere am Grundeinkommen, dass es auch den Arbeitnehmer in einem neuen Sinne zum Unternehmer macht, und zwar gerade den Arbeitnehmer, der besonders schwere und unschöne Arbeit leistet.

| Und diejenigen, die dann gar nicht mehr arbeiten wollen?

Sicher werden einige nur noch vor der Glotze hängen und faulenzen. Das tun sie allerdings auch heute schon. Es gibt da keinen Kausalzusammenhang, nur: Wer arbeiten will, und das wird wohl die Mehrheit sein, wird es viel freier und selbstbestimmter tun können als heute. Mehr Freiheit wagen ist das Motto, das viele so leicht im Munde führen – hier gewinnt es alltägliche, lebenspraktische Bedeutung. Im Übrigen gibt es dann ja einen alternativen Kristallisationspunkt für soziale Identität, Anerkennung und Praxis, nämlich die Bürgerarbeit.

| Wann rechnen Sie mit der Einführung des Grundeinkommens?

Sicherlich wird es dauern, bis das Grundeinkommen als Antwort auf die sozialen Fragen der Zeit ernstgenommen wird. Die öffentliche Debatte beginnt gerade erst. Eine soziale Bewegung „Für Grundeinkommen“ wäre nötig, die Druck erzeugt und die Idee erklärt. Die Menschen hängen an der Vollbeschäftigung. Es ist schwer zu begreifen, dass in der Überflussgesellschaft Wohlstandsmaximierung und Vollbeschäftigung nicht mehr zusammenhängen. Gerade die riesigen Erfolge der Modernisierung rauben dem alten Sozialstaat die Grundlagen. Das Grundeinkommen wäre total missverstanden, wenn man es als einen staatlich verordneten Altruismus ansehen würde. Es ist funktional. Es ist notwendig. Wenn wir so weitermachen wie bisher, treiben wir das untere Drittel der Gesellschaft in die Hoffnungslosigkeit, Kriminalität und Gewalt. Das würde vor allem auch für die ungemütlich, die etwas besitzen. „Wollen wir“, fragte der inzwischen verstorbene Vordenker der SPD Peter Glotz schon vor Jahren, „die Leute, die in zehn, zwanzig Jahren bei Siemens arbeiten, mit Polizeischutz zur Arbeit bringen, damit sie nicht ausgeraubt werden?“

| Warum äußern sich die politischen Entscheidungsträger denn bisher so verhalten zu solchen Ideen und Konzepten?

Das Gerede von der Erwerbsarbeit als einzigem Sinnstifter unserer Existenz ist letztlich ein Herrschaftsinstrument. Alles ist bei uns auf Erwerbsarbeit ausgerichtet: der Rhythmus der Tageszeiten, die Ausbildung, der Übergang von der Pubertät ins Erwachsensein. Und das Altsein beginnt mit dem Ausscheiden aus dem Erwerbsleben. Der Einzelne definiert sich vor allem über die Erwerbsarbeit; deshalb zwingt er sich zur Anpassung. Fällt dieser Selbstzwang weg, kann man die Freiheit nicht mehr kontrollieren – so fürchten viele. Wenn die Arbeit ausgeht, verlieren die Herren der Arbeitsgesellschaft das Fundament ihrer Macht.

| Machterhalt verhindert also die Reformen, die so bitter nötig wären?

Nicht nur in der Politik. Die Politiker halten das Gros der Bevölkerung für faul und willenlos. Dabei passt Grundeinkommen zum Kapitalismus: Es ist gut für den Markt. Es würde eine enorme wirtschaftliche Mobilität, Produktivität und Kreativität entfalten. Viele Hindernisse, durch die der Produktionsprozess so ungeheuer gedrosselt wird, würden wegfallen.

| Wie groß ist der Kreis der Befürworter?

Es gibt eine riesengroße Koalition von Befürwortern des Grundeinkommens: Da findet sich der vor Kurzem verstorbene amerikanische Wirtschaftswissenschaftler und Nobelpreisträger Milton Friedman, der schon 1962 vorschlug, dass diejenigen, die unterhalb einer bestimmten Einkommensschwelle bleiben, vom Staat einen festen Betrag erhalten. Finanziert wird diese negative Einkommenssteuer durch Steueraufkommen. Der französische Sozialist und Philosoph André Gorz hat diese Idee als Antwort auf den digitalen Kapitalismus ebenso aufgegriffen und ausgebaut wie der Leiter des Hamburger Weltwirtschaftsinstituts, Thomas Straubhaar. Und auch der deutsch-britische Sozialwissenschaftler Ralf Dahrendorf und der Ostberliner Soziologe Wolfgang Engler äußern sich positiv. So sagt Ralf Dahrendorf: „Eine Grundausstattung für alle muss garantiert sein. Eine Gesellschaft braucht einen Fußboden, unter den niemand geraten darf." Und ich füge hinzu: Nur ein Bürgereinkommen verhindert, dass es demnächst so richtig knallt.

| Es bleibt abzuwarten, ob die Idee eines Grundeinkommens Utopie bleibt oder sich zum konkreten politischen Gestaltungsvorhaben entwickelt. In dem Buch „Die Erfindung des Politischen" wie auch in Ihrem Aufsatz „Die Renaissance des Politischen" schreiben Sie: „Das Politische bricht neu aus." Eine optimistische Feststellung. Wird dieser politische Ausbruch auf nationaler oder transnationaler Ebene stattfinden?

Entscheidend ist meiner Meinung nach, dass sich mit dem Sieg des Neoliberalismus, also mit der Befreiung der Weltmärkte von allen Zwängen, überall Folgeprobleme abzeichnen, die eine neuerliche Stimulierung des Politischen bewirken. Lassen Sie mich ein Beispiel nennen. Wenn man der Frage nachgeht, was die asiatischen Finanzkrisen mit dem Rinderwahnsinn zu tun haben, würde ich antworten: Beide Phänomene sind ein Beweis dafür, dass Märkte, insbesondere deregulierte Weltmärkte, politisch-rechtliche Rahmenbedingungen brauchen. Da diese aber fehlen, wird es im Zuge der neoliberalen Politik in den nächsten Jahren massive Abstimmungsprobleme geben. Als Folge würde sich die Perspektive der neoliberalen Politik um 180 Grad drehen und der Staat minimalisiert, fast abgeschafft werden. Doch das wäre ein falscher Weg. Was wir brauchen, und das meine ich mit „neuer Politik", ist ein starker Staat. In dem Sinne, dass er nicht mehr ausschließlich als Nationalstaat funktioniert, sondern transnational agiert.

| Aber welche Rolle kommt der Politik dabei zu? Und wie sieht diese Politik aus?

Die uns bekannte Form der Politik, verstanden als parlamentarische Regierungspolitik, setzt gemeinsame Interessen voraus, und diese wiederum eine relativ übersichtliche und stabile Sozialstruktur sowie zu ihr passende Parteien und Verbände. Da sich die Sozialstruktur in den letzten Jahren aber zunehmend verflüssigt hat und der Arbeitsmarkt immer weniger langfristige Sicherheiten bietet, benötigen wir eine andere Form des Politischen. Vielleicht gelangen wir bald schon an den Punkt, an dem die Idee der Demokratie transformiert wird. An die Stelle ihrer repräsentativen Form tritt ein individualistischer Republikanismus, welcher die kulturellen und politischen Unterschiede erkennt, akzeptiert und zum Leitprinzip des Politischen macht. Von zentraler Bedeutung ist dabei die politische und kulturelle Freiheit. Das Politische wird zu einem Experiment, bei dem wir herausfinden müssen – Alain Touraine hat das einmal so formuliert –, „wie wir zusammenleben können als Gleiche und doch Verschiedene". Es ist an der Zeit, zu lernen, wie wir die schöpferischen Impulse der Menschen in politisch-öffentliche Themen übersetzen.
Um zu verstehen, was heute in Europa passiert, muss man sich vor Augen halten, was geschehen könnte, wenn die notwendigen Verfahren und Institutionen der Politik, die es zu erfinden gilt, schon da wären: europäische Parteien, eine europäische Öffentlichkeit, europäische Außen- und Sicherheitspolitik. Überall handeln nur die politischen Kräfte und Institutionen, die es schon gibt, und nicht die, die es zu gründen gilt. Der Vorgriff auf etwas Neues, Visionäres wird zum integralen Bestandteil einer Erklärung dessen, was sich vor unseren Augen vollzieht. Anders ausgedrückt: Es bedarf eines soliden Stücks realistischer Fantasie, um der Wirklichkeit, die begriffsmobil geworden ist, auf die Spur zu kommen.

| Sie sind, was Begriffsschöpfungen betrifft, nicht verlegen und bezeichnen die Epoche, in der wir leben, als „Zweite Moderne". Was unterscheidet diese von der „Ersten Moderne"?

Die „Erste Moderne" war durch das Ordnungsprinzip des Nationalstaates bestimmt. Es gab im 19. und 20. Jahrhundert eine klare Trennung zwischen Innen und Außen, Heimat und Ausland, Innen- und Außenpolitik. Es war genauso unmöglich, sich einen isolierten Nationalstaat vorzustellen, wie sich ein Innen ohne ein Außen denken ließ. Nach dieser sozialen Ontologie wurden Territorien, Identitäten und weitgehend auch die Geschichte definiert. In der „Zweiten Moderne" hört die Gesellschaft auf, synonym für den Nationalstaat zu sein. Sie ist eine transnationale und kosmopolitische Moderne. Alle gesellschaftlichen Entwicklungen, seien sie nun ökonomischer, kultureller, politischer oder technologischer Art, erhalten vorrangig und grundlegend einen transnationalen Charakter. Die neue Epoche ist gekennzeichnet durch Lebensstile, welche die früher einmal vorhandene Eins-zu-eins-Entsprechung zwischen Sprache, Geburtsort, Staatsbürgerschaft, Nationalität und äußerem Erscheinungsbild durcheinander bringen. Heute sind in pluralistischen, multi-ethnischen Komplexen Elemente kombiniert, die früher durch nationale und kulturelle Schranken auseinandergehalten worden wären. Um die vielen, zugleich lokalen und globalen Fragen zu verstehen, brauchen wir einen „kosmopolitischen Blick".

| Ist diese Entwicklung eine Folge der Globalisierung?

„Globalisierung" ist das am meisten gebrauchte und missbrauchte, in seiner Bedeutung sehr nebulöse, aber eben deshalb politisch wirkungsvollste Schlagwort der Gegenwart. Es gibt mindestens zwei Möglichkeiten, die Globalisierung auf den Punkt zu bringen. Da ist zum einen, was David Held „Vernetzung" nennt. Dieser Ansatz beleuchtet wechselseitige Abhängigkeiten, Netzwerke, Kapital- und Warenströme, welche die moderne Welt in zunehmendem Maße prägen. Doch diese Sicht geht immer noch davon aus, dass die nationalen Einheiten, die da miteinander vernetzt werden, die letztgültige Realität sind. Die „Kosmopolitisierung" dagegen, die Tradition, der ich selbst nahe stehe, beleuchtet methodisch, bis zu welchem Grad Sozialstrukturen und gesellschaftliche Institutionen transnationalisiert werden. Hier lautet die Prämisse, dass das Nationale aufhört, das Nationale zu sein. Das Nationale wird immer mehr zu einer „Zombie-Kategorie". Wenn die Soziologie der Globalisierung etwas geleistet hat, dann ist es, die territoriale Denkfalle des nationalstaatlichen Demokratieverständnisses aufgedeckt und aufgebrochen zu haben. Hieß es im Taumel des Wunderjahres 1989 noch „Es wächst zusammen, was zusammengehört", so lautet die Botschaft der Globalisierung: Diesen Hoffnungen und ihren Enttäuschungen liegt ein veraltetes Bild nationalstaatlicher Idylle zugrunde. Eine der Folgen von Globalisierung ist, dass der Nationalstaat an Substanz und Souveränität einbüßt. Seine finanziellen Ressourcen und seine politische Gestaltungsmacht schwinden im gleichen Maß wie die Identifikation seiner Bürger. Nur solange politische Macht und Legitimität an einen Ort fixiert ist, bedeutet die Abgabe von Macht auf eine internationale Ebene auch Entmachtung der nationalen Demokratie.

| Wenn der nationale Bedeutungsrahmen immer mehr zerfällt und es dadurch nicht mehr gelingt, Themen auf nationaler Ebene anzugehen, wie sollen da Formen des Politischen auf internationaler Ebene entstehen? Welche Antworten auf die Globalisierung gibt es?

Teile der Wirtschaft sind aus dem nationalstaatlichen Machtspiel ausgebrochen und haben den ortsgebundenen Akteuren – Regierungen, Parlamenten, Gewerkschaften – neue Regeln aufgezwungen. Der Gestaltungsspielraum der nationalstaatlich organisierten Politik gerät immer mehr in eine Zwickmühle. Auf der einen Seite muss sie am Weltmarkt konkurrenzfähig sein, Investoren anziehen und für diese entsprechende Bedingungen schaffen. Dies sind Voraussetzungen, um die

materielle Existenz der Bevölkerung zu sichern. Auf der anderen Seite ist die Politik aber gezwungen, im Konkurrenzkampf um Investoren die Leistungen immer stärker zurückzuschrauben, den Sozialstaat abzubauen und die Infrastrukturen weniger zu finanzieren.
Die klassische Antwort auf den drohenden Verlust der Steuerungs- und Regierungsfähigkeit sind supranationale Integration und die Bildung transnationaler Organisationen. Wir brauchen auch weiterhin den Aufbau und Ausbau weltweit agierender Instanzen, die regulieren, steuern und Normen festschreiben.

| Wie könnten diese Instanzen aussehen und wer soll sie schaffen?

Nach meiner Einschätzung gibt es drei mögliche Szenarien. Amerikanisierung heißt das erste Szenario, obwohl ich nicht glaube, dass alles, was in Amerika Aussicht auf Erfolg hat, sich auch auf Europa übertragen ließe. Eine andere Regulationsmöglichkeit könnten starke transnationale Organisationen bieten, wie etwa die Welthandelsorganisation. Das Problem hierbei wäre die Legitimationsfrage, denn man gäbe solchen Organisationen zu viel Macht in die Hand.
Es existiert aber noch eine weitere Möglichkeit, nämlich die kosmopolitische Erweiterung der Demokratie. Man hätte dann eine Demokratie, die nicht mehr nationalstaatlich, sondern transnational organisiert ist. Ich plädiere ausdrücklich für diese dritte Möglichkeit, für kosmopolitische Parteien, die internationale Prozesse thematisieren und verständlich machen. Parteien also, die wie transnationale Unternehmen strukturiert sind und in mehreren Staaten agieren.

| Das würde auf ein Ende der nationalstaatlichen Parlamente hinauslaufen?

Es ist ja kein Weltparlament, das hier entstehen soll. Die nationalstaatlichen Parlamente bleiben. Sie sollen nicht auf die historische Müllkippe geworfen, sondern kosmopolitisch neu begründet werden. Es gibt dann keine Nationalstaaten mehr, sondern Provinzen innerhalb einer Weltgesellschaft, Staaten also, die sich nicht mehr über die Nationen definieren. Jeder Mensch hätte ein und dasselbe Vaterland: die Erde. Wir müssen aufhören, nationalstaatlich zu denken. Dies gilt auch im übertragenen Sinne. Es wird keinen Nationalstaat Europa geben, weil dieser nicht aus dem Gegeneinander der europäischen Staaten entstehen kann. Die Alternative ist ein europäisches Bürgerrecht, das die verschiedenen nationalen Identitäten politisch zusammenfasst. Den Unterschieden, Differenzierungen und Gegensätzen werden „citizenship" und politische Freiheit gegenübergestellt. Politische Identifikation wäre den Menschen innerhalb der Weltprovinz Europa oder – wenn man globaler denkt – der Weltgesellschaft möglich, ohne dass sie ihre nationale Identität aufgeben müssten. Noch einmal: Ich spreche von einer Weltbürgerschaft, die allen Menschen dieselben universellen Grundrechte zubilligt, in der aber die kulturelle und territoriale Vielfalt beibehalten wird. Mein Konzept ist ein Weltbürgermanifest, wobei Weltbürgertum nicht verwechselt werden sollte mit einer globalen Managerklasse.

| Welches sind die Rechte und Pflichten eines Weltbürgers?

Die Exklusivität von Rechten ist bisher eine Sache von Nationalstaaten. Diese Strukturen müssten aufgebrochen werden. Wir brauchen andere und gestaffeltere Arten von Einschluss- und Ausschlusskriterien. Der Status des Weltbürgers muss größtes Gewicht haben. Das ist deshalb so wichtig, weil im Verlauf der Modernisierungsprozesse zweifellos sehr viele Konflikte ausbrechen werden. Die Weltgesellschaft wird sich zunächst in ihr Gegenteil verkehren. Wenn die Grenzen aufbrechen, wird es Fremdenhass und blutige Verteilungskämpfe geben. Die einzige Möglichkeit diese Konflikte zu lösen, egal ob das in kurzer Zeit gelingt oder erst in hundert Jahren, ist die Definition der Menschheit als Weltgesellschaft, die allen gleiche Rechte einräumt. Wir müssen aufhören, über nationale und ethnische Differenzierungen zu diskutieren. Gleiche Bürgerrechte und damit politische Freiheiten müssen die Menschen zusammenführen, ansonsten drohen wir im Chaos zu versinken. Aus meiner Sicht gibt es keinen anderen Weg, die erst jetzt allmählich beginnenden Verteilungskämpfe aufzuhalten. Es ist wichtig, frühzeitig das Ziel Weltgesellschaft zu definieren und anzuvisieren, damit sich die Politik in diese Richtung öffnet. Es geht nicht länger darum, ob die Welt zusammengehört oder nicht, sondern darum, durch wen und wie die Normen festgelegt werden, die Autonomie, Loyalität und Identität von Personen, Ländern sowie Staaten bestimmen. Mein ganzes Bestreben richtet sich darauf, die Herausforderungen der Zukunft verständlich zu machen. Wenn wir uns der neuen Realität stärker öffnen würden, könnten wir sehen, dass wir weder zurück wollen noch zurück können. Deshalb lautet mein politischer Appell: Bürger der Welt, vereinigt Euch!

POSTINDUSTRIELLE GESELLSCHAFT

Daniel Bell

I Woher kommen Sie?

„Ich stamme aus ärmlichen Verhältnissen und trotzdem ist es mir gelungen, etwas aus meinem Leben zu machen", sagt Daniel Bell, der am 10. Mai 1919 als Sohn polnischer Einwanderer in New York das Licht der Welt erblickte. Kurz nach der Geburt starb sein Vater und somit war die Mutter gezwungen, ihre Kinder alleine durch eine schwere Zeit zu bringen. Seine berufliche Karriere trotz widriger Umstände begründet Daniel Bell mit den Worten: „Es waren mein grenzenloser Ehrgeiz und ein unstillbares Verlangen nach Wissen, die mir den gesellschaftlichen Aufstieg ermöglichten."
Im Alter von dreizehn Jahren trat Bell einer sozialistischen Partei bei. Später war er Mitglied bei verschiedenen marxistischen Organisationen. Von 1935 bis 1938 besuchte er das „City College of New York", eine Schule für jüdische Einwanderer. Hier traf er auch Nathan Glazer, Irving Howe und Irving Kristol. Aus den Begegnungen mit den drei politischen Philosophen entstanden lebenslange Freundschaften. Mit Irving Kristol veröffentlichte er später auch einige Bücher.
Nach seinem College-Abschluss studierte Bell ein Jahr an der Graduate School der Columbia-Universität in New York. 1940 begann er, als freier Journalist zu arbeiten. Von 1941 bis 1944 war er Redaktionsleiter bei der sozialdemokratisch orientierten Tageszeitung „The New Leader". 1945 wechselte er zu „Common Sense" nach Chicago, wo er neben seiner journalistischen Arbeit auch an der Universität von Chicago als Dozent für Sozialwissenschaften tätig war. Ebenso war er Stipendiat am „Center for Advanced Study" in Palo Alto. Von 1948 bis 1958 arbeitete er für das Wirtschaftsblatt „Fortune". „Es war die Zeit, in der Senator McCarthy in den USA gegen Kommunisten zu Felde zog", erinnert sich Bell, der diese politische Hetzkampagne kritisch begleitete und gegen sie Position bezog.
Die düstere Stimmung dieser Zeit und den Wandel in der Arbeitswelt beschrieb er in einem Buch, das er 1956 veröffentlichte und dem er in Anspielung auf Sigmund Freuds Aufsatz „Das Unbehagen in der Kul-

tur“ (engl.: Civilization and Its Discontents) den Titel gab: „Work and Its Discontents“. Nach zehnjähriger erfolgreicher Karriere als Publizist konzentrierte sich Bell 1959 ganz auf den Universitätsbetrieb, promovierte 1960 und arbeitete zunächst als Assistenzprofessor am Lehrstuhl für Soziologie der Columbia-Universität. Bereits drei Jahre später stieg Bell zum Professor für Soziologie auf.

Grundlegend für seine wissenschaftliche Karriere war das 1960 erschienene Buch „The End of Ideology“. In dieser Publikation thematisiert Bell globale Krisen wie Überbevölkerung, Umweltverschmutzung oder Rohstoffverknappung. Er weist darauf hin, dass diese Probleme nur bewältigt werden können, wenn sich Lösungsansätze nicht an Ideologien orientieren.

Nach sieben Jahren der Lehre in New York begann Bell 1969 seine Arbeit als Professor für Soziologie an der Harvard-Universität, wo er bis zu seiner Emeritierung im Jahr 1989 aktiv war. In Cambridge entstand 1973 auch sein viel diskutiertes Buch „The Coming of Postindustrial Society“, in dem er seine Thesen zu zukünftigen Entwicklungen in Gesellschaft und Arbeitswelt, die er bereits Ende der fünfziger Jahre in Vorträgen und Essays verbreitet hatte, in einem Werk zusammenfasste. Bell beschreibt die nachindustrielle Gesellschaft als eine Zeit der Bildungsexpansion, des beschleunigten wissenschaftlichen Fortschritts, neuer Technologien und vermehrter Dienstleistungen. Was sich damals wie eine ferne Vision ausnahm, ist heute überall auf der Welt zu beobachten: Unternehmen, die ihre alten Strukturen über den Haufen werfen, Beschäftigungsmöglichkeiten, die den Rahmen traditioneller Berufsbilder sprengen, und Menschen, die über die „heilige Pflicht“ der Arbeit spotten.

Während seiner Lehraufenthalte in Aspen schrieb Bell den Großteil seines 1976 erschienenen Buches „Die Zukunft der westlichen Welt“, das die Widersprüche der Zeit thematisiert. Diese resultieren seiner Meinung nach aus drei Bereichen, die von unterschiedlichen, mitunter sogar entgegengesetzten Prinzipien beherrscht werden. „Zum einen ist dies die Wirtschaft, die dem Prinzip der Effizienz folgt, zum anderen die politische Ordnung, die auf den Grundsatz der Gleichheit setzt, und schließlich die Kultur, die von der Idee der Selbstverwirklichung geleitet ist.“ Die Widersprüche zwischen diesen drei Feldern führen laut Bell dazu, dass sich der soziale Zusammenhalt auflöst: „Ich glaube, dass wir in der westlichen Gesellschaft an einem Scheideweg angelangt sind“, schrieb er 1975. „Und ich glaube auch, dass wir den Niedergang des schöpferischen Impulses und der ideologischen Überzeugungskraft des Modernismus erleben, der als kulturelle Bewegung unsere symbolischen Ausdrucksformen während der letzten 125 Jahre geprägt hat.“ Diese These entwickelte Bell in einer Reihe von Büchern weiter. Auch als Vorsitzender der „Kommission für das Jahr 2000“ der „American Academy of Arts and Sciences“ beschäftigte er sich mit der Frage, wie die Gesellschaft von morgen aussehen könnte, und entwickelte Gedanken, um den anstehenden Herausforderungen zeitgemäß zu begegnen.

| Ausgewählte Buchveröffentlichung:

Daniel Bell: Die nachindustrielle Gesellschaft.
Campus Verlag, Frankfurt/M. 1975
Originalausgabe: The Coming of Post-Industrial Society.
A Venture in Social Forecasting.
Basic Books Inc., New York 1973

Daniel Bell: Die Zukunft der westlichen Welt.
Kultur und Technologie im Widerstreit.
S. Fischer Verlag, Frankfurt/M. 1979
Originalausgabe: The Cultural Contradictions of Capitalism.
Basic Books Inc., New York 1976

| Wohin gehen Sie?

„Ein Soziologe ist stets versucht, den Propheten zu spielen – und wenn nicht den Propheten, so doch den Seher“, warnt Daniel Bell. „Friedrich Nietzsche schrieb schon in seinem Buch ‘Der Wille zur Macht’, die Zukunft rede in hundert Zeichen. Doch wir müssen vorsichtig sein: Prognosen für das 21. Jahrhundert sind nur möglich, wenn wir das 20. Jahrhundert verstehen. Nur wenn wir uns des Erbes der Vergangenheit bewusst sind, erkennen wir die Pflichten gegenüber unseren Nachkommen.“ In diesem Sinne betont Bell: „Wo Vergangenheit und Zukunft fehlen, da kann sich nur noch Leere auftun.“
Trotz seines hohen Alters macht sich Daniel Bell weiterhin mit großem wissenschaftlichem Ehrgeiz Gedanken über die Zukunft. Sein Arbeitszimmer hat er mit Tuschezeichnungen ausgestattet, die der Kunstsammler Bell und seine dritte Frau Pearl Kazin in aller Welt erworben haben. Die Sommermonate verbringt er meist auf Martha´s Vineyard Island, wo er ein Haus am Meer besitzt. Bell wird sich auch in Zukunft mit den Fragen seiner Zeit beschäftigen: Wie können wir Ansprüche von Gruppenmitgliedern gegen individuelle Forderungen abwägen? Wie erreichen wir eine Balance von Gleichheit und Freiheit, Effizienz und Gerechtigkeit? Bei der Suche nach Antworten ist ihm stets bewusst: „Wenn es ein einzelnes vorrangiges Prinzip gibt, dem jede Gesellschaft zu folgen hat, dann ist es notwendigerweise das Prinzip der Toleranz und die Bereitschaft, Pluralismus zu fördern sowie zivile statt ideologische Politik zu betreiben.“

Der Computer kommt, der Arbeiter geht:
Von der Industriegesellschaft zur postindustriellen Gesellschaft.

Die postindustrielle Gesellschaft

Die gesellschaftliche Struktur wird in Zukunft nicht mehr vorrangig durch die industrielle Produktion von Gütern bestimmt, sondern durch die zentrale Bedeutung von Wissen und Dienstleistungen. Diese Prognose wagte Daniel Bell 1973 in seinem Buch „The Coming of Post-Industrial Society: A Venture in Social Forecasting", dessen deutsche Übersetzung unter dem Titel „Die nachindustrielle Gesellschaft" erschien. In diesem Werk beschreibt Bell den Verlauf bahnbrechender historischer Entwicklungen und struktureller Veränderungen.
Die vorindustrielle Gesellschaft ist laut Bell vor allem geprägt durch körperliche Arbeit und die Notwendigkeit, Rohstoffe zu gewinnen. Das Leben ist darüber hinaus in hohem Maße durch das Naturgeschehen bestimmt. In dieser Phase befindet sich nach wie vor der größte Teil der Weltbevölkerung. Die meisten Menschen arbeiten in Bergbau, Fischerei, Forst- und Landwirtschaft. Das Arbeitstempo rich-

tet sich nach den Jahreszeiten und der Witterung. Der Lebensrhythmus ist bestimmt durch die Abhängigkeit von natürlichen Bedingungen.
In der Industriegesellschaft kommt den Maschinen, die Güter herstellen, große Bedeutung zu. Diese Entwicklungsstufe ist gekennzeichnet durch Massenproduktion, bei der Maschinen den Charakter der Arbeit prägen. Ehemalige Handwerkstätigkeiten werden in Teilvorgänge zerlegt und durch einen für Arbeitsplanung und Arbeitsfluss verantwortlichen Ingenieur und angelernte Arbeiter ersetzt. Das Leben ist in gleichmäßige Zeiteinheiten aufgeteilt und läuft in mechanischen Rhythmen ab.
In der postindustriellen Gesellschaft wiederum verändert sich die Lebens- und Arbeitsweise der Menschen durch „die zentrale Stellung des theoretischen Wissens und das zunehmende Übergewicht der Dienstleistungswirtschaft gegenüber der produzierenden Wirtschaft." Diese Zeit ist charakterisiert durch eine Lebenseinstellung, die auf Freiheit und Freizeit ausgerichtet ist.
Durch den Übergang von einer Waren- zu einer Dienstleistungsgesellschaft wandelt sich die Berufsstruktur: Die Zahl industrieller Tätigkeiten geht zurück, während die Zahl der Arbeitsplätze im Dienstleistungssektor ansteigt. Kennzeichnend für die neue soziale Ordnung sind in erster Linie die zunehmende Bedeutung theoretischen Wissens, das in Universitäten, Forschungsorganisationen und wissenschaftlichen Institutionen zusammengetragen und ausgebaut wird, sowie die zielgerichtete Planung und Steuerung des technologischen Wachstums. Den Motor dieses Trends sieht Bell in den umwälzenden technologischen Neuerungen im Transport-, Informations- und Kommunikationssektor, die es überhaupt erst ermöglichen, „zwischenmenschliche Beziehungen über eine Distanz hinweg zu führen und auszubauen." Das theoretische Wissen ist die Grundlage, auf die sich die neuen Technologien, das Wirtschaftswachstum und die Schichtung der Gesellschaft stützen. Die Universität sieht Bell deshalb als wichtigste Institution und den Akademiker als Prototyp der postindustriellen Gesell-

schaft. In diesem „verwissenschaftlichten" sozialen Leben etablieren sich nach Bell drei Klassen. Erstens eine technisch-akademische Klasse, die von der „schöpferischen Elite der Wissenschaftler und akademisch geschulten Spitzenbeamten" gebildet wird und die Gesellschaft anführt. Zweitens die Klasse der Ingenieure und Professoren, drittens die Klasse der Techniker, des akademischen Mittelbaus und der Assistenten. Für den Aufstieg in der Gesellschaft ist heute eine umfassende Hochschulbildung notwendig, da sie die Hauptvoraussetzung sozialer Mobilität und praktisch wirksamer Macht darstellt. Der Nachweis fachlicher Kompetenz ist von zentraler Bedeutung, um hohe soziale Stellungen erreichen zu können. Die Folge ist eine „Verschiebung im Machtgefälle".

Die postindustrielle Gesellschaft verursacht erhebliche Kosten. Diese entstehen zum einen durch Informationen, die in einem hoch komplexen und schwer überschaubaren Kontext aufgearbeitet werden müssen. Zum anderen sind sie zu begleichen für die Koordination immens gestiegener menschlicher Kontakte. Aber auch die Zeit ist in einer an Überfluss gewöhnten Wirtschaft zum Kostenfaktor geworden. Da sie sich nicht wie andere wirtschaftliche Ressourcen akkumulieren lässt, hat das knappe Gut seinen Preis. Dies zeigt sich gerade im Dienstleistungssektor. Bell untergliedert ihn in fünf verschiedene Bereiche: in die unmittelbar der Industrie zuarbeitenden Versorgungsdienste, in die Anbieter, die sich um Verteilung und Handel sowie Finanz- und Versicherungswesen kümmern, in die fachlichen und geschäftlichen Dienstleistungen wie Datenverarbeitung, den Bereich für Freizeitbedürfnisse wie Reisen, Unterhaltung oder Sport, und schließlich in die sozialen Dienstleistungen wie Gesundheitswesen, Bildung und Verwaltung.

In der postindustriellen Gesellschaft bildet nicht länger die körperliche Arbeitskraft das Zentrum produktiver Tätigkeiten, sondern technisches Wissen. Neue Technologien stellen den Menschen vor Herausforderungen und zwingen ihn, seine Rolle in der Welt über die Arbeit hinaus neu zu definieren. Im Idealfall motivieren sie ihn, sein Leben mit intellektueller Neugierde selbstständig und schöpferisch zu gestalten, und wecken den Wunsch, die eigenen Fähigkeiten frei zu entfalten. Von entscheidender Bedeutung ist hierbei, wie Bell hervorhebt, die Bildung, die den Menschen in die Lage versetzt, zu entscheiden, wofür er lernen und leben will.

| Sehen Sie sich selbst als Gesellschaftstheoretiker, Gesellschaftskritiker, Gesellschaftsarchitekt oder als geselliger Zeitgenosse?

Ich sehe mich gleichzeitig als Theoretiker und Kritiker. Als Theoretiker versuche ich, gesellschaftliche Strukturen und sozialen Wandel in der Tradition von Persönlichkeiten wie Karl Marx oder Max Weber zu verstehen. Als Kritiker habe ich bestimmte Wertvorstellungen, die ich meiner Beurteilung sozialer Politik zugrunde lege. Ich verbrachte einen großen Teil meines Lebens damit, zu lehren, war aber auch für Zeitungen und Magazine als Gesellschaftskritiker tätig. In der Vergangenheit, als ich noch jünger und ambitionierter war und verschiedene Ämter innehatte, sah ich mich auch als Architekt. Auch wenn ich viel Zeit alleine in meiner Studierstube verbringe, liebe ich die Gesellschaft von Menschen.

| Welche Rolle spielen Sie in der Gesellschaft?

Meine Rolle ist die eines Lehrers, Theoretikers und Kritikers. Die Kunst der Soziologie ist im Wesentlichen eine Kunst des Interpretierens, des Verstehens und der Hermeneutik. Eine gewisse Rolle spielte ich darüber hinaus als Professor an einer bedeutenden Universität. Harvard hat einen enormen Einfluss, da man dort nur die besten Studenten aufnimmt – Studenten, die später leitende Funktionen in Regierung, Finanzwelt und Industrie einnehmen werden. Weiterhin hatte ich eine gesellschaftliche Rolle inne durch meine Mitwirkung in verschiedenen Regierungskommissionen. Heute würde ich mich als öffentlichen Intellektuellen bezeichnen, mit gewissen Einschränkungen – ich bin siebenundachtzig Jahre alt.

| Welcher Gesellschaftsgruppe fühlen Sie sich zugehörig?

Der Gruppe der Intellektuellen. Ich würde mich nicht als Akademiker bezeichnen, denn diese haben einen zu spezialisierten und engen Ho-

rizont. Sie sind meist nicht intellektuell, weil sie kein fächerübergreifendes Interesse entwickeln.
Es gab in Europa vor mehr als dreißig Jahren eine Bewegung unter Intellektuellen, die sich ihresgleichen mehr zugehörig fühlten als einem Land. Sie sagten: „Ich bin ein Intellektueller und habe mit Intellektuellen aus anderen Ländern mehr gemeinsam als mit meinen Landsleuten." Dies war eines der wenigen, aber sicher nicht internationalen Phänomene, bei dem sich die alten Identitäten auflösten. Heute haben sich die Intellektuellen ohnehin stark spezialisiert und professionalisiert. Sie sind sehr akademisch geworden.

| Welche Gesellschaftsromane haben Sie fasziniert?

Mit dreizehn Jahren wurde ich Sozialist. In dieser Zeit las ich ein Buch, das mich enorm beeindruckte: Es war „Der Sumpf" von Upton Sinclair, ein Roman über die Schlachthöfe von Chicago vor dem Zweiten Weltkrieg. Was den Text so außergewöhnlich macht, ist seine Wirkung. Er endet mit der Rede von Eugene Victor Debs, dem Führer der Sozialistischen Partei, der die Ausbeutung der Arbeiter anprangert.
In der Zeit, als ich erwachsen wurde, gab es eine ganze Reihe von Romanen, die ich las, weil sie mir die Welt vor Augen führten. Darunter waren auch einige Bücher deutscher Schriftsteller, deren Namen ich aber vergessen habe. Bei meinem letzten Besuch in Berlin entdeckte ich Jakob Wassermanns „Christian Wahnschaffe" und „Der Fall Maurizius".
Ein weiteres faszinierendes Buch ist „Three Cities" von dem jüdischen Autor Shalom Asch, das von der Russischen Revolution handelt. In jüngerer Zeit waren die wichtigsten Romane, die ich gelesen habe, „Wein und Brot" sowie „Fontamara" des italienischen Schriftstellers Ignazio Silone und Arthur Koestlers „Sonnenfinsternis".

| Welchem Gesellschaftsspiel gehen Sie gerne nach?

Bei dieser Frage denke ich an das famose Buch „Das Glasperlenspiel“ von Hermann Hesse, das thematisiert, nach welchen Regeln Spiele funktionieren. Ich habe immer sehr gerne mit meinem Sohn David „B for Boticelli“ gespielt. Dabei gibt der eine Partner den Anfangsbuchstaben einer bestimmten Person aus Gesellschaft, Kunst oder Politik vor. Der andere versucht, deren vollen Namen zu erraten, indem er Fragen stellt, die nur mit „Ja“ oder „Nein“ beantwortet werden. Damit kann man sich während einer längeren Autofahrt gut die Zeit vertreiben.

| In welcher Gesellschaft leben wir eigentlich?

Ich lebe in der US-amerikanischen Gesellschaft, andere Menschen leben in anderen nationalen Gesellschaften, einige Menschen in Stammesgesellschaften. Das Wort „Gesellschaft“ erscheint in so vielen verschiedenen Kontexten, dass man es in jedem Fall spezifizieren muss. Im westlichen Teil der Welt werden Aktivitäten überwiegend von einer kapitalistischen Klasse bestimmt und auf kapitalistische Ziele hin ausgerichtet. Das gilt natürlich nicht für kommunistische Gesellschaften. Der Marxismus geht irrtümlicherweise davon aus, dass der Kapitalismus die gesamte Gesellschaft durchdringt. Für Karl Marx war deshalb die Demokratie lediglich ein Tumor der kapitalistischen Klasse. Heute wissen wir: Die Demokratie ist ein authentisches und autonomes Faktum, das mit den Sehnsüchten der Menschen in Beziehung steht und über institutionelle Stärke verfügt. Wir leben also mehr oder weniger in einer demokratischen kapitalistischen Gesellschaft. Im ökonomischen Sinne bewegen wir uns von einer herstellenden zu einer postindustriellen Ökonomie.

| Worin sehen Sie die Stärken und Schwächen dieser Gesellschaft?

Die Stärke der US-amerikanischen Gesellschaft liegt darin, dass sie in der Lage ist, technologische Innovationen hervorzubringen, diese zu unterstützen und dabei Risiken einzugehen. Nur die US-Gesellschaft bringt revolutionär neue Produkte auf den Markt. Man betrachte nur die Entwicklungen im Bereich der Biotechnik, der Telekommunikation und der Computertechnik. Andere, wie zum Beispiel die japanische Gesellschaft, konnten sich profilieren, indem sie Produkte anderer Länder verbesserten. Aber Japan verliert derzeit seine vorteilhafte Stellung. Deutschland tut sich besonders durch die Herstellung industrieller Standardprodukte hervor. Aber nur die USA haben jene starke Innovationskraft.
Die generelle Schwäche von Gesellschaften zeigt sich in den Problemen, die durch Rassendiskriminierung oder schlechte Ausbildungsmöglichkeiten entstehen.

| Wollen Sie die Gesellschaft verändern?

In gewisser Weise ja; wenn es an Fairness und Gleichberechtigung mangelt. Ich bin davon überzeugt, dass in der ökonomischen Sphäre die Ansprüche der Gemeinschaft denen des Individuums vorangestellt sind, denn eine „gute Gesellschaft" ist darüber definiert, dass sie allen einen Lebensstandard gewährt, der Würde und Teilhabe an öffentlichen Prozessen ermöglicht. Vor vielen Jahren sagte ich etwas, das auch heute noch Geltung hat: Ich bin ein Sozialist in ökonomischen Fragen, ein Liberaler im Politischen und ein Konservativer bezüglich der Kultur. Sozialist in Fragen der Ökonomie deshalb, weil ich davon überzeugt bin, dass die Ökonomie verpflichtet ist, jedem Einzelnen in der Gesellschaft die Chance zu geben, effektiv zu funktionieren. Ein Liberaler, weil ich individuelle Leistungen und Meritokratie unterstütze. Ich stehe wiederum für eine konservative Kultur, weil ich an klassische Werte und eine gewisse Hochkultur glaube.

| Wie sieht für Sie die ideale Gesellschaft aus?

Es gibt verschiedene Sichtweisen. Eine ideale Gesellschaft bietet die sozialen Grundlagen, die es jedem ermöglichen, mit einer gewissen Selbstachtung an gesellschaftlichen Prozessen teilzunehmen. Andererseits muss auch jeder Mensch das Recht haben, in Ruhe gelassen zu werden. Aber ich möchte noch ein wenig ausholen, weil die Frage nach der Gesellschaft zu abstrakt ist. Wir haben die leidvolle Erfahrung gemacht, dass der Versuch, ideale Gesellschaften, also Utopien, zu etablieren, meistens mit einem Desaster endete. Menschen, die eine Utopie verwirklichen wollen, vereinen so viel Macht auf ihre Person, dass sie kaum zu stoppen sind. Statt einer idealen Gesellschaft schaffen sie die Hölle auf Erden und beseitigen jede Opposition. Utopien sind dennoch nötig, um zu beurteilen, was richtig und was falsch ist. Insofern glaube ich an eine ideale Gesellschaft, aber deren Verwirklichung ist ein schwieriger Prozess.

| Wie sieht die Gesellschaft von morgen aus?

Die Gesellschaft ist kein monolithischer Block, kein strukturell verknüpftes Ganzes. Darum gibt es auch so etwas wie „gesellschaftliche Zukunft“ nicht. Denn Zukunft meint immer Zukunft von etwas. Eine Prognose ist nur möglich, wenn wir genaue Kenntnisse von dem haben, für das wir eine Vorhersage treffen, wenn sich also beispielsweise bestimmte Regelmäßigkeiten einstellen oder wir den zentralen Untersuchungsgegenstand in Zeit und Raum eingrenzen können. In Bezug auf die Gesellschaft fehlt uns eine präzise Erfassung der Zusammenhänge. Es gibt nur wenige verlässliche Anhaltspunkte, auf deren Grundlage wir die Gesellschaft von morgen beschreiben könnten.

| Die Klassiker der Soziologie wie Saint Simon und Auguste Comte beschrieben in ihrer Theorie der „Industriegesellschaft" eine durch die Gesetze der technischen Produktion bestimmte Organisation der Gesellschaft. Nachdem Raymond Aron 1962 die Wesensmerkmale der „industriellen Gesellschaft" beschrieben hatte, gingen Sie einen Schritt weiter, sprachen 1973 in Ihrem Buch von der „nachindustriellen Gesellschaft" und wagten eine Zukunftsprognose. Auf welcher Grundlage können überhaupt Prognosen darüber erstellt werden, wie sich die Gesellschaft zukünftig entwickeln wird?

Auf dem Gebiet der Gesellschaftsprognostik ergeben sich eine Reihe von Schwierigkeiten. Diese lassen sich am besten verstehen, wenn wir eine zugegebenermaßen etwas willkürliche Unterscheidung einführen zwischen Voraussage und Prognose. Eine Voraussage bezieht sich auf eine bestimmte Person oder ein einzelnes Ereignis: Wer wird bei der nächsten Wahl US-Präsident? Da Ereignisse dieser Art jedoch vielen Zufällen oder Unwägbarkeiten unterworfen sind, ist eine exakte Voraussage selten möglich; es sei denn, sie beruht auf gründlichen Kenntnissen oder Insiderinformationen. Gesellschaftliche Prognosen sind demgegenüber der Versuch, relevante Rahmenbedingungen oder übergreifende Strukturbeziehungen anzugeben, um auf diese Weise bestimmen zu können, welcher Art die Probleme sind, mit denen innerhalb einer gewissen Zeitspanne zu rechnen ist.
Diese Prognosen beruhen weitgehend auf einer detaillierten Kenntnis der Umstände und auf einem aus langer Vertrautheit mit der Situation erwachsenen Urteilsvermögen. Prognosen sind möglich bei Phänomenen, die sich mit einer bestimmten Regelmäßigkeit wiederholen, oder bei anhaltenden Trends, deren Richtung oder genaue Bahn sich mittels statistischer Zeitreihen erfassen lassen. Kurzum, man kann sich mit Zuständen, aber nicht mit plötzlich auftretenden Faktoren befassen, mit Strukturen, aber nicht mit unvorhersehbaren Ereignissen. Dies ist auch die Schranke jeder Voraussage, wenn nicht gar Analyse. Ich habe in meiner Arbeit über die „nachindustrielle Gesellschaft"

Anfang der siebziger Jahre versucht, die Vergangenheit zu interpretieren und, als nächsten Schritt, die mögliche Zukunft zu erfassen. Wenn dann der anvisierte Zeitpunkt erreicht wird, ist man als Wissenschaftler angehalten, die Unterschiede zum Vorhergesagten festzustellen. So funktioniert soziale Empirie.

| Was hat sich von dem, was Sie prognostiziert haben, verwirklicht?

Ich spreche jetzt hauptsächlich über den technologischen und ökonomischen, nicht den kulturellen Bereich. Die postindustrielle Gesellschaft hat sich in drei Schritten verwirklicht. Zu Beginn des 20. Jahrhunderts waren in den USA fünfzig Prozent der Menschen in der Landwirtschaft tätig. Jetzt, am Anfang des 21. Jahrhunderts, sind es weniger als fünf Prozent. Ähnliche Zahlen liegen aus Deutschland, Großbritannien oder Frankreich vor. In der Mitte des letzten Jahrhunderts arbeiteten rund vierzig Prozent der Arbeitnehmer im produzierenden Gewerbe, heutzutage sind es fünfzehn Prozent. Der letzte Schritt führte von der Industrieproduktion zur Dienstleistung. Was ich in meinem Buch als möglich beschrieben habe, ist eingetroffen: In den Vereinigten Staaten von Amerika ist der Anteil des Produktionssektors auf unter zwanzig Prozent der arbeitenden Bevölkerung gefallen, während die verwaltenden und technischen Berufe mehr als vierzig Prozent ausmachen und Dienstleistungen achtzig Prozent der Volkswirtschaft bestimmen. Mit Dienstleistungen meine ich vor allem die Tätigkeiten im Gesundheits-, Bildungs- und Erholungswesen sowie in Wissenschaft, Forschung und Entwicklung.
In Bezug auf die technischen Möglichkeiten beobachte ich ebenfalls einen Wandel: die Transformation von mechanischer zu intellektueller Technik. Unter mechanischer Technik verstehe ich Produktionsabläufe, die mit Maschinen zusammenhängen. Intellektuelle Technik dagegen beschreibt den Prozess des Nachdenkens etwa über das Design von Produkten oder die Art der Dienstleistungen. Mathematik, Linguistik und Programmierung sind Werkzeuge der intellektuellen Tech-

nik. In diesem Zusammenhang sprechen wir auch von der Informationsgesellschaft, und dies nicht, weil wir mehr Informationen hätten – manchmal haben wir sogar weniger als früher –, sondern weil Informationen eine zentrale Rolle einnehmen und allgemein zugänglich sind. Der dritte und meiner Meinung nach wichtigste Punkt in Bezug auf intellektuelle Techniken ist die Kodifizierung des theoretischen Wissens. Dieser Prozess fand erst im 20. Jahrhundert statt. Jede Gesellschaft existiert jedoch auf der Basis von Wissen, das seinen Ursprung vor etwa fünfzigtausend Jahren hat.
Die Entwicklung des menschlichen Gehirns und der Stimmbänder ermöglichte es uns, aus Klängen ein sprachliches System zu bilden. Sinn zu stiften, ist eine essentielle menschliche Aktivität. Große Erfindungen der Vergangenheit prägen auch heute unseren Alltag: Stahl, Elektrizität, Telegraphen, Telefone, Automobile und Flugzeuge sind allesamt Entwicklungen des 19. Jahrhunderts. Die den Erfindungen zugrunde liegenden Gesetzmäßigkeiten waren den Wissenschaftlern dabei oft nicht gänzlich bewusst. Auch Thomas Alba Edison, der die Welt der Technik revolutionierte, indem er das elektrische Licht auf den Weg brachte, fehlte jegliches Abstraktionsvermögen. Es gibt einen entscheidenden Unterschied zwischen den großen Erfindungen der Vergangenheit und der Art und Weise, wie Innovation heute stattfindet. Trotzdem stützen wir uns noch zu Beginn des 21. Jahrhunderts auf das theoretische Wissen aus dem 19. Jahrhundert, wenn wir Technologie weiterentwickeln.

| Welche Auswirkungen haben die auf der Grundlage der Kodifizierung von theoretischem Wissen entwickelten neuen Techniken auf das soziale Leben? Sie sagen, dass ein großer Prozentsatz der Arbeitnehmer jetzt im Dienstleistungssektor tätig ist.

Falsch. Ich unterscheide Beschäftigung und Sektor. „Beschäftigungsverhältnis" ist ein hauptsächlich technischer Ausdruck, und „Sektor" beinhaltet Dienstleistung. Die Veränderungen, die auf das soziale Leben einwirken, sind enorm. Im Mittelpunkt stehen heute Computer, Fernsehen und Telefon.

Lassen Sie mich zunächst über eine andere Sache sprechen. Mit der Quanten-Theorie und der Quanten-Analyse hat sich unsere Konzeption von Rohmaterial verändert. Wir sind davon nicht länger im klassischen Sinne abhängig. Vor dem Zweiten Weltkrieg gab es eine Reihe von Kartellen, wie das Zinn- oder das Kupferkartell, die jetzt nicht mehr existieren. Heute haben wir nur noch das Öl-Kartell. Ein Beispiel: 1973 stand der Bericht „Die Grenzen des Wachstums" an den „Club of Rome" im Mittelpunkt der Aufmerksamkeit, da er das Problem der Ressourcen infolge der Ölkrise thematisierte. Man glaubte damals, die Ressourcen seien verbraucht. Zuerst gab es einen Mangel an Kupfer. Und wissen Sie, wo derzeit das größte Kupfervorkommen der Welt ist? Unter New York City. Aber Kupfer kann durch Glasfaser ersetzt werden, deren Nutzung nur ein Zehntel der Kosten von Kupfer verursacht und mehr Energie liefert.

Ein anderes Beispiel: die Biogenetik mit ihrem enormen Einfluss auf die Landwirtschaft. Es gibt derzeit in Europa eine heftige Kontroverse über die Produktion und den Verkauf genetisch veränderter Tier- und Pflanzenprodukte. Das ist töricht und dumm. Die Leute fürchten schädliche Auswirkungen auf das natürlich gewachsene Produkt, obwohl es ein solches natürliches Produkt gar nicht mehr gibt. Die Milch zum Beispiel ist pasteurisiert. Regt sich darüber jemand auf? Ich habe mir Hornhaut in mein Auge transplantieren lassen. Das funktionierte nur mit dem Wissen der biomedizinischen Technik.

Also: Die Kodierung des theoretischen Wissens wird präziser. Im sozialen Leben wird dies den Menschen helfen. Es wird ihre Nahrungsversorgung sicherstellen, ihnen Beschäftigung geben, ihre Aktivitäten bestimmen und ihnen weitere Möglichkeiten der Kommunikation eröffnen.

| Lange glaubten und hofften die Menschen, dass man die Arbeitsplätze, die im Industriesektor verloren gehen, im Dienstleistungsbereich ersetzen kann. Massenarbeitslosigkeit widerlegt jedoch diese Annahme. Was kann man gegen den zunehmenden Verlust der Beschäftigung tun?

Zunächst einmal hängt der Grad der Beschäftigung nicht von technischen Veränderungen ab, sondern von Faktoren wie Nachfrage oder Arbeitsmarktpolitik. In den USA haben wir 4,5 Prozent Arbeitslose, aber in jeder Zeitung findet man Anzeigen, in denen Leute gesucht werden. Das Problem ist also nicht die fehlende Arbeit, wobei es natürlich auf die Art der Tätigkeit ankommt. Ältere Menschen, die ihre Stelle verloren haben, können sicherlich nur schwer eine gleichwertige Beschäftigung finden und müssen Halbtagsjobs an Hotelrezeptionen oder als Portier annehmen. Probleme entstehen durch die Automatisierung von Arbeitsabläufen. Der klassische Einstiegsberuf des Tellerwäschers zum Beispiel ist ausgestorben. Diese Arbeit übernimmt heute eine Maschine. Auf der anderen Seite schaffen neue Techniken auch neue Arbeitsfelder. Heutzutage haben wir weit über 70.000 Programmierer, vor zwanzig Jahren gab es diesen Beruf noch nicht einmal. Die US-amerikanische Ökonomie ist heute in vielen Bereichen eine Ökonomie der „kleinen Geschäfte“: Fünfzig Prozent der Arbeitskräfte sind in Betrieben mit vier bis 500 Angestellten tätig. Eine Menge hängt von der Beschäftigungspolitik ab. Aber vor allem hat die Technik selbst Jobs geschaffen. Sie erzeugt Unterschiede und reorganisiert Beschäftigung. Jüngere Menschen richten sich genau danach.

| Bei der Lektüre Ihres Buches „Die nachindustrielle Gesellschaft“ ist mir aufgefallen, dass Sie die Rolle der Frauen innerhalb der von Ihnen skizzierten gesellschaftlichen Veränderungen nicht dargestellt haben.

Als ich das Buch schrieb, versuchte ich, einen Abschnitt über Frauen einzufügen. Ziemlich schnell erkannte ich, dass die meiste Arbeit in der industriellen Gesellschaft von Männern geleistet wurde. Nur im kulturellen Wandel spielten Frauen eine Rolle. Das jedoch ist ein eigener komplexer Bereich. In den postindustriellen Gesellschaften verrichten Frauen genauso viel Arbeit wie Männer, insbesondere im Bereich der Dienstleistung. Frauen sind also ein bedeutender Bestandteil der postindustriellen Gesellschaft.

| Es gibt in den Vereinigten Staaten Frauen wie Männer, die zwar einen Job haben, aber nicht genug für ihren Lebensunterhalt verdienen. Ein wachsender Teil der Bevölkerung findet nur noch kurzfristige, prekäre und schlecht bezahlte Jobs. Was muss sich ändern, um solchen Zuständen ein Ende zu bereiten?

Eines der größten sozialen Probleme dieses Landes während der letzten zwanzig Jahre war die Organisation der Sozialhilfe. Und eines der größten Probleme der Sozialhilfe ist die Auflösung der alten Familienstrukturen, besonders in schwarzen Familien. Im Prinzip ist das ein kulturelles Problem, aber die fehlenden sozialen Auffangnetze haben es verstärkt. Eine Ursache dafür ist die wirklich unsinnige Regelung, dass eine Frau mit Kind keine Sozialhilfe bekommt, solange ihr Mann im Haus ist. Also verlässt der Mann die Frau, damit diese Sozialhilfe beantragen kann. In den USA haben wir uns von der Sozialhilfe verabschiedet. An ihre Stelle tritt der Job – um jeden Preis. In vielen Staaten gibt es mittlerweile Trainingsprogramme, bei denen die Menschen lernen, wie sie an einen Job kommen können. Dabei haben viele Leute einfach nicht die jeweils dafür nötigen Fähigkeiten. Folglich geschieht es immer wieder, dass Kinder und Jugendliche schnelles Geld durch Drogenhandel machen wollen, obwohl dies sehr riskant, sogar lebensgefährlich ist. Der Durchschnittslohn liegt heute bei etwa zwölf US-Dollar die Stunde, der Minimallohn bei sechs. Schnelleres und einfacheres Geld lässt sich da durch kriminelle Aktivitäten wie Diebstahl oder Drogenhandel verdienen. Das sind unsere sozialen Probleme. Sie haben zum Teil mit den Diskriminierungen und dem Rassismus der

Vergangenheit zu tun. Die Vereinigten Staaten von Amerika sind immer noch, wie schon in der Generation meiner Eltern, eine Nation von Immigranten. Und die meisten von ihnen kommen ganz gut zurecht. Die Koreaner zum Beispiel haben sehr starke Familiengemeinschaften. Bei den Mexikanern ist es unterschiedlich, ihre Kultur ist sehr ambivalent. Allgemein lässt sich sagen, dass man im Bereich der kulturellen Probleme viele verschiedene Situationen vorfindet. Es gibt also keine allgemeingültige Antwort. Der Markt funktioniert und deshalb muss man sich ihm stellen.

| In dem Aufsatz „The World and the United States in 2013" schreiben Sie: „Der Nationalstaat ist zu klein geworden für die großen Probleme des Lebens und zu groß für die kleinen Probleme des Lebens." Wie sieht die Zukunft des Nationalstaates aus?

Das habe ich 1987 geschrieben, dreizehn Jahre vor dem Jahr 2000, deshalb der Titel. Schon bei Karl Marx ist in seiner Schrift „Das kommunistische Manifest" zu lesen: „Die alten nationalen Industrien werden verdrängt durch neue Industrien, deren Einführung eine Lebensfrage für alle zivilisierten Nationen wird. An die Stelle der alten lokalen und nationalen Selbstgenügsamkeit und Abgeschlossenheit tritt ein allseitiger Verkehr, eine allseitige Abhängigkeit der Nationen voneinander."
Heute steht der Nationalstaat vor einem Dilemma. Er ist zu klein, um sich mit den Kapital- und Währungsströmen und der Warenzirkulation um die ganze Welt auseinanderzusetzen, und er ist zu groß für die vielen Probleme, die in der Gesellschaft auf lokaler Ebene entstehen. Der Maßstabwechsel wird das größte Problem für jeden Nationalstaat werden. Im wirtschaftlichen, zum Teil auch im politischen Bereich, versucht man, regionale Großeinheiten zu schaffen, wie zum Beispiel den gemeinsamen Markt in Europa oder die „North American Free Trade Alliance" (NAFTA), die Freihandelszone, die Kanada, die USA und Mexiko verbindet. Innerhalb dieser Regionalbereiche entsteht im An-

satz eine nachgeordnete, dezentrale Politik für kleinere Einheiten. Dabei kann es immer häufiger vorkommen, dass neben dem wirtschaftlichen Zusammenschluss zugleich eine weitere politische Zersplitterung stattfindet, wenn zum Beispiel Menschen im Baskenland, in Katalonien, in Schottland oder Wales nach Autonomie verlangen und sich selbst regieren wollen.

I Wie sehen Sie die Rolle des Nationalstaates in einem vereinten Europa?

In einem vereinten Europa mit einer gemeinsamen Währung werden Transaktionen vereinfacht und man kann sich frei von einem Ort zum anderen bewegen. Der Nationalstaat ist also durch einen regionalen Block ersetzt worden. Staaten reagieren sowohl auf globale als auch lokale Aktivitäten. Der Nationalstaat ist ein Phänomen der letzten hundert Jahre, eine Zusammenfassung von Vorgängen auf politischer Ebene. In einem gemeinsamen Markt gibt es das übergeordnete Prinzip der Subsidiarität: Was auf einer lokalen Ebene getan werden kann, sollte auch dort getan werden. Viele Aufgaben werden wieder den Bundesstaaten übertragen, da der Nationalstaat als Ganzes zu groß und zu homogen ist, um auf Unterschiede lokaler Bedürfnisse eingehen zu können. Es kommt darauf an, den richtigen Maßstab zu finden. Bestimmte Interessen stellen sich der beschriebenen Entwicklung in den Weg, um den jeweiligen Status quo zu bewahren, aber die Veränderungen werden wohl nicht aufzuhalten sein.

I Sehen Sie Möglichkeiten, dass sich Menschen jenseits der Kategorien Kultur und Nation definieren?

Wie schon Heraklit sagte: Alles fließt. Es gibt keine unveränderlichen Kategorien für Kultur und keine starren nationalen Grenzen. Der alte Begriff der Kultur basierte auf Kontinuität, der moderne auf Vielfalt und Verschiedenartigkeit. Der alte Wert war die Tradition, das zeitgenössische Ideal heißt Suche nach Sensationen und Synkretismus, Verschmelzung der Gegensätze. Dies ist es, was den Rhythmus des gegenwärtigen Lebens so auffällig kennzeichnet. Mir fällt an dieser Stelle ein Fragebogen ein, den ein Mensch nach dem Zweiten Weltkrieg ausfüllte: „Wo wurden Sie geboren? In Österreich-Ungarn. Wo wuchsen Sie auf? In der Tschechoslowakei. In welcher Armee haben Sie gedient? In der russischen. Wo leben Sie heute? In Polen. Sie müssen viel herumgekommen sein in ihrem Leben. Nein, ich lebte immer im gleichen Dorf."

| Das muss südöstlich von Krakau gewesen sein, im polnischen Galizien.

Genau. Früher war man durch Kriegswirren gezwungen, Grenzen zu überschreiten. Heute wollen Menschen von sich aus mobil sein und in vielen Ländern leben. Ich glaube, dass es in der westlichen Welt ein recht großes Potential gibt, transnational zu denken. Wenn man aber die asiatischen Länder betrachtet, wird man einen sehr viel stärkeren Nationalstolz feststellen. Dieser dient als Grundlage, um das Land zu mobilisieren. Die Menschen aus Malaysia, Singapur oder China sind stark anti-westlich, und sie legen großen Wert auf die eigene kulturelle Identität. Wenn Menschen in kulturellen Kategorien denken, ist die staatliche Identität allerdings in gewisser Weise eingeschränkt. Das sieht man sehr gut am Aufstieg des radikalen Fundamentalismus oder dem Heraufbeschwören eines neuen Nationalstaates namens Südostasien. Der islamische Fundamentalismus ist eine der größten Bewegungen der letzten fünfundzwanzig Jahre. In Südostasien entsteht ein eigener Nationalstolz, Indiens Gesellschaft ist immer noch zur Hälfte entwickelt und halb rückständig, Afrikas Gesellschaft besteht aus einer Menge verschiedener Volksstämme, die sich gegenseitig töten. Es gibt also viele Kategorien für die großen Begriffe Kultur und Nation. In Europa hat man sehr alte Gesellschaften und die nationale Identität ist hier nicht mehr so stark.

| Wie hat sich in diesem Zusammenhang das Verständnis von Staatsbürgerschaft gewandelt?

Staatsangehörigkeit ist eine Frage des legalen Status, ein Gesetz zur Protektion, aber Staatsangehörigkeit hat nichts mit Menschsein zu tun. Die meisten Menschen leben auf der Grundlage ihrer nationalen Identität. Die Japaner zum Beispiel besitzen einen Stolz, der kulturell begründet ist. Identität ist wichtig, die Form der Identifizierung hat sich aber verändert. Früher hätte der Mensch auf die Frage, wer er sei, geantwortet: „Der Sohn meines Vaters", und hätte damit die Kontinuität der Generationen betont. In einer modernen Gesellschaft würde er sagen: „Ich bin ich und verdanke alles mir selbst." Diese Einstellung, die den selbstbezüglichen Charakter der modernen Persönlichkeit unterstreicht, zeigt eine Chance auf. Vielleicht werden sich die Menschen in Europa bald als europäische Staatsbürger fühlen, obwohl sie viele unterschiedliche Sprachen sprechen.

| In seiner naturrechtlichen Vertragstheorie schreibt John Locke 1690: „In the beginning, all the world was America." Und für Georg Wilhelm Friedrich Hegel verkörperten die Vereinigten Staaten die Modernität. Er sah die USA als „das Land der Zukunft, ein Land der Sehnsucht für alle die, welche die historische Rüstkammer des alten Europa langweilt." Wie beurteilen Sie die USA?

In der Einleitung zu seinen Vorlesungen über die Philosophie der Geschichte sagte Hegel auch, Amerika sei bisher nur ein Traum. Die Vereinigten Staaten haben, da pflichte ich John Locke bei, die Weltgeschichte neu beginnen lassen. Die USA waren von Anfang an eine Zurückweisung der alten Gesellschaftsordnung durch eine bunt zusammengewürfelte Klasse von Vagabunden, Abenteurern, Sträflingen, enteigneten Edelleuten und andersgläubigen Protestanten, von den Quäkern bis hin zu den Puritanern. Sie waren eine offene Gesellschaft. Jedermann hatte die Möglichkeit, etwas zu werden. Viele Energien und

Ressourcen konnten nur hier ihre heilsame Wirkung entfalten. Viele Träume wurden wahr. Doch man muss auch zugeben, dass sich inzwischen einiges zum Alptraum entwickelt hat.
In den fünfundzwanzig Jahren nach dem Zweiten Weltkrieg wurden die Vereinigten Staaten von Amerika zum ersten Mal zu einer nationalen Gesellschaft. Sie waren zwar schon lange eine Nation, aber erst im Gefolge der Revolutionierung von Kommunikation und Verkehrswesen entwickelten sie sich zu einer nationalen Gesellschaft in dem Sinne, dass Veränderungen in einem Bereich nun zunehmend eine unmittelbare Auswirkung auf alle anderen Bereiche hatten.

| In Ihrem Buch „Die Zukunft der westlichen Welt" stellten Sie schon 1976 die Behauptung auf, dass die wirtschaftliche und politische Macht der USA in der Welt unwiderruflich abnehmen werde. Wie groß ist die Macht der USA?

Zweifellos sind die Vereinigten Staaten von Amerika noch immer die militärisch und technisch führende Macht, und der US-Dollar ist noch immer das unsichere Fundament der Weltwirtschaft. Wenn nicht geradezu von einer Hegemonie gesprochen werden kann, so sind die Vereinigten Staaten doch nach wie vor die überragende Macht. Sie sind, was noch wichtiger ist, zusammen mit dem Vereinigten Königreich eines der wenigen Länder der Welt, die institutionelle Stabilität schaffen konnten und seit 200 Jahren, mit Ausnahme des Bürgerkriegs, friedliche Wahlen und bürgerliche Ordnung gewährleistet haben.
Die Vereinigten Staaten von Amerika dürften auch in der nahen Zukunft die ausschlaggebende Kraft sein, doch sie können nicht mehr als Hegemonialmacht auftreten, weder vom Standpunkt einer altruistischen Rolle als „Weltpolizist" noch von einem berechnenden Standpunkt kapitalistisch-wirtschaftlicher Vormachtstellung aus. Denn mit den neuen Verkehrs- und Kommunikationsmöglichkeiten verstärkt sich die Interaktion zwischen Menschen, intensiviert sich der Austausch von Ideen und wächst die Zahl von Netzwerken. Institutionell hat dies zu

einer ungeheuren Vervielfältigung und Verbreitung internationaler Organisationen geführt. Aufgrund des Zuwachses an Zahl, Größe, Reichweite und Vielfalt transnationaler Organisationen liegen Entscheidungen nicht länger in den Händen eines einzigen Landes, und sei dieses Land noch so groß und mächtig wie eben die Vereinigten Staaten von Amerika. Seit dem wirtschaftlichen Wiederaufbau Westeuropas und Japans in den sechziger Jahren wurde durch die Expansion des Welthandels und die weltweiten Investitionen das internationale Wirtschaftssystem noch stärker zum Entscheidungszentrum. Später traten multinationale Konzerne als mächtige Akteure in Erscheinung. Beweis ihrer Größe ist die Tatsache, dass die Zahl der Produkte und Dienstleistungen von Konzernen oft größer ist als das Bruttosozialprodukt vieler Länder. Die Märkte sind nicht länger nationale Märkte. Währungspolitische Vorkehrungen werden nicht zum Schutz der Zahlungsmittel eines Landes, sondern zum Schutz der Bilanzen von Konzernen getroffen. Ein weiteres Argument für meine These ist die Internationalisierung des Kapitalmarktes. Der Welthorizont schrumpft zu einem Zelt zusammen, da das Finanzkapital zunehmend empfindsam auf Zinsdifferenzen reagiert und schnell die nationalen Grenzen überschreitet, um höhere Zinsgewinne zu erzielen. Derartige wirtschaftliche Mobilität untergräbt die Fähigkeit einer nationalen Regierung, eigene wirtschaftliche Ziele zu verfolgen. Gewinne lassen sich, unter Ausnutzung unterschiedlicher Kurswerte, durch Transaktionen derart verschieben, dass weniger Steuern anfallen. Konzerne entgehen der Kontrolle des Steuerstaates, indem sie Geschäfte über Tochtergesellschaften abwickeln.

| In einem Artikel mit dem Titel „Die Krise des Steuerstaates“ schreibt Joseph Schumpeter 1918, dass die öffentlichen Finanzen einer der besten Anhaltspunkte für eine Untersuchung der Gesellschaft sind. Wie ist es um die öffentlichen Haushalte bestellt?

Die Finanzkrise eines Staates ist die Folge der strukturellen Lücke zwischen staatlichen Ausgaben und Einkünften. Wenn der effektive Steuer-

satz einer Gesellschaft auf fünfunddreißig und mehr Prozent des Einkommens ansteigt, ist der Betroffene unzufrieden, falls die Gründe für derart hohe Steuern nicht überzeugend dargelegt werden.
Der Staat steckt in einem Dilemma: Er muss versuchen, Bedingungen zu erhalten oder zu schaffen, unter denen eine gewinnträchtige Kapitalakkumulation möglich ist. Der Staat muss jedoch auch die gesellschaftlichen Bedürfnisse und Forderungen im Blick haben. Ein Staat, der einer Klasse auf Kosten anderer Klassen hilft, Kapital anzuhäufen, büßt seine Legitimation und die Grundlage von Loyalität und Unterstützung ein. Für moderne demokratische Regierungen ist es politisch höchst prekär, eine bestimmte Gruppe der Bevölkerung für Kosten aufkommen zu lassen.

| Wenn sich die ökonomische Zukunft eines Landes in wachsendem Maß der eigenen Kontrolle entzieht, was sollte die Politik tun?

Auch aufgrund von Ressourcen, Umweltverschmutzung und Bevölkerungsdichte verlangt unsere Welt notgedrungen auf allen Gebieten nach mehr Autorität und Lenkung.
Nationale Regierungen müssen sich zum einen gegen die Unabhängigkeit der Konzerne, zum anderen gegen Schwankungen infolge von Ungleichgewichten im Zahlungsverkehr zu schützen suchen. Die Länder können sich gegenüber dem Einfluss multinationaler Konzerne abschotten oder aber nach geeigneten Mitteln des Zusammenspiels im internationalen Konzert suchen. Eine Möglichkeit wäre, eine transnationale Instanz mit Regierungsgewalt auf breiter Grundlage zu schaffen, die gemeinsame Mechanismen und Strategien für die Wirtschaft zu definieren hätte.

| Sehen Sie einen direkten Zusammenhang zwischen Kapitalismus und Demokratie? Oder lässt sich „die Herrschaft des Volkes" potentiell in jedem gesellschaftlichen Kontext verwirklichen?

Alexis de Tocqueville bezeichnete solche Gesellschaften als „demokratisch“, in denen das Merkmal angeborener und somit ungleich verteilter politischer Rechte völlig fehlt. Im Gegensatz zu den Staaten Europas wurden schon damals in Amerika die politischen Rechte gleich verteilt und konnten durch Einwanderung erworben werden. Demokratie ist ein System, in dem eine erbliche Statusordnung fehlt und in dem die politische Arena verschiedenen, einander entgegengesetzten Gruppen zur Verfügung steht sowie fundamentale Freiheiten geschützt werden. Obwohl Kapitalismus und Demokratie historisch gemeinsam entstanden sind und beide gemeinhin durch den philosophischen Liberalismus gerechtfertigt wurden, müssen beide nicht zwingend aneinander gebunden sein. So sind das Deutsche Reich, die Weimarer Republik, das Dritte Reich und die Bundesrepublik Deutschland wirtschaftlich gesehen allesamt kapitalistisch, und dennoch unterscheiden sich die politischen Systeme der einzelnen Perioden beträchtlich.

Auch wenn ein System durch Krieg oder Revolution gestürzt wird, nimmt die Aufgabe, eine neue gesellschaftliche Struktur zu errichten, viel Zeit in Anspruch. Sie gestaltet sich schwierig, und notgedrungen muss man sich der Bausteine der alten Gesellschaftsordnung bedienen. Lebensweisen, soziale Beziehungen sowie Normen und Werte sind nicht über Nacht umzukehren. Soziale Strukturen verändern sich langsam, besonders Gewohnheiten, Bräuche und eingefahrene, traditionelle Lebensweisen. Dies gilt auch für die Demokratie.

| Welche Rolle spielt Religion beim Aufbau von Demokratie? Wirkt sie sich eher förderlich oder hinderlich auf die Errichtung demokratischer Institutionen aus?

Für die Kritiker war Religion ein Schleier, der den Menschen daran hindert, sich selbst zu verstehen. Für alle Denker der Aufklärung von Voltaire bis Karl Marx war sie ein Aberglaube. Nicht zufällig war die Religionskritik Grundlage der Gesellschaftskritik, in der die Theologie

der Anthropologie wich und die Bemühungen des Menschen, sich ein ewiges Leben zu verdienen, ersetzt wurden durch den Versuch, den Himmel auf Erden zu verwirklichen. Die Religionskritik war der Ausgangspunkt der Ideologie und das Bemühen, die Welt zu verändern, indem man Religion durch Ideologie ersetzte.
Es sei aber daran erinnert, dass ein tragender Pfeiler in Tocquevilles Theorie des „demokratischen Zeitalters", die er am amerikanischen Beispiel entwickelt hat, die These ist, dass der Aufbau von Demokratie dann gelingt, wenn die entsprechenden Staaten über religiöse und säkulare Assoziationsstrukturen verfügen. Anders als in Europa hat die Trennung von Staat und Religion in den USA den Sinn, die Religion vor der Staatsgewalt zu schützen und ihre freie Entfaltung zu gewährleisten. Das geht zurück auf das Schicksal derer, die aus Europa nach Amerika kamen, weil sie ihren Glauben aufgrund der europäischen Staatsgewalten nicht leben konnten.

| Mit Ihrer Prognose vor dreißig Jahren haben Sie Zielgenauigkeit bewiesen. Die meisten Ihrer Annahmen haben sich bestätigt. Welche unmittelbaren Entwicklungen zeichnen sich ab im Zuge der Globalisierung?

Auf der globalisierten ökonomischen Ebene werden wir eine Menge Allianzen erleben. Die Politik wird sich immer häufiger gegen die freien Märkte stellen. Als die USA Anfang 2002 begannen, Schutzzölle für Stahlimporte zu erheben, verstießen sie gegen internationales Recht. Nichts anderes tut die Europäische Union, wenn sie Agrarprodukte subventioniert. Diese Subventionen haben fatale Folgen. Sie führen dazu, dass es Anbietern aus Afrika unmöglich gemacht wird, ihre Erzeugnisse auf dem europäischen Markt abzusetzen. Noch fataler wirkt sich das auf die Märkte in Afrika aus, wenn die EU-subventionierten Agrarprodukte die Produkte der afrikanischen Bauern im Preis unterbieten und die afrikanischen Bauern auf ihren Waren sitzen bleiben. In vielen Gebieten kontrollieren noch immer Nationalstaaten die Finanzpolitik. Die Frage der Zukunft in Europa ist, ob die Finanzpolitik in den Händen von Großbanken ruhen wird oder national bleibt. Die Briten verwahren sich etwa gegen die Mitgliedschaft in einem vereinten Europa, weil sie die Kontrolle über diesen Bereich behalten wollen. Die Ausgaben eines Staates sind unmittelbar verknüpft mit den Einnahmen in Form von Steuergeldern. Bis zu einem gewissen Punkt haben Nationalstaaten die Kontrolle über ihre Finanzen und können somit ihre Märkte selbst regulieren.

| Derart widersprüchliche Entwicklungen charakterisieren das Leben in einer globalisierten Welt. Ist es nicht paradox, dass heute jeder von Globalisierung spricht, Immigranten aber trotzdem unerwünscht sind?

Niemand will die freie Arbeit für alle. Mit diesem Problem werden wir uns die nächsten zehn Jahre herumschlagen müssen. Mehr und mehr Menschen fordern, dort zu arbeiten, wo sie wollen. Unterstützt man den freien Kapitalfluss, muss man in Kauf nehmen, dass auch die Arbeit fluktuiert. Genau dagegen wehren sich jedoch die Nationalstaaten. In Deutschland hat man nach dem Krieg türkische Gastarbeiter geholt, die die Drecksarbeit machen mussten. Jetzt ist die zweite und dritte Generation Türken in Deutschland groß geworden, und die Deutschen wollen sie in die Türkei zurückschicken, was diese aber wiederum ablehnen. Was wird geschehen? Nun, ich denke, man wird sich arrangieren.

| Worin unterscheidet sich die heutige Generation von den früheren in Bezug auf ihre Wahrnehmung der Welt?

Was unsere Generation erwartet, wird keine geringere Umwälzung sein als jene, die Menschen in den letzten Jahrzehnten erlebt haben. Denken Sie zum Beispiel an die „Zukunftsschocks" eines Menschen, der 1920 geboren wurde und 1980 starb. In dieser Zeit erlebte er das Heraufkommen von Automobilen, Propellerflugzeugen, Fernsehen und Atombomben. Im Gegensatz zu den Menschen vor zweihundert Jahren nehmen wir die Welt aber weitaus komplexer wahr: Unser Wissen über andere Menschen ist angesichts der Massenmedien, der Ausweitung der politischen Welt und der enormen Zahl von Persönlichkeiten aus dem öffentlichen Leben enorm gestiegen. Heute müssen wir eine viel größere Bandbreite an Namen und Ereignissen in Erinnerung behalten.

Die modernen Menschen haben die alten Verankerungen aufgegeben, meiden überlieferte Wege und stehen ständig vor dem Problem der Wahl. Mit dem Auflösen der traditionellen Klassenstruktur der Gesellschaft wollen sich die Menschen nicht mehr über ihren Berufsstand, sondern über ihren kulturellen Geschmack und ihren Lebensstil definieren. Der freie Waren- und Geldverkehr und die individuelle ökonomische und soziale Mobilität werden zum Ideal erhoben.

| Die Möglichkeit, Entscheidungen zu treffen, die ihr Leben unmittelbar beeinflussen, hat die Menschen mündiger werden lassen. Dieser Freiraum verunsichert jedoch auch. Denken wir an Immanuel Kant, der schrieb: „Unsere Notwendigkeit, zu entscheiden, reicht weiter als unsere Fähigkeit, zu erkennen." Um die Worte des Königsberger Philosophen abzuwandeln: Was können wir tun?

Die Fähigkeit, zu erkennen sowie in Ereignisse einzugreifen und sie unter Kontrolle zu bringen, ist abhängig von dem Zusammenhang, in dem man lebt. Für die Masse bedeutet die Möglichkeit, Karrieren, Lebensstile, Freunde oder politische Repräsentanten wählen zu können, eine Neuheit in der Sozialgeschichte. Mit der zunehmenden Abhängigkeit der Menschen voneinander hat sich auch der Maßstab verändert: Die Städte wachsen, die Organisationen vergrößern sich, das politische Wirkungsfeld breitet sich aus. Dies hat zur Folge, dass sich das Individuum immer hilfloser fühlt.

In einer komplexen Gesellschaft muss es einen legitimierten Ort des Austausches von Interessen und der Vermittlung von Forderungen geben. Natürlich ist der rasche Ablauf sozialen Wandels für die große Mehrheit der Bevölkerung beunruhigend. Gerade jetzt, wo die gesellschaftlichen Veränderungen – die technologischen und soziologischen – rapide voranschreiten. Das durch die Strukturveränderungen in der Gesellschaft hervorgerufene Gefühl der Unsicherheit ist in allen Gesellschaftsschichten vorzufinden. Wo das Vertrauen in die Gesellschaft und ihre Institutionen erschüttert ist und wo Interessen nicht wahrgenommen werden, da bildet sich eine explosive Mischung, die jeden Moment in die Luft gehen kann.

| In früheren Zeiten war ein Hochschulabschluss eine sichere Garantie für einen Platz in der Gesellschaft. Aber im Rahmen der modernen technologischen Revolution ist ein solcher Abschluss keineswegs mehr ausreichend, um die höheren Ebenen der Gesellschaft zu erklimmen.

Der soziale Aufstieg erfordert einen ununterbrochenen Prozess beruflicher Bildung und Weiterbildung, um mit den neuen Techniken und dem neu produzierten Wissen Schritt zu halten. Die zunehmende Unsicherheit steigert die Angst um Karriere und Zukunft.
Wie diese Aufgaben bewältigt werden, wenn dies überhaupt möglich ist, das betrifft unmittelbar die Existenz jedes Einzelnen. Wenn die Gesellschaft nicht gelenkt werden kann, wenn die Institutionen keine Flexibilität und Reaktionsfähigkeit zeigen, dann verstärken sich die desintegrierenden Tendenzen. Wenn es aber gelingt, eine neue Sicht auf die Gesellschaft zu entwickeln sowie Institutionen zu schaffen, die auf die aktuellen Herausforderungen reagieren können, haben wir möglicherweise genügend Zeit, die Grundlagen unserer Kultur zu überdenken und neu zu gewichten.

| In welche Richtung steuert die Gesellschaft?

Die Frage ist offen. Der Schleier der Zukunft lässt sich nicht lüften. Bevor man eine Prognose wagen kann, muss man wissen, von welcher

Ebene man spricht. Eine Gesellschaft ist kein Organismus, keine biologische Einheit mit einem homöostatischen Regler, die ein Gleichgewicht zu bewahren versucht. Die Gesellschaft ist kein Ganzes, sondern ein Kanon aus sozialen Übereinkünften, aus Gesetzen und Institutionen, die von Individuen geschaffen wurden, um Bedürfnisse zu befriedigen, soziale und berufliche Positionen zuzuweisen, Rechte zu garantieren und Triebe unter Kontrolle zu halten. Gesellschaften werden durch einen normativen Kanon aus Werten und Autorität zusammengehalten, die von ihren Mitgliedern akzeptiert werden; es sei denn, sie leben unter einer diktatorischen Zwangsherrschaft.

Das Herz einer jeden Gesellschaft ist das Vertrauen einer Bürgerschaft in die Gerechtigkeit der Gerichte. Und schließlich ist für jede Gesellschaft ihr Wertesystem entscheidend. Letzten Endes geben nicht die Signale des Preissystems, sondern die Werte der Kultur, in welche die Ökonomie eingebettet liegt, die Richtung an. Keine Gesellschaft kann das Problem des sozialen Gleichgewichts außer Acht lassen und die grundlegenden Entscheidungen völlig dem Markt oder der bürokratischen Herrschaft überlassen. Hier liegen einige der schwierigsten Probleme der politischen Theorie. Es sind Wert- und Gemeinschaftsurteile. Und die Technologie liefert keine Antworten – ganz gleich, auf welcher Welle sie gerade reitet.

BÜRGERGESELLSCHAFT

Ralf Dahrendorf

I Woher kommen Sie?

„Für mich spielt es keine sonderlich große Rolle, woher ich komme", erklärt Ralf Dahrendorf, der am 1. Mai 1929 in Hamburg geboren wurde und in seinem bisherigen Leben bereits über dreißig Mal den Wohnort gewechselt hat. „Ich bin Grenzgänger, lebe in England wie in Deutschland und fühle mich in Wissenschaft und Politik zu Hause."
Als Dreijähriger zog Dahrendorf 1933 nach der Machtergreifung Hitlers mit seinen Eltern von Hamburg nach Berlin – sein Vater war kurz zuvor als Abgeordneter für die SPD in den Reichstag gewählt worden. Seine Kindheit war überschattet von den Wirren des Zweiten Weltkrieges. Als fünfzehnjähriger Schüler verteilte er Flugblätter gegen das Unrechtssystem der Nationalsozialisten, wurde von der Gestapo verhaftet und landete in einem Gefängnis. „Die zehn Tage Einzelhaft", so erinnert sich Dahrendorf, „haben einen fast klaustrophobischen Drang zur Freiheit in mir geweckt."
Nach Ende des Zweiten Weltkrieges kehrte die Familie Dahrendorf nach Hamburg zurück, wo Ralf Dahrendorf 1947 Abitur machte und sich als Student der Philosophie und Klassischen Philologie an der Hamburger Universität immatrikulierte. Im Anschluss an seine Dissertation mit dem Titel „Der Begriff des Gerechten im Denken von Karl Marx" ging er 1952 als Postgraduierter der Soziologie an die „London School of Economics and Political Science", wo er den Philosophen Karl Popper traf und auch seine spätere Frau kennen lernte. Nach einem zweimonatigen Zwischenspiel am Frankfurter Institut für Sozialforschung kam Dahrendorf 1954 als Assistent an die Universität des Saarlandes nach Saarbrücken, wo er sich drei Jahre später mit der Schrift „Soziale Klassen und Klassenkonflikt in der industriellen Gesellschaft" habilitierte. Als Privatdozent für Soziologie ging er 1957 an Bord eines Handelsschiffes, mit dem er den Atlantik überquerte. Nach seiner Ankunft in New York und der Weiterfahrt an die Westküste erreichte er schließlich sein Ziel: das Center for Advanced Study in Palo Alto. Während seines einjährigen Aufenthaltes entstand dort unter an-

derem die Schrift „Homo Sociologicus“, die zuerst in der „Kölner Zeitschrift für Soziologie“, dann als Buch erschien. An seinem 29. Geburtstag trat er seine Arbeit als ordentlicher Professor für Soziologie an der Hamburger Akademie für Gemeinwirtschaft an. Knapp zwei Jahre später wechselte er nach Tübingen, wo es ihm 1961 gelang, Theodor W. Adorno und Karl Popper zu einem Gespräch einzuladen, das als „Positivismusstreit“ in die Geschichte der Sozialwissenschaft einging. „Die Soziologie in jenen Jahren war ein reines Vergnügen“, erinnert sich Dahrendorf. „Sie befriedigte sowohl theoretische Neugier als auch praktische Absichten.“
Seine Schrift über „Arbeiterkinder an deutschen Universitäten“ wurde 1964 zum Auslöser der in Baden-Württemberg eingeleiteten Bildungsreformen. Dahrendorfs Forderung „Bildung ist Bürgerrecht“ stand exemplarisch für sein Engagement bei der Mitbegründung der Konstanzer Universität. Mit seinem 1965 erschienenen Werk „Gesellschaft und Demokratie in Deutschland“ profilierte er sich, obwohl zunächst sozialdemokratisch sozialisiert, als Vordenker eines modernen Liberalismus und trat 1967 in die FDP ein, für die er bereits 1968 in den baden-württembergischen Landtag gewählt wurde. Für Aufsehen sorgte die öffentliche Diskussion mit Rudi Dutschke am Rande des Freiburger Parteitages der FDP, bei dem Dahrendorf auch in den FDP-Vorstand gewählt wurde. Während der Zeit der großen Koalition von CDU und SPD – Dahrendorf hatte den Vorsitz der Deutschen Gesellschaft für Soziologie inne und stand dem Frankfurter Soziologentag mit dem Thema „Spätkapitalismus und Industriegesellschaft“ vor – wurde der politische Intellektuelle zum intellektuellen Politiker: Von 1968 bis 1970 saß Dahrendorf als Abgeordneter der FDP im deutschen Bundestag. In dieser Zeit fungierte er auch als parlamentarischer Staatssekretär von Walter Scheel, dem damaligen Bundesaußenminister. 1970 wechselte er von Bonn nach Brüssel, wo er viereinhalb Jahre lang als Kommissar für die Europäische Gemeinschaft tätig war, beendete aber 1974 überraschend seine politische Karriere. Ein Angebot, das ihn wieder in die Wissenschaft zurückkehren ließ, lockte ihn nach

England. Nicht die Kärrnerarbeit der Lehre, sondern die Chance, als Direktor der „London School of Economics and Political Science" wirken zu können, hatte ihn zu diesem Schritt bewegt. Von 1974 bis 1984 blieb er Wissenschaftsmanager an der LSE. Letzte Stationen seiner wissenschaftsinstitutionellen Tätigkeit waren von 1984 bis 1986 eine Professur in Konstanz und von 1987 bis 1997 die Leitung des St. Antony´s College in Oxford, wo er ebenfalls als Wissenschaftsmanager aktiv war. Zu dieser Zeit bekleidete er auch die Position des Prorektors an der Universität Oxford.
Aufgrund seiner Verdienste und Lebensleistungen auch und insbesondere für die deutsch-britischen Beziehungen wurde Dahrendorf, der seit 1988 auch britischer Staatsbürger ist, 1993 von Queen Elisabeth II. in den Adelsstand erhoben und gehört als „Baron of Clare Market in the City of Westminster" auf Lebenszeit dem britischen Oberhaus an.

| Ausgewählte Buchveröffentlichungen:

Ralf Dahrendorf: Gesellschaft und Demokratie in Deutschland.
Piper Verlag, München 1965

Ralf Dahrendorf: Lebenschancen.
Suhrkamp Verlag, Frankfurt/M. 1979

Ralf Dahrendorf: Betrachtungen über die Revolution in Europa.
Deutsche Verlags-Anstalt, Stuttgart 1990

Ralf Dahrendorf: Der moderne soziale Konflikt.
Deutsche Verlags-Anstalt, Stuttgart 1992

Ralf Dahrendorf: Auf der Suche nach einer neuen Ordnung.
C.H. Beck Verlag, München 2003

| Wohin gehen Sie?

„Ich verfüge über keinen detaillierten Fahrplan für meine Zukunft", sagt Dahrendorf, der Vergnügen daran hat, immer wieder Grenzen zu überschreiten. Der geborene Hamburger verbindet Wissenschaft und Politik, Theorie und Praxis auf die ihm eigene liberale Weise. Als ebensolcher wird er nicht müde, die Institutionen der Freiheit zu schützen, in Bewegung zu halten und zu entwickeln. Er weiß, dass die Überlebensfähigkeit der offenen Gesellschaft alles andere als selbstverständlich ist. Sie erfordert von ihren Bürgerinnen und Bürgern die Bereitschaft, sich ständig auf die Suche zu begeben und standhaft für ein Leben in Freiheit einzutreten, denn „ohne Freiheit gibt es keinen Fortschritt". Nur im Rahmen der offenen Gesellschaft können sich Kräfte entfalten, die bessere Lebensbedingungen für eine größere Zahl von Menschen ermöglichen.
Dahrendorf versteht Freiheit als einen Zustand, in dem Menschen keinen Kontroll- und Überwachungsmaßnahmen ausgesetzt sind und den Raum und die Zeit finden, ihre eigenen Ideen und Initiativen zu entwickeln. Die Bürgergesellschaft sieht er dann verwirklicht, wenn im öffentlichen Raum die unterschiedlichsten Interessen vorgetragen und ausgetragen werden können. Dahrendorf verfolgt seine Ziele weiter als kritischer Beobachter und streitbarer Zeitgenosse. Innerer Antrieb ist für ihn die Möglichkeit, durch sein Werk und Leben aktiv an der Gestaltung der offenen Gesellschaft mitzuwirken.

Die Freiheit ruht auf drei Säulen:
Demokratie, Marktwirtschaft und Bürgergesellschaft.

Die Bürgergesellschaft

„Die Freiheit ruht auf drei Säulen", schreibt Ralf Dahrendorf in seinem 1992 erschienenen „Essay zur Politik der Freiheit". Grundlegend für die Garantie der Freiheit sind Demokratie und Marktwirtschaft. Aber erst die dritte Säule, die Bürgergesellschaft, verleiht dem „Gebäude der Freiheit" die nötige Stabilität.

Die Bürgergesellschaft ist ihrer Natur nach das „schöpferische Chaos" von in aller Regel freiwilligen Zusammenschlüssen, in denen sich Individuen zusammentun, um gemeinsame Interessen zu verfolgen oder Projekte umzusetzen. Sie ist die Kraft, die entsteht, wenn sich die folgenden drei Elemente verbinden: Erstens die Vielfalt verschiedener nicht-staatlicher Organisationen und Institutionen. Zweitens die Möglichkeit der Bürger, sich auf eigene Initiative und autonom vom bürokratischen Staatsapparat zu versammeln. Drittens die Bereitschaft ihrer Mitglieder, sich aktiv am Gelingen eines sozialen Ganzen zu beteiligen.

Natürlich kann eine vitale Bürgergesellschaft nicht über Nacht entstehen. Sie wächst über lange Zeit. Auch gibt es für sie keinen Königsweg. Sie lässt sich nicht wie eine demokratische Verfassung entwerfen oder festlegen wie die Regeln der Marktwirtschaft. Vielmehr formiert sie sich aus dem Bedürfnis der Individuen, sich zu artikulieren, sich in Entscheidungsprozesse einzubringen und die Gesellschaft mitzugestalten.

Gefahr droht der Bürgergesellschaft vom Staat, der dazu tendiert, selbstbewusste Bürger und deren Initiativen zu kontrollieren und zu unterdrücken. Die Bürgergesellschaft sieht Dahrendorf deshalb auch als Gegenentwurf zur staatlich gelenkten Gesellschaft, in der alle sozialen und wirtschaftlichen Bereiche vom Staat kontrolliert werden.

Die Bürgergesellschaft berücksichtigt die Vielfalt der Meinungen und das pluralistische Prinzip unterschiedlicher Vorstellungswelten. Soziale Konflikte sind in der Bürgergesellschaft nicht nur gestattet, sondern werden auch ausgetragen. Im Mittelpunkt steht der Interessenkonflikt zwischen benachteiligten und privilegierten Gruppen. Lebenschancen sollen erhalten und verbessert werden in einem fortwährenden Kampf um Anrechte und das Angebot von Alternativen.

Unter Anrechten versteht Dahrendorf Zugangsmöglichkeiten zu materiellen und immateriellen Gütern. Das Angebot besteht aus der Vielfalt jener Güter, aus der die zugangsberechtigten Personen wählen können. Ohne ein Angebot sind Anrechte nutzlos. Ohne Anrechte gibt es aber auch keinen Zugang zum Angebot. Dahrendorf erläutert diesen Gedanken am Beispiel des Wahlrechts. Dieses versteht er als Anrecht, das aber nur dann Sinn macht, wenn ein entsprechendes Angebot existiert, wenn es also mehrere Kandidaten oder Parteien gibt, zwischen denen gewählt werden kann.

Laut Dahrendorf muss auch das Angebot sinnvoll sein. Dies ist nur dann der Fall, wenn die vorhandenen Optionen in bestimmte Wertvorstellungen eingebettet sind. „Wenn es nicht von Belang ist, was wir wählen, welche politische Partei, welches moralische Verhalten, welche Theorie der Erkenntnis oder aber auch welche Konsumgüter, wenn al-

so alles gleichgültig ist, dann wird nicht nur alles gleichgültig, sondern es setzt eine allgemeine Richtungs- und Orientierungslosigkeit ein." Anrechte und Optionen alleine reichen deshalb nicht aus; sie müssen begleitet werden von soziokulturell sinngebenden „Ligaturen". Erst die Ligaturen ermöglichen es den Menschen, ihren Weg durch die Welt der Optionen zu finden. Sie sind tiefe Bindungen, die den Wahlmöglichkeiten Sinn verleihen. Sie sind der Kitt, der die Gesellschaften zusammenhält. Ziel der Bürgergesellschaft ist es nun, die allen gemeinsamen Anrechte auszubauen, das Angebot auf der Basis von Ligaturen zu erweitern und somit die Lebensbedingungen aller zu verbessern. Dahrendorf ist davon überzeugt, dass Freiheit und Wohlstand nur durch die Verbindung von Demokratie, Marktwirtschaft und Bürgergesellschaft zu erreichen sind. In der Demokratie garantieren gesetzliche Richtlinien unveräußerliche Menschen- und Bürgerrechte. Die Marktwirtschaft schafft die Voraussetzungen für das Anwachsen eines reichhaltigen Angebots. Die Bürgergesellschaft schließlich gibt den Menschen die Möglichkeit, sich frei zu bewegen und zu Interessengruppen zusammenzuschließen. Die Bürgergesellschaft, die nach Dahrendorf „den verlässlichsten Anker der Freiheit darstellt", wird erst dann verwirklicht sein, wenn es für alle Menschen die gleichen Rechte gibt. Bürgerrechte sind wesentliche Voraussetzungen einer freien und offenen Gesellschaft. Grenzen sind nach Dahrendorf trotzdem nötig, da sie ein willkommenes Element von Struktur und Bestimmtheit schaffen. Ferner betont er, dass es darauf ankommt, Grenzen durchlässig zu machen und offen für alle, die sie überqueren wollen. „Eine Welt ohne Grenzen ist eine Wüste, eine Welt mit geschlossenen Grenzen ist ein Gefängnis; die Freiheit gedeiht in einer Welt offener Grenzen."
Das historische Ziel ist die Weltbürgergesellschaft, deren Regeln von globalen Institutionen garantiert und geschützt werden. Solange jedoch noch keine weltweit gültige Rechtsordnung mit der Möglichkeit von Sanktionen existiert, bleibt der Nationalstaat der Rahmen für die Aufrechterhaltung des Rechts und die Ebene für die Identifikation seiner Bürger.

| Sehen Sie sich selbst als Gesellschaftstheoretiker, Gesellschaftskritiker, Gesellschaftsarchitekt oder als geselliger Zeitgenosse?

Ich sehe mich im tiefsten Sinne als Sozialwissenschaftler und als solcher der Sozialwissenschaft im klassischen Sinne des Wortes verbunden. Zu dieser Sozialwissenschaft gehören nicht nur die Soziologie und Politikwissenschaft, sondern auch die Ethnologie, Sozialpsychologie, Geschichtswissenschaft und Philosophie. Darüber hinaus bin ich wohl ein unverbesserlicher Aufklärer und Verteidiger der Freiheit, der keine Gelegenheit auslässt, mehr Lebenschancen für mehr Menschen zu schaffen.

| Welche Rolle spielen Sie in der Gesellschaft?

Eine Doppelrolle: Zum einen die eines „engagierten Beobachters", um den Begriff von Raymond Aron aufzunehmen, zum anderen bin ich jemand, der auch beteiligt ist an dem, was um ihn herum geschieht. Beide Rollen habe ich entweder abwechselnd gespielt, mit Phasen in der politischen Öffentlichkeit und Phasen in der Wissenschaft, oder auch gleichzeitig.

| Welcher Gesellschaftsgruppe fühlen Sie sich zugehörig?

Seit mehr als zwanzig Jahren fühle ich mich in zunehmendem Maße der neuen globalen Klasse verbunden, die mühelos über Grenzen hinweg Verbindungen knüpft und eigentlich in einem sehr weiten Raum lebt. Wenn Sie eine sozialstrukturelle Antwort klassischer Art wollen, dann bin ich ein klassischer Intellektueller.

| Welche Gesellschaftsromane haben Sie fasziniert?

Zu den großen Romanen des 20. Jahrhunderts zählen zweifellos „Der Zauberberg" wie auch „Buddenbrooks" von Thomas Mann, wobei ersterer mich stärker beeinflusst hat. Aber auch „Die Blechtrommel“ von Günter Grass gehört dazu, wenn man an die Nachkriegszeit denkt. Dann gibt es in der englischsprachigen Literatur eine ganze Romanwelt, von Graham Greene bis Dorothy Sayers, die in Deutschland sicherlich nicht „literaturfähig“ ist, die aber ein tiefes Verständnis für gesellschaftliche Zusammenhänge erkennen lässt.

| Welchem Gesellschaftsspiel gehen Sie gerne nach?

Mein Vater war ein großer Gesellschaftsspieler und deshalb habe ich in meiner Kindheit und Jugend oft Karten- und Würfelspiele gespielt, mit Vorliebe Skat. Aber jetzt spiele ich gar keine Spiele mehr, es sei denn ich gerate in den USA unter Ökonomen, die alle mit Leidenschaft pokern. Ich weiß aber nicht, ob man Poker streng genommen ein Gesellschaftsspiel nennen kann, weil es ein doch sehr individueller Zeitvertreib ist. Darum spielen das die Ökonomen auch.

| In welcher Gesellschaft leben wir eigentlich?

Wir leben nach wie vor in der modernen Gesellschaft. Ihr Kernstück ist die Tatsache, dass der Einzelne und die von ihm bewusst geschlossenen vertraglichen Beziehungen im Vordergrund stehen, und nicht die Herkunft oder ein ererbter Status. Die Formel „from status to contract“ – von ererbten zu erworbenen Positionen – des britischen Juristen Henry Maine ist mir immer als klarste Formulierung dessen erschienen, was Modernität bedeutet.

| Worin sehen Sie die Stärken und Schwächen dieser Gesellschaft?

Ich bin ein großer Verfechter der modernen Gesellschaft und habe wenig Zeit für diejenigen, die unbedingt postmodern oder postpostmodern sein wollen. Die Grundlagen der modernen Gesellschaft sind zugleich die Grundlagen der Freiheit. Das Hauptproblem, das in unserer Zeit besonders deutlich erkennbar wird, äußert sich in der berühmten Frage: Was hält moderne Gesellschaften zusammen? Das heißt: Worauf gründen sich Institutionen, und worauf gründet sich sozialer Zusammenhalt in modernen Gesellschaften? Diese Frage verweist auf ein andauerndes Problem, mit dem man sich immer wieder neu auseinanderzusetzen hat. Das ist nicht erst heute so, sondern im Grunde schon seit der Renaissance. Allerdings ist diese Fragestellung heute besonders relevant.

| Wollen Sie die Gesellschaft verändern?

Natürlich will ich daran mitwirken, dass die Gesellschaft sich verändert. Ich habe in den letzten Jahren viel von der Quadratur des Kreises gesprochen, also davon, dass wir Wettbewerbsfähigkeit, sozialen Zusammenhalt und politische Freiheit brauchen. Die genannten Ziele lassen sich nicht alle gleichzeitig befriedigend verwirklichen. Die zurzeit größte Aufgabe in Großbritannien ist beispielsweise die, der stark ausgeprägten Wettbewerbsfähigkeit ein Element des sozialen Zusammenhalts hinzuzufügen.

| Wie sieht für Sie die ideale Gesellschaft aus?

Die ideale Gesellschaft gibt es nicht. Eine ideale Gesellschaft ist die, in der man Neues erkunden und daher Fehler machen kann. Die ideale Gesellschaft ist die nicht-ideale Gesellschaft, die offen bleibt für Veränderung.

| Wie sieht die Gesellschaft von morgen aus?

Ich würde sagen, nicht viel anders als die von heute. Das ist wie beim Wetter. Die sicherste Vorhersage ist immer, dass es morgen genauso sein wird wie heute. Das trifft in achtzig Prozent aller Fälle zu, was für eine Prognose schon ganz gut ist. Natürlich ist das soziale Geschehen komplexer als das Wetter, und der Zeithorizont des Wetterberichts ist auf nur wenige Tage begrenzt. Es geschieht zu viel Unvorhersehbares. Zahl und Beziehung der Faktoren sind von unendlicher, niemals beherrschbarer Komplexität. Trotz allem bin ich der festen Überzeugung, dass die Gesellschaft auf absehbare Zeit mit der Frage, wie sie Wettbewerbsfähigkeit, sozialen Zusammenhalt und politische Freiheit erreicht, zu kämpfen haben wird, und dass verschiedene Gesellschaften auf unterschiedliche Weise mit diesem Dreieck von Zielen umgehen werden. Die Gefahr besteht in einer verstärkten Neigung zu autoritären Lösungen. Trotz der Terroranschläge vom 11. September 2001 sehe ich seit der Revolution, die dem Kommunismus in Europa 1989 ein Ende setzte, weiterhin eine Chance, dass viele Länder der Welt mit den Bedrohungen gegen die Freiheit fertig werden können und die Institutionen der offenen Gesellschaft erhalten.

| Ist die moderne Gesellschaft eine Bürgergesellschaft, und wenn nicht, wie weit sind wir noch von einer solchen entfernt?

Ich bin ein leidenschaftlicher Verfechter der Bürgergesellschaft, die ich stets als ein Netzwerk von Assoziationen und Initiativen verstanden habe, das dem Wunsch der Menschen Rechnung trägt, sich zusammenzutun, um gemeinsame Projekte zu realisieren. „Bürgergesellschaft" ist meine Übersetzung des angelsächsischen Begriffs „civil society" und ich bin sehr froh, dass er sich eingebürgert hat. Die Rede von einer „Zivilgesellschaft" schien mir immer irreführend, denn „zivil" ist das Pendant zu „militärisch".

Die europäischen Gesellschaften bewegen sich zwischen zwei Polen, der Bürgergesellschaft auf der einen und der Staatsgesellschaft auf der anderen Seite. Charakteristisch für Staatsgesellschaften ist, dass die Bürger ihren Raum mühsam dem Staat abringen mussten, weil der Staat immer schon da war. Dies zeigt sich besonders deutlich in Frankreich, ist aber auch in Deutschland zu spüren. Bei Bürgergesellschaften verlief der Prozess umgekehrt. Hier ist der Staat nachträglich gekommen und hat nie ganz Fuß gefasst, wie etwa in England und Italien. In diesen Ländern ist die Eigeninitiative der Bürger, Unternehmen, Organisationen, Vereine und Verbände die eigentliche Grundlage des sozialen und wirtschaftlichen Lebens. Es ist hier für den Staat immer mühsam gewesen, sich zu behaupten.

Die Vereinigten Staaten von Amerika sind in gewisser Weise noch extremer. Die US-amerikanischen Verfassungstheoretiker, die Autoren der „Federalist Papers", haben den größten Teil ihrer Zeit damit zugebracht, zu begründen, warum es überhaupt eine Bundesregierung geben muss, und es ist ihnen sehr schwer gefallen.

Für mich ist die Bürgergesellschaft zunächst im Gegensatz zur Staatsgesellschaft definiert als eine Gesellschaft, in der Assoziationen, verstanden als vielfältige, freiwillige und autonome Verbindungen, wichtiger sind als die staatlichen Einrichtungen. Aus diesem Grunde sind die Institutionen des Staates in der Bürgergesellschaft relativ schlank.

In der Nachkriegszeit hatte sich der Staat dagegen neue Rechte angemaßt, Wirtschafts- und Sozialpolitik sind zentrale Beispiele. Glücklicherweise ist nun eine Periode angebrochen, in der Bürger und Bürgervereinigungen mehr Mitspracherecht besitzen.

| Kritiker halten dem entgegen, die fortschreitende Globalisierung bewirke genau das Gegenteil.

Auf den ersten Blick mag das stimmen, denn sie führt zweifellos zu einer weiteren Entfernung der Bürger von wichtigen Entscheidungen. Wenn es überhaupt Institutionen gibt, die aus diesen Prozessen entstehen oder in diese eingebunden sind, dann haben sie einen zentralisierenden und öffentlichen Charakter, wie die Welthandelsorganisation, die Weltbank oder andere internationale Institutionen. Sieht man jedoch genauer hin, fällt auf, dass gerade die Globalisierung auch eine Gegentendenz wachgerufen hat, und zwar eine starke Forderung danach, in begrenzten Räumen durch Eigenbeteiligung mitzuwirken. Das hat zu einer Regionalisierung und neuen Stärkung der Gemeindeverwaltung geführt, die – obwohl sie staatlich ist – eigentlich eher in den Bereich der Bürgergesellschaft als in den des Staates gehört. Man erkennt also eine Gegenbewegung in Form von Assoziationen, die von den Bürgern selbst ins Leben gerufen werden. In der augenblicklichen Situation können wir beobachten, wie uns diese Entwicklung von der Bürgergesellschaft entfernt und sie uns zugleich näher bringt. Eine schwierige Situation.

| Was kann die Bürgergesellschaft tun, um unter den neuen Bedingungen mehr Menschen mehr Lebenschancen zu eröffnen?

Ich verstehe unter Lebenschancen eine Verbindung von Optionen und Ligaturen. Die Optionen gründen sich zum Teil auf Anrechte, zum Teil auf Angebote. Das Niveau von Anrechten und Angeboten ist seit 1989 enorm gestiegen, und damit die Lebenschancen der Men-

schen in den früher kommunistischen Ländern. Ligaturen sind tiefe kulturelle Bindungen, die Menschen in die Lage versetzen, ihren Weg durch die Welt der Optionen zu finden. Bürgergesellschaftliche Strukturen stellen wahrscheinlich die wirksamste Form der Befriedigung des Wunsches nach Zugehörigkeit und Sinnfindung dar. Ich sehe bürgergesellschaftliche Strukturen auch in den nachkommunistischen Ländern entstehen, wo Stiftungen und autonome Bildungseinrichtungen geschaffen sowie Vereine und Verbände gefördert werden.
Die Errungenschaften der Bürgergesellschaft sind jedoch so lange unbefriedigend, ja verstümmelt, wie sie mit dem Ausschluss Anderer verbunden sind. Eine große Gefahr besteht in der Ghettoisierung benachteiligter gesellschaftlicher Gruppen, die Angebote und Anrechte für sich nicht mehr wahrnehmen und sich ausgeschlossen fühlen. Ebenso problematisch ist jedoch, dass Bürger in leitenden Positionen, die als Vorbilder dienen könnten, Barrieren gegenüber Menschen aus ärmeren Schichten oder Andersdenkenden errichten. Erst wenn sich gesellschaftliche Gruppen mit unterschiedlichen sozialen und materiellen Voraussetzungen nicht länger voneinander abgrenzen, sondern sich gemeinsam für bessere Lebenschancen einsetzen, kann eine lebendige Bürgergesellschaft entstehen.

| Aber zeigt sich nicht gerade im Osten Deutschlands, dass der öffentliche Raum noch nicht in vollem Maße genutzt wird?

Deutschland ist eine Staatsgesellschaft. Dieses Modell wurde dem Osten übergestülpt. Das konnte nicht gutgehen. Ostdeutschland ist, verglichen mit Polen, Ungarn oder Tschechien, bürgergesellschaftlich gesehen eine Wüste, das Resultat einer unglücklichen Entwicklung. Ich will niemanden beschuldigen, das konnte man so deutlich nicht vorhersehen. Diejenigen, die sich autonom entwickeln mussten, sind stärker als diejenigen, die das nicht mussten, und das sind die Ostdeutschen.

| Welche Chance haben die osteuropäischen Länder, die – wie Sie in Ihrem Buch „Der moderne soziale Konflikt“ sagen – nicht zu denen gehören, die es in den „dreißig glorreichen Jahren nach dem Krieg“ geschafft haben, „Bürgerrechte und wirtschaftlichen Wohlstand, Anrechte und Angebot zu Ausgangspunkten neuer Lebenschancen werden zu lassen“?

Einige haben bessere Voraussetzungen als andere. Polen hat gute Voraussetzungen. Es ist ein bisschen wie Italien, und ich meine, die Geschichte der unabhängigen Gewerkschaft „Solidarność“ zeigt die Rolle von bürgergesellschaftlichen Strukturen. Ich habe einmal in einem Gespräch mit Papst Johannes Paul II. gesagt: „Die Katholische Kirche in Polen ist doch auch Teil der Bürgergesellschaft”, worauf er mir geantwortet hat, dass sie nicht „civil society“, sondern „sacred society“ sei. Aber selbst die Kirchengesellschaft in Polen ist natürlich Teil der Bürgergesellschaft. Sie ist nicht der Staat und steht oft in einem Spannungsverhältnis zu diesem. Also in Polen funktioniert es. In Rumänien dagegen hat Nicolae Ceauşescu, genauso wie er ganze Dörfer dem Erdboden gleichmachte, auch alle sozialen Strukturen eingeebnet. Dort sind die Anfänge sehr schwierig, und es ist noch relativ wenig von einer Bürgergesellschaft zu sehen. Auch Tschechien hat Probleme in der Hinsicht, dass staatliche Traditionen eine übermächtige Rolle spielen. Es gibt also große Unterschiede zwischen den einzelnen Ländern, aber im Ganzen sehe ich doch beträchtliche Fortschritte seit 1989.

| Sie selbst haben einmal gesagt: „Als die kommunistischen Regime Osteuropas nach 1989 eines nach dem anderen zusammenbrachen, schien es, als hätte die Demokratie endgültig gesiegt.“ Heute jedoch, fünfzehn Jahre später, befindet sich die Demokratie offenbar in einer Krise, deren Ausgang noch ungewiss ist.

Die Form der Demokratie, die viele von uns 1989 im Sinn hatten, steckt in der Tat in einer ernsten und tiefen Krise. Obwohl ich nach wie vor an die Prinzipien der klassischen Demokratie glaube und mich als ihren vehementen Verteidiger verstehe, bin ich gleichwohl überzeugt, dass wir die konstitutionellen Grundlagen der Demokratie neu überdenken müssen. In der Vergangenheit hat die Stimme des Volkes Institutionen geschaffen, mit denen es gelang, die Ausübung politischer Macht zu legitimieren, zu kontrollieren und ihre gewaltfreie Ablösung zu ermöglichen. Heute werden Entscheidungen zunehmend auf einer Ebene getroffen, die über die traditionellen demokratischen Entscheidungsverfahren hinausgeht. Und sie werden von Institutionen getroffen, die nicht demokratisch legitimiert sind. Die Fragen, die sich dieser Entwicklung anschließen, lauten deshalb: Wie können wir mit Hilfe eines Systems von „checks and balances" die Machtausübenden kontrollieren und sicherstellen, dass sie ihre Macht nicht missbrauchen? Und wie kann das Volk, wie können alle Bürger an der Ausübung der Macht teilhaben?

| Haben Sie auf diese Fragen eine Antwort?

Fest steht, dass die uns vertrauten demokratischen Institutionen keine Antwort liefern. Das liegt meines Erachtens darin begründet, dass sich diese Fragen immer nur im Kontext des traditionellen Nationalstaates beantworten ließen. Der Nationalstaat verliert aber heute zunehmend seine Souveränität, weil er viele seiner Aufgaben an internationale Organisationen abtritt. Eine stetig wachsende Zahl von Entscheidungen ist aus dem traditionellen Raum der Demokratie ausgewandert. Beschlüsse von lebenswichtiger Bedeutung werden im Bereich der Wirtschaft ebenso wie im Bereich der Verteidigung und der Sicherheit, in nicht-demokratischen Foren wie den Vereinten Nationen, der Europäischen Kommission, der Weltbank, der G8 und der NATO getroffen. Auch wenn wir in der Regel die Stelle kennen, an der Entscheidungen gefällt werden, heißt das nicht, dass wir auf sie Einfluss nehmen, sie kontrollieren oder korrigieren können. Bei Entscheidungen von multinationalen Unternehmen fehlt uns zudem meistens die

Kenntnis über den Ort, wo Entscheidungen fallen. Das ist deshalb so ernüchternd, weil oft gerade diese Beschlüsse von großer Tragweite sind und sich auf Tausende von Menschen auswirken können. Außerdem sind deren Folgen oft schwerwiegender als die vielen Beschlüsse, die nationale Regierungen treffen. Das komplexe Gefüge von Entscheidungen jenseits des demokratischen Prozesses lässt heute die Demokratie so ohnmächtig erscheinen.

| Ist das nicht auch ein Grund für die wachsende Politikverdrossenheit? Diejenigen, die wir nicht gewählt haben, sitzen an den Schalthebeln und treffen Entscheidungen, die unser Leben bestimmen, und diejenigen, die wir gewählt haben, sitzen macht- und ratlos auf der Zuschauertribüne. Was können wir tun? Welche Forderungen leiten Sie daraus ab?

Wir leben in Gesellschaften, die man immer öfter als „Demokratien ohne Demokraten" bezeichnen könnte, das heißt als Gesellschaften, in denen die Bürger ihren Pflichten als Bürger nicht nachkommen. Es ist aber eine bürgerliche Pflicht, sich einzumischen. Eine aus Demokraten bestehende Demokratie macht denen, die an der Macht sind, das Leben schwer, schon allein dadurch, dass unablässig und unerbittlich Fragen gestellt, Kritik geübt und Druck erzeugt wird. Wir müssen alles dafür tun, dem Verfall der demokratischen Kultur entgegenzuwirken. Dies können wir erreichen, indem wir den Mund aufmachen und uns äußern im Bewusstsein des großen Privilegs, in einer Demokratie zu leben. Wir brauchen wachsame Bürger, die auf der Hut sind und sich Gehör verschaffen, wenn sich eine Krise der Demokratie abzeichnet.

| Wie beurteilen Sie den Wunsch nach der Einführung von Volksabstimmungen?

Wer diesen Wunsch äußert, übersieht dass Volksabstimmungen in den meisten Fällen Momentaufnahmen sind. Bei dieser Form der politischen Mitwirkung besteht die Gefahr, dass Entscheidungen auf der Grundlage einer gerade populären Meinung getroffen werden. Demokratie zeichnet sich aber gerade durch das Prinzip aus, Beschlüsse erst nach gründlichen Diskussionen zu fassen. So funktioniert das im Parlament, aber nicht unbedingt bei anderen demokratischen Foren. Die Schweiz mit ihrer Diskussions- und Streitkultur sowie ihren gründlichen politischen Debatten, die den jeweiligen Volksabstimmungen vorweggehen, mag da eine Ausnahme sein.

| Ein zentrales Element der Demokratie sieht der Philosoph Karl Popper in der Möglichkeit, die jeweiligen Machtinhaber gewaltlos abberufen zu können. Demokratie funktioniert in diesem Sinne durch Versuch und Irrtum. Wie verstehen Sie diesen Gedanken?

Auch Regierungen muss man Fehler zugestehen und die Chance geben, aus ihnen zu lernen. Dies jedoch unter der Bedingung, dass ihre Entscheidungen die Grundlagen der demokratischen Ordnung nicht infrage stellen. Natürlich darf die Regierung eines demokratischen Staates ihre Macht nicht zeitlich unbegrenzt ausüben. Aber andererseits muss ihr eine Mindestzeitspanne zur Verfügung stehen, um die Unterstützung der gewählten Volksvertreter zu gewinnen, Gesetze zu verabschieden und ihr politisches Programm umzusetzen. Diese beiden Voraussetzungen stehen von Natur aus in Widerspruch zueinander. Trotzdem ist ein ausgewogenes Verhältnis zwischen beiden nach wie vor am besten durch eine repräsentative, parlamentarische Demokratie zu gewährleisten.

| Wie lassen sich die internationalen Kapitalflüsse, die oft jeglichen Restriktionen entzogen werden, in Zukunft kontrollieren? Lässt sich das Regelwerk der Demokratie auf suprastaatliche Ebene übertragen?

Die Demokratie war und ist noch immer eine ausgezeichnete Regierungsform, aber ich glaube nicht, dass sie sich jenseits des National-

staates verwirklichen lässt. Eben deshalb, weil Demokratie nur dann funktioniert, wenn der Raum, in dem sie wirkt, weder zu klein noch zu groß ist. Es muss gewisse kulturelle Gemeinsamkeiten und einen ungeschriebenen Konsens über bestimmte Werte geben, der diese Gesellschaft zusammenhält.
Schon John Stuart Mill hat darauf verwiesen, dass freie Institutionen in einem Staat, der aus verschiedenen Nationalitäten besteht, nahezu unmöglich sind. Der Aufbau scheinbar demokratischer Einrichtungen in neuen, größeren politischen Institutionen ist meines Erachtens zum Scheitern verurteilt. Schauen Sie sich doch nur die Art und Weise an, wie in Europa Entscheidungen getroffen werden: Ein politisches Gebilde, das Gesetze in Ministeratssitzungen hinter verschlossenen Türen beschließt, ist nicht mit den Prinzipien der Demokratie in Einklang zu bringen. Freilich sollte uns das nicht daran hindern, uns über die Demokratie in Europa Gedanken zu machen. Im Gegenteil: Dieses Problem muss für uns ein Antrieb sein, die Prinzipien der Demokratie neu zu überdenken und uns zu fragen, wie sie in einer Welt umgesetzt werden können, die sich nicht mehr allein über Nationalstaaten definiert. Es geht aber nicht nur um ein Demokratiedefizit, das auszugleichen wäre, sondern um eine Demokratielücke, die zu füllen das Material noch fehlt. Es mangelt also nicht an Aufgaben für Demokraten. Die Ausweitung der Herrschaft des Rechts, also die Kontrolle der Macht durch allgemein anerkannte Regeln sowie klare Sanktionen gegen alle, die gegen diese Vorgaben verstoßen, wäre in meinen Augen möglich und auch notwendig. In einer Welt, in der die Demokratie geschwächt ist, wird das Gesetz zur letzten Bastion der Freiheit. Das Herzstück der liberalen Ordnung ist und bleibt, dass ihm jeder unterworfen ist, gleich welche Position er bekleidet oder welche Weihen ihm durch die Wählerschaft zuteil geworden sind. Niemand steht über dem Gesetz. Je mehr die Demokratie aus dem Ruder läuft, desto wichtiger wird die Verteidigung der Rechtsinstitutionen. Was wir brauchen, um Kapitalflüsse zu kontrollieren, sind Regeln und ein hohes Maß an schöpferischer institutioneller Phantasie.

| Zusammen mit Bronisław Geremek und François Furet haben Sie ein Buch mit dem Titel „Wohin steuert Europa?" veröffentlicht. Wie könnte die Zukunft Europas aussehen?

Wir befinden uns in Europa in einem Prozess mit ungewissem Ende, der zu Vereinigten Staaten von Europa führen kann, aber auch zur Renationalisierung, ja Fragmentierung politischer Räume. In welche Richtung wir tatsächlich gehen, ist eine Frage spezifischer politischer Entscheidungen – über die Haltung zur Türkei, über den Stabilitätspakt, über Zuwanderer – und nicht allgemeiner Regeln. Ein Verfassungstext hilft bei solchen Entscheidungen nicht, weil er den falschen Eindruck erweckt, dass schon erreicht sei, was doch einstweilen bloße Absicht bleibt, und zudem die Absicht von einigen, nicht von allen. Europa ist in seinem gegenwärtigen Zustand ein Prozess, nicht ein Ziel, und sogar ein Prozess ohne bestimmtes und definiertes Ziel. Der Versuch mit Hilfe eines europäischen Verfassungsvertrages, Europa von seiner bescheidenen Realität der großen Vision näher zu bringen, ist zumindest im ersten Anlauf gescheitert.

| Sie sind eher skeptisch, was eine gemeinsame Verfassung der Mitgliedsstaaten der EU betrifft?

Verträge werden zwischen Staaten geschlossen, während Verfassungen auf den Souverän verweisen. Ob es diesen – andere sprechen von dem „demos" – im Fall Europas tatsächlich gibt, muss derzeit bezweifelt werden. Europa stellt laut Francis Cheneval einen „offenen konstitutionellen Prozess" dar und die Verfassungsordnung eine Basis, die „nicht in einem Volk verankert ist und auch keines konstituiert". Wir sollten uns auch die Frage stellen, ob wir uns mit der Suche nach einer europäischen Verfassung vielleicht auf einen Prozess eingelassen haben, in dessen Verlauf wir Gefahr laufen, unsere größten Werte durch überzogene Einheitswünsche zu zerstören. Dies ist eine selten erörterte, aber wichtige Frage. Sie wird nicht beantwortet durch einen Konvent und auch nicht durch den Text eines Verfassungsvertrages. Um die Kluft zwischen Vision und Realität zu schließen, muss die Europäische Union politischer werden, nämlich konkreter entscheidungsbezogen und zugleich demokratischer.

| Immer mehr ist in Europa die Rede davon, die EU in die Lage zu versetzen, ihr eigenes Gewicht in die Waagschale zu werfen, um die Hegemonialmacht Amerikas aufzuwiegen. Wie beurteilen Sie diese immer stärker ausgeprägte Haltung?

Europa muss neu bedenken, was sein Sinn und Zweck ist, wenn es seiner Berufung gerecht werden und eine kosmopolitische Ordnung der Freiheit fördern will. Das Vakuum hinsichtlich der Zielsetzung ist in zunehmendem Maße gefüllt worden durch die nach meinem Urteil unselige Entdeckung eines neuen Feindes in Form der Vereinigten Staaten von Amerika. Nach meiner Überzeugung wird ein Europa, das sich als Gegengewicht zu den Vereinigten Staaten versteht, nicht zustande kommen, und wichtiger noch, es sollte auch nicht zustande kommen. Je zersplitterter der Westen ist, desto verwundbarer wird er, und wenn er sich selbst spaltet, dann hat er den Kern seiner Kraft aufgegeben. Westliche Werte sollten Europa, die Vereinigten Staaten von Amerika und wichtige Länder in anderen Teilen der Welt verbinden. Die Herrschaft des Rechts beispielsweise muss eine Herrschaft des weltlichen Rechts sein, das vom Volk gesetzt und verändert, nicht von den Hohepriestern irgendeines Glaubens als Offenbarung verkündet wird.

| Welche Rolle kann die Bürgergesellschaft dabei spielen?

Ich sehe die Bürgergesellschaft zwar als Gegensatz zur Staatsgesellschaft, sie sollte aber kein Feind des Staates sein. Es ist entscheidend, sie als Raum zu verstehen, in dem Menschen miteinander leben und dabei kaum mit dem Staat in Berührung kommen. Das ist in Europa schwierig, weil der Staat allerorten zu finden ist. Wer in Deutschland ein Unternehmen gründen will, kann ein Lied davon singen. Die Bürgergesellschaft ist nicht dazu da, den Staat zu bekämpfen, sondern den Menschen Raum für ihr Leben zu geben. Im günstigsten Fall führt dies zu einer fruchtbaren Koexistenz von Bürgergesellschaft und Staat. Wenn diese beiden Institutionen gegeneinander arbeiten, ist wahrscheinlich etwas im Staate faul.

| Schon in „Zarathustra" schrieb Friedrich Nietzsche: „Staat heißt das kälteste aller Ungeheuer, und erst dort, wo der Staat aufhört, da beginnt der Mensch." Welche Aufgaben hat der Staat noch zu erfüllen?

Der Staat muss wirtschaftliche Rahmenbedingungen schaffen, was in Polen übrigens gelungen ist. In Tschechien dagegen hat das nicht so gut geklappt. Natürlich muss der Staat eine gewisse Autorität haben. Er muss beispielsweise Steuern erheben können, was gar nicht so einfach ist. Übrigens auch in Deutschland nicht, wo das Steuersystem noch immer durch die zentrale Rolle der Lohn- und Einkommenssteuer geprägt ist, obwohl das Arbeitseinkommen in diesem Zusammenhang immer weniger Relevanz hat. Dass die eigentliche Quelle der Produktivitätssteigerung, also das Kapital, nicht signifikant besteuert wird, lässt sich auf Dauer jedenfalls dann nicht aufrechterhalten, wenn wir eine öffentliche Infrastruktur wollen, die Arbeit und Freizeit gleichermaßen fördert. Der Staat sollte nicht all jene Initiativen seiner Bürger, wie etwa unternehmerische Aktivitäten oder die Gründung von Privatuniversitäten, zu blockieren versuchen. Kleinunternehmen müssen gestattet und gefördert werden. Die Medien müssen frei sein und eine Vielzahl von Auffassungen repräsentieren und vermitteln. Politische Parteien brauchen eine angemessene Finanzierung und müssen unabhängig sein vom Staat. Wichtige Institutionen müssen in der Lage sein, sich selbst zu verwalten, auch wenn sie teilweise vom Staat finanziert werden. Das Prinzip der Subsidiarität sollte das ganze Gemeinwesen durchziehen, sodass der Staat nur dann die Bühne betritt, wenn keine andere Instanz bereit ist, auf ihr zu erscheinen.

| Die Leistungen des Sozialstaates werden immer mehr beschnitten. Kann eine Bürgergesellschaft Aufgaben übernehmen, die der Nationalstaat nicht mehr und die Europäische Union noch nicht zu erfüllen in der Lage ist?

Sozialpolitik ist nationalstaatlich. Es gibt keine europäische Sozialpolitik und es wird sie auch nicht geben. Sozialpolitik bedeutet, dass in großem Umfang Steuermittel umverteilt werden. Zugleich kann man aber zeigen, dass selbst nach deutschen Maßstäben viele Probleme nicht in den Griff zu bekommen sind. Die Gesellschaft kann nur dann annehmbare Lebensbedingungen auch für in Not geratene Menschen schaffen, wenn sie sozialstaatliche und bürgergesellschaftliche Instrumente miteinander verbindet. Es geht also nicht um die Abschaffung des Sozialstaates. Im Zuge einer Reform des Wohlfahrtsstaates müssten neue Perspektiven gefunden werden. Die deutsche Pflegeversicherung zum Beispiel geht mir einen Schritt zu weit. Es gibt kein Steuersystem, das mit der steigenden Zahl von Kranken und Alten zufriedenstellend fertig wird. Das können nur Gemeinschaften und Familien leisten.

| Wie beurteilen Sie die Qualität des öffentlichen Dienstes? Welche Bereiche sollten privatisiert werden und welche sollten in öffentlicher Hand bleiben?

Um die Qualität der öffentlichen Dienstleistungen überhaupt beurteilen zu können, müssen zunächst die Kriterien bestimmt werden, die pünktlich abfahren? Sicherlich nicht. Sie sollten pünktlich, aber vor allem sicher und bequem sein. Wichtig ist auch, dass sie zu angemessenen Zeiten und in sinnvollen Abständen verkehren. Wir müssen also immer mehrere Gesichtspunkte berücksichtigen, wenn wir Urteile abgeben.
Die Frage nach der Privatisierung öffentlicher Dienstleistungen steht im Mittelpunkt vieler Regierungsprogramme, da die Staatskassen leer

sind. Zu bestimmten Zeiten und in gewissen Ländern sollten Dienstleistungen, die nicht öffentlich sein müssen, privatisiert und nach wirtschaftlichen Maßstäben betrieben werden. Das Beispiel der angestrebten Reformen im Bildungswesen zeigt, dass übertriebene Geschäftsmäßigkeit und Kürzung von Ausgaben sich sehr schnell als kontraproduktiv erweisen können.

Es liegt in der Natur der Sache, dass Forschung nur durch Versuch und Irrtum vorankommt. Auf dem Weg zu neuen Entdeckungen warten immer Sackgassen – Misserfolge sind zu bewältigen. Wenn Forschung nur da finanziert wird, wo die Ziele schon von Anfang an klar abgesteckt sind, werden innovative Wissenschaftler in Länder oder Institutionen abwandern, die risikobereiter sind und einen größeren Freiraum für Experimente lassen.

| Der traditionelle Arbeitsmarkt beginnt sich zu wandeln. Verträge für Ganztagsarbeit auf unbestimmte Zeit, die Meinhard Miegel als „Normarbeitsverhältnisse" bezeichnet, sind zwar noch immer die häufigste Form der Berufstätigkeit, werden aber immer seltener abgeschlossen. Dagegen beziehen immer mehr Menschen ihr Einkommen aus Teilzeitarbeit und befristeten Arbeitsverträgen, was eine neue Form der Selbstständigkeit entstehen lässt. Wie sehen Ihre Prognosen für die Entwicklung des Arbeitsmarktes aus?

Ich gehe davon aus, dass nur noch ungefähr die Hälfte aller Beschäftigten auch in Zukunft das haben wird, was wir heute als „Normarbeitsverhältnis" bezeichnen. Nicht mehr, aber auch nicht weniger. Die andere Hälfte wird sich neuen Anforderungen stellen und zunehmend mit selbstständiger Arbeit ihr Geld verdienen. In England gibt es jetzt schon eine sehr ausgeprägte Vertragskultur. Telefongesellschaften beschäftigen beispielsweise kaum noch eigene Reparaturgruppen, sondern heuern Selbstständige für einzelne Aufträge an.

| Besteht bei diesen Arbeitsverhältnissen nicht die Gefahr, dass viele Menschen zu Dienstboten der Globalisierungsgewinner werden?

So what? Das ist eine deutsche Sorge und darum ist es auch so unbequem, in Deutschland zu leben. Jeder versteht sich gleich als Dienstbote, wenn er die einfachen Dinge tut, die getan werden müssen. Die Leute finden nichts dabei, das ganze Wochenende damit zu verbringen, ihr Auto zu wienern und Tätigkeiten in ihrem eigenen Bereich zu erledigen. Wir leben in einer „Do-it-yourself-Gesellschaft", anstatt ein Gesellschaftsmodell zu realisieren, in dem alles ineinander greift und die einzelnen Mitglieder auch füreinander aktiv werden.

| Haben Sie eine Erklärung dafür, warum die politischen Maßnahmen, die schon seit Jahrzehnten Vollbeschäftigung ermöglichen sollten, noch immer nicht zum gewünschten Ziel geführt haben?

Die Vorstellung, Erwerbsarbeit für alle zu realisieren, hält sich hartnäckig in den Köpfen von Politikern und Bürgern. Natürlich gäbe es genügend bezahlte Arbeit für alle, wenn die Löhne prinzipiell sinken und sich jemand findet, der sie zahlt. Aber wer sollte dies leisten? Die klassischen Kapitalisten brauchten die Arbeit, um ihre Produktivkräfte zu nutzen. Kapital und Arbeit waren schicksalhaft verknüpft. Die aufsteigende globale Klasse indes braucht nicht alle prinzipiell verfügbare Arbeit. Sie steigert ihr Kapital ohne Arbeit.

| Sie formulierten vor nicht allzu langer Zeit eine Aussage des früheren britischen Premierministers Harold Macmillan neu, indem Sie hervorhoben, dass es uns noch nie so gut gegangen sei wie heute. Es wird aber nun immer offensichtlicher, dass wir Zeugen einer Erstarrung von Wirtschaft und Gesellschaft sind, die der Ökonom Mancur Olson schon in seinem Anfang der achtziger Jahre erschienenen Buch „Aufstieg und Niedergang von Nationen" prophezeite.

Mancur Olson war Pessimist. Er glaubte, dass lange Phasen der Stabilität unausweichlich zur Erstarrung führen und nur tiefgreifende Umbrüche diese Mechanismen aufhalten können. Ich gebe Ihnen natürlich Recht: So wie das 19. Jahrhundert das liberale Jahrhundert war, in dem die Rechte des Einzelnen sukzessive durchgesetzt wurden, so war das 20. Jahrhundert das sozialdemokratische Jahrhundert. Die massive Verbesserung der sozialen Stellung von Frauen, die Erhöhung gesellschaftlicher Teilnahmechancen, die Verkürzung der wöchentlichen Arbeitszeit, der Ausbau des Wohlfahrtsstaates und der Infrastruktur und andere qualitative Entwicklungen haben die Lebenschancen vieler Menschen beträchtlich verbessert und auf das heutige Niveau gebracht. Am Ende des 20. Jahrhunderts war die sozialdemokratische Erneuerung zwar nicht vollendet, aber doch erschöpft. Das Reformprojekt des Jahrhunderts ist somit an seinem Ende erstarrt. Es stellt sich nun die Frage, woher die Impulse für die nächsten Schritte demokratischer Reformpolitik kommen werden.

| Wie hoch schätzen Sie vor diesem Hintergrund die Chancen ein, die Projekte „Bürgerarbeit“ und „Bürgergeld“ zu verwirklichen?

Ich sympathisiere mit beidem, halte aber auch beides für sehr schwierig. Was jetzt manchmal „Bürgerarbeit“ genannt wird, ordne ich einer anderen Kategorie zu. In England spricht man hierbei vom „Dritten Sektor“, dem freiwilligen Sektor. Die Möglichkeit, dass Menschen sich weder im staatlichen noch im wirtschaftlichen Bereich bewegen und in Lebensbereichen tätig werden, ohne dass es der Staat befiehlt, scheint mir ein Merkmal von entwickelten modernen Gesellschaften zu sein. Ich glaube, dieser Bereich menschlicher Tätigkeiten wird an Bedeutung gewinnen. Er steht allerdings in einem schwierigen Spannungsverhältnis zum staatlichen und wirtschaftlichen Bereich.
Die Regierung von Tony Blair hat das Programm „welfare to work“ auf den Weg gebracht. Das Ziel ist, vor allem junge Leute aus der Abhängigkeit von Sozialhilfe in eine möglichst dauerhafte Tätigkeit zu brin-

gen. Die Regierung beabsichtigte, einem Drittel der Jugendlichen einen Ausbildungsplatz zu beschaffen, einem Drittel einen Beruf und dem verbleibenden Drittel eine Arbeitsmöglichkeit bei freiwilligen Organisationen. Dieser Plan konnte jedoch nur für das erste und dritte Drittel realisiert werden, genügend offene Stellen fanden sich dagegen nicht. Im freiwilligen Sektor gibt es also noch Bedarf, während es immer schwieriger wird, Jugendlichen ein Beschäftigungsverhältnis in der Wirtschaft zu vermitteln.
In Deutschland wird der freiwillige Sektor zum Teil staatlich organisiert. Die Alternative zum Wehrdienst, der sogenannte Zivildienst, ist eine merkwürdige Form der Bürgerarbeit. In Großbritannien und in anderen Ländern geschieht diese auf freiwilliger Grundlage und breitet sich weiter aus.

| Was empfehlen Sie in Bezug auf Deutschland?

Der Staat sollte sich aus vielen Bereichen heraushalten. Menschen haben ein elementares Bedürfnis, Dinge selbst und auf eigene Weise zu tun. Sie wollen nicht von Figuren in Amtsstuben herumgeschubst werden, die sie Formulare ausfüllen und Schlange stehen lassen, nur um ihnen am Ende unbefriedigende Auskünfte zu geben. Es muss möglich sein, dass sich Menschen auf örtlicher Ebene organisieren, sei es in Fußballclubs, Kirchenchören oder in Vereinen für Imker und Briefmarkensammler. Es lohnt sich, freiwillige Tätigkeiten zu verteidigen, die nicht in hybride Arrangements mit Wirtschaftsunternehmen oder staatlichen Einrichtungen eingebunden sind, sondern den Gedanken jenes schöpferischen Chaos am Leben halten, das die Bürgergesellschaft ausmacht. Ein bisschen Anarchie ist die Würze der liberalen Ordnung.

| Halten Sie es für realistisch, dass der Staat auf absehbare Zeit bereit sein wird, ein sogenanntes „Bürgergeld“ oder „Grundeinkommen für alle“ zu zahlen?

Das Bürgergeld wirft andere, schwierigere Fragen auf. Ich bin ganz entschieden für die Verwendung eines Steuersystems in beide Richtungen. Das heißt, für die Einführung der sogenannten negativen Einkommenssteuer, die im Rahmen des Steuersystems diejenigen effektiv begünstigt, deren Gehalt nicht ausreicht. Ich habe eine gewisse Sympathie für das Tax-Credit-System entwickelt, das Robert Reich, der frühere Arbeitsminister der USA, ausprobiert hat. In Großbritannien wurde ein solches System auch eingeführt, leider als Familien-Tax-Credit-System. Ein solcher Schritt in Richtung Bürgergeld, diese Form der Garantie eines Grundeinkommens durch Verbindung des Steuersystems – und nicht durch Zuschüsse, die aus irgendeinem anderen Topf kommen – scheint mir realistisch und anwendbar. Wenn man dieses Modell noch mit einem Minimallohn verbindet, ist das ein ganz guter Ansatz.

| Wenn die Erwerbsarbeit die zentrale Stellung im Leben der meisten Menschen verloren hat, die die Rede von der Arbeitsgesellschaft rechtfertigte, ist es dann nicht an der Zeit darüber nachzudenken, Arbeit und Einkommen zu entkoppeln?

Wir stehen möglicherweise an der Schwelle zu einer Gesellschaft, in der Erwerbsarbeit gegenüber Formen der freien Tätigkeit zurücktritt, in diesem Sinne am Ende der Arbeitsgesellschaft und am Beginn von so etwas wie der Tätigkeitsgesellschaft. Aber nur sehr privilegierte Gruppen – zum Beispiel mittelständische Jungakademiker mit Beamtenrechten – können aus dieser Tendenz so weitreichende Folgerungen ziehen wie sie zuweilen erörtert werden, also etwa behaupten, die Zeit sei gekommen, Arbeit und Einkommen grundsätzlich zu entkoppeln. Weniger Privilegierte wissen, dass Beruf und Erwerbsarbeit in mehrfacher Hinsicht unentbehrliche Elemente des sozialen Lebens geblieben sind. Wir müssen bedenken, dass uns noch kein anderer Weg eingefallen ist, die Wohlfahrtschancen einer entwickelten Gesellschaft und ihre Differenzierung zu gewährleisten, als der über das Arbeitseinkommen. Dasselbe gilt übrigens für die Umverteilungselemente der Wohlfahrt, also für die Lohnnebenkosten und den Sozialstaat. Wir haben auch noch keine andere Basis für das Selbstbild und Selbstbewusstsein von Menschen als die Berufsposition. Nicht zufällig wird nach wie vor die Emanzipation von Frauen an ihr festgemacht. Und wo es Ansätze zu anderen Pfeilern für das Selbstbild gibt – etwa sportliche Leistungen oder Errungenschaften der Freizeittätigkeit – haben diese meist eine verdächtige Ähnlichkeit mit der Arbeit. Es ist uns vor allem noch nicht gelungen, andere Prinzipien für die Strukturierung des Zeithaushalts von Menschen zu finden als die der Erwerbsarbeit. Wenn der Fixpunkt der Berufsarbeit fehlt, wissen Menschen oft nicht, woran sie ihren Tages-, Wochen- und Jahresplan festmachen sollen. Das sind harte Tatsachen. Wer sie nicht zur Kenntnis nimmt, hebt vom Boden der Wirklichkeit ab, und seine oder ihre Vorschläge geraten damit ins Schweben, also in die Unverbindlichkeit. Das muss man gerade dann feststellen, wenn man selbst ein Befürworter des Weges von der Arbeits- zur Tätigkeitsgesellschaft ist. Man sollte dieses zentrale Thema nicht durch eine Vermischung mit dem des Mindesteinkommens schwächen.

| Welche Argumentation ist dann angemessen?

Einen Zusammenhang mit der Entwicklung der Arbeit gibt es durchaus. Arbeit im Sinne von klassischer bezahlter Erwerbsarbeit ist knapp geworden. Ihre Reduktion für Einzelne bedeutet, dass diejenigen, die Arbeit – und damit Einkommen, Anrechte, Selbstachtung, Lebenshilfe – haben, an ihr festhalten, auch wenn das heißt, dass nicht mehr alle Erwerbsarbeit finden. Dadurch setzt ein Prozess mit unabsehbaren Folgen ein. Eine Gesellschaft, die sich mühsam Staatsbürgerrechte für alle erobert hat, fängt an, mehr und mehr Menschen aus dem Genuss dieser Rechte herauszudefinieren, sie auszugrenzen. Die Gesellschaft gleicher Staatsbürger wird zu einer Gesellschaft der Mehrheitsklasse der Dazugehörigen, während eine Unterklasse der Nichtdazugehörigen vergebens an ihre Pforten klopft. Die Folgen sind schwerwiegend, auch wenn sie nicht unmittelbar erkennbar werden. Nicht dass die Unterklasse eine Revolution vorbereiten würde – Unterklassen tun das bekanntlich nicht –, wohl aber fühlen ihre Mitglieder sich verständlicherweise nicht an die geltenden Normen gebunden. Rechts- und Sozialordnung unterliegen einem grundsätzlichen Zweifel, einem Zweifel überdies, der sich von der Unterklasse hineinfrisst in die offizielle Gesellschaft der Mehrheit. Das gilt umso mehr, je ausgeprägter die Grauzone wird zwischen denen, die Arbeit haben und denen, die keine haben. Am Ende erscheint der Grundvertrag der Gesellschaft selbst als bedroht.

| Sollten wir uns dann nicht doch auf den Weg zu einem neuen Gesellschaftsvertrag machen, indem wir Einkommen von Arbeit entkoppeln und ein bedingungsloses Grundeinkommen einführen, wie das auch von Unternehmerseite, beispielsweise von Götz Werner, gefordert wird?

Ich sympathisiere durchaus mit diesem Gedanken, man sollte aber auch die Verankerung und die Folgen in den Blick nehmen. Alle Modelle zu diesem Themenkreis haben den gemeinsamen Grundsatz, dass man jene, die arbeiten wollen, nicht hindern darf, und jene, die nicht arbeiten wollen, nicht zwingen darf. Der Unternehmer Götz Werner fordert neben der Einführung eines bedingungslosen Grundeinkommens eine radikale Steuerreform. Er plädiert zur Finanzierung des Grundeinkommens für eine Abkehr von der Ertragsbesteuerung und für die Umstellung auf eine Konsumsteuer. Arbeit und Unternehmen wären somit von allen Steuern befreit. Steuern werden erst erhoben, wenn Waren und Dienstleistungen gekauft werden. Das gesamte Steuersubstrat, alles Geld also, mit dem wir den Staat für die Erledigung der von uns gewollten Aufgaben bezahlen, würde in einem einzigen, für den Bürger transparenten Steuersatz zusammengefasst. Das ist ein attraktiver Gedanke, und trotzdem sei hier die Frage gestellt, welche Folgen die Einführung des bedingungslosen Grundeinkommens haben würde. Wer ein bedingungsloses Grundeinkommen als Staatsbürgerrecht will, muss mit einem mäßigen, aber eben garantierbaren Betrag beginnen. Dieser braucht nicht wesentlich über dem gegenwärtigen Sozialhilfesatz zu liegen. Entscheidend ist nur seine grundsätzliche Unangreifbarkeit. Wenn eine Garantie der materiellen Lebensgrundlage nicht zu den Grundrechten jedes Bürgers gehört, dann zerfällt die Staatsbürgergesellschaft. Anders gesagt, zur Definition des gemeinsamen Fußbodens, auf dem alle stehen, ist in der Tat die Entkopplung des Einkommens von der Arbeit notwendig.

| Welche Chance geben Sie der Bürgergesellschaft im Rahmen der Europäischen Union?

Die Europäische Union begann als „gemeinsamer Markt“, und sie ist über dieses Ziel nicht wesentlich hinausgekommen. Sie hat die Aufgaben, Bürgerrechte zu garantieren und für die Vielfalt des Angebots zu sorgen, noch nicht erfüllt. Deshalb interessieren sich die Menschen auch nicht sonderlich für die EU. Die Kluft zwischen Europas Realität und seiner Vision ist enorm, und die brennende europäische Frage ist: Wer schließt diese Kluft? Wird sie nämlich nicht geschlossen, dann wird die Seifenblase der Vision eines Tages platzen und durch ihren schönen Schein werden dann auch die Realitäten Europas gefährdet. Für die Europäische Union gilt im Prinzip dasselbe, was ich über die Globalisierung gesagt habe: Sie bewegt sich zwar weg von den Bürgern, doch glücklicherweise wird dieses Vakuum, das Fehlen einer europäischen Bürgergesellschaft, zum Teil durch nicht-staatliche Zusammenschlüsse und Organisationen gefüllt, durch Städtepartnerschaften, Sportvereine, Wissenschaftsverbände, Wirtschaftsgruppen und viele andere Gruppierungen des öffentlichen Raumes.

| Welche Position nimmt die Europäische Union in der Welt ein?

Europa ist überhaupt nicht positioniert in der Welt. Es gibt einzelne europäische Länder, die von sich sagen können, dass sie gut aufgestellt sind. Schweden zum Beispiel gehört dazu. Aber nach wie vor versucht jedes Land, auf seine ganz eigene Weise mit den Schwierigkeiten in der Welt fertig zu werden. Europa als Gemeinschaft ist weder eine militärische noch eine politische Realität.

| Und wo liegen die Grenzen Europas?

Ich finde eine Geografielehrer-Einstellung zu Europa uninteressant. Wenn ein Land wie die Türkei Mitglied werden will, dann muss man die Kriterien prüfen: Ist es fähig, ist es reif dafür? Aber man sollte nicht mit dem Maßstab zu Werke gehen, den wir in der vierten Grundschulklasse gelernt haben, dass irgendwo Europa endet und Asien beginnt. Europa ist nicht vergleichbar mit einer Heimatregion, zu der man eine intensive Beziehung hat, wie meinetwegen die einen zu Baden und die anderen zu Flandern. Insofern gibt es auch keine vorgegebene Grenze, wie viele Mitglieder der Club verträgt und wo er geografisch Grenzen aufbauen soll.
Europa hat letzten Endes nur Sinn, wenn und insoweit es zur Entfaltung und Verbreitung der liberalen Ordnung beiträgt. Das kann es nur, wenn es im doppelten Sinn offen ist: offen zu allen anderen in der Welt, beginnend mit seinen Nachbarn, offen aber auch im Charakter seiner Politik, von der Dienstleistungsrichtlinie bis zur Agrarpolitik, von der Behandlung von Asylbewerbern bis zur Förderung von Innovation. Europas Erfolg misst sich an seinem Beitrag zur Freiheit in der Welt.
Überdies benötigen wir eine politische Parallelorganisation zur OECD, der Organisation für Wirtschaftliche Zusammenarbeit und Entwicklung. Die Verbreitung und Erhaltung der liberalen Ordnung verlangt eine Zusammenarbeit zwischen den bestehenden Demokratien, eine OPCD, eine Organisation für Politische Zusammenarbeit und Entwicklung.

| Wie weit ist der Weg von der auf den Nationalstaat begrenzten Bürgergesellschaft zur Weltbürgergesellschaft, die schon Immanuel Kant vor rund 200 Jahren in seiner Schrift „Zum ewigen Frieden" postuliert hat?

Ich halte das Thema Weltbürgergesellschaft zwar für einen Vorgriff, aber nicht für einen abwegigen Vorgriff. Nehmen wir nur einmal die im Weltmaßstab enorm wichtige Rolle der zahlreichen nationalen wie internationalen „non-governmental organizations", also der Nichtregierungsorganisationen, wie das Internationale Rote Kreuz, die Caritas, Stiftungen und Berufsverbände, also Assoziationen. Ihre Rolle ist wirklich bedeutend, solange sie nicht von Regierungen oder Regierungsorganisationen vereinnahmt werden. Das gilt es zu verhindern. Sie sind nichts anderes als Ansätze einer Weltbürgergesellschaft, die zeigen, dass bereits viele aus ihrem Schneckenhaus herausgekommen sind. Es geht nicht mehr um ein nationales Ziel, sondern darum, Sinn in einer Tätigkeit zu finden. Das ist zumindest zurzeit noch die Ausnahme. Globalisierung und globales Handeln lassen sich nämlich schwer mit einem Ausdruck wie Sinn verbinden, weil es eigentlich nur das eine Ziel des Geldverdienens gibt. Das muss ja nicht negativ sein, ich bin kein Kapitalismuskritiker. Sicher ist jedoch, dass der Prozess des globalen Wirtschaftens und die unmittelbare Wirkung dessen, was wir Globalisierung nennen, nicht gerade ein Gefühl der Zugehörigkeit entstehen lassen. Dies ist jedoch möglich in lokalen Gruppierungen, aber eben auch in internationalen Organisationen.

| Eine politische Reaktion auf die Globalisierung sind die Kundgebungen der Globalisierungskritiker, gemeinhin auch als „Globalisierungsgegner" bezeichnet. Wie beurteilen Sie die Gruppen, die sich seit den Wirtschaftstreffen in Seattle, Prag oder Genua vornehmlich an den Orten versammeln, wo größere internationale Organisationen tagen?

Diese Protestaktionen sind der einzige Weg, auf dem sich der Volkswille Ausdruck verschafft. Sie befriedigen das enorme Bedürfnis nach Partizipation und sie zeigen, dass wir in einer globalisierten Welt keine effiziente Antwort auf die Frage haben, wie wir gemeinsam unseren Willen zum Ausdruck bringen. Diese Kundgebungen, so umstritten und inakzeptabel sie sind, wenn sie in Gewalt ausarten, rufen uns in Erinnerung, wie groß in unserer scheinbar demokratischen Welt doch die Kluft zwischen dem Volk und der Macht ist. Solange wir keine andere Möglichkeit gefunden haben, diese Kluft zu überwinden, und solange diejenigen, die gewählt sind, keine anderen Wege beschreiten, um das Volk an der Entscheidungsfindung zu beteiligen – Entscheidungen, die immer mehr an fernen und unerreichbaren Orten getroffen werden –, solange sind diese Kundgebungen ein gutes Zeichen. Denn sie machen uns darauf aufmerksam, dass es so nicht weitergeht. Es gibt zwei Haltungen. Es gibt einerseits die Ablehnung der gegenwärtigen Prozesse, die sich mit der romantischen Sehnsucht nach einer untergegangenen Welt verbindet, in der die nationale Politik noch die Wirtschaft kontrollierte. Andererseits gibt es die Hoffnung auf stärkere Einflussnahme von Nichtregierungsorganisationen, die sich als Instrument anbieten, die Demokratie zu demokratisieren. Man muss weiter beobachten, welche dieser beiden Haltungen die Oberhand gewinnt. Denn vergessen wir nicht, dass der antimoderne Fundamentalismus auch im 21. Jahrhundert eine bedrohliche Option bleibt.

| Viele Menschen, die sich den Protestbewegungen anschließen, betrachten den Prozess der Globalisierung als das Ergebnis von unaufhaltsamen Kräften des Marktes und sehen eine globale Elite am Werk, die sich jeglicher demokratischer Kontrolle entzogen hat. Könnte es dazu kommen, dass sich die Globalisierung als ein vorübergehender Irrweg des Kapitalismus erweist?

Im Unterschied zu den meisten Kapitalisten bin ich kein Marxist in dem Sinne, dass ich daran glaube, die Wirtschaft bestimme alles andere. Natürlich kann es dazu kommen, dass die nach 1989 beseitigten Grenzen in neuer Weise und an anderen Orten wieder entstehen. Vielleicht wird dann der Begriff Globalisierung erneut dafür verwendet, dieses Prozedere zu begründen, wie dies auch schon in umgekehrter Richtung und anderem Zusammenhang der Fall war. Mit der Globalisierung erklärt man sich beispielsweise, dass ländliche Postämter geschlossen werden müssen. Allgemein dient die Globalisierung als Alibi für wachsende Gewinne bei schrumpfenden Dienstleistungen. Der 11. September markiert den Punkt, an dem die Hoffnungen der neunziger Jahre umgeschlagen sind in Angst. Wir dürfen uns aber nicht von der Angst fesseln lassen. Vielmehr sollten wir die Chancen, die mit einer entfesselten Welt verbunden sind, nicht aus den Augen verlieren und Bedrohungen, wie den Zerfall von Recht und Ordnung, ernst nehmen. Letzteres könnte noch zum bestimmenden Thema unserer Zeit werden und ist schon heute die schwerste Prüfung jeder Politik der Freiheit. Wir müssen darauf achten, dass die größte Freiheit nicht in die größte Unfreiheit umschlägt. Vor mehr als 200 Jahren schrieb bereits James Madison: „Die Freiheit kann sowohl durch den Missbrauch der Freiheit in Gefahr geraten als auch durch den Missbrauch der Macht, (...) und es liegt auf der Hand, dass die Vereinigten Staaten eher vor Ersterem auf der Hut sein müssen als vor Letzterem."

| Wie erklären Sie sich das Heraufkommen des Nationalen, die zunehmende Betonung kultureller Eigenheiten und nationaler Selbstbestimmung? Werden diese Bestrebungen der Bürgergesellschaft unwiderruflich Schaden zufügen?

In der Tat. Wir müssen sehen, dass die sozioökonomischen Prozesse, die wir gemeinhin unter dem Stichwort der Globalisierung zusammenfassen, aus zwei ambivalenten Entwicklungen bestehen. Während bestimmte wirtschaftliche Tätigkeiten immer weitere Räume zu ihrer Entfaltung brauchen und dabei jede Bodenhaftung verlieren, suchen

Menschen immer kleinere Räume, in denen sie zu Hause sind und ein Gefühl der Zugehörigkeit entwickeln können. Selbstbestimmung soll heißen, dass Menschen an der Bestimmung ihres Geschicks selbst Anteil haben, dass sie also in demokratischen Verhältnissen leben. Selbstbestimmung heißt jedoch oft, dass Menschen in Grenzen leben, die weniger durch die Geschichte, sondern nach fiktiven Kriterien oder Wunschvorstellungen gezogen werden. Die Existenz eines unabhängigen Québec oder eines unabhängigen Baskenlands bedeutet nicht mehr Freiheit und Wohlstand, sondern mehr Macht in den Händen regionaler Demagogen und Potentaten. Das ist, wie Ernest Gellner immer wieder überzeugend betont hat, nicht ein Ausdruck historischer Anrechte, sondern höchst moderner Machtansprüche.

Mit vielen anderen habe ich gehofft, zivilisierte und demokratische Gemeinwesen würden es Menschen verschiedener Herkunft, Überzeugung und Orientierung erlauben, friedlich als Bürger zusammenzuleben. Der gemeinsame Status der Bürger ist an sich völlig vereinbar mit der Pluralität ihres ethnischen Ursprungs, ihres religiösen Glaubens und anderer tief verwurzelter Aspekte ihrer sozialen Stellung. Heute indes stellt sich heraus, dass eben diese Vielfalt in der Gemeinsamkeit nicht stattfindet. Auch in Gesellschaften, in denen alle großzügige Bürgerrechte genießen, sortieren sich Gruppen zu möglichst homogenen Einheiten. Trotzdem werde ich nicht müde zu betonen, dass gemeinsame Bürgerrechte nicht in Widerspruch stehen zu kulturellen Unterschieden, sondern diesen im Gegenteil neue Entfaltungsmöglichkeiten eröffnen. Wir können nicht zurückkehren zur Stammesexistenz, das käme einem Prozess der Entzivilisierung gleich. Wenn wir den Prozess der Zivilisation antreiben wollen, dann müssen wir voranschreiten zur Bürgergesellschaft.

MULTIOPTIONSGESELLSCHAFT

Peter Gross

I Woher kommen Sie?

„Die Herkunft ist keine schicksalhafte Vorgabe mehr, sondern eröffnet Wahlmöglichkeiten", findet Peter Gross, der am 3. Oktober 1941 in St. Gallenkappel geboren wurde und in einer Familie mit acht Geschwistern aufwuchs. Wahlmöglichkeiten, so Gross, sind eine Bedingung der von der Aufklärung geforderten Autonomie: ohne Auswahl keine Wahl. Und der Verlust an Vorgaben macht den Menschen nicht nur gelegentlich orientierungslos, sondern zwingt ihn regelrecht zum Experimentieren. Die Vielfalt der Optionen in der modernen Welt und die daraus resultierenden Lebensformen hat Peter Gross aufgezeigt, kritisch kommentiert und zum Leitmotiv seiner Gesellschaftsbeschreibung gemacht.
Gross studierte von 1963 bis 1966 Soziologie, Nationalökonomie und Betriebswirtschaftslehre in Zürich und Bern. Drei Jahre später promovierte er an der Universität Bern. Anschließend war er Assistent an der Universität Konstanz und übte Lehrtätigkeiten in Konstanz und in Freiburg im Breisgau aus. Darüber hinaus fungierte er zwischen 1972 und 1979 als Kantonsrat im Thurgauer Parlament. 1979 habilitierte er sich bei Horst Baier, Thomas Luckmann und Franz-Xaver Kaufmann mit seiner 1983 erschienenen Schrift „Die Verheißungen der Dienstleistungsgesellschaft". Darin setzt sich Gross kritisch mit den Erwartungen an die postindustrielle Gesellschaft auseinander und plädiert für verstärktes Engagement ihrer Bürger. Noch im Jahre 1979 erhielt er den Ruf an die Otto-Friedrich-Universität Bamberg, wo er die Professur für Soziologie und Sozialstruktur im internationalen Vergleich übernahm. An der Seite von Ulrich Beck und Gerhard Schulze lehrte er zehn Jahre in der Domstadt.
1989 kehrte Peter Gross in die Schweiz zurück und folgte dem Ruf an die Universität St. Gallen (HSG), wo er bis 2006 als Professor für Soziologie aktiv war. Von 1996 bis 1998 war er Dekan der volkswirtschaftlichen Abteilung. An der Universität St. Gallen forschte und lehrte er in den Bereichen Modernisierung, Management, Kultur und Religion.

Peter Gross ist seit seiner Emeritierung im Jahr 2006 als Berater, Kolumnist, Autor und Referent in Zeit- und Managementfragen tätig. Mit dem Buch „Die Multioptionsgesellschaft“ lieferte Peter Gross 1994 eine scharfsinnige Bestandsaufnahme der modernen Gesellschaft. Verbesserung, Beschleunigung und Effizienz lauten die Schlagworte einer Welt, die scheinbar unbegrenztes Wachstum fordert. Im Zeitalter der Hochgeschwindigkeitszüge, modernster Computertechnik und unbedingten Steigerungswillens in allen Lebensbereichen sieht sich der Einzelne neuen Herausforderungen gegenüber. Die zunehmende Zahl an Optionen schafft aber nicht nur neue Voraussetzungen für eine eigenverantwortlich gestaltete Lebensbiografie, sondern verursacht auch Versagensängste, Orientierungslosigkeit und Identitätsprobleme. In seinem Werk „Ich-Jagd“ veranschaulichte Peter Gross 1999 den ambivalenten Charakter der schönen neuen Multioptionswelt, der schon im Titel zum Ausdruck kommt. Zwar erreicht der moderne Mensch durch technische Errungenschaften eine neue Dimension des unabhängigen Lebens, fühlt sich aber andererseits gejagt, weil er fürchten muss, angesichts rasanter Entwicklungen den Anschluss zu verlieren. Mit seiner Beschreibung der Moderne, „in deren Kräftefeld gesellschaftliche Selbstverständlichkeiten zu Optionen umgeschmolzen werden”, unternimmt Gross eine Gratwanderung zwischen Soziologie und Philosophie. Dabei versteht er es, dem Leser soziologische Theorien durch eine metaphernreiche Sprache anschaulich zu vermitteln. Seine Bücher kreisen um „multiple Lebenswelten“ und getreu dieser Idee versteht Gross das Leben als die Herausforderung, aus dem reichhaltigen Angebot die Anregungen aufzunehmen, die helfen können, das Leben verantwortlich zu gestalten.

In seinem 2007 erschienenen Buch „Jenseits der Erlösung“ beschäftigt sich Peter Gross mit der Frage, ob im Zuge einer Wiederkehr der Religion auch das Christentum in seiner Substanz als messianische Heilsbotschaft wiederkehrt und inwieweit es zu einer Neudeutung der christlichen Erlösungsvorstellung kommen kann, die für die moderne Fortschrittsvorstellung prägend war.

| Ausgewählte Buchveröffentlichungen:

Peter Gross: Die Verheißungen der Dienstleistungsgesellschaft.
Westdeutscher Verlag, Opladen 1983

Peter Gross: Die Multioptionsgesellschaft.
Suhrkamp Verlag, Frankfurt/M. 1994

Peter Gross: Ich-Jagd. Im Unabhängigkeitsjahrhundert.
Suhrkamp Verlag, Frankfurt/M. 1999

Peter Gross: Jenseits der Erlösung. Die Wiederkehr der Religion.
Transcript Verlag, Bielefeld 2007

| Wohin gehen Sie?

„Das Leben ist reich an Möglichkeiten. Deshalb versuche ich, meinem Leben nicht ein Ziel zu geben, sondern die sich ergebenden Herausforderungen zu meistern und mit Sinn zu versehen", meint Gross. „Denn Sinn ergibt sich in einer modernen Gesellschaft nicht mehr von selbst. Ein selbstbestimmtes Leben führen heißt von überkommenen Gewissheiten des Lebens und Sterbens abzusehen. Sinn muss andauernd neu erzeugt werden. In vormodernen Gesellschaften ist Sinn vorgegeben, in modernen ist er aufgegeben. Jedes Etappenziel birgt neue Herausforderungen und setzt Möglichkeiten frei."
So betrachtet Gross das Altern nicht als Katastrophe und den Tod nicht als Skandal, sondern als Herausforderungen, die man mit Sinn zu versehen hat. Dasselbe gilt für die demografische Entwicklung. Statt mit Endzeitvorstellungen zu hausieren, muss dieser Entwicklung Positives abgewonnen werden. So lässt sich die Überalterung der Gesellschaft als ein Korrektiv der modernen Beschleunigung sehen, als Beruhigung einer entfesselten Multioptionsgesellschaft. Selbst Demenz und Alzheimer sind prinzipiell verschiedenen Deutungen offen. Es gehört zum Wesen der Moderne, dass sie Denkmöglichkeiten produziert, und nicht von ausweglosen Zwängen redet. Das gilt auch für das wirtschaftliche Wachstum, das weithin als einzige Überlebensmöglichkeit gepriesen wird.

Im Supermarkt der Optionen:
Zwischen Entscheidungschancen und Entscheidungszwängen.

| Die Multiptionsgesellschaft

Eine Theorie, die unsere gesellschaftliche Wirklichkeit in einem Zeitalter der Superlative und der scheinbar unbegrenzten Möglichkeiten kritisch beleuchtet, bietet Peter Gross in seinem 1994 publizierten Buch „Die Multioptionsgesellschaft".
Die Fortschritte auf dem Gebiet der wissenschaftlichen Forschung, die daraus erwachsenen technischen Innovationen, der rasch gestiegene wirtschaftliche Wohlstand und der Anstieg von Einkommen, Bildungsstand und Lebenserwartung haben nach Gross zur Erosion von Traditionen, Verbindlichkeiten und Gewissheiten geführt und eine Wachstumsdynamik ausgelöst, die scheinbar keine Grenzen kennt. Die Optionen sind in praktisch jedem Bereich der Gesellschaft vielfältiger geworden: von der Angebotspalette an Waren, Dienstleistungen und Informationen über die Möglichkeiten der persönlichen Lebensgestaltung bis hin zu den Theorien über die Gesellschaft.

Durch die Auflösung der starren Fronten des Kalten Krieges, die Weiterentwicklung der Kommunikationstechnik und Liberalisierung der Kommunikationskanäle wurde es möglich, Informationen ungehindert zu verbreiten. Die Verheißungen der Multioptionsgesellschaft vernimmt man inzwischen in den hintersten Winkeln der Welt. Sehnsüchte werden geweckt und es entstehen Erwartungen, die in den Medien präsentierte Vielfalt an Optionen auch in das eigene Leben zu integrieren. Auch wenn die entsprechenden Optionen faktisch nicht überall gleichermaßen verwirklicht werden können, sind sie nach Ansicht von Gross doch potentiell gegenwärtig. Die Medien schaffen weltweit ein garantiertes Grundeinkommen an prinzipiell realisierbaren Optionen.
Alle Bereiche des Lebens sind dem „Steigerungsimperativ" unterworfen, der die Schaffung neuer Optionen vorantreibt und Auswirkungen auf Lebenszeit und Lebensstil hat. So ist die Begrenzung des Daseins auf eine „Episode zwischen Leben und Tod" eine mögliche Ursache des Tempos, mit dem der Einzelne auf der Jagd nach Optionen durch das Leben hastet. Immer mehr Wünsche – immer weniger Zeit. Angesichts der Kluft zwischen dem, was grundsätzlich möglich und dem, was angesichts begrenzter Lebenszeit realisierbar ist, geraten die Individuen in eine panische Mobilisierung, in Notzustände und Versagensängste. Im Zuge dieser hektischen Suche nach neuen Erfahrungs- und Handlungschancen und der Angst, diese nicht ausschöpfen zu können und den Anschluss zu verpassen, verlieren die Menschen sich oft genug selbst.
Der heutige Lebensstil ist so vielfältig wie die Fantasie, Kreativität und Eigenleistung der Menschen. Resultat der „Bastel-Mentalität" ist eine „Patchwork-Existenz", eine, wie es aussieht, nach Belieben gestaltbare Biografie. Gross betont das Künstlerische und Fluide im Unterschied zum festen und vorgeschriebenen Lebensplan früherer Generationen. Heute kann jeder, zumindest theoretisch, zwischen unterschiedlichsten Möglichkeiten wählen, sei es in Partnerschaften, im Beruf, bezüglich sozialer Kontakte oder Lebenssinngebungen. Vieles,

was früher selbstverständlich war, wird gewogen und dann ausgewählt. Selbst Traditionen werden zum Gegenstand von Entscheidungen. Die Freiheit und Autonomie des Menschen hat schließlich zur Vorbedingung, dass es Auswahl gibt – keine Wahl ohne Auswahl. Allerdings heißt sich entscheiden auch, sich scheiden von Möglichkeiten. Der moderne Mensch muss schon als Kind Scheidungsenergie entwickeln und lernen, dass man nicht alles haben kann. Das Leben wird zur Dauerbaustelle und zum Experimentierfeld für neu generierte Entwürfe der eigenen Biografie.

Den Zusammenhang zwischen den heute entstehenden Optionen und der Beteiligung des Individuums veranschaulicht Peter Gross in seinem „Dreipunkteprogramm der Moderne". Dieses beinhaltet „die Steigerung der Handlungsmöglichkeiten, die Steigerung der Teilhabe an den Handlungsmöglichkeiten und die Garantie minimaler Teilhabe an den eröffneten Handlungsmöglichkeiten". Es ist ein „Allparteienprogramm", das kein Ende findet, solange Differenzen bestehen zwischen Kulturen, Geschlechtern, Rassen, Nationen, Kontinenten.

Peter Gross belegt seine These des Variantenreichtums, indem er auf das täglich sich erneuernde Angebot an Konsumgütern, aber auch Büchern, Fernsehkanälen und Reiseangeboten, an Partnerschaften und Bekanntschaften, an Weltanschauungen und Ideologien verweist. Diese Liste lässt sich beliebig fortsetzen.

Gross betont dabei, dass die Multioptionsgesellschaft nicht überall gleichermaßen Wirklichkeit ist, sondern sich nach Optionsraum und sozialer Gruppe unterscheidet. Blickt man beispielsweise auf den Arbeitsmarkt, so zeigen sich deutlich die Grenzen der Wahlmöglichkeit. Darüber hinaus produziert die freie Wahl Ausschließungen. Denn im Unterschied zu arrangierten Gesellschaften, wo Angebot und Nachfrage mit Plänen abgestimmt werden, führt die freie Wahl – vom Samstagsmarkt bis zum Heiratsmarkt – zu Ausschließungen jener, die weder sich noch ihre Angebote attraktiv machen können: „Die selbstgezogene Kerze findet keinen Abnehmer, der Bucklige keine Frau." Eine Gefahr der Multioptionsgesellschaft liegt auch in der tendenziell

rücksichtslosen Haltung gegenüber der Natur und kulturellen Werten. Laut Gross ist die Vorstellung einer abnehmenden Kluft zwischen gegenwärtigen und zukünftigen Möglichkeiten für die allmähliche Zerstörung der Lebensgrundlagen verantwortlich. Die schrankenlose Steigerung der Optionen beinhaltet auch das Risiko der menschlichen Selbstzerstörung. Das Ausmaß der Schäden, die Menschen, Kulturen und die Natur erlitten haben, zeigt, dass die vielfältigen Möglichkeiten keineswegs nur erfreuliche Auswirkungen haben.
Einen möglichen Ausweg, aus der Steigerungsspirale auszubrechen, sieht Peter Gross in der Formel der „Differenzakzeptanz". Dieser Begriff steht für die Überzeugung, die menschliche Existenz nur dann sichern zu können, wenn man den Unterschied zwischen dem, was wirklich und dem, was möglich ist, erkennt, annimmt und daraus Kraft schöpft. Gross hofft, dass es den Menschen gelingen wird, vom Ideal des ewigen Wachstums ebenso Abschied zu nehmen wie von der Vorstellung eines weltgeschichtlichen Finales, einer Erlösungsvorstellung, in der alle Differenzen aufgelöst und der Zwang, „alles müsse neu, anders, besser hergestellt oder vervollkommnet werden", stillgelegt würde. Denn in der Möglichkeitsgesellschaft ist auch der Verzicht eine mögliche Option.

| Sehen Sie sich selbst als Gesellschaftstheoretiker, Gesellschaftskritiker, Gesellschaftsarchitekt oder als geselliger Zeitgenosse?

Wie die meisten Zeitgenossen bin ich, mit unterschiedlichem Erfolg, in alle genannten Rollen geschlüpft. Sind wir doch alle nicht mehr nur Bürger zweier Welten, einer Wirklichkeits- und einer Möglichkeitswelt, sondern Bürger vieler Welten, Teilhaber und Teilnehmer an multiplen Wirklichkeiten, realen und virtuellen. Wir haben es mit allerhand Bürgern und einem zerstrittenen Personal im Kopf zu tun. In diesem Sinne habe ich in der „Ich-Jagd" eine „multiple Sozialforschung" angeregt, die das gesamte Personal im Kopf befragt und nicht nur die Vernunftabteilung.

| Welche Rolle spielen Sie in der Gesellschaft?

Das wissen meine Mitmenschen besser als ich. Ich habe die Wahl, unterschiedliche Rollen zu akzeptieren und auszustatten: als Mitglied einer wissenschaftlichen Gemeinschaft, Lehrer an einer Universität, Ehemann, Familienvater, Großvater, Konsument. Einige der Rollen spielt man gerne, andere entwickeln sich komisch oder tragisch. Nach diversen Wohn- und Arbeitsortswechseln und entsprechenden Neuanfängen muss man die Rolle, die man zu spielen wünscht, immer wieder neu definieren. Der Lebensweg führt entlang an Garderoben und Rollenkostümen. Sich dabei nicht zu verlieren ist keine leichte Aufgabe.

| Welcher Gesellschaftsgruppe fühlen Sie sich zugehörig?

Gerade vom Zug kommend, fallen mir die Schaffner oder – wie man in der Schweiz sagt – die Kondukteure ein. Irgendwie fühle ich mich ihnen verwandt. Wie sie höflich und kompetent die Fahrkarten knipsen und die Stationen ansagen. Die Züge fahren heute so schnell, dass man die Stationstafeln nicht mehr lesen kann. Deshalb werden die Stationen über Lautsprecher verkündet. Auch als Gesellschaftswissenschaftler muss ich mich anstrengen, den Weg, den die Gesellschaft derzeit nimmt, zu deuten. Die kulturelle Dynamik läuft mit großer Geschwindigkeit ab. Man glaubt, in die Zukunft hinein zu explodieren. Überall Propheten, Apokalyptiker, Hellseher. Die Zeitdiagnostiker sind dagegen, selbst ihre farbigsten Vertreter wie Peter Sloterdijk oder Norbert Bolz, dezent.

| Welche Gesellschaftsromane haben Sie fasziniert?

Die liebste Romanfigur meiner Studienzeit war „Ulrich", der Möglichkeitsmensch aus Robert Musils Jahrhundertroman „Der Mann ohne Eigenschaften". Gerade habe ich eine moderne Variation davon gelesen: Don DeLillos „Weißes Rauschen", diese ungemein farbige Schilderung US-amerikanischer Möglichkeitsträume, die sich immer wieder als Alpträume entpuppen. Heute ist es die Prosa von Robert Walser, Thomas Bernhard, Tasushi Inoue und Elfriede Jelinek, die mich in ihren Bann zieht. Autoren wie Emil Cioran, Ernst Jünger oder Hans Urs von Balthasar ließen mich die mystische Seite des Schreibens entdecken. Sie üben auf mich eine eigentümliche Anziehungskraft aus. Ebenso erfreue ich mich am Gesamtkunstwerk von Christoph Schlingensief oder an der innovativen Formulierungskunst einer Sibylle Berg.

| Welchem Gesellschaftsspiel gehen Sie gerne nach?

Als Soziologe beobachte ich naturgemäß gerne. Aber das ist kein Gesellschaftsspiel. Würde man es als solches verstehen, wäre es leichter zu ertragen, beobachtet zu werden. Seit Gott, unser Beobachter und Autor, vermeintlich tot ist und uns nicht mehr beobachtet, müssen wir unsere Geschichte selbst schreiben und spielen und uns auch selbst beobachten. Dieses Spiel ist ein Muss, aber leider häufig ein Kampfspiel. Am liebsten spiele ich Spiele ohne Gewinner und Verlierer. Wo der Mensch das ist, was er in unserer Konkurrenzgesellschaft so selten sein kann, aber gern sein möchte: ungezwungen.

| In welcher Gesellschaft leben wir eigentlich?

Ich habe meiner Gesellschaftsbeschreibung den Titel „Multioptionsgesellschaft" gegeben und glaube, damit einen zentralen Aspekt der Moderne zu treffen. Ich verstehe darunter eine Gesellschaft, der das, was ist, ebenso wenig genügt wie die Vertröstung auf ein Jenseits und die deshalb in kolossaler Art und Weise in allen Lebensbereichen Möglichkeiten generiert: von Reisezielen über Fernsehprogramme bis zu Partnerschaften. Die Multioptionsgesellschaft ist natürlich nicht überall in gleichem Maße verwirklicht. Sie ist virtuell und deshalb global. In diesem Sinne leben wir alle in einer Multioptionsgesellschaft. Diese entsteht, wenn es keine in sich geschlossenen Weltbilder mehr gibt und man sich eine andere Wirklichkeit vorstellen kann. Wir strampeln uns dann – einem Wort von Søren Kierkegaard zufolge – nicht mehr in Notwendigkeiten ab, sondern in Möglichkeiten. Es ergeben sich Zwänge neuer Art, zum Beispiel jene, zu wählen und die Folgen von Entscheidungen zu tragen.

| Worin sehen Sie die Stärken und Schwächen dieser Gesellschaft?

Eine Stärke unserer Gesellschaft sehe ich in der Autonomie des Einzelnen, die in der Ablösung von überkommenen Autoritäten und Gewissheiten und der Generierung neuer Optionen entsteht. Freiheit braucht Abwesenheit von Zwang und Anwesenheit von Möglichkeiten. Unsere Gesellschaft hat indes eine doppelte Buchführung zu machen. Die Kehrseiten all dieser Möglichkeiten sind Orientierungslosigkeit, Unsicherheit, Versagensängste und falsche Entscheidungen. Sich entscheiden müssen ist anstrengender als Befehle auszuführen. Je vielfältiger die Möglichkeiten, die zur Wahl stehen, desto schwieriger die Entscheidung und desto häufiger das Gefühl, falsch entschieden zu haben. Weil jede Entscheidung riskant ist und es vermutlich bessere gegeben hätte, erscheint vielen ihr Leben im Rückblick als ein Trümmerfeld falscher Entscheidungen.

| Wollen Sie die Gesellschaft verändern?

Es wäre borniert zu sagen, sie solle so bleiben, wie sie ist. Dass die Gesellschaft das ist, was wir aus ihr machen, steht ebenso wenig in Frage wie die Tatsache, dass der Mensch das ist, was er aus sich macht. Er muss allerdings lernen, dass er nicht alles aus sich machen kann, und dass andere Menschen, die nichts aus sich machen, seine Hilfe brauchen. Jedenfalls sind Selbsterkenntnis und Selbstveränderung die zeitgemäßen Mittel, um die Gesellschaft und die Welt zu verändern. Auch Selbstdisziplin. Autonomie heißt schließlich Selbstgesetzgebung. Diese fehlt. Nicht nur bei Kindern, wo sie derzeit mit Verve angemahnt wird, sondern auch bei den Managern und Promis. Eine Patentlösung gibt es freilich nicht. Wir können allenfalls Sichtweisen, Paradigmen und Schieflagen korrigieren. Wenn alle auf der einen Seite eines Bootes Platz nehmen, kentert es. In diesem Sinne setzt Veränderung der Gesellschaft Selbstreflexion, Selbstbewegung und Selbstveränderung voraus. Man muss über sich nachdenken, sich achten, akzeptieren, besänftigen und korrigieren. Angesichts des derzeitigen Zustands der Welt scheint es eher notwendig, Bindungskraft und Solidarität statt Autonomie zu stärken.

| Wie sieht für Sie die ideale Gesellschaft aus?

Die ideale Gesellschaft sieht für mich etwas anders aus, als man sie gemeinhin erträumt. Sie ist kein Schlaraffenland, in dem einem die gebratenen Tauben in den Mund fliegen, kein neoreligiöses Paradies, keine globale Welt- und Wertegemeinschaft, wie sich das der Globalismus wünscht. Die ideale Gesellschaft oder das ideale Sein ist erreicht, wenn man das Unvollkommene der conditio humana anerkennt. Sicher, der Mensch will nicht bleiben, was er ist, sondern strebt stets über sich hinaus. Die Erlösungsreligionen haben uns deshalb ein „himmlisches Nest“ gebaut. Differenzakzeptanz bedeutet ein Sein, in dem der Mensch seine Ruhelosigkeit, seine Unvollkommenheit und Unzufriedenheit nicht mehr als Makel, sondern als Gabe annimmt und daraus seine Kraft schöpft. Wäre der Mensch vollendet, gäbe es ihn nicht. Es gäbe nichts.

| Wie sieht die Gesellschaft von morgen aus?

Nichts ist, um es mit Niklas Luhmann zu sagen, so gewiss wie die Ungewissheit der Zukunft. Je mehr autonome Akteure es gibt, umso schwieriger ist es, die Welt von morgen vorauszusagen. Je innovativer und individualisierter eine Gesellschaft ist, desto unsicherer und anarchistischer wird ihre Zukunft. Das Neue ist nur neu, weil es nicht voraussagbar ist, sonst wäre es nicht neu. Offene, freiheitliche Gesellschaften sind Operationsräume der Autonomie und werden dadurch ungewisser. Das zumindest ist gewiss und birgt übrigens auch Vorteile. Die Hoffnung fängt dort an, wo die Berechenbarkeit aufhört. Also heißt die Frage nicht, wie die Gesellschaft von morgen aussieht, sondern wie man sich für die Zukunft zeitgemäß wappnen kann. Die Ungewissheit der Zukunft bietet Raum für Fantasie, Innovation und Gestaltung und für Hoffnungen auf eine bessere Welt.

| In der gegenwärtigen Gesellschaft ist Ihrer Meinung nach eine grenzenlose Freiheit an die Stelle überkommener Bindungen getreten. Gewissheiten werden zu Ungewissheiten, aus Obligationen werden Optionen der Lebensgestaltung. An welchem Punkt sind wir heute? Breitet sich die Multioptionsgesellschaft weiterhin über alle Zonen und Grenzen aus, oder muss der „Steigerungsimperativ" über kurz oder lang zurückgenommen werden?

Ich versuche in meinem Buch jene Modernisierungsprozesse dynamisch zu verknüpfen, die meine Kollegen in der Regel getrennt voneinander behandeln. Die überall spürbare Kontingenzerhöhung mit ihrer Öffnung von Operationsräumen und ihren immer zahlreicheren Optionen und die Minderung des Druckes, der von überkommenen Überzeugungen ausgeht, steigern den Wert des Einzelnen. Optionierung und Enttraditionalisierung sind wie siamesische Zwillinge. Gewissheiten werden durch Aufklärung und Reflexion im Säurebad der Moderne aufgelöst. Aus Notwendigkeiten und Vorgaben werden Möglichkeiten und Aufgaben. Die Individualisierung ihrerseits ist eine Konsequenz der beiden genannten Prozesse und treibt diese gleichzeitig an. Das Individuum stürzt aus der Vorsehung Gottes, muss sich nun selbst vorsehen und feiert leicht irritiert sein Unabhängigkeitsjahrhundert. Diese drei Prozesse – Optionierung, Entobligationierung und Individualisierung – konstituieren die Moderne und sind Triebkraft jener Dynamik, in der wir heute leben. Die Vorstellung einer offenen Gesellschaft mit autonomen Bürgern ist weiterhin von durchschlagender Wucht. Angesichts der Globalisierung bin ich sogar versucht, von einer Neo-Moderne zu sprechen und die Postmoderne zu vertagen. Die ganze Welt tritt an zum Zapfenstreich.

| Die Welt ist in Bewegung gekommen. Immer mehr Menschen bewegen sich über immer größere Distanzen, über die Grenzen ihrer Herkunftsregion und oft auch über nationale Grenzen hinweg. Was sind die Ursachen dieser Mobilität?

Zunächst einmal sind die Verkehrswege, auf denen die Menschen von einem Ort zum anderen gelangen, besser geworden. Der eigentliche Grund aber für die Bereitschaft, sich überhaupt erst auf den Weg zu machen, sind die Möglichkeiten, die in den Massenmedien als realisierbar suggeriert werden. Die Antriebskraft ist die den Menschen bewusst gewordene Diskrepanz zwischen Realität und Möglichkeit, zwischen den verwirklichten Formen der Existenz und den denkbaren Optionen eines besseren Lebens. Das sind die neuen Pilgerorte und die Karriere der Jakobsweg dorthin.

| Einigen wenigen Migranten gelingt der Sprung auf die Wohlstandsinseln dieser Welt, die meisten aber landen in den Auffanglagern am Rande unserer Gesellschaften, von wo sie wieder zurück in ihre Herkunftsländer gebracht werden. Sind die Handlungs- und Entscheidungsoptionen weltweit gesehen nicht ungleich verteilt? Was verstehen Sie unter einem „garantierten Grundeinkommen von Optionen für jedermann“?

Wann immer gefragt wird, warum etwas so ist, wie es ist, und nicht anders, zeigt sich die moderne Haltung oder das „Kontingenzbewusstsein“, wie es in der Philosophie genannt wird. Das ist der Beginn der Moderne. Dieser Bewusstseinswandel wird in den Ländern der sogenannten „Dritten Welt“ nicht selten auch rechtlich erzwungen. Wenn man Schlagzeilen liest wie „Recht auf freie Kleiderwahl in Nigeria“ oder „Pakistanisches Gericht ermöglicht Heirat gegen den Willen des Vaters“, oder wenn die Muslimin in Kabul von der Burka „befreit“ wird, so wird einem schlagartig klar, dass die sogenannte Globalisierung in erster Linie ein kulturelles Projekt ist. Die Moderne beginnt an dem Punkt, wo die Menschen begreifen, dass das, was ist, auch anders sein könnte. Also mit dem Kontingenzbewusstsein. Die Optionen wachsen für viele zunächst nur auf dem Papier. Wir waten in Optionenfluten. Wird die Multioptionsgesellschaft in diesem Sinne verstanden, leben wohl ausnahmslos alle in ihr. Die Chancen, bestehende Möglichkeiten zu nutzen, sind freilich sehr ungleich verteilt. Das Recht auf Auswahl zwischen neun verschiedenen Videorekordern oder einem Dutzend Automobilmarken wirkt auf Menschen, deren Monatslohn kaum mit den steigenden Lebenshaltungskosten Schritt halten kann, jedoch schwerlich befreiend und fördert möglicherweise einen antimodernen Fundamentalismus.

| Max Webers Vortragsschrift „Wissenschaft als Beruf" enthält eine Passage, in der er sinngemäß sagt, dass die zunehmende Rationalisierung der Welt keine bessere Kenntnis der Lebensbedingungen mit sich brachte, sondern den Glauben daran, etwas bewegen und erreichen zu können.

Genauso ist es auch mit der Multioptionsgesellschaft. Wichtig ist das Bewusstsein, dass Optionen dem Menschen prinzipiell gegeben sind. Der Mensch ist, wie es Herder sinngemäß gesagt hat, der erste Freigelassene der Natur. Die moderne Gesellschaft hat ihn ein zweites Mal befreit und hat zum grandiosen Schauspiel unserer fortschrittsbeseelten Gesellschaft geführt. Auch wir allerdings, die Bewohner von wohlhabenden Multioptionsgesellschaften, haben nur ein Leben. Für alle ist der Tag vierundzwanzig Stunden kurz oder lang, der Magen hat bei allen in etwa das gleiche Fassungsvermögen. Wie häufig baden wir in Optionen und bleiben gleichwohl zu Hause, auch wenn fünf Abendveranstaltungen locken. Je mehr Möglichkeiten vorhanden sind, desto mehr Entscheidungen stehen an. Und diese sind prinzipiell riskant, weil man nie mit Sicherheit weiß, ob man die richtige Entscheidung trifft. Aufgrund veränderter Umstände oder unerfüllter Erwartungen kann sich im Nachhinein die gewählte Alternative als die falsche herausstellen.

| Die Moderne ist nicht nur eine Zeit der Entscheidungen, sondern auch eine Zeit der Suche nach sich selbst. In Ihrem Buch „Ich-Jagd" beschreiben Sie das Individuum als Wesen, das auf sich selbst gestellt

ist und nach Selbstverwirklichung trachtet. Was treibt den Einzelnen dazu, vor sich wegzulaufen beziehungsweise hinter sich herzujagen?

Was den Einzelnen antreibt, ist ein tief in die modernen Gesellschaften eingemeißelter und ins Herz des modernen Menschen implantierter Wille zur Steigerung, zum Vorwärts, zum Mehr. Das setzt sich fort, wenn er sich über sich selbst beugt. Wer in sich herumtigert, begibt sich auf unbekanntes Terrain. Auch das Ich befindet sich im Spannungsfeld dessen, was es ist, und dem, was es sein könnte. Und es will es selbst sein, mit sich selbst verschmelzen, es will Identität. Aber nie kann der Mensch wie Gott auf die Frage: „Wer bist Du?“ sagen: „Ich bin der ich bin“ (Exodus 3,14). Der Mensch ist ein gefallener Engel oder ein metaphysisches Tier. Er ist ein Mängelwesen. Er hat die Instinktsicherheit verloren und gleichzeitig Weltoffenheit erlangt. Auf sich selbst zurückgeworfen, muss der Einzelne seinem Leben eine Richtung geben. Er ist neugierig und unzufrieden. Er denkt über sich selbst nach und will über sich selbst hinauswachsen. Der fortschrittsbeseelte Mensch hat den inneren Drang, immer wieder Grenzen zu überschreiten. Er ist am liebsten dort, wo er noch nicht ist. Er versucht, aus seinem anthropologischen Minimum ein Maximum herauszuholen. Die moderne Bearbeitung der „Ich-Differenz“, die Identitätshoffnung, führt und verführt zu einer endlosen Jagd, zu einem Taumel der Selbsterregung und Selbstverwirklichung. Der Mensch sucht die „unio mystica“ mit sich selbst. Sein unruhiges Herz will nicht in Gott, sondern in sich selbst ruhen.

| In Ihrem neuen Buch „Jenseits der Erlösung“ schreiben Sie: „Die Menschen wollen nicht nach dem Tod, sondern lebendigen Leibes in den Himmel“. Welche Rolle spielt dann die Religion für die Gesellschaft?

Seit der Himmel leer gefegt, das Jenseits ins Diesseits gefallen ist und Gott in uns selbst Platz genommen hat, ist das entscheidende Charak-

teristikum der Erlösungsreligionen, nämlich der Erlösungswille, verblasst. Die christliche Heilserwartung ist zu einem weltlichen Futurismus mutiert, in dem der Mensch sein Glück nicht mehr im Himmel, sondern auf Erden finden will. Ein Jenseits soll im Diesseits erreicht werden. Die Menschen wollen nicht mehr ewiges Leben, sondern das Leben erleben. Und zwar durch eine totale Mobilmachung, die darauf abzielt, die Erlösung selbst in die Hand zu nehmen, um die eigene Unvollkommenheit zu überwinden. Aber die irdische Vervollkommnungsvorstellung ist gleichermaßen am Erkalten. Deshalb glaube ich nicht, dass sich die christliche Heilsbotschaft in ihrer Substanz reanimieren lässt. Will man die Substanz, wie sie etwa im „Vaterunser" verdichtet ist, zu erklären versuchen, kommt man sich vor als rede man zu Heiden.
Während wir einen Herbst der Erlösungsreligionen erleben, entsteht gleichzeitig eine bunte Schar von Sekten und Kulten, die für weltliches Wohlbefinden sorgen. Das Spektrum reicht von den Sonnentemplern über Scientology bis zu den mährischen Brüdern und der Heilsarmee. Wenn Religiosität auf das Erlebnis von Transzendenz reduziert wird, unterlaufen diese Formen der Spiritualität die überkommene Religion des Christentums und expandieren im Gleichschritt mit dessen Schrumpfen. Die Religion kehrt in bunten Kleidern wieder, aber nicht das Christentum mit seiner Heilsbotschaft.

| Die radikale Veränderung der Grundbedingungen menschlichen Lebens lässt den Ruf nach einfachen Rezepten, nach Führung, nach Organisation und Ordnung erschallen. Wie kann der Mensch in einer beschleunigten Welt auf den Overkill an Informationen und Möglichkeiten angemessen reagieren?

Die Überlagerung aller Gewohnheiten und Gebräuche durch eine „planetarische Raumordnung" mit globalen Operationsweisen und einem weltweit durchgesetzten Inventar von Symbolen, Zeichen und Erkennungsmelodien transformiert Orte in Durchgangslager und ihre

Bewohner in Passagiere. Sie lässt das Entfernte nah und das Nahe entfernt, das Fremde eigen und das Eigene fremd erscheinen. Die Menschen werden zu Fremdlingen, denen – wie ihren mineralischen Gegenstücken, den Findlingen – die Gletscher der tradierten Gewissheiten gleichsam unter den Füßen wegschmelzen. So hat es Peter Sloterdijk einmal sinngemäß ausgedrückt. Auch der Sesshafte wird aus seinen sozialen Beziehungen herausgehoben. Er mutiert vom Pilger zum Wanderer zwischen den Welten. Die Gewissheiten verschwinden indes nicht. Sie haben vielmehr den Modus von wählbaren Alternativen angenommen. Gewissheiten, Rituale und Kultur werden nicht mehr gedankenlos wiederholt, sondern erzeugt.

| In ihrem Buch „The Working Life" schreibt Joanne B. Ciulla: „Wir leben in einer Ära, in der unser Leben eigentlich aus angenehmen Tätigkeiten jeder Art bestehen müsste. Stattdessen stecken viele Menschen in ihren überlangen Arbeitszeiten und Schulden fest. Sie leiden an Stress und Einsamkeit, und ihre Familien zerbröseln. Warum? Zum einen, weil wir immer mehr haben wollen. Zum anderen, weil wir nicht begreifen, dass wir wählen können." Warum wählen wir die unangenehmen Tätigkeiten nicht ab? Welche Schritte müssten in diese Richtung unternommen werden?

Entgegen der offenbar auch von Joanne B. Ciulla geteilten Vorstellung, dass das Leben Annehmlichkeiten und Spaß bereiten müsse, bin ich der Meinung, dass jeder, der lebt, arbeitet und auch liebt, lernen muss, mit Beschränkungen, Zumutungen und Verzicht zu leben. Niemand kann alles haben. Gesund ist, wer Krankheiten, die unvermeidlich sind, ertragen kann. Das Leben empfängt seine Intensität aus dem Bewusstsein der Endlichkeit. Das Leben ist nun einmal von beschränkter Dauer. Wer damit rechnet, lebt wohl besser als ein Mensch, der vom Tod erlöst werden will. Der Mensch ist das einzige Wesen, das sich gegen sich selbst erhebt und nicht nur mit seiner Umwelt unzufrieden ist, sondern auch mit sich selbst. Deshalb muss der Einzelne, wie Immanuel Kant es formuliert hat, eine neue Art von Selbstsorge und Umsicht entwickeln. Und dazu gehört, diese seine Unvollkommenheit mit Sinn zu versehen.

| Der Soziologe Niklas Luhmann konstatierte in seinem Buch „Beobachtungen der Moderne“: „Wir können nur sicher sein, dass wir nicht sicher sein können, ob irgendetwas von dem, was wir als vergangen erinnern, in der Zukunft so bleiben wird, wie es war.“ Ist diese Unsicherheit auch eine Folge der Multioptionsgesellschaft?

Die Multioptionsgesellschaft resultiert daraus, dass sich immer mehr Menschen in immer mehr Bereichen ermächtigt sehen, autonom zu entscheiden und zu handeln. Die Kontingenz, die Ungewissheit der Gesellschaft, nimmt in dem Ausmaße zu, wie die Menschen sich emanzipieren. Je autonomer die Individuen entscheiden, desto ungewisser ist der Ausgang ihrer Entscheidung. Man betritt ein Kaufhaus, um eine neue Teesorte zu kaufen, und verlässt es mit drei Paar Socken. Man schaut einen Krimi, drückt versehentlich auf eine Taste und bleibt im Tierfilm stecken.
Jede Entscheidung ist prinzipiell riskant. Wer wählt, wählt etwas und anderes nicht. Entscheiden heißt sich scheiden können. Der moderne Mensch muss Scheidungsenergie entwickeln. Das zentrale und eigentümliche Paradox der Moderne lässt sich daran aufzeigen, dass wir einerseits immer mehr machen können, was wir wollen, und andererseits ja gerade darum eine wachsende Ungewissheit in Bezug auf die Zukunft verspüren. Und je ungezwungener die Menschen zu handeln gewillt sind, desto größer wird auch ihr Risiko, nicht gewählt, ja plötzlich ausgeschlossen zu werden. Deshalb haben alle die Aufgabe, ihre Autonomie zu nutzen, um soziale Beziehungen zu knüpfen. Die Gefahr, selbst verschmäht zu werden, ist damit aber nicht gebannt.

| Erwartungen von Unsicherheiten in der Zukunft gehen auch in die Wahrnehmung der gegenwärtigen Arbeitswelt ein, die sich unüberseh-

bar verändert hat. Deregulierung und Flexibilisierung der Arbeitsverhältnisse sind die Schlüsselbegriffe dieser Veränderungen. Der Soziologe Richard Sennett konstatiert in diesem Prozess den Trend vom Beruf zum Job. Wie kann Arbeit im Zuge neuer Unternehmensstrukturen neu definiert werden?

Gewissheiten als Selbstverständlichkeiten, die keiner weiteren Begründung bedürfen, werden auch im Erwerbsleben obsolet. Noch Mitte der sechziger Jahre nennt Helmut Schelsky Familie und Beruf die beiden großen Sicherheiten, die dem modernen Menschen verblieben sind. Inzwischen verschwimmen die Grenzen zwischen Arbeitszeit und Privatleben. In der Regel üben die Menschen heute einen Beruf nicht mehr ein Leben lang aus, und es ist unmöglich geworden, den Verlauf einer beruflichen Karriere gezielt zu planen. In einer Situation, in der Unternehmen außerstande sind, Arbeitsplätze auf Lebenszeit zu garantieren, und sich die Jugendlichen fragen müssen, ob es den Beruf, den sie gerade erlernen, überhaupt noch gibt, wenn sie ins Erwerbsleben einsteigen, gilt es für die heutige Generation, Abschied zu nehmen von der „monogamen Arbeit" – der Vorstellung also, einen Beruf zu erlernen und diesen dann ein Leben lang an einem Ort auszuüben. Da auch die Unternehmen neuen Unwägbarkeiten eines globalen Marktes ausgesetzt sind, lässt sich auch von ihrer Seite keine lebenslange Loyalität mehr erwarten. Doch während sich die Unternehmen durch ein klug diversifiziertes Portfolio von revidierbaren Geschäftsfeldern für eine ungewisse Zukunft wappnen, fehlt ein angemessenes neues Verständnis von Arbeit und Beruf. Ein Umdenken, das neue Erwerbs-, Vertrags- und Beschäftigungsformen möglich machen könnte, hat noch nicht stattgefunden. Befristete Arbeitsverhältnisse, Arbeit auf Abruf, Hilfs- und Gelegenheitsarbeit, zeit- und ortsungebundene Arbeit sowie neuartige selbstständige oder quasi-selbstständige Beschäftigungsformen werden eher als Risiken denn als Chancen eingestuft. Eine Aussicht auf Erfolg haben in Zukunft nur Arbeitnehmer und Unternehmer, die sich auf neue Bahnen begeben. Möglich wäre dies beispielsweise, indem der Arbeitnehmer über ein reichhaltiges Portfolio von Erwerbstätigkeiten verfügt und für unterschiedliche Organisationen und Institutionen, die sich ebenfalls neu strukturieren, als freier Mitarbeiter oder in Teilzeit tätig ist. Im Zentrum der künftigen Erwerbsmöglichkeiten stehen also die „multiple Arbeit" und ein „Portfolio-Worker", der unterschiedliche Kompetenzen in unterschiedlicher Art und Weise in den Arbeitsmarkt einzubringen versteht.

| Lässt sich diese „Portofoliostrategie", dieses spezifische Lebens- und Arbeitsmodell, generalisieren? Ist das Leitbild der Zukunft der Mensch, der als „Unternehmer in eigener Sache" Eigenverantwortung übernimmt? Sind die Menschen auf diese Herausforderung ausreichend vorbereitet?

Die erwerbstätigen Frauen sind, da sie immer schon ein Portfolio von Erwerbs-, Haus- und häufig noch Erziehungsarbeit kombinieren mussten, Pioniere dieses Lebens- und Arbeitsmodells. Was Frauen schon immer praktiziert haben, müssen nun auch die Männer umsetzen. Um in der Arbeitswelt von heute zu bestehen, sind Biegsamkeit und Flexibilität vonnöten – über die Erwerbsbiografie hinweg. Auf den schwer einschätzbaren Arbeitsmarkt ist mit einem flexibel aktivierbaren Set von Erwerbsmöglichkeiten zu reagieren. Die Beziehung zwischen Leben und Arbeit muss neu definiert werden. Der Sinn des Lebens findet sich nun einmal nicht mehr nur im Beruf. Es gilt, in allen Welten, in denen wir leben, Sinn zu erzeugen. Die Welt ist nicht, was sie von sich aus ist. Sie muss leserlich gemacht und mit Sinn erfüllt werden. Wir sind Bürger vieler Welten. Die Realität der Arbeitswelt verdunkelt derzeit die privaten Lebenswelten.

| Die Mehrzahl der Erwerbsabhängigen wählt das Leben als „Portfolio-Worker" aber nicht aus freien Stücken. Es wird ihnen vielmehr durch die heutige Arbeitswelt auferlegt. Was passiert aber mit jenen,

denen die Voraussetzungen, also Kenntnisse und Fertigkeiten, fehlen, sich auf den deregulierten Märkten zu bewähren? Und was passiert mit denen, die die geforderte Flexibilität nicht aufbringen?

Sie bleiben auf der Strecke. Es gibt, ökonomisch ausgedrückt, keine Markträumung. In einer totalen Marktgesellschaft gibt es sie auf den „Menschenmärkten", den Partnerschafts-, Heirats- und Erwerbsmärkten nämlich, ebenfalls nicht. Jeder Markt mit unabhängigen Teilnehmern generiert augenblicklich Ungleichheiten. Viele bieten sich an, aber nicht alle werden genommen, oder erst nach fünfzig Bewerbungen. Denn die Potentiale sind nun einmal unterschiedlich verteilt. Und heute wie zu allen Zeiten gibt es Menschen, die nicht in der Lage sind und auch nicht in die Lage gebracht werden können, sich virtuos in Märkten zu bewegen. Michel Houellebecq hat dies in seinem Roman „Erweiterung der Kampfzone" drastisch beschrieben. Die Vertragsunfähigen, also jene, die in einer Multioptionsgesellschaft nicht gewählt werden, weder mit ihrer Arbeitskraft noch mit ihren sonstigen Talenten, müssen versichert und abgesichert werden. Denn eine offene Gesellschaft ist dazu verpflichtet, jenen, die sich im freien Spiel der Kräfte nicht zu bewähren vermögen, Lebensmöglichkeiten zu schaffen. Ein „passionate" oder mitfühlender Liberalismus ist gefragt. Vielleicht meint der Parteivorsitzende der FDP, Guido Westerwelle, das, wenn er von „Neosozialismus" spricht. Es könnte sein, dass, falls die politische Mitte endlich das Thema Solidarität wieder besetzt, ein gesellschaftlicher Paradigmenwandel bevorsteht: Vom „Soloing" zum Miteinander, zur nationalen „Corporate Identity".

| Hier stellt sich die Frage, welche zivilen oder staatlichen Kräfte dies leisten können. Wie könnte ein möglicher „New Deal" oder Gesellschaftsvertrag aussehen, der eine neue Macht- und Aufgabenteilung zwischen Markt, Staat und Selbstverantwortung des Bürgers etabliert und dabei auch die Verlierer der „Multioptionalisierung" des Erwerbslebens in den Blick nimmt?

Lösungen sehe ich in neuartigen finanziellen Grundsicherungen und ebenso innovativen, personalen Hilfesystemen, die herkömmliche familiäre Strukturen, die ja auch zerbröseln, kompensieren. Ein derartiger „New Deal", eine Übereinkunft von Politik und Wirtschaft darüber, was als angemessen empfunden wird, um diesen Herausforderungen zu begegnen, käme uns sehr zugute. Gerade eine Gesellschaft, in der nichts so gewiss ist wie die Ungewissheit der Zukunft, muss nicht nur die Arbeit neu erfinden und bewerten. Auch zivile Hilfesysteme sind erforderlich. Und angesichts der „Versingelung" der Gesellschaft nicht nur möglich, sondern auch notwendig.
Gefordert ist auch die Politik, neue Arbeitsverhältnisse zu schaffen. Denkbar wären Firmenpools mit flexiblen Unternehmern, die in einer Art „zwischenbetrieblichem Job-Sharing" den sozialen Kitt bilden, den eine „Intercorporate Identity" benötigt wie eine Burg Mörtel. Ich denke an Firmenpools, die gemeinsam sichere Arbeitsplätze gewährleisten können. Wir brauchen einen neuen Deal zwischen Wirtschaft und Politik, mit Stillhalteabkommen und Anerkennung verschiedenster Perspektiven. Konsens im Dissens. Und als Grundlage finanzielle und zwischenmenschliche Existenzsicherung. Soziale und kulturelle Innovationen, personale Vernetzungen und neue Clansysteme, die fundamentale Veränderungen begleiten, an deren Anfang wir erst stehen.

| Welche Chance sehen Sie für die von Ulrich Beck vorgeschlagene Aufwertung der Bürgerarbeit?

Die angeblich neue Idee von Ulrich Beck lässt sich seit fast einem Jahrhundert in einschlägigen Schriften nachlesen. Schon nach dem Ersten Weltkrieg wurde eine Diskussion über freiwillige und obligatorische Sozial- und Arbeitsdienste geführt, die man heute euphorisch „Bürgerarbeit" nennt. Die entsprechende Literatur dazu in den siebziger und achtziger Jahren ist endlos und ihre ursprünglichen Propagandisten, wie etwa Joseph Huber, sind vergessen. Dass sich jene, deren Arbeitszeit verkürzt wird, oder jene, die keine Arbeit haben, in

derartigen Systemen organisieren lassen, halte ich – jedenfalls in Bezug auf die erste Gruppe – für äußerst zweifelhaft. Aller Erfahrung nach wird neu gewonnene Freizeit darauf verwendet, neue Erwerbstätigkeiten ausfindig zu machen und sich auf diese vorzubereiten. Es erscheint ziemlich blauäugig, darauf zu hoffen, dass neue Freiräume für karitative oder ökologische Aufgaben genutzt werden.
Beobachtung müsste ehrlicherweise immer auch Selbstbeobachtung sein. Insofern wäre es nützlich, einmal eine empirische Untersuchung darüber anzustellen, wer sich von jenen, die andauernd diese kompensatorische Semantik pflegen, selbst überhaupt entsprechend engagiert. Der Einsatz auf Bürgerebene muss radikalisiert und in der Tat – hier folge ich Ulrich Beck – wie die Politik neu erfunden werden. Eine Neuerfindung der Arbeit hätte obendrein in Rechnung zu stellen, dass die wohlfahrtsstaatlichen Leistungssysteme zu einem für Laien undurchdringlichen Dschungel von Pflichten, Anwartschaften und Kassen geworden sind. Es gilt, personale Systeme zu erfinden, die nicht nur, wie das die Bürgerarbeit vorsieht, zwischen privatem und öffentlichem Leben vermitteln, sondern in denen Geistes- und Herzensverwandte virtuelle Netzwerke bilden, in denen sie füreinander verantwortlich zeichnen.

| Können Sie diese Vorschläge konkretisieren?

Wie zum Trost einer sich zersplitternden Gesellschaft, in der das Individuum triumphiert, ist derzeit überall und keineswegs nur in der Wirtschaft von Fusionen die Rede. Nachdem dies auch in Parteien, Kirchen, Gemeinden und Gewerkschaften zu beobachten ist, lässt sich absehen, dass das Verschmelzungs- und Vereinigungsprogramm hinlänglich Attraktivität besitzt, um sich auch auf die kleinen Lebenswelten zu übertragen. Neue Formen von Beziehungen müssen aufgebaut werden. Die Menschen sollten sich in Ruhe überlegen, für wen sie, abgesehen von der eventuell vorhandenen eigenen Familie, die volle Verantwortung, eine Art Patenschaft, übernehmen würden.

| Wie lassen sich diese Ideen verwirklichen?

Das Zustandekommen dieser Patenschaften hängt in steigendem Maße von den äußeren Bedingungen ab, die nicht einfach gegeben sind, sondern bewusst hergestellt und gestaltet werden müssen. Staatliche Institutionen können hierbei eine fördernde, aber auch eine hemmende Rolle spielen. Die Moderne hat viele herkömmliche, verlässliche Systeme aufgelöst. Die sinkende Geburtenrate hat zu einer „Bohnenstangenfamilie", zu einer Verengung des Familienlebens geführt und die Verwandtschaftsbeziehungen beträchtlich verringert. Und, nebenbei gesagt, die Erbquote erhöht. Und ebenfalls nebenbei gesagt: das Erben ins Alter verschoben. Also gilt es, Wahlonkel und Wahltanten zu suchen und Wahlverwandtschaften zu pflegen, die in der Lage sind, an die Stelle fehlender Personen innerhalb der Familienstruktur zu treten. Dass daneben eine finanzielle Grundsicherung vorhanden sein muss, versteht sich von selbst. Denn mitmenschliche Wärme allein sichert nun einmal nicht das Überleben in modernen Gesellschaften.

| Die Altersstruktur der Bevölkerung in Wohlstandsgesellschaften lässt sich nicht mehr in Form einer Pyramide abbilden. Sinkende Geburtenrate und Anstieg der Lebenserwartung schlagen sich in einer Graphik nieder, die eher an einen ausgefransten Pilz als an eine Bevölkerungsstatistik erinnert: unten immer weniger jüngere, oben immer mehr ältere Menschen. Welche Probleme ergeben sich aus der Überalterung der Gesellschaft?

Die demografische Entwicklung moderner Gesellschaften ist, sieht man von der globalen Situation und dem rasch abnehmenden Anteil der Europäer an der Weltbevölkerung ab, weniger eine Provokation als eine Herausforderung, welche aus den Verschiebungen in der überkommenen Altersstruktur und neuen Verteilungen der Generationen, Altersklassen und Alterskohorten resultiert. Eine Herausforderung, die es nicht wie üblich zu bekämpfen, sondern mit Sinn zu füllen gilt.

In absehbarer Zeit wird sich nicht nur das Verhältnis zwischen einheimischer und ausländischer Wohnbevölkerung, zwischen den Anteilen von erwerbstätigen Frauen und Männern und zwischen erwerbstätigen und nicht mehr erwerbstätigen Wahl- und Stimmberechtigten, sondern auch die Relation zwischen älteren und jüngeren Personen im erwerbsfähigen Alter massiv verändern. Die ältere Generation wird absolut und relativ in der Gesamt- und in der Erwerbsbevölkerung ein immer größeres Gewicht erhalten. Entscheidend ist es, statt Bevölkerungspolitik anzumahnen und natalistische Parolen in die Welt zu setzen, mit den bestehenden Verhältnissen zu arbeiten und dem „Weniger“ Nutzen abzugewinnen. Man kann auch gesundschrumpfen. Reformen passieren gerade dann nicht, wenn man versucht, die alten Verhältnisse wiederherzustellen.

| Der Soziologe Karl Otto Hondrich kommt in seinem Buch „Weniger ist mehr“ zu dem Schluss, dass der Geburtenrückgang durchaus auch als Glücksfall für unsere Gesellschaft betrachtet werden kann. Wenn man sich die Altersstruktur der Unternehmen anschaut, ist festzustellen, dass fast sechzig Prozent aller Betriebe in der Bundesrepublik Deutschland keine Mitarbeiter über fünfzig Jahre beschäftigen.

Je mehr wir in eine Dienstleistungs- und Wissensgesellschaft steuern, desto weniger steht die körperliche Leistungsfähigkeit im Vordergrund. Die Zeit der Dampfmaschinen und Fabriken ist vorbei. Das technische Know-how ist nur noch ein Baustein in einer Kombination von Fähigkeiten und Erfahrungen. Mit dem Alter wachsen Arbeits- und Berufserfahrung, und das Urteilsvermögen nimmt zu. Ausgeglichenheit, Beständigkeit und Kooperationsfähigkeit sind den älteren Mitarbeitern in hohem Maße zugesprochene Eigenschaften.
Eine längere Lebensarbeitszeit sollte deshalb mit einer „Kultur der Arbeit im Alter“ einhergehen. Neugierde und Tatkraft bleiben, wenn man länger lebt, auch länger erhalten. Das Potential der Senioren muss genutzt werden, anstatt es unter der Fuchtel einer unzeitgemäßen alters-

selektiven Personalpolitik wegzuwerfen. Warum sollen Senioren bezüglich ihrer Vorsorge von Milchgesichtern beraten oder bezüglich ihrer schütteren Frisuren von vollhaarigen Jugendlichen bedient werden? In diesem Sinne ist es, um mit John Naisbitt, dem Verfasser von „Megatrends", zu sprechen, besser, veraltete Ansichten statt ältere Arbeitnehmer zu verabschieden.

| Welche Aufgaben sollten Ihrer Meinung nach von der Unternehmensseite übernommen werden?

Die Unternehmen haben in unserer Gesellschaftsordnung mehr denn je auch eine politische Verantwortung für das Ganze. Insofern sind sie aufgefordert, sich mit den großen gesellschaftlichen Problemen, um deren Lösung Staat und Gesellschaft ringen, zu beschäftigen. Sie könnten als Vorgabe zum Beispiel versuchen, die Altersstruktur der Gesellschaft in der Betriebsbelegschaft abzubilden. Die Unternehmen können nicht von ihren Mitarbeitern den Blick aufs Ganze fordern und gleichzeitig den eigenen Beitrag zum gesellschaftlichen Leben entrüstet oder zynisch von sich weisen.

| Wie könnte das Verhältnis zwischen jungen und alten Menschen verbessert werden? Was machen wir gegen den drohenden Generationenkonflikt?

Hohes Alter darf nicht länger ein Stigma sein. Es ist schon paradox: Alle wollen alt werden, niemand aber will alt sein. Alt werden ist kein Makel, sondern eine Selbstverständlichkeit. Auch die Jungen wollen alt werden. Und zwar in allen Kulturkreisen und Kontinenten.
Wenn man die Bevölkerungspyramide, in deren vertrauten Deutungen die ältere Generation bedrohlich auf der jungen lastet, umdreht, erhält man eine verblüffend andere Lesart unserer Gesellschaft. Die älteren Menschen lassen sich dann als Wurzeln denken, welche die Jungen nähren und tragen. Das heißt letztlich auch, dass angesichts einer hohen

Jugendarbeitslosigkeit und ungewisser Perspektiven unserer Kinder überlegt werden muss, wie man Ressourcen umleiten könnte, statt von den Jungen zu den Alten, von den Alten zu den Jungen.
Was die Finanzierung der Altersversicherung betrifft, ist es unumgänglich und selbstverständlich, darüber nachzudenken, das Rentenalter zu erhöhen. Einer freiheitlichen Gesellschaft angemessen wäre die vollständige Öffnung der Lebensarbeitszeit nach oben mit individueller Entscheidungsfreiheit über den Austritt aus dem Erwerbsleben. Die Optionen für ältere Menschen reichen von flexiblen Arbeitszeiten über Seminare ab fünfzig bis hin zu „japanischen" Gehaltsskalen und können helfen, die Leistungspotentiale des älteren Mitarbeiters nicht nur zu nutzen, sondern auch zu entwickeln. Sonst werden wir es bald mit Rentnerbanden und -aufständen zu tun haben.
Nur ein neues Selbstverständnis der Jungen wie der Alten sowie neue Formen des Miteinanders können aus den gegenwärtigen Schwierigkeiten hinausführen und verhindern, dass sich die Ansprüche von Jung und Alt bald unversöhnlich gegenüberstehen.

| Gibt es Alternativen zu der Gesellschaft, in der wir augenblicklich leben?

Ich sehe keinen fundamentalen Paradigmenwechsel, obwohl es Tendenzen zu neuen Zwängen und Denkverboten gibt. So scheint im Moment der Wachstumsimperativ in einer unangefochtenen Weise zu dominieren. Obwohl seit der Wende insbesondere im Osten Deutschlands zurückgebaut und geschrumpft wird. Was Not tut ist gerade nicht die Wiederherstellung der alten Wachstumsraten. China und Indien sind unvergleichbare Fälle. Es gilt, die sich stellenden Herausforderung mit Sinn zu versehen und wenn nötig zu korrigieren. Aber ohne Endlösungssemantik. Die Zeit der politischen Heilsbotschaften ist vorbei.

| Welche gesellschaftliche Entwicklung sehen Sie auf uns zukommen?

Wo man hinschaut, von Brasilien bis Indonesien, von Madagaskar bis zu den Spitzbergen, öffnen sich die Gesellschaften. Die Operationsräume nehmen zu, die Kraft der Traditionen nimmt ab. Individualisierung ergreift die Massen. Ein Programm von unschlagbarer Wucht. Das Projekt Moderne ist derzeit ohne Gegner, wie viele auch immer vom „Jagannath-Wagen“, den Anthony Giddens gerne zur Veranschaulichung heranzieht, zermalmt werden. Karl Marx ist, wie man in Anlehnung an die Worte von Lester Thurow sagen könnte, mitsamt dem russischen Bären in den Wäldern verschwunden. Ein Teilsieg der offenen Gesellschaft ist auch im Irak absehbar. Niemand mehr spricht von der autistischen Verirrung des Westens. Mit der Autonomie wächst indes die Unsicherheit in Bezug auf die Zukunft. Dann sind naturgemäß falsche Götter, wie etwa die Rückkehr zu fundamentalistischen Ansätzen, nicht weit. Nichts ist schwerer, als das Ungewisse zu akzeptieren. Wir können davon ausgehen, dass sich die Möglichkeiten in der Zukunft weiterhin vergrößern, Traditionen ihre dominierende Rolle zunehmend verlieren und der Wert des Einzelnen ungeahnte Höhen erreicht. Nie waren die Spielräume des Handelns so groß. Nie gab es so wenige Gewissheiten. Und noch nie gab es deshalb eine ernstere Verpflichtung, sich selbst zu disziplinieren. Autonomie heißt „Selbstgesetzgebung“, sich selbst Stoppregeln zu geben. Die Freiheit des Einzelnen muss dafür genutzt werden, die Zukunft zu gestalten, auch wenn diese damit nicht zwangsläufig gewisser wird.

| Bei einer solchen Aussicht ist der Bewohner der Multioptionsgesellschaft geneigt zu fragen: Wohin soll ich mich wenden? Wohin treibt die Multioptionsgesellschaft?

Zunächst wird sie sich, im Zeichen der Globalisierung, weltweit nicht nur als Programm, sondern als selbstverständliche Lebensform zu etablieren versuchen. Sie ergreift uns im Inneren und reicht über unsere Welt hinaus. Begrünung des Mars und virtuelle Freudenhäuser, Organersatz und Transplantationschirurgie wären die entsprechenden Stichworte. Die Grenzen mögen natürliche, ökologische oder biologische sein. Die Dynamik der Moderne lässt sich dadurch nicht bremsen. Glücklich wird der Mensch erst dann, wenn er sich selbst mit seinen Unzulänglichkeiten und seiner Zerrissenheit akzeptiert, statt panisch immer neuen Möglichkeiten nachzujagen. Die Multioptionsgesellschaft stößt erst an Grenzen, wenn der Mensch seine eigene Begrenzung anerkennt, ja diese als Geschenk annimmt. Und sich mit allen Menschen darin eins fühlt, nicht zu Rande zu kommen mit sich, den anderen und der Welt. Und deshalb das Definitive und Ultimative von Erlösungsbotschaften zugunsten des Unvollendeten und Unvollendbaren verwirft.

| Nichts deutet bisher darauf hin, dass die Marschbefehle der Multioptionsgesellschaft zur Disposition stehen. Wo sehen Sie die Grenzen im Grenzenlosen? Wie soll die von Ihnen geforderte „Differenzakzeptanz" aus der gesellschaftlichen Einbahnstraße führen?

Lebensräume und Lebensbereiche geraten in den Sog einer Fortschrittsdynamik, die vorderhand keine Stoppregeln zu kennen scheint und sich durch nichts aufhalten lässt. Möglicherweise liegt das Problem in der im Fortschrittsprojekt implizit angelegten Unmöglichkeit, die Kluft zwischen Jammertal und Paradies zu überbrücken. Alles, was möglich ist, soll auch realisiert werden und jede Realisierung wieder neue Möglichkeiten entstehen lassen. Jede neue Option schafft neue Differenzen, und Differenzbildung ruft nach Differenzminderung. Eine Möglichkeit, die zerstörerische gesellschaftliche Realisierungswut zu zähmen, sehe ich nur darin, die Diskrepanz zwischen Wirklichem und Möglichem zu akzeptieren. Wir müssen uns von der christlich geprägten Erlösungssemantik befreien. Versöhnung mit der Differenz, nicht Befreiung von ihr muss die Devise sein. Das wird einsichtig, wenn wir verstehbar machen, dass wir in einer Gesellschaft leben, in der alles, auch das Neue, auf das Alte hinausläuft: nämlich auf neue Differenzen.

POSTMODERNE GESELLSCHAFT

Ronald Inglehart

| Woher kommen Sie?

„Die Postmoderne ist gekennzeichnet durch Gesellschaften, in denen die Menschen die Zuweisung der sozialen und rechtlichen Stellung durch die Geburt ablehnen und als Individuen die freien Gestaltungsmöglichkeiten des Lebens genießen“, meint Ronald Inglehart, der am 5. September 1934 in Milwaukee/Wisconsin geboren wurde.
Anfang der sechziger Jahre verließ er seine Heimatstadt und ging nach Chicago, um Politikwissenschaft zu studieren. Als die Studenten ihren „langen Marsch durch die Institutionen“ begannen, hatte Ronald Inglehart gerade an der Universität von Chicago promoviert. Aufmerksam verfolgte er die Achtundsechziger-Studentenrevolte, die sich gegen „Establishment“ und „Autorität“ richtete und für Spontaneität und Selbstbestimmung, Mitsprache und kollektive Lebens- und Arbeitsformen eintrat. Inhaltlich richtete sich die Revolte vor allem gegen die kapitalistische Gesellschaft. Die ersten Wirkungen der Bewegung zeigten sich in der Kultur und in der politischen Diskussion um Fragen der Lebensqualität, insbesondere im Hinblick auf Ökologie und Umweltschutz.
Vor diesem Hintergrund entwickelte Inglehart auch seine These vom Wertewandel, die er erstmals 1971 in einem Artikel veröffentlichte. Als Assistenzprofessor an der Universität von Michigan ging er seiner Theorie weiter nach und legte sie schließlich in seinem 1977 erschienenen Buch „The Silent Revolution: Changing Values and Political Styles“ dar. Im Gegensatz zu vielen seiner Kollegen begnügte er sich nicht mit theoretischen Erläuterungen, sondern überprüfte seine Behauptungen auch in empirischen Untersuchungen, die er von Jahr zu Jahr ausweitete.
Seine akribische Arbeit wurde schon ein Jahr nach Veröffentlichung seiner Studie belohnt: 1978 erhielt er den Ruf als Professor für Politikwissenschaft an die Universität von Michigan. Seine Theorie vom Postmaterialismus, der Gewichtsverlagerung von materialistischen zu postmaterialistischen Werten, entwickelte er in den Folgejahren syste-

matisch weiter. 1981 konnte Inglehart dabei erstmals auch auf das einzigartige Datenmaterial des „World Values Survey“ zurückgreifen. Während sich im Jahr 1981 einundzwanzig Länder an dieser Umfragestudie beteiligten, waren es im Jahr 1990 bereits dreiundvierzig, und mittlerweile gibt es statistische Erhebungen über mehr als sechzig Länder. „Diese Daten repräsentieren nun über fünfundsiebzig Prozent der Weltbevölkerung“, sagt Inglehart zufrieden. „Die Auswertung der Ergebnisse zeigt deutlich, dass sich die grundlegenden Werthaltungen in allen Ländern der Welt in den letzten Jahrzehnten gravierend verändert haben, und dass dieser Wertewandel in einem klaren Zusammenhang sowohl mit der ökonomischen Entwicklung wie auch dem politischen Geschehen in diesen Gesellschaften steht.“

Diese Ergebnisse sind in seinem 1989 erschienenen Buch „Kultureller Umbruch“ detailgenau beschrieben. Die politischen Umwälzungen nahm Inglehart in gewisser Weise in seiner Schrift über die kulturellen Veränderungen in der Welt vorweg. Mit großem Interesse verfolgte er dann die Reformen, die Michail Gorbatschow ab 1985 in Russland vorantrieb: „Auch wenn viele Gorbatschow vergessen haben, so hatte er doch einen enormen Anteil an der gesellschaftlichen Entwicklung Europas. Ohne ihn wären die notwendigen Reformen zu mehr individueller Selbstverwirklichung vielleicht heute noch nicht auf den Weg gebracht“, gibt er zu bedenken. Ronald Inglehart war in diesem Jahr Programmdirektor am Institut für Sozialforschung der Universität von Michigan geworden.

Auch in den neunziger Jahren war Inglehart an der Koordination und Durchführung mehrerer langfristig angelegter internationaler Untersuchungen wie dem „World Values Survey“ und dem „Eurobarometer“ beteiligt. Das Ergebnis dieser Studien über die zentralen kulturellen, wirtschaftlichen und politischen Veränderungen veröffentlichte er in seinem 1997 erschienenen Buch „Modernisierung und Postmodernisierung“.

Der Vater von vier Kindern lebt mit seiner Frau in Ann Arbor. Seine Arbeitsschwerpunkte an der dortigen Universität sind Wertewandel, politischer Wandel und vergleichende Politikwissenschaft. Eines der zentralen Themen, mit denen sich Inglehart beschäftigt, ist der Zusammenhang von Ursache und Wirkung in Kultur und Wirtschaft. Verursachen kulturelle Faktoren wirtschaftlichen Wandel oder führen wirtschaftliche Faktoren zu kulturellem Wandel? Ingleharts Forschung zeigt, dass solch eine vereinfachte Fragestellung weder im Sinne Max Webers noch im Sinne von Karl Marx beantwortet werden kann. Seine Daten belegen vielmehr, dass sich Wertprioritäten durch die Wechselwirkung von ökonomischen und kulturellen Faktoren verändern.

| Ausgewählte Buchveröffentlichungen:

Ronald Inglehart: Kultureller Umbruch.
Wertewandel in der westlichen Welt.
Campus Verlag, Frankfurt/M. 1989
Originalausgabe: Culture Shift in Advanced Industrial Society.
Princeton University Press, Princeton 1990

Ronald Inglehart: Modernisierung und Postmodernisierung.
Kultureller, wirtschaftlicher und politischer Wandel.
Campus Verlag, Frankfurt/M. 1998
Originalausgabe: Modernization and Postmodernization.
Princeton University Press, Princeton 1997

| Wohin gehen Sie?

„Früher zählten Leistung und Wettbewerb. Heute stehen andere Werte im Vordergrund wie Kooperation und gegenseitiges Verständnis. Deshalb halte ich mich jetzt und in Zukunft bevorzugt in Gesellschaft von Menschen auf, die emotional offen und intellektuell inspirierend sind, mit denen ich Ideen entwickeln und austauschen kann."
So wird Inglehart auch in Zukunft in einer Gruppe gleichgesinnter Wissenschaftler erforschen, wie sich die Werte der Menschen im Zuge von politischen, ökonomischen und kulturellen Entwicklungen verändern. Vor kurzem wurde der Politikwissenschaftler als Präsident der schwedischen Organisation für den „World Values Survey" wiedergewählt. In dieser Funktion hilft er, die Befragungen, Analysen und Publikationen zu dieser Studie auf den Weg zu bringen. Gerade bereitet er den in den nächsten zwei Jahren geplanten fünften Durchlauf der Umfragen über Wertvorstellungen vor.
Darüber hinaus arbeitet Ronald Inglehart weiterhin daran, die Theorie der Modernisierung zu überarbeiten. Insbesondere ist ihm in seinem erweiterten Konzept daran gelegen, der Kultur einen besonderen Stellenwert einzuräumen und sie als zentralen Faktor gesellschaftlicher Wirklichkeit stärker zu integrieren.
Wenn Ronald Inglehart sich nicht gerade seinen Publikationen und neuen Studien über die Gesellschaft widmet, erholt er sich beim Wandern und Schwimmen. Der naturliebende Wissenschaftler interessiert sich nicht nur für soziologische Studien, sondern erlebt auch gerne die Welt auf der Bühne. Mit Vorliebe besucht er Musicals und genießt es, zu Hause, mit seinen jüngeren Kindern, die fünfzehn und siebzehn Jahre alt sind, eigene Geschichten zu erfinden.

Neue Prioritäten:
Wandel von materialistischen zu postmaterialistischen Werten.

Die postmoderne Gesellschaft

Hoch technisierte Gesellschaften verfügen über ein historisch einzigartiges Wohlstandsniveau. Sie erleben gleichzeitig einen umfassenden kulturellen Wandel, in dem die bisher vorherrschenden materialistischen Werte zurückgedrängt werden. Während ein Teil der Bevölkerung noch traditionelle materialistische Wertprioritäten hat, wendet sich ein stetig wachsender Anteil der Menschen postmaterialistischen Werten zu. Diese Entwicklung ist insbesondere in den Gesellschaften zu beobachten, die eine erfolgreiche Modernisierung hinter sich gebracht haben und nun den Prozess der Postmodernisierung durchlaufen.

Ronald Inglehart beschreibt diese Veränderungen in seinem 1997 erschienenen Buch „Modernisierung und Postmodernisierung“. Er be-

legt diese bereits früher aufgestellten Thesen mit zwischenzeitlich erhobenen Daten aus dreiundvierzig verschiedenen Ländern. Er zeigt, dass während der Modernisierungsphasen existentielle Sicherheit und wirtschaftliches Wachstum im Vordergrund stehen. Diese materialistischen Werte sind zwar in postmodernen Gesellschaften weiterhin anzutreffen, aber ein wachsender Prozentsatz der Bevölkerung präferiert postmaterialistische Werte. Subjektives Wohlbefinden, Selbstverwirklichung und politische Partizipation rücken dabei in den Mittelpunkt des Lebens. Um diesen Wertewandel zu belegen, verglich Inglehart die Prioritäten älterer und jüngerer Menschen. Seine Studie zeigte, dass sich aufgrund der unterschiedlichen wirtschaftlichen Bedingungen, unter denen beide Gruppen aufgewachsen sind, die Wertehaltungen stark voneinander unterscheiden. Ältere Personen, die in ihrer Jugend unsichere Zeiten erlebten, sind eher materiellen Werten verbunden. Jüngere Personen dagegen, die in relativem Wohlstand aufwuchsen, räumen der Selbstverwirklichung zentrale Bedeutung ein.
Inglehart demonstrierte anhand seiner umfangreichen Umfragen, dass ein solcher Wandel in den vorherrschenden Wertprioritäten eintritt, sobald eine Generation von der nächsten abgelöst wird. Der Wertewandel vollzieht sich somit allmählich und im Sinne einer „stillen Revolution". Die Daten des „World Values Survey" zeigen zum Beispiel, dass der Prozentsatz der Bevölkerung mit materialistischen Wertprioritäten im Jahr 1970 noch viermal höher war als der Prozentsatz der Bevölkerung mit einer postmaterialistischen Orientierung. Zwanzig Jahre später, also im Jahr 1990, war das Verhältnis von Materialisten zu Postmaterialisten nur noch vier zu drei. Inglehart prognostiziert, dass sich im Jahr 2000 beide Gruppen die Waage halten werden. Damit kein Missverständnis entsteht: Postmaterialisten bewerten existentielle Sicherheit keineswegs negativ. Sie betonen lediglich – im Gegensatz zu Materialisten – die Bedeutung von Selbstverwirklichung und Lebensqualität. Der Schwerpunkt verschiebt sich, so Inglehart, vom Kampf ums Überleben auf eine Maximierung des subjektiven Wohlbefindens. Postmaterialisten scheinen Wohlstand für selbstverständlich

zu halten und verwenden deshalb mehr Zeit und Energie auf andere Aspekte des Lebens.
Die postmaterialistische Wertpriorität als Folge stabiler wirtschaftlicher Verhältnisse steht auch in Zusammenhang mit der Veränderung von spezifischen Werthaltungen in den Bereichen Politik, Arbeit, Religion, Familie und Sexualität. Daten aus dem politischen Leben zeigen beispielsweise, dass neue Themen an Bedeutung gewinnen und traditionelle Formen politischer Autorität deutlich weniger Akzeptanz finden. Traditionelle Parteibindungen werden ersetzt durch themenbezogene Formen politischer Partizipation. Schichtspezifisches Wahlverhalten verliert an Bedeutung gegenüber wertorientiertem Wahlverhalten.
Auf dem ökonomischen Sektor verlagert sich das Interesse an einem steigenden Einkommen und dem sicheren Arbeitsplatz nach Ansicht Ingleharts auf eine sinnvolle und zufriedenstellende Beschäftigung. Auf dem familiären Sektor drückt sich dieses Bedürfnis darin aus, dass berufliche Selbstverwirklichung wichtiger wird als die Gründung einer Familie. Die abnehmenden Geburtenraten in postmodernen Gesellschaften sind dafür ein deutliches Indiz. Im Bereich des Glaubens und der Religion ist festzustellen, dass die Menschen mehr Zeit damit verbringen, über Sinn und Ziel des Lebens nachzudenken. Das Vertrauen in traditionelle religiöse Institutionen sinkt dagegen, was sich beispielsweise mit der steigenden Zahl an Menschen, die aus der Kirche austreten, belegen lässt. Im Zusammenhang mit diesem Wertewandel verändert sich auch die Einstellung zu den gesellschaftlichen Rollen von Frauen und Männern sowie die Haltung gegenüber Homosexuellen. Zunehmende Toleranz und Offenheit sind für Inglehart zentrale Komponenten des Wertewandels.
Zum grundlegenden Wandel traditioneller politischer, religiöser, sozialer und sexueller Normen tragen nach Ansicht Ingleharts zwei Faktoren bei. Erstens können Menschen, die in relativ sicheren Verhältnissen leben, eher Abweichungen von vertrauten Mustern akzeptieren als Menschen, die um die Befriedigung ihrer existentiellen Bedürfnisse

fürchten müssen. Und zweitens hat der Sozialstaat mit dem Ausbau wohlfahrtsstaatlicher Netzwerke Funktionen übernommen, die bis dahin anderen Institutionen wie Familie oder Kirche vorbehalten waren. Nach und nach entstehen so neue Verhaltensmuster, die von den traditionellen Normen abweichen und von der jungen Generation schneller als von der alten akzeptiert werden. Da das Wirtschaftswachstum in postmodernen Gesellschaften einen Punkt abfallender Profitraten erreicht hat, wird die Zukunft bestimmt sein von postmaterialistischen Werten, neuen politischen Bewegungen und einem veränderten gesellschaftlichen Bewusstsein.

| Sehen Sie sich selbst als Gesellschaftstheoretiker, Gesellschaftskritiker, Gesellschaftsarchitekt oder als geselliger Zeitgenosse?

Wie wahrscheinlich fast jeder Sozialwissenschaftler sehe ich mich zu einem gewissen Grad in allen diesen Rollen. Theorie ist der vielleicht wichtigste Bereich, in dem ich arbeite, aber eine Theorie lässt sich nur auf dem Boden überprüfbarer Tatsachen entwickeln. Eine empirische Untersuchung kann die Bedeutung einer bestimmten Situation besser verdeutlichen als eine ideologische Erklärung. Es ist enorm wichtig, die Dinge, die um uns herum passieren, zu beschreiben, zu analysieren, zu interpretieren und zu kritisieren. Ich wäre sicherlich nicht so motiviert, wenn ich nicht ein Interesse daran hätte, die Gesellschaft in eine wünschenswerte Richtung zu lenken. Außerdem spielt sicher auch die persönliche Motivation eine Rolle. Ich wollte immer erfahren, was andere Menschen denken, und wie sie die Welt sehen. Mit den Meinungsumfragen und empirischen Untersuchungen, die ich betreibe, ist es mir möglich, die Ansichten von sehr vielen Menschen zu studieren. Eine interessante Theorie beinhaltet auch immer eine Kritik dessen, was in der Welt falsch läuft. Und mit Kritik hofft man etwas zu bewirken, sei die Verbesserung auch noch so klein. Deshalb sehe ich mich als Theoretiker, Kritiker und Architekt.

| Welche Rolle spielen Sie in der Gesellschaft?

Eine meiner bedeutendsten Rollen ist die als Vater. Ich habe vier Kinder. Bezüglich meiner beruflichen Rolle als Sozialwissenschaftler bin ich in erster Linie darum bemüht, Deutungsangebote zu liefern. Ich lege großen Wert darauf, dass die Ergebnisse meiner Forschung veröffentlicht werden. Diese Daten machen gesellschaftliche Zusammenhänge deutlicher, zeigen Probleme auf und entwickeln eine Sensibilität dafür, wohin sich die Gesellschaft bewegt.

| Welcher Gesellschaftsgruppe fühlen Sie sich zugehörig?

Es ist immer sehr wichtig, unter welchen Lebensbedingungen ein Mensch aufwächst. Menschen, die ökonomisch schwere Zeiten erlebt haben und viel entbehren mussten, stellen ganz andere Gesichtspunkte an die Spitze ihrer Wertehierarchie als jene, die in Zeiten wirtschaftlicher Prosperität aufgewachsen sind.
Wenn ich meine eigenen Klassifikationen hinzuziehe, würde ich sagen, dass ich kein hundertprozentiger Postmaterialist bin, da ich in unsicheren Zeiten aufgewachsen bin. In meinen Entwicklungsjahren habe ich Werte verinnerlicht, die durchaus als materialistisch gelten können. Meine Freunde hingegen, die unter relativ gesicherten ökonomischen Bedingungen groß geworden sind, sind überwiegend Postmaterialisten.

| Welche Gesellschaftsromane haben Sie fasziniert?

Als ich vierzehn Jahre alt war, habe ich „1984" von George Orwell und „Schöne neue Welt" von Aldous Huxley gelesen. Allgemein haben mich Science-Fiction-Romane fasziniert wie die Zukunftsvisionen von Isaac Asimov oder das Buch „The Players of Null-A" von A. E. van Vogt. Das Werk, das mich am stärksten bewegt hat, war „1984". Gerade lese ich mit Begeisterung die Romane von Jane Austen, die mir bewusst machen, wie sich die Rolle der Frauen im Laufe der Jahrhunderte verändert hat.

| Welchem Gesellschaftsspiel gehen Sie gerne nach?

Der Zweite Weltkrieg spielte eine zentrale Rolle in meiner Kindheit. Deshalb spielte ich sehr gerne Strategiespiele. Heute spiele ich ein Spiel, das „Welt-Werte-Studie" heißt. Es ist in der Tat ein Gesellschaftsspiel, an dem sehr viele Mitspieler beteiligt sind. Insgesamt führten für die zweite Umfragewelle neunundsiebzig Personen in dreiundvierzig Gesellschaften Untersuchungen durch. Die dritte Erhebungswelle umfasst noch wesentlich mehr Personen, die dann in sechzig Ländern Menschen befragen. In gewisser Weise ist es auch eine Art Geduldspiel. Es erfordert geschickte Koordination und die Fähigkeit, die verschiedenen Persönlichkeiten und Interessen der anderen Spieler unter einen Hut zu bringen. Darüber hinaus müssen Konferenzen und Veröffentlichungen organisiert werden. Insgesamt macht es mir wirklich sehr viel Spaß. In mancherlei Hinsicht ähneln diese Tätigkeiten den Spielen, denen ich in meiner Kindheit gerne nachging.

| In welcher Gesellschaft leben wir eigentlich?

Es ist sehr wichtig, zu definieren, wer gemeint ist, wenn wir von „wir" sprechen. Die Menschen in Deutschland, in den Vereinigten Staaten oder in Japan leben in postmodernen Gesellschaften, die durch einen nie zuvor erreichten Wohlstand, durch eine durchschnittlich hohe Lebenserwartung und durch einen Wandel der bis dato geltenden Werte gekennzeichnet sind. Der Großteil der Weltbevölkerung lebt jedoch nicht unter diesen Bedingungen und demnach auch nicht in postmodernen Gesellschaften. Einige Länder befinden sich noch im vormodernen Stadium, andere erleben gerade einen Prozess der Modernisierung. Die reichen Gesellschaften mit einem Pro-Kopf-Einkommen von bis zu 30.000 US-Dollar pro Jahr, die den Modernisierungsprozess erfolgreich hinter sich gebracht haben, durchlaufen nun eine postmoderne Phase, die sich sehr stark von der vorangegangenen unterscheidet. In ihrer Folge bilden sich Werte heraus, die nicht mehr das Überleben, sondern das individuelle Wohlergehen betreffen.

| Worin sehen Sie die Stärken und Schwächen dieser Gesellschaft?

Eine zentrale Stärke postmoderner Gesellschaften ist ihr historisch beispielloser Wohlstand, der auf das Wirtschaftswunder nach dem Zweiten Weltkrieg und den Wohlfahrtsstaat zurückgeht. Menschen in postmodernen Gesellschaften leben überwiegend ohne Existenzängste und müssen sich nicht um das tägliche Überleben sorgen. Deshalb können sie sich auf ganz andere Aspekte des Lebens konzentrieren und neue Bedürfnisse und Ziele entwickeln.

Eine weitere Stärke ist die schlichte Tatsache, dass die Menschen wesentlich älter werden. Die Lebensdauer in postmodernen Gesellschaften stieg im 20. Jahrhundert von fünfunddreißig bis vierzig Jahre auf fünfundsiebzig bis achtzig Jahre. Damit hat sich die durchschnittliche Lebenserwartung innerhalb von einem Jahrhundert beinahe verdoppelt.

Ein anderer positiver Aspekt postmoderner Gesellschaften ist der größere Wahrnehmungs-, Erfahrungs- und Aktionshorizont der Menschen. In vormodernen Agrargesellschaften verbrachten die meisten Menschen ihr ganzes Leben in unmittelbarer Nähe ihres Geburtsortes. Ihre Möglichkeiten waren dementsprechend begrenzt. Sie konnten nicht reisen und Menschen aus anderen Kulturen kennen lernen. Auch die modernen Industriegesellschaften kannten noch nicht die Variationsbreite an Erfahrungen, die Menschen in postmodernen Gesellschaften machen können. Dieser erweiterte Horizont erlaubt es, über die Grenzen des eigenen Lebens hinwegzusehen und altvertraute Vorstellungen und überlieferte Wahrheiten zu überdenken. Ein weiterer Pluspunkt in postmodernen Gesellschaften ist die gewaltige Veränderung der sozialen Stellung der Geschlechter. Während die Rollen von Männern und Frauen noch vor einer Generation sehr unterschiedlich waren, werden sie in postmodernen Gesellschaften zunehmend ähnlicher.

Aber es gibt durchaus auch Schwächen. Das größte Problem ist, dass uns die Technologie, die wir entwickeln, möglicherweise überfordert. Weil sie so weit fortgeschritten ist, sind wir in der Lage, jegliches Leben auf der Erde mit einem Schlag auszulöschen.

| Wollen Sie die Gesellschaft verändern?

Ich trete für mehr Spontaneität und zwischenmenschliches Vertrauen ein. Aber es ist nicht mehr möglich, Menschen zu zwingen, einer Ideologie zu folgen. Der gesellschaftliche Umbruch von 1989 hat deutlich gemacht, dass der Wunsch, frei zu entscheiden und zu handeln, größer ist als das Interesse, sich einer Ideologie anzuschließen. Die Gesellschaft lässt sich nicht mehr von einer Elite, sondern nur noch von der Masse verändern.

| Wie sieht für Sie die ideale Gesellschaft aus?

Wir werden niemals dort ankommen. Trotzdem sollten wir dahin aufbrechen. Ein wichtiger Aspekt ist sicherlich die Wahrung der Freiheit. Menschen sollten frei wählen können, wohin sie gehen, welche Ziele sie verfolgen und welche neuen Welten sie entdecken wollen. Es muss jedem selbst überlassen bleiben, was er für sein Leben entscheidet. Eine freiheitliche Gesellschaft mit reichhaltigen und gleichmäßig verteilten Ressourcen könnte einer idealen Gesellschaft entsprechen.
Die postmoderne Gesellschaft ist durch sehr große Wahlfreiheit gekennzeichnet, aber sie ist keine ideale Gesellschaft. Sie entwickelt sich immer weiter und verändert sich unablässig. Bei aller Euphorie für die positiven Entwicklungen, müssen wir die negativen Implikationen immer im Auge behalten.

| Wie sieht die Gesellschaft von morgen aus?

Erfolgreiche Prognosen sind in den Sozialwissenschaften eine Seltenheit, da es unmöglich ist, den genauen Entwicklungsverlauf von Gesellschaften vorherzusagen. Menschliches Handeln ist überaus komplex und wird von sehr vielen unterschiedlichen Faktoren beeinflusst. Deshalb muss jedes Vorhaben, präzise Vorhersagen zu treffen, letztendlich scheitern. Dennoch können wir einige Haupttendenzen aufzeigen, die sich fortsetzen werden. Das Projekt der Moderne, das uns schnelles Wirtschaftswachstum und höhere Überlebenschancen ermöglichte, wird allmählich durch das Projekt der Postmoderne abgelöst, bei dem das persönliche Wohlbefinden und die Selbstverwirklichung im Vordergrund stehen. Dieser Entwicklungstrend gilt für Menschen, die in den letzten Jahren eine Steigerung ihres Wohlstands erfahren haben. Für alle anderen wird es keinen linearen Marsch in diese fundamental andere Richtung geben. Ich wage aber die Prognose, dass auch diese im Anschluss an ihren Modernisierungsprozess auf lange Sicht den Pfad der Postmodernisierung betreten.

| Um die Gesellschaft der Gegenwart zu beschreiben, wird sehr häufig das Adjektiv „postmodern“ herangezogen. Es gibt aber sehr unterschiedliche Auffassungen darüber, wie diese Bezeichnung zu verstehen sei. Die Aussagekraft postmoderner Ideen ist mittlerweile sehr umstritten. Ihren Vertretern wirft man einen Mangel an begrifflicher Klarheit und analytischer Schärfe vor. Wie stehen Sie zu solcher Kritik und inwiefern unterscheidet sich Ihr Konzept von den Vorstellungen eines Jean-François Lyotard oder anderer postmoderner Denker wie Michel Foucault, Jacques Derrida, Gianni Vattimo oder Francis Fukuyama? Letzterer prophezeite immerhin das Ende der Geschichte.

Die postmoderne Gesellschaft ist sicherlich nicht das Endstadium der Geschichte. Der Prozess der kulturellen Evolution dauert noch an. Ich stimme aber anderen postmodernen Denkern zu, die erklären, dass die großen Ideologien und Glaubenssysteme an Bedeutung verloren haben. Das kann empirisch nachgewiesen werden. Es gibt viele verschiedene Versionen der Postmoderne und vielfältige Lesarten der genannten Autoren. Die Fachliteratur ist vielschichtig und widersprüchlich. Aber fast alle Autoren sprechen von einem Ende der Moderne und diese Sichtweise teile ich.
In meinem Buch „Modernisierung und Postmodernisierung“ habe ich versucht, aufzuzeigen, welche kulturellen Veränderungen sowohl mit der Phase der Modernisierung als auch durch jene der Postmodernisierung ausgelöst wurden. Während früher Sicherheit und materielles Wohlergehen im Vordergrund standen, wird in den postmodernen Gesellschaften mehr Wert darauf gelegt, die soziale und natürliche Umwelt zu verbessern. Es hat sich ein umfassender kultureller Wandel vollzogen, der die Einstellung der Menschen zu Arbeit, Politik, Umwelt, Religion, Ehe, Familie, Homosexualität, Scheidung, Abtreibung, der Rolle von Frauen und Männern sowie anderen Aspekten des Lebens verändert hat.

| Wenn im Zuge der Postmodernisierung ein kultureller Umbruch stattgefunden hat, ist damit aber noch nicht geklärt, weshalb die postmoderne Gesellschaft überhaupt entstanden ist. Warum ist denn die heutige Gesellschaft so völlig anders als vor zwei oder drei Generationen?

Es ist schwierig, diese Frage schlüssig zu beantworten. Um die Veränderungen im Kontext der historischen Entwicklungen der letzten hundert Jahre zu verstehen, müssten wir über Umfragedaten aus diesem Zeitraum verfügen. Kultureller Wandel lässt sich nur in der Langzeitperspektive erfassen. Die in einer Generation vorherrschenden Werte können in der darauf folgenden Generation schon nicht mehr oder zumindest weitaus weniger von Bedeutung sein.
Vor hundert Jahren war beispielsweise – wenn wir dazu die Untersuchungen von Max Weber heranziehen – eine Arbeitsethik vorherrschend, die insbesondere in protestantischen Gegenden calvinistischer Prägung zur Ankurbelung der Wirtschaft und zum Aufstieg des Kapitalismus führte. Überzeugt vom moralischen Wert der Arbeit schufen die Menschen einen in der Geschichte beispiellosen Wohlstand. Die Vermehrung von Reichtum wurde als Zeichen göttlicher Gnade gewertet. Überdies pflegte man eine asketische Selbstkontrolle, die eine Anhäufung materieller Güter begünstigte. Die protestantische Ethik und die damit verbundene Einstellung zu Leben und Arbeit förderten Unternehmergeist und die Akkumulation von Kapital. In den Jahren zwischen 1870 und 1913 waren die Wachstumsraten in fast allen protestantischen Ländern höher als die in katholischen Ländern. Der Zusammenhang zwischen Protestantismus und Wirtschaftswachstum lässt sich heute jedoch nicht mehr empirisch nachweisen.

| Worauf ist das zurückzuführen? Und welche Einstellung haben die Menschen heute zur Arbeit und zum Leben?

Die Theorie des Wertewandels spricht nicht von einem Werteverfall, sondern davon, wie sich Werte verändern. Der Wertewandel, wie ich ihn verstehe, basiert auf zwei Schlüsselhypothesen. Die erste ist die sogenannte Mangelhypothese. Sie besagt, dass die Wertprioritäten eines Menschen sein sozioökonomisches Umfeld reflektieren. Dingen, die relativ knapp sind, wird der höchste Wert beigemessen.
Die zweite Hypothese ist die sogenannte Sozialisationshypothese. Sie besagt, dass die grundlegenden Wertvorstellungen eines Menschen die Bedingungen widerspiegeln, unter denen er aufgewachsen ist. Indem man ein bislang nicht gekanntes Maß an ökonomischer und physischer Sicherheit erreichte, veränderten sich die Prioritäten. Die zunehmende Bedeutung postmaterialistischer Werte wie zum Beispiel Selbstverwirklichung und Lebensqualität können wir in allen postmodernen Gesellschaften beobachten. Die Menschen, die im Wohlstand aufgewachsen sind, halten die ökonomische Sicherheit für selbstverständlich. Auf der Suche nach einer Arbeit entscheiden sie sich deshalb für eine Tätigkeit, die ihnen eine Möglichkeit zur Selbstentfaltung bietet. Die jüngere Generation sucht nach Karrieren, die ihren Idealen entsprechen und die Möglichkeit bieten, die eigenen Lebensziele zu verfolgen. Der Übergang von materialistischen zu postmaterialistischen Werten war das Hauptergebnis unserer Studie vor dreißig Jahren. Diese Beobachtung hat sich in den Untersuchungen der letzten Jahre weiter bestätigt.

| Was haben Sie sonst noch herausgefunden?

Mit dem Übergang zur postmodernen Gesellschaft hat sich die Alltagserfahrung der Menschen so grundsätzlich gewandelt, dass es nur natürlich ist, wenn sich auch die politischen Ansichten, die religiösen Einstellungen, die Geschlechterrollen und die Einstellungen zum Sexualverhalten der Menschen verändern. In den letzten Jahrzehnten haben traditionelle religiöse Wertvorstellungen an Bedeutung verloren. Dies bedeutet aber nicht, dass sich Postmaterialisten keine Gedanken über den Sinn des Lebens machen. Das Ausmaß, in dem jüngere Menschen religiöse Normen ablehnen und dem traditionellen Glauben den Rücken kehren, variiert von Gesellschaft zu Gesellschaft. So tritt dieses Phänomen viel häufiger in Westeuropa und Japan auf als in Nordamerika und Südafrika. In ausnahmslos jedem Land halten sich junge Menschen für weniger religiös als ältere Menschen. Obwohl Postmaterialisten wenig Interesse an herkömmlichen religiösen Vorstellungen zeigen, sind sie in allen untersuchten Gesellschaften eher geneigt, über Ursprung und Ziel des Lebens nachzudenken als Materialisten.

Postmaterialisten sind ebenfalls vergleichsweise toleranter gegenüber Abtreibung, Scheidung, außerehelichen Beziehungen und Homosexualität. Und noch etwas ist interessant: Immer mehr Frauen bekommen ihre Kinder später oder verzichten ganz darauf, weil sie einem Beruf außerhalb der heimischen vier Wände nachgehen wollen. Die Folgen zeigen sich in steigenden Scheidungs- und Abtreibungsraten sowie in den institutionellen Veränderungen, die diese Entscheidungen erleichtern.

Wenn es aber in naher Zukunft nicht gelingt, die Verbreitung des Aids-Virus aufzuhalten, können wir erwarten, dass die Offenheit gegenüber promisken Verhaltensweisen, die in den letzten Jahrzehnten so verbreitet waren, wieder abnimmt. Auf die anderen gesellschaftlichen Bereiche wird sich dies jedoch weniger auswirken. Verallgemeinernd lässt sich sagen, dass Materialisten eher traditionellen gesellschaftlichen Normen anhängen als Postmaterialisten.

| Wie lassen sich materialistische beziehungsweise postmaterialistische Werte messen?

Es ist natürlich nicht einfach, Werte zu messen. Aber bestimmte Einstellungen erlauben Rückschlüsse auf die Wertprioritäten. Für unsere repräsentativen Untersuchungen haben wir einen Fragenkatalog konzipiert, der uns Aufschluss darüber gab, wer von den Befragten eher materialistische und wer eher postmaterialistische Werte betont. Wir fragten, welche Ziele den Menschen für ihr Leben besonders wichtig

sind, und legten ihnen einige mögliche Antworten vor, die uns die Zuordnung in Materialisten und Postmaterialisten erleichterte.
Personen, für die Ordnung, Verteidigung des Landes, wirtschaftliche Stabilität und Kampf gegen Inflation und Verbrechen wichtig waren, räumten nach unseren Kriterien materialistischen Werten höchste Priorität ein.
Die anderen Antwortkategorien umfassten Werte wie Redefreiheit, Mitspracherecht am Arbeitsplatz und bei Regierungsentscheidungen sowie die Betonung einer sauberen Umwelt und einer Gesellschaft, in der Frieden, Freiheit und Ideen mehr zählen als Autorität, Macht und Geld. Die Untersuchungsergebnisse zeigten, dass die Personen, die einem materialistischen Ziel höchste Priorität einräumten, dazu neigten, auch in anderen Bereichen einen eher materialistischen Wertmaßstab anzulegen. Entsprechend wurden auch die postmaterialistischen Werte tendenziell zusammen gewählt.
Vor dem Hintergrund dieses Katalogs sind diejenigen als Materialisten anzusehen, die von zwölf Auswahlmöglichkeiten zwei materialistische Ziele an die erste Stelle rücken. Zum rein postmaterialistischen Typ zählen all jene Menschen, die zwei postmaterialistischen Werten höchste Priorität einräumen. Entsprechend dieser Unterscheidung übertraf während der Zeit unserer ersten Umfragen in den Jahren 1970 und 1971 die Zahl der Materialisten jene der Postmaterialisten im Verhältnis von fast vier zu eins, im Jahr 1988 nur noch im Verhältnis von knapp vier zu drei. Heute können wir davon ausgehen, dass Postmaterialisten beinahe überall so zahlreich sind wie Materialisten.

| Gibt es aufgrund der verschiedenen Wertvorstellungen bestimmte Verhaltensweisen, anhand derer sich Postmaterialisten von Materialisten unterscheiden lassen?

Postmaterialisten besitzen im Vergleich zu Materialisten in der Regel eine bessere Ausbildung, üben einen Beruf mit einem höheren Status aus, sind politisch aktiver und können sich besser artikulieren. Für

Menschen mit postmaterialistischen Wertvorstellungen spielt wirtschaftliche Leistung eine untergeordnete Rolle, weil für sie ökonomische Sicherheit selbstverständlich ist. Eine interessante sinnvolle Tätigkeit und sympathische Kollegen sind ihnen wichtiger als ein sicherer Arbeitsplatz und ein hohes Einkommen. Postmaterialisten streben eher danach, ihren Status zu maximieren als ihr Gehalt.
Auch Freizeitaktivitäten spielen für sie eine viel wichtigere Rolle als für Materialisten. Postmaterialisten legen viel weniger Wert darauf, zu heiraten und Kinder zu haben. Die schwindende Bedeutung der Ehe sowie der dramatische Rückgang der Geburtenraten in ganz Westeuropa während der letzten dreißig Jahre scheinen eindeutig mit dem Fortschreiten des Postmaterialismus verknüpft zu sein.

| Vor mehr als einem halben Jahrhundert argumentierte Thorstein Veblen, dass die Gesetze der Ökonomie nicht konstant gelten und an das Wertsystem der Gesellschaft gebunden sind. Das bedeutet: Wenn soziale Werte sich ändern, müssen ökonomische Prinzipien sich ebenfalls wandeln. Wie sieht das Verhältnis zwischen Wirtschaft und Kultur heute aus? Überwiegt der Einfluss der Wirtschaft oder jener der Kultur? Welcher Faktor bestimmt stärker das gesellschaftliche und politische Leben?

Wirtschaftliche Faktoren haben an Bedeutung verloren. Das trifft zumindest für die Gesellschaften zu, die über ein hohes Wohlstandsniveau verfügen. Kulturelle Faktoren werden dagegen wichtiger. Der Lebensstil spielt eine zunehmend größere Rolle. Die Menschen werden sich in wachsendem Maße darüber bewusst, dass ein langes, erfülltes Leben eher davon abhängig ist, wie man lebt und weniger davon, wie viel man verdient. Umwelt-, Freizeit- und Gesundheitsthemen verdrängen Überlebenskampf und protestantische Ethik.
Ökonomische Aspekte sind in Zeiten des Mangels von zentraler Bedeutung. Wenn sich die Wirtschaftslage wie in den postmodernen Gesellschaften dahin entwickelt, dass ein immer größerer Teil der Bevöl-

kerung mehr als genug zu essen hat, prägen in zunehmendem Maße andere Faktoren das menschliche Verhalten. Karl Marx erfasste mit seinen ökonomischen Thesen einen wichtigen Bereich der Realität in der Frühzeit der Industriegesellschaft. Nach dem marxistischen Modell war ihr Kernkonflikt wirtschaftlicher Natur: Es ging um das Eigentum an den Produktionsmitteln und die Verteilung des Einkommens. Im Laufe der Entwicklung zu postmodernen Gesellschaften hat das wirtschaftliche Wachstum seinen Höhepunkt erreicht – höher geht es nicht mehr. Neue Konflikte und neue Weltanschauungen sind entstanden. Durch den wirtschaftlichen Aufschwung leidet man weniger Not und schürt folglich immer seltener politische Konflikte. Die von Marx hervorgehobenen Auseinandersetzungen standen in der Vergangenheit auf der Tagesordnung, aber im gegenwärtigen politischen Leben haben sie fast keine Bedeutung mehr. Damit soll nicht gesagt werden, dass wirtschaftliche Faktoren politisch nicht länger relevant sind. Wirtschaftliche Konflikte werden aber in unserer Gesellschaft schrittweise von anderen Formen der Auseinandersetzung abgelöst.

| Welche Formen der Auseinandersetzung gewinnen dabei an Bedeutung?

Seit den siebziger Jahren können wir beobachten, wie der Umweltschutz eine immer höhere Priorität erhält. Seit der Energiekrise 1973 wird der Unmut gegen die allgemeine Ausbeutung der natürlichen Ressourcen und die Industriebetriebe, die auf Kosten von Natur und Mensch wirtschaftliche Profite erzielen, immer lauter. Wie in der Umweltschutzbewegung prallen auch in der Auseinandersetzung um die Atomkraft unterschiedliche Weltbilder aufeinander. Die Materialisten sind für die Entwicklung und Nutzung atomarer Energie, weil dies Wirtschaftswachstum und Arbeitsplätze verspricht. Die Postmaterialisten dagegen lehnen die Atomkraft vor allem wegen ihrer potentiellen Gefahren ab.

| Wie wirkt sich dies auf das Wahlverhalten aus?

Das schichtspezifische Wahlverhalten ist mit der Zeit immer seltener geworden. Auch wenn traditionelle Parteibindungen erhalten bleiben, ist die Zahl der Wechselwähler gestiegen. Die linken Parteien, die postmaterialistische Werte wie Umweltschutz, Menschenrechte, Abrüstung oder Widerstand gegen Atomkraft verstärkt in ihr Wahlprogramm aufgenommen haben, erfahren zunehmende Unterstützung aus der oberen Mittelschicht. Die rechten Parteien wiederum, die weiterhin wirtschaftliches Wachstum, innere Sicherheit und Ordnung in den Vordergrund stellen, erhalten immer mehr Zuspruch von einem großen Teil der Arbeiterschicht. Die Fronten des Klassenkampfes sind einer Polarisierung auf der Basis von Wertvorstellungen gewichen. Die Auseinandersetzung zwischen Materialisten und Postmaterialisten erzeugt die zentralen politischen Konflikte. Interessant ist beispielsweise, dass bei der Kontroverse um die Atomkraft sowohl gut informierte Laien als auch kompetente Experten auf der Basis von denselben Informationen zu ganz unterschiedlichen Schlussfolgerungen kommen. Die Fakten werden selektiv aufgenommen und nach den Grundwerten des Einzelnen gewichtet. Für Materialisten steht das Wirtschaftswachstum an oberster Stelle. Auf diesen Faktor nehmen sie auch Bezug, wenn sie die Kosten und Risiken der Atomenergie gegen die alternativer Energiequellen abwägen. Postmaterialisten dagegen, die die wirtschaftliche Sicherheit nicht als gefährdet betrachten, streiten für den sofortigen Ausstieg aus der Atomenergie und forcieren alternative Energiequellen. Festzuhalten ist: Befürworter und Gegner der Atomenergie argumentieren auf der Grundlage von Wertprioritäten, die sich deutlich voneinander unterscheiden. Schichtspezifische Kriterien sind kaum mehr aufzufinden.

| Wenn das Wahlverhalten immer weniger auf den alten politischen Konfliktlinien basiert, schichtspezifische Verhaltensmuster demnach keine Rolle mehr spielen, wie erklären Sie sich dann die starke Stammwählerschaft bei den etablierten Parteien?

Es ist erstaunlich, wie sehr traditionelle Orientierungen das menschliche Verhalten auch dann noch prägen, wenn die Bedingungen, auf denen sie basieren, schon lange nicht mehr existieren. Das Festhalten an alten Strukturen spiegelt die institutionelle und kulturelle Trägheit unserer Gesellschaft wider. Wir müssen bedenken, dass die etablierten Parteistrukturen in einer Zeit entstanden sind, die von sozialen Klassenkämpfen bestimmt war, und auf dieser Basis sind sie tendenziell immer noch polarisiert.

| Ist die Arbeiterschicht nicht mehr länger die Bastion der politischen Linken?

Unzweifelhaft fühlen sich viele Arbeiter noch immer zu den linken Parteien hingezogen. Sie hoffen, dass diese für eine gerechtere Verteilung der Einkommen eintreten. Nach wie vor gibt es Stammwähler, die ihre Loyalität gegenüber einer Partei bekräftigen. Das bestehende Parteiensystem ist aber seit dem Vorstoß des Postmaterialismus einem permanenten Druck ausgesetzt. Dieser führte dazu, dass Politiker mit postmaterialistischen Werten langsam auch in den Parlamenten an Boden gewannen. Trotz erheblicher institutioneller Barrieren wie der Fünf-Prozent-Klausel in der Bundesrepublik Deutschland und enormer finanzieller und organisatorischer Vorteile der etablierten Parteien haben es ökologisch orientierte Gruppierungen in der Bundesrepublik, Belgien, Luxemburg und Schweden geschafft, in die dortigen Parlamente einzuziehen. Es war nur eine Frage der Zeit, wann sie – wie etwa Bündnis 90/Die Grünen in der Regierungszeit von Bundeskanzler Gerhard Schröder zwischen 1998 und 2005 – auch auf Bundesebene Regierungsverantwortung übernehmen.

| Wie erklären Sie sich die zunehmende Annäherung von linken und rechten Parteien? Von extremen Positionen kann in der politischen Landschaft doch nicht mehr die Rede sein.

Das hat sehr viel damit zu tun, dass sich die Einstellung gegenüber staatlicher Kontrolle oder Regulierung der wirtschaftlichen Kräfte stark gewandelt hat. Bis in die siebziger Jahre hinein wurde „links“ und „rechts“ danach eingestuft, wie weit man staatliche Interventionen in Wirtschaft und Gesellschaft guthieß. Linke Politik befürwortete eher staatliche Regulierung, die Politik rechter Parteien ebnete den Weg zu mehr Marktorientierung.

Allgemein betrachtet man heute staatliche Planung und Kontrolle nicht mehr als wünschenswert und effektiv. Hoch im Kurs stehen dagegen die Privatisierung ehemals staatlicher Hoheitsbereiche, die Betonung individueller Autonomie und der Respekt vor den Gesetzen des freien Marktes.

Auch wenn New Labour in England und die CDU/SPD-Regierung in Deutschland nach wie vor Befürworter gewisser Regelmechanismen sind, gibt es auch bei ihnen eine klare Tendenz zu weniger staatlicher Intervention. Eingriffe „von oben“ haben im Vergleich zu den Kräften des Marktes an Bedeutung verloren.

| Was spricht gegen ein staatlich gelenktes Wirtschaftssystem?

Ein wichtiger Faktor ist sicherlich, dass sich das Wesen der Arbeit grundlegend verändert hat. In der Anfangszeit der Industriegesellschaft waren für die meisten Arbeitsplätze nur wenige Fähigkeiten erforderlich. Die Herstellung von relativ einfachen, standardisierten und sich langsam verändernden Produkten konnte wie an einem Fließband organisiert werden. Die Wirtschaft eines ganzen Landes war nach einem zentralen Plan ausgerichtet. Heute erledigen Computer die Routinetätigkeiten und für die übrige Arbeit benötigt man hoch qualifizierte Beschäftigte.

Die Arbeit ist vielschichtiger organisiert und lebt von Innovationen, die sich nicht durch eine zentrale Instanz vorschreiben und kontrollieren lassen. Sie basiert auf immer weiter spezialisierter Sachkenntnis, die sich dem Zugriff politischer Autoritäten entzieht. Die Arbeit zielt also immer weniger darauf ab, materielle Güter herzustellen, sondern entwickelt sich in Richtung Kommunikation und Informationsverarbeitung. Die hoch technisierte Gesellschaft erfordert deshalb eine Organisation, die der individuellen Kreativität großen Spielraum lässt. Staatliche Planung und autoritäre Entscheidungsstrukturen blockieren diesen Weg.

I Nachdem über ein Jahrhundert hinweg der Einflussbereich des Staates kontinuierlich ausgeweitet wurde, verschiebt sich nun das Gewicht zu mehr individueller Autonomie. Wie wichtig wird dabei Bildung?

Bildung ist wahrscheinlich der wichtigste Einzelfaktor, der das Leben eines Menschen in den hoch technisierten Gesellschaften bestimmt. Das in der frühen Lebensphase erreichte Bildungsniveau entscheidet über den Lebenslauf eines Menschen: Die Bildung steckt den Rahmen für die Berufswahl ab, beeinflusst Verdienst und Sozialprestige und prägt das Kommunikationsgefüge, in dem sich der Mensch ein Leben lang bewegt.
Das Bildungsniveau eines Menschen ist ein weitaus stabilerer Faktor als das Einkommen oder der Familienstand. Das Gehalt kann sich von einem Tag auf den anderen nach oben oder nach unten verändern. Auch der Familienstand ist vergleichsweise instabil: Alleinstehende heiraten, Verheiratete lassen sich scheiden, werden verwitwet oder trennen sich. Auch das Alter eines Menschen verändert sich ja permanent, wenn auch nur sehr langsam. Der Bildungsstand eines Erwachsenen bleibt dagegen zeitlebens relativ konstant.
Das Bildungsniveau hat einen starken und umfassenden Einfluss auf die objektive Lebenssituation eines Menschen. Die heutigen Lernziele müssen deshalb darauf ausgerichtet sein, den Heranwachsenden eine möglichst breite Wissensbasis zu vermitteln, die sie dazu befähigt, selbstständig weiterzulernen und ihr Wissen und ihre Fähigkeiten kontinuierlich auszubauen.

| In Ihrem Buch „Kultureller Umbruch" stellen Sie die These auf, dass in den postmodernen Gesellschaften nicht mehr die Armen, sondern die Reichen protestieren. Wie ist das zu verstehen?

Schauen wir uns doch einmal an, wer heute politisch aktiv ist, und aus welchem Grund. In der Regel sind es Postmaterialisten, die aus ökonomisch gesicherten Verhältnissen kommen und über ein hohes Bildungsniveau verfügen. Unsere Daten zeigen: Mit höherer Bildung steigt die Wahrscheinlichkeit, dass sich ein Mensch politisch engagiert. Postmaterialisten machen sich stark für Umweltschutz, Menschenrechte und Frieden. Sie protestieren gegen Krieg, Atomenergie und Atommülltransporte.
Da immer mehr erwachsene Menschen der Gruppe der Postmaterialisten angehören, können wir davon ausgehen, dass die Bereitschaft zur politischen Partizipation allmählich wächst. Das Ausmaß des Interesses und der Aktivität kann zwar kurzfristig schwanken, doch die langfristigen Unterschiede bleiben über Jahre hinweg bestehen.

| Die allgemeine Politikverdrossenheit spricht aber doch gegen diese Befunde. Wie erklären Sie sich die geringe Wahlbeteiligung?

Auch wenn der Gang zur Urne ein durchaus wichtiger Akt in unseren Demokratien ist, gibt die geringe Wahlbeteiligung nicht Auskunft darüber, wie stark das Potential zu politischer Mitwirkung in der Gesellschaft tatsächlich ist.
Die Parteien, Gewerkschaften und religiösen Institutionen haben unter anderem deshalb an Bedeutung verloren, weil sich durch die neuen Informations- und Kommunikationsmöglichkeiten neue Perspektiven der politischen Partizipation eröffnet haben. Die Menschen sind nicht mehr auf die Mitgliedschaft in Parteien, Gewerkschaften oder Kirchen angewiesen, um über Themen diskutieren oder politisch aktiv werden zu können. Immer mehr Menschen gründen Bürgerinitiativen oder schließen sich einer der neuen sozialen Bewegungen an. Diese Grup-

pierungen sind insofern neu, als sie sich in ihrer Motivation, in ihrem Stil und Ziel klar von den herkömmlichen Formen politischen Engagements unterscheiden. Die Tendenz geht dahin, dass die etablierten Autoritäten zunehmend schwinden. Die Politik wird immer weniger in den Institutionen gemacht, sondern findet zunehmend unter dem prüfenden Blick der Öffentlichkeit statt.

| In Ihrem Buch „Modernisierung und Postmodernisierung" stellen Sie heraus, dass nahezu alle Gesellschaftstypen, die in der Geschichte der Menschheit existiert haben, irgendwann verschwunden sind. Wann wird sich der Postmaterialismus erschöpft haben? Was kommt nach der postmodernen Gesellschaft?

Das lässt sich so allgemein nicht beantworten. Zurzeit erleben wir sehr unterschiedliche Entwicklungen. Ich sehe aber keine Anzeichen dafür, dass die postmaterialistischen Werte an Bedeutung verlieren. In den meisten Ländern wächst die Zahl der Postmaterialisten, und in mehrfacher Hinsicht scheint der politische Einfluss ihrer Ideen heute größer zu sein als vor zwanzig oder dreißig Jahren. Die Postmaterialisten sind durch einen hohen Grad an zwischenmenschlichem Vertrauen charakterisiert und zeigen weniger Interesse an einer revolutionären Veränderung ihrer Gesellschaft. Sie sind vielmehr damit zufrieden, wie die Demokratie in ihrem Land funktioniert und diskutieren viel über Politik.

Generell bringt der kulturelle Wandel für bestimmte Gruppen eine Gefahr mit sich. Menschen, die eher traditionell denken und sich leicht verunsichern lassen, fühlen sich durch die neuen Gegebenheiten überfordert. Aufgeschlossene Menschen werden dagegen die postmaterialistischen Ideale weiter hochhalten und für mehr Freiheit und Frieden kämpfen sowie für den Schutz der Umwelt eintreten.

WISSENSGESELLSCHAFT

Karin Knorr-Cetina

| Woher kommen Sie?

„Ich wuchs in einer Unternehmerfamilie auf, in der man die Bereitschaft besaß, Risiken einzugehen. Und meine Eltern legten Wert auf Bildung“, sagt Karin Knorr-Cetina, die am 19. Juli 1944 in Graz geboren wurde. Als Dreizehnjährige zog sie mit ihren Eltern ins Salzkammergut und schließlich nach Wien, wo sie ihr Abitur machte.
Von 1965 bis 1970 studierte sie an der Wiener Universität im Hauptfach Ethnologie und in den Nebenfächern Soziologie und Philosophie. Das Fernweh begründete ihr Interesse für ihr zentrales Studienfach: „Ich verspürte eine tiefe Sehnsucht, fremde Kulturen kennen zu lernen.“
Bevor es sie aber in die Ferne zog, ging Karin Knorr-Cetina an das „Wiener Institut für Höhere Studien“, wo sie von 1972 bis 1978 als Assistentin der Abteilung für Soziologie arbeitete und Lehrveranstaltungen an der Universität Wien abhielt. Zuvor hatte sie 1971 im Fachbereich Ethnologie promoviert. Ihr Thema: „Diskurs-Analyse von Mythen eines südamerikanischen Stammes. Pauserna-Guarasugwe in Brasilien“.
Ihre Zeit am Institut für Höhere Studien, an dem sie insgesamt sechs Jahre arbeitete, unterbrach sie 1976, als sie für ein Jahr als Stipendiatin nach Berkeley an die Universität von Kalifornien ging. Von 1979 bis 1983 lebte Karin Knorr-Cetina vorwiegend in den USA, wo sie zunächst als Gastwissenschaftlerin am Institut für Soziologie der Universität von Pennsylvania tätig war.
1981 habilitierte sie sich in Bielefeld bei Niklas Luhmann, Hans-Dieter Evers und Aaron Cicourel mit einer Schrift, die im gleichen Jahr unter dem Titel „The Manufacture of Knowledge” erschien. In ihrem Buch, das drei Jahre später auch auf Deutsch unter dem Titel „Die Fabrikation von Erkenntnis“ veröffentlicht wurde, beschreibt Knorr-Cetina das Labor des Wissenschaftlers mit den Augen einer Anthropologin, die ihre Beobachtungen wie die Sitten und Gebräuche eines fremden Stammes mit Distanz und Sympathie notiert. Es ging ihr darum aufzuzei-

gen, wie Erkenntnis entsteht und wie die praktische und theoretische Arbeit von Wissenschaftlern zu beschreiben und zu erklären ist.
Von 1981 bis 1982 hatte sie eine Assistenzprofessur für Soziologie am „Virginia Polytechnic Institute“ in Blackswell inne. Zur gleichen Zeit war sie Privatdozentin an der Universität Bielefeld. Für ein Jahr übernahm sie anschließend eine Professur an der Wesleyan Universität in Connecticut, doch die Arbeit dort sagte ihr nicht zu. Über diese Zeit sagt sie im Nachhinein: „Ich fühlte mich wie eine Hauslehrerin für reiche Kinder.“
Daher nahm sie 1983 das Angebot einer Professur an der Universität Bielefeld an, wo sie dann auch den Lehrstuhl für Soziologische Theorie mit Betonung auf Kultursoziologie leitete. Nachdem ihr Mann einen Ruf als Professor für Lebensmitteltechnologie an die TU Berlin erhielt, wechselte sie 1987 ihren Wohnsitz und zog nach Berlin.
Den Kontakt mit Wissenschaftlern in den USA erhielt sie aufrecht. 1992 wurde sie nach Princeton an das „Institute for Advanced Study“ eingeladen, wo sie ein Jahr verbrachte. 1997 und 2002 kehrte sie nach Princeton zurück, um an der Princeton University zu forschen. Über die intellektuelle Dorfkultur der kleinen Universitätsstadt in New Jersey schwärmt sie: „Es ist eine Art global village. Man hat eine internationale Universitäts- und Forschungskultur und lebt trotzdem in einer Kleinstadt. Ein weiterer Vorteil an Princeton ist, dass man die Großstadt New York direkt vor der Tür hat, aber nicht dort leben muss.“
Für ihr 1999 erschienenes Buch „Epistemic Cultures” untersuchte sie von 1986 bis 1998 die Wissenschaftspraxis der Hochenergiephysik am CERN in Genf sowie von 1988 bis 1992 die Molekularbiologie des Max Planck Instituts in Göttingen. Das Buch, das seit 2002 auch in deutscher Sprache unter dem Titel „Wissenskulturen“ erhältlich ist, beinhaltet den ersten systematischen Vergleich naturwissenschaftlicher Wissensformen.
Von 1999 bis 2001 war Knorr-Cetina Mitgründerin und Vorstandsmitglied des an der Universität Bielefeld gegründeten „Instituts für Weltgesellschaft“. Dort untersuchte sie Wissenskonstitution und sozia-

le Strukturen globaler Finanzmärkte – zwei Themenbereiche, die sie auch weiter beschäftigen.
Seit 2001 ist sie Professorin für Allgemeine Soziologie und Kultursoziologie in Konstanz. Die Schwerpunkte ihrer Arbeit sind neben Untersuchungen gesellschaftlicher Wissensprozesse die Soziologische Theorie und die neuere Wirtschaftssoziologie. Sie ist heute auch Gastprofessorin an den Instituten für Soziologie und Anthropologie an der Universität Chicago. Karin Knorr-Cetina lebt mit ihrer Familie in Berlin.

| Ausgewählte Buchveröffentlichungen:

Karin Knorr-Cetina: Die Fabrikation von Erkenntnis.
Zur Anthropologie der Naturwissenschaft.
Suhrkamp Verlag, Frankfurt/M. 1984
Originalausgabe: The Manufacture of Knowledge.
An Essay on the Constructivist and Contextual Nature of Science.
Pergamon Press, Oxford 1981

Karin Knorr-Cetina: Wissenskulturen.
Ein Vergleich naturwissenschaftlicher Wissensformen.
Suhrkamp Verlag, Frankfurt/M. 2002
Originalausgabe: Epistemic Cultures.
How the Sciences Make Knowledge.
Harvard University Press, Cambridge (Mass.) 1999

| Wohin gehen Sie?

„Die Gesellschaft als Gegenstand der soziologischen Wissenschaft ändert sich so rasch, dass wir mit unseren momentanen Wissens- und Erklärungsansätzen nicht Schritt halten können“, sagt Karin Knorr-Cetina, die sich vielleicht aus diesem Grund der Erforschung der unterschiedlichen Mechanismen und Verfahrensweisen wissenschaftlicher Erkenntnisgewinnung verschrieben hat. Ihr Terrain sind die „heiligen Hallen“ der Hochenergiephysik und Molekularbiologie, beides naturwissenschaftliche Felder, in denen unter Laborbedingungen Grundlagen der unbelebten und belebten Materie untersucht werden. Karin Knorr-Cetina ist darum bemüht, den Entstehungskontext und Produktionsprozess von Wissen empirisch zu erfassen, um aufzuzeigen, „wie wir wissen, was wir wissen“. Darüber hinaus ist sie fasziniert von der Welt globaler Finanzmärkte.

„Will man über die Grenzen eines Erfahrungsraums hinwegblicken, so muss man sich an dessen Rand begeben“, sagt sie mit Verweis auf ihre Untersuchungen. Sie versucht, „extreme Institutionen“ und globale Bereiche zu erforschen, weil sie meint, dass in ihnen Gesellschaftsformen und Mechanismen getestet werden, die uns die Diagnose gegenwärtiger Transformationen erleichtern und Zukunftsperspektiven aufzeigen.

Weitblick durch Wissen:
Wie die Welt im Kopf entsteht.

Die Wissensgesellschaft

Professionelles Wissen gilt nicht länger als Monopol der wissenschaftlichen Forschung. Entgegen dem traditionellen Verständnis existiert Wissenschaft auch nicht mehr als Einheit. Wissen wird vielmehr an den verschiedensten Orten generiert. Diese Entwicklungen markieren in den Augen von Karin Knorr-Cetina den Übergang von der Industriegesellschaft zur Wissensgesellschaft.
„In nahezu allen Bereichen der Gesellschaft sind Experten damit beschäftigt, Wissen zu produzieren", so Knorr-Cetina. Sie bereiten systematisch die Welt auf, in der wir uns bewegen. Auch wenn man ihre Existenz nicht bemerkt, sind sie überall präsent. In jeder größeren Bank gibt es beispielsweise ganze Abteilungen von Analysten, die den Anlegern Tipps zum Aktienkauf geben, Wirtschaftsexperten, die Entwicklungen auf den Finanzmärkten akribisch aufzeichnen und Strategen, die daran arbeiten, Zielsetzungen wissenschaftlich zu optimie-

ren. Die permanente Arbeit dieser Experten bestimmt maßgeblich die Strukturen, in denen wir handeln und kommunizieren.
Karin Knorr-Cetinas besonderes Interesse gilt den Wissenspraktiken, die sich in immer mehr Bereichen der Gesellschaft als zentrale Bezugspunkte herauskristallisieren. Um in Erfahrung zu bringen, wer über welches Wissen verfügt, wie dieses erzeugt wird und welche Auswirkungen es für die soziale Umgebung hat, vergleicht sie verschiedene Wissensfelder. Ihre Forschungsergebnisse hat Knorr-Cetina in ihrem 1999 erschienenen Buch „Epistemic Cultures", das auf Deutsch unter dem Titel „Wissenskulturen" erschienen ist, zusammengefasst.
Nach Knorr-Cetina hat die Wissensgesellschaft ihre Wurzeln in den Prozessen, durch die Wissen und Informationen erzeugt werden. Deshalb fordert sie, das Augenmerk darauf zu richten, wo und wie sich diese entfalten. Ein Schlüssel liegt nach ihrer Analyse in der Untersuchung epistemischer Kulturen, also jener Kontexte, in denen Wissen systematisch generiert wird. Denn Erkenntnis entsteht in erster Linie im Labor und nicht im Kopf des Wissenschaftlers.
Karin Knorr-Cetina bevorzugt gerade solche Wissenskulturen, die von der sozialwissenschaftlichen Analyse bisher nicht in den Blick genommen wurden, wie die Hochenergiephysik, die Molekularbiologie und die Finanzmärkte. Diese drei Wissensbereiche sind ihrer Meinung nach für eine neue Betrachtungsweise der Gesellschaft und ihrer beschleunigten Transformationsprozesse relevant, da in ihnen Mechanismen vorexerziert werden, die nicht unerhebliche Auswirkungen auf andere Bereiche haben.
Knorr-Cetina fordert, eine intensive Phase empirischer Beobachtung einzulegen, aus der sich neue Fundamente von Wissen in Geschichte und Gesellschaft herausbilden können. Die neuen Vorgehensweisen müssen demnach ältere Formen der Wissenschaftsforschung ablösen, die „Black Box" des Wissens öffnen und den Blick für Erkenntnisprozesse freigeben. „Wenn wir weiterhin so verfahren wie bisher", so Knorr-Cetina, „werden wir immer größere Gesellschaftsbereiche aus der Analyse ausschließen."

Ein wichtiger Punkt ist für sie, dass sich die Wissensgesellschaft nicht in erster Linie durch die Existenz wissenschaftlicher Produkte auszeichnet, sondern dadurch, dass Wissensprozesse in die Gesellschaft eindringen und einen Teil ihrer herkömmlichen Textur ersetzen. Dies kann zu Entwicklungen führen, in denen Objektbeziehungen – also solche zu nicht-menschlichen und insbesondere zu wissensbasierten Objekten – mit menschlichen Beziehungen in Konkurrenz treten. Zu verstehen gilt es auch, wie Kommunikation als schriftliche Interaktion innerhalb technologischer Informationsstrukturen abläuft. Diese unterscheidet sich wesentlich von der Face-to-face-Interaktion, die Soziologen schon seit langem analysieren.

Weiter ist zu erforschen, was an den Orten der Wissensproduktion vorgeht, da diesen „fact factories" in einer Wissensgesellschaft ähnliche Bedeutung zukommt wie den Fabriken im Industriezeitalter. Gleichzeitig muss den transnationalen „makro-epistemischen Kulturen" der Erzeugung, Validierung und Umsetzung von Wissen Beachtung geschenkt werden sowie den nationalen Wissenskulturen, weil diese Erziehung, Bildung und wirtschaftliche Entwicklung eines Landes bestimmen. Ein letzter Bereich, der laut Knorr-Cetina mehr Aufmerksamkeit verlangt, sind die Transformationen in den „Wissensregimes" selbst. Naturwissenschaftler beschreiben nicht mehr nur Vorgänge, sondern konstruieren auch eine Wirklichkeit. Sie verändern damit die Grundlagen ihrer Erkenntnis, was wiederum neue Konzepte erfordert, um diese zu verstehen.

Die Gesellschaft wird nach Knorr-Cetina hinter dem Rücken der Akteure durch eine Kaskade von Veränderungen, die miteinander zusammenhängen und sich gegenseitig stützen, in eine Wissensgesellschaft transformiert. Diesen Vorgang vergleicht die Wissenschaftlerin mit einem Virusbefall. Der „Virus Wissen" setzt an den verschiedensten Stellen an, insbesondere an den Grundstrukturen sozialer Ordnung, die sich wiederum durch diesen Prozess von innen heraus verändern.

| Sehen Sie sich selbst als Gesellschaftstheoretikerin, Gesellschaftskritikerin, Gesellschaftsarchitektin oder als gesellige Zeitgenossin?

Weder noch. Ich sehe mich nicht als Theoretikerin, weil ich selbst eine Reihe von empirischen Forschungen betreibe und auch darauf bestehe, dass solche Forschungen betrieben werden. Als Gesellschaftskritikerin würde ich mich ebenso wenig bezeichnen. Gesellschaftskritik ist in Deutschland eine ganz bestimmte soziologische Richtung, die vor allem nach dem Zweiten Weltkrieg verbunden war mit der Frankfurter Schule um Theodor Adorno, Max Horkheimer, Herbert Marcuse, Jürgen Habermas und anderen Persönlichkeiten. Diese Tradition war immer mehr Politische Philosophie als Soziologie. Sagen wir es so: Ich beobachte vor allem. Wenn ich einen Begriff wählen soll, in dem der Terminus „Gesellschaft" vorkommt, so würde ich „Gesellschaftsbeobachterin" vorschlagen. Gesellschaftsbeobachtung ist nämlich genau das, was wir auf Mikro- und Makroebene machen können, und das interessiert mich.

| Welche Rolle spielen Sie in der Gesellschaft?

Ich bin Forscherin, Lehrende an der Universität und Vagabund zwischen den Welten Europa und USA. Forscherin zu sein, ist für mich eine ganz wichtige Rolle: Das ist die Suche nach etwas, was einen ärgert und reizt, weil man es nicht versteht. Ich finde etwas heraus, versuche Diagnosen zu erstellen und entwickle Vorstellungen. Oder vielleicht eher Projektionen, mit denen man dann die Realität und die Kollegenwelt herausfordert. Als Vagabund beobachtet man die Gesellschaften, in denen man sich gerade befindet. Das ist nicht nur interessant, sondern auch amüsant.

| Welcher Gesellschaftsgruppe fühlen Sie sich zugehörig?

Ich bin Professorin, sehe mich aber nicht der Gruppe der Professoren und Professorinnen zugehörig. Ich fühle mich nicht als Gelehrte im klassischen Sinne, sondern mache einen Unterschied zwischen Wissenschaftlern und Forschern auf der einen Seite und Professoren und Gelehrten, die um Status bemüht sind und denen die Verwaltung bestimmter Institute obliegt, auf der anderen. Wissenschaftler und Forscher sind einem Wissensmarkt unterworfen. Sie sind analog zur kapitalistischen Gesellschaftsordnung Konkurrenz ausgesetzt und müssen Produkte abliefern. Das heißt, sie müssen veröffentlichen und Interesse wecken. Solch einem intellektuellen Markt bin auch ich unterworfen, und das reizt mich sogar.

| Welche Gesellschaftsromane haben Sie fasziniert?

„Gesellschaftsroman" ist ein Begriff, der vor allem auf eine bestimmte deutsche Romantradition angewendet wird. In erster Linie lese ich englischsprachige Literatur. Gesellschaftsromane, die ich mit großem Interesse gelesen habe, sind die vier Teile der „Rabbit"-Serie von John Updike: „Hasenherz", „Unter dem Astronautenmond", „Bessere Verhältnisse" und „Rabbit in Ruhe". Updike dringt in diesen Romanen tief unter die Oberfläche der US-amerikanischen Gesellschaft.

| Welchem Gesellschaftsspiel gehen Sie gerne nach?

Wir spielen natürlich Spiele im Wissenschaftsbereich. Konferenzen sind eine Art von Gesellschaftsspiel. Dabei geht es nicht nur um intellektuelle Inhalte. Das Feld wird auch neu geordnet, indem man andere Wissenschaftler auslotet und beobachtet. Manchmal kommt mir die Situation vor wie im Wiener Theater. Es geht gar nicht so sehr um das Stück, sondern eher darum, wer mit wem da ist und wie man sich kleidet.

I In welcher Gesellschaft leben wir eigentlich?

Gesellschaften sind kein monolithischer Block. Man kann sie nicht mit einem Begriff überschreiben und glauben, man habe sie damit in ihrer Gesamtheit erfasst. Ich sehe Probleme mit dem Gesellschaftsbegriff im Allgemeinen, denn der Nationalstaat kann unter Globalisierungsbedingungen nicht länger als „Gesellschaftsbehälter" gelten. Dadurch stellt sich die Frage nach der Relevanz des Gesellschaftsbegriffs insgesamt. Heute transformiert sich die Gesellschaft, aber nicht als Ganzes, sondern in einzelnen Bereichen. Einige davon mögen überlappen, aber andere laufen auseinander. Daher gibt es auch so viele verschiedene Diagnosen der Umbruchserscheinungen. Mich interessieren die Prozesse der wissensgesellschaftlichen Transformation, aber auch die Veränderungen von Sozialität selbst. Wir erleben den Übergang zu einer „postsozialen" Gesellschaft.

I Worin sehen Sie die Stärken und Schwächen dieser Gesellschaft?

In Deutschland hat man im Moment den Eindruck, dass es mehr Schwächen als Stärken gibt. Unglücklicherweise verwandeln sich die früheren Stärken der deutschen Gesellschaft in Schwächen. Die relativ starke interne Homogenität, das gute Bildungssystem und der breite Konsens zwischen den Sozialpartnern bildeten die Grundlage des deutschen Wirtschaftswunders. Aber diese Basis wird brüchig. Die deutschen Politiker haben die Veränderungen nicht wahrgenommen und empfinden es als schwierig, die verwobenen Strukturen zu lösen und gegebenenfalls zu reorgansieren. Sie hätten in vielen Bereichen früher reagieren müssen und haben einiges versäumt – ich erinnere nur an die Rentenreform. Noch gibt es zu wenige Strategien, um mit Veränderungen, etwa der Globalisierung, angemessen umzugehen. Ich sehe außerdem eine Reihe spezifischer Schwächen der deutschen Gesellschaft. Das Bildungssystem, vor allem auch im Hochschulbereich, liegt besonders im Argen. Hier kann man einerseits viel Bemühen beobachten, zum Beispiel hervorragende Wissenschaft und Hochschulen zu schaffen. Andererseits gehen die dafür umgesetzten Maßnahmen oft daneben, und an die richtigen traut man sich nicht heran, weil dies auf allen Ebenen ein Umdenken erfordern würde. Auch die Hochschulen selbst tun sich schwer mit dem Umdenken. Man hat massive Mentalitäts- und nicht nur Strategieprobleme.

| Wollen Sie die Gesellschaft verändern?

Das will man natürlich immer, vernünftigerweise in kleinem Rahmen. Als Mitglied einer Universität ist es mir wichtig, zu überlegen, wie man das deutsche Hochschulsystem verbessern kann. Die Gesellschaft im Ganzen lässt sich nur verändern, wenn man in die Politik geht, und selbst dann kann man noch nicht viel bewirken.

| Wie sieht für Sie die ideale Gesellschaft aus?

Es ist für einen Forscher schwer zu sagen, was eine ideale Gesellschaft ist. Für wen? Zu welchem Zeitpunkt? Wie lange? Ein Ideal wäre für mich, die Gesellschaft im Versuchslabor zu haben, um beobachten zu können, wie sie sich unter bestimmten Umständen entwickelt. Eine Gesellschaft im Kleinformat wäre ein netter Bonus für eine Wissenschaftlerin. Man könnte analysieren, warum gut funktionierende Gesellschaften plötzlich aufgrund veränderter äußerer Bedingungen auseinander fallen. Wegen ihrer Komplexität sind menschliche Gesellschaften schwer zu untersuchen. Verlässliche Zukunftsprognosen erscheinen kaum möglich.

| Wie sieht die Gesellschaft von morgen aus?

Sie wird sich weiterhin zu einer Wissensgesellschaft entwickeln. Ich glaube außerdem, dass die Globalisierung keine Fiktion, sondern ein realer Trend ist, der sich fortsetzen wird. In den nächsten dreißig oder vierzig Jahren werden wir sehen, wie sich die Globalisierung in ihrer vollen Dynamik auswirkt. Wir werden uns fragen müssen, ob es eine transnationale Zivilgesellschaft geben kann, die nicht an den Nationalstaat gebunden ist, und wie man diese organisieren soll. Ich sehe massive Probleme dabei, lokale in globale Mentalitäten zu transformieren. Ich sehe aber auch spannende neue Möglichkeiten, beispielsweise eine schrittweise „Ermächtigung“ der Individuen.

Im sozialen Bereich ist die große Frage, wie sich die Bindungsformen verändern. Wenn Sozialität weiter von der Familie und der Gemeinschaft abrückt, müssen wir darauf achten, wo sie sich anlagert. In den USA ist Gewalt in der Schule Ausdruck einer gesellschaftlichen Gesamtverfassung. Wahrscheinlich verschieben sich soziale Bindungen zukünftig mehr auf Objektbeziehungen, das heißt auf Bindungen mit nicht-menschlichen Objekten. Wenn dies tatsächlich geschieht, würden wir in eine Phase „postsozialer“ Gesellschaftsentwicklung eintreten.

| Seit vielen Jahren beschäftigen Sie sich mit Wissensgesellschaften und haben selbst mehrere Bücher zum Verständnis von Wissensprozessen geschrieben. Ihr Buch über die „Manufaktur“ von Erkenntnis hat 1981 eine Forschungsrichtung mitbegründet, deren Radikalität darin bestand, Wissensfragen mit Methoden aus der Empirie und Anthropologie zu untersuchen. Wie ist der Terminus „Wissensgesellschaft“ angesichts globaler Vernetzung, transnationaler Handelsbeziehungen und des Verschwindens nationalstaatlich bestimmter Gesellschaften zu verstehen?

Zunächst ist der Begriff der Wissensgesellschaft nicht neu. Die Prognose einer durch Wissen bestimmten Gesellschaft stammt aus den siebziger Jahren. Damals ging es noch nicht um Globalisierung, aber man begann, Wissen als ökonomische Produktivkraft zu sehen. Und das gilt selbstverständlich noch heute. Nicht mehr nur Kapital und Arbeit, sondern auch Wissen und Technologie sind die treibenden Kräfte der Wirtschaft. Hinzu kommt, dass immer mehr Menschen im Dienstleistungssektor beschäftigt sind.
Heute schließt das Konzept der Wissensgesellschaft Informationsstrukturen und Informationstechnologien ein, die eine ebenso ökonomieverändernde wie antreibende Kraft haben. Es wäre allerdings verfehlt, den Begriff der Wissensgesellschaft auf diese Konzeption, die auf Daniel Bell zurückgeht, einzuschränken. Bei Bells Ansatz, den er in seinem 1973 erschienenen Buch „Die postindustrielle Gesellschaft“ detailliert beschrieben hat, handelt es sich, wie in den Nachfolgeversionen von Peter Drucker („Die postkapitalistische Gesellschaft“, 1993), Nico Stehr („Arbeit, Eigentum und Wissen: Zur Theorie von Wissensgesellschaften“, 1994) und Helmut Willke („Supervision des Staates“, 1997) um den Versuch, ökonomiebasierte Veränderungen zu verstehen. Uns allen steckt ja noch die Marxsche Vermutung in den Knochen, dass die Ökonomie auch andere gesellschaftliche Bereiche erklärt. Vielleicht müssen wir aber heute über Veränderungen nachdenken, die keinen gemeinsamen Nenner oder Ursprung mehr haben.

Es ist meines Erachtens ein Charakteristikum der wissensgesellschaftlichen Transformation, dass sie sich nicht, wie möglicherweise die industrielle Revolution, im Kern auf den Sektor der Produktion beziehen lässt. In vielen heute typischerweise wissensbasierten Bereichen wie den Finanzmärkten wird nichts oder nicht in erster Linie produziert. Es handelt sich bei der Transformation in eine Wissensgesellschaft um eine Art Virusbefall. Wie bei manchen Infektionen tritt dabei eine ganze Gruppe von Viren auf, die an verschiedenen Stellen ansetzen und sich dann je nach „Befallsort" auch unterschiedlich entfalten.

| Können Sie das noch etwas konkretisieren? Inwieweit reicht Ihr Verständnis der Wissensgesellschaft über die ökonomiebasierten Vorstellungen hinaus?

Soziologisch gesehen realisiert sich die Wissensgesellschaft durch institutionelle Transformationen, etwa durch den Übergang von hierarchischen Strukturen zu einem inhaltsorientierten Management, in dem Steuerung und Teilnahme verknüpft sind. Koordination und Machtausübung basieren hierbei auf transparenten Informationen anstatt auf deren Monopolisierung. Wissensstrukturen zerstreuen und verdrängen traditionelle Organisationsstrukturen. Sie lösen diese aber nicht einfach ab, sondern drängen sie in eine Ecke, in der sie sich zwar weiter halten, gleichzeitig aber historisch werden.
Ein anderer Angriffspunkt der Wissensgesellschaft sind soziale Bindungen. Ulrich Beck und viele andere Wissenschaftler haben immer wieder ganz richtig hervorgehoben, wie stark Modernisierung und Industrialisierung auch Individualisierung bedeuten. Dieses Modell ignoriert aber die Bindungen zu nicht-menschlichen Objekten. Diese spielen aber gerade in Wissensprozessen eine große Rolle. Man könnte fast sagen, sie definieren die Sozialität einer Wissensgesellschaft.

I Mit der Entstehung von Objektwelten, so schreiben Sie in Ihrem Artikel „Sozialität mit Objekten", nehmen die Beziehungen zu nichtmenschlichen Objekten zu. Können Sie ein Beispiel für diese Objektbeziehungen nennen?

Ein Beispiel ist etwa die Beziehung der Biologin Barbara McClintock zu den von ihr untersuchten Pflanzen und Pflanzenkomponenten. McClintock war in der Lage, sich in diese Organismen hineinzuversetzen. Sie hat mit ihnen das getan, was wir bei Menschen „die Rolle des Anderen übernehmen" nennen. George Herbert Mead hat dies als Grundlage aller Sozialität beschrieben. McClintock sprach auch von einer Art „Einheit" mit ihren Untersuchungsobjekten. Dieses Phänomen ähnelt einer Solidaritätsbeziehung, die auch moralische Aspekte hat. Der Soziologe Emile Durkheim hat das untersucht, um menschliche Sozialität zu charakterisieren. Wissenschaftliche Objekte haben die Eigenschaft, sich dem Subjekt ständig zu entziehen, aber auch dieses Entziehen fordert zur weiteren Verfolgung heraus und wirkt beziehungsstiftend.
Objektbeziehungen gibt es aber nicht nur in der Wissenschaft, sondern auch unser Alltag ist von ihnen geprägt: Motorräder, Autos, vor allem auch Computer, wie wir von Sherry Turkle wissen, sind Objekte, mit denen viele von uns Beziehungen eingehen, und die auch entsprechende Anforderungen an uns stellen. Wir verwirklichen uns zunehmend über Objektbeziehungen mit Konsumgütern oder auch Modeartikeln. Objekte sind wahrscheinlich sogar die Gewinner der zunehmenden Risiken menschlicher Beziehungen. Es ist vielleicht zum ersten Mal in der Geschichte so, dass Personen nicht mehr die interessantesten Gegenüber für andere Personen darstellen. Im Übrigen kann es „postsoziale" Beziehungen auch im menschlichen Bereich geben, etwa durch neue Informations- und Kommunikationstechnologien im Internet. Interaktion, Raum und Kommunikation bedeuten dort etwas anderes als in Face-to-face Beziehungen, daher der Ausdruck „postsozial".

| Gibt der Begriff der Wissensgesellschaft Aufschluss darüber, wie Gesellschaft wirklich ist, oder ist er nur Ergebnis eines Konstruktes?

Um auf meinen Grundgedanken zurückzukommen: Persönlich habe ich meinen eigenen Konstruktivismus und den der neueren Wissenschaftssoziologie nicht nur als einen methodologischen Ansatz gesehen, an den wir die Frage des Verständnisses von Wissenschaft herangetragen haben.
Dieser Konstruktivismus hat seine Wurzeln vielmehr selbst in einer klar erkennbaren gesellschaftlichen Entwicklung. Gesellschaft entsteht nicht mehr naturwüchsig durch Evolution, sondern hat begonnen, sich selbst mit Hilfe von Wissen aktiv zu konstruieren. Hier treffe ich mich auch mit den Thesen der reflexiven Modernisierung, die etwas Ähnliches behauptet. Die Transformation zu einer Wissensgesellschaft ist mit einer solchen intensivierten Konstruktivität verbunden. Um ein Beispiel zu nennen: Viele „Traditionen" sind nicht naturwüchsig entstanden und müssen heute als erfunden gelten. Aber bei der wissensgesellschaftlichen Konstruktivität geht es darüber hinaus darum, ganze Lebensformen zu erzeugen, wie das etwa der Walt Disney-Konzern mit der in Florida errichteten Stadt „Celebration" versucht hat – auch wenn dieser Versuch zu scheitern scheint. Und man entwirft, dies finde ich besonders spannend, neue Realitätsbereiche, in denen man leben und operieren kann, wie in der virtuellen Wirklichkeit des Internets. Auch die Realität der Finanzmärkte ist eine solche projizierte und von Firmen wie Reuters gelieferte Welt. Diese Erschaffung von künstlichen Welten scheint mir ein wichtiger Bestandteil der wissensgesellschaftlichen Transformation zu sein.

| Wenn Sie vom Virusbefall der Gesellschaft sprechen, sehen Sie das „Virus Wissen" trotz der krankheitsbezogenen Konnotationen positiv?

Viele Krankheiten haben positive Funktionen, denn sie bewirken im Körper eine Art Reorganisation. Ich sehe eine wissensgesellschaftliche

Transformation zumindest als konsequent an – als eine Art historischer Endpunkt einer seit langem angelegten Entwicklung und vor allem auch als eine Verwirklichung vieler Träume der Menschheit. Dazu gehören etwa die Sehnsucht, sich enger mit Natur und Objektwelt zu verbinden oder der Wunsch, mehr Kontrolle über das eigene Leben und die Naturkräfte zu erlangen. Man darf sich nur nicht vorstellen, dass wir lernen können, „alles im Griff zu haben". Das wäre ein der Religion nachempfundenes Modell. Die Kontrolle ist verteilt, sie ergibt sich im Spezifischen, an verschiedenen Punkten, dissoziiert und individualisiert. Gesamtwirkungen oder übergreifende Konsequenzen, falls diese Konzepte überhaupt Sinn machen, werden unübersichtlich und unkontrollierbar bleiben. Im Übrigen ist das Spannende an einer Wissensgesellschaft die Eröffnung neuer Möglichkeiten, was letztlich gleichbedeutend mit einer Öffnung der Geschichte ist. Entdeckungswelten vervielfältigen sich in einer Wissensgesellschaft. Ich würde hier im Gegensatz zu Francis Fukuyama und seiner These vom Ende der Geschichte also eher von einer Öffnung in neue Richtungen reden. Aber Fukuyama meinte ja auch das Ende der politischen und letztlich nationalstaatlichen Geschichte. Die könnte sich wirklich verausgabt haben.

| Gesellschaft wurde von den Sozialwissenschaften immer nationalstaatlich verstanden. Welche Methoden hat die Soziologie anzubieten, um die Gesellschaft unter Globalisierungsbedingungen zu beschreiben und zu untersuchen?

Viele Sozialwissenschaftler haben mit der Globalisierung grundsätzliche methodische Probleme. Solange wir noch nationalstaatliche Gesellschaften haben, ist es relativ leicht, einzelne Aspekte mit bestimmten Mitteln zu untersuchen. Bei globalisierten Gesellschaften, so meint man, fehlen uns die methodischen Mittel. Das Instrumentarium, das uns zur Verfügung steht, ist auf einen festgelegten Phänomenbereich abgestimmt. Dieser wird durch die Globalisierung überschritten, er ex-

plodiert geradezu. Es ist einfach unmöglich, alle Kulturen gleichzeitig gut genug zu verstehen.
Allerdings ist dies eine falsche Vorraussetzung. Es globalisiert sich ja nicht alles gleichzeitig, sondern einzelne Bereiche, die abgegrenzt sind und in sich nicht größer als es frühere Forschungsfelder waren. Sie sind nur geographisch weiter verteilt. Und diese Bereiche laufen oft auf „Mikrostrukturen" — auf Gleisen, die denen von lokalen Gruppierungen ähneln. Man kann die am stärksten globalisierten Felder sehr gut mit mikrosoziologischen Methoden untersuchen. Wenn man dies zum Beispiel in globalen Finanzmärkten tut, kommt man zu sehr guten Ergebnissen.

| Überwiegt das Wissen oder das Nicht-Wissen über die Wissensgesellschaft?

Es überwiegt eindeutig das Nicht-Wissen. Wir machen es uns zu leicht, wenn wir sie einfach als eine Gesellschaft verstehen, in der es mehr Wissen gibt und dieses eine zentrale Rolle als Produktivkraft spielt. Eigentlich wird der Terminus „Wissensgesellschaft" überhaupt erst interessant, wenn er eben nicht nur „Wissensökonomie" bedeutet, denn dann könnte man es auch gleich bei diesem Konzept bewenden lassen. Mit dem Terminus „Wissensgesellschaft" müssen tiefergehende Veränderungen gesellschaftlicher Strukturen und Kulturen angesprochen werden, etwa die Ersetzung humaner Funktionen durch Informationsstrukturen.
Ersetzt man zum Beispiel einen Bankbeamten durch einen Automaten, ersetzt man einen Teil des Fundaments, auf dem sich Gesellschaft aufbaut. Soziale Beziehungen werden etwa durch Objektbeziehungen abgelöst. Darüber hinaus verändern sich die Zeitstrukturen. Einzelne Aktionen sind nicht mehr an die Anwesenheit bestimmter Akteure gebunden, sondern können zu allen möglichen Zeiten erledigt werden.

| Was verstehen Sie unter Wissen, und was ist in diesem Zusammenhang mit epistemischen Kulturen gemeint?

Den Wissensbegriff möchte ich vor allem nicht so einschränken, wie das in den vorherrschenden Auffassungen geschieht, in denen mit Wissen meist wissenschaftliche Theorien oder Wissensprodukte im Sinne eines gesicherten Wissens gemeint sind, das mit „kognitiv" gleichgesetzt wird. Im Gegensatz dazu stehen bei mir oft Wissensprozesse, wenn Sie wollen epistemische Praktiken, im Vordergrund, ohne Rücksicht darauf, ob das Ergebnis als wahr, falsch oder irgendetwas anderes bezeichnet wird. Diese Prozesse haben auch ihre lustbetonten und emotionalen Komponenten. Mit der Einschränkung auf „Denken" oder „Kognition" bekommt man weder die aktiven, welterzeugenden Aspekte von Wissen noch die Bindungs- und Beziehungsaspekte in den Griff. Wissen ist ein Prozess, bei dem ein Stück Welthorizont verschoben wird. Die Definition ist unklar genug, um zunächst einmal alles offen zu lassen. Wir stehen erst am Anfang dieser Entwicklung. Epistemische Kulturen sind für mich einfach Kulturen der Erzeugung, der Durchsetzung, der „Validierung" von Wissen. Es sind die Kulturen, die sich im Zusammenhang mit Wissensprozessen herausbilden. Das Problem dabei ist, dass diese Kulturen bisher fast völlig ignoriert wurden. Wir haben den Kulturbegriff auf Ethnien, Gesellschaften, Subgruppen und Organisationen, selbst auf die Familie angewandt, aber nicht auf Wissensbereiche. Wir sprechen von „der Wissenschaft", als handele es sich dabei um einen monolithischen Block. Was der Kulturbegriff hier leistet, ist, das Augenmerk auf die Differenzen und Variationen und den Vergleich von Wissensstrategien verschiedenster Bereiche zu richten. Es ist nach meiner Auffassung keineswegs selbstverständlich, dass sich zwei wissenschaftliche Disziplinen wie die Soziologie und die Hochenergiephysik besser vergleichen lassen und mehr miteinander zu tun haben sollen als etwa die Soziologie und ein nicht-wissenschaftlicher Bereich wie die Politik. Hier wird durch den Wissenschaftsbegriff eine Homogenität und Zusammengehörigkeit suggeriert, die sich auflöst, wenn man die Sache genauer betrachtet. Der Kulturbegriff weist auch darauf hin, dass es in einer Wissensgesellschaft darum geht, eben nicht mehr nur Organisationskulturen zu untersuchen, sondern auch Erkenntniskulturen. Diese gewinnen an Stellenwert und müssen transparent gemacht werden.

| Wie sehen solche epistemischen Kulturen aus?

Ich habe die epistemische Kultur der Hochenergiephysik untersucht und beschäftige mich gerade mit der Ökonomie, insbesondere mit den Finanzmärkten. In der Hochenergiephysik macht man heute globale Experimente mit bis zu 2000 Physikern. Dies ist schon allein deshalb eine hochinteressante Disziplin, weil solche Unterfangen, die ich mir in meinem eigenen Metier nicht vorstellen könnte, erfolgreich sind. In dieser Physik wird häufig mit „negativem“ oder „liminalem“ Wissen, also dem Wissen von der Begrenztheit des Wissens, gearbeitet. Mit ihren Erkenntnisstrategien versuchen die Physiker immer mehr Wissen über ihr Nichtwissen, ihre Fehler und ihre Beschränkungen zu erarbeiten. Metaphorisch könnte man sagen, sie stellen ein Negativ ihrer Welt her, aus dem heraus sie auf die kaum direkt erkennbare Welt schließen. Die Negativwelt ist für sie real, die Welt physischer Dinge und Prozesse wird zum Schattenbild. Es ist erstaunlich, wie weit entwickelt der Bereich liminaler und negativer Strategien ist.
Andere Wissenschaften wie die Molekularbiologie arbeiten mit ganz anderen Methoden: Hier versucht man mit einer positiven Objektwelt, die durchaus im Labor präsent ist, lange Berührungsketten zu schaffen, und man variiert die Strategie, wenn die Berührung nicht funktioniert. Das Objekt bestimmt so die Herangehensweise. Diese Variations- und Selektionsstrategie ist „blind“ insofern, als sie in der Regel nicht auf einer Untersuchung der Ursachen für das Nicht-Funktionieren basiert, wie es die Physiker versuchen würden. Die Molekularbiologie wählt hier eine Strategie, die ihren eigenen biologischen Modellen ähnlich ist.

Solche „Selbstähnlichkeiten“ finden sich in ganz verschiedenen Bereichen wissenschaftlichen Lebens. Zu beobachten sind sie etwa in experimentellen Strategien oder auch in der Forschungsorganisation. Einander ähnelnde Konstruktionsprinzipien machen das Ganze greifbarer, transparenter und somit erklärbarer für die Teilnehmer. Sie meinen dann, die Dinge können gar nicht anders sein als so, wie sie sie handhaben. Erst der Vergleich verschiedener Wissenschaftsgebiete zeigt uns, dass die Dinge auch anders gestaltet werden können.
Die epistemischen Strategien von Analysten und anderen Experten in Finanzmärkten sind wiederum anders gelagert. Hier ist die Kontinuität der Beobachtung auffallend. Man experimentiert nicht und man macht auch keine Ethnografie des Unternehmens, dessen Aktienwert man prognostizieren soll. Stattdessen setzt man gezielt auf Dauerbeobachtung und ist dann in der Lage, schnell Aussagen zu treffen, die man wiederum durch „Geschichten“ interessant macht. Eigentlich überzeugen muss die „Geschichte“, die Zukunftsaussicht der Aktie, und nicht der Wert. Das epistemische Problem wird hier insgesamt verschoben – vom „context of discovery“ hin zu dem, was in der Naturwissenschaft der Bereich der Konsensbildung ist und im Markt der Bereich, der auf das Interesse und die Akzeptanz des Kunden zielt.

| Wie ist Wissen über gesellschaftliche Zusammenhänge zu erlangen? Welche Wissensstrategien wenden Sozialwissenschaftler an? Können sie, wie etwa Analysten einer Bank, eine Landkarte der Welt erstellen, in der sich die Gesellschaft künftig bewegen soll?

Die Wissensstrategien werden unter dem Gesichtspunkt der Globalisierung neu überdacht werden müssen. Ich gehe davon aus, dass die kulturvergleichende Perspektive wieder stärker in den Vordergrund tritt. Allerdings wird man dabei nicht unbedingt nationalstaatliche Kulturen vergleichen, sondern globale Felder mit anderen globalen Feldern oder auch mit lokalen Strukturen. Wie sieht die Kultur glo-

baler Währungsmärkte aus, die, gemessen am Umsatzvolumen, die größten Märkte überhaupt sind? Unterscheidet sich diese Kultur von jener der ebenfalls global operierenden Medienspezialisten oder regionaler Märkte? Und wenn ja, wie? Am wichtigsten ist vielleicht, dass viele globale Bereiche auf „Mikrogleisen“ laufen und dementsprechend mit mikrosoziologischen Methoden untersucht werden können. Die Mikrosoziologie beschäftigt sich mit den Strukturen von Interaktion und Face-to-face Konversationen. Elektronische Medien ermöglichen zum großen Teil den schnellen Austausch von Waren und Informationen. Man wird sich also mikrosoziologischer Verfahren wie der Konversationsanalyse bedienen müssen, um transnationale und globale Handlungsfelder analysieren zu können.
Die Zentren der Finanzmärkte sind Handelsräume der Großbanken weniger Städte: London, New York, Tokio und Zürich. In diesen Zentren können globale Prozesse ethnographisch beobachtet werden. Es ist notwendig, das mikrosoziologische Instrumentarium von der Untersuchung kleiner Dörfer und Verhältnisse zu lösen und als Primärmethode globaler Analyse zu verstehen. Umgekehrt wird auch die Netzwerkanalyse nützlich sein, mit der man Muster von Beziehungen zwischen vielleicht weltweit verstreuten Akteuren untersucht.

| Was kann die Sozialwissenschaft von der Naturwissenschaft lernen?

Die Sozialwissenschaft kann in vielerlei Hinsicht von der Naturwissenschaft lernen. Wenn es die Hochenergiephysik schafft, Großexperimente über lange Zeiträume erfolgreich durchzuführen, so ist dies ja kein automatischer Prozess, sondern eine organisatorische Leistung. Es ist ein Erfolg, um den auch die Hochenergiephysik gerungen hat. Man kann sogar beobachten, wie sie die angewandten Mechanismen entwickelt und ausprobiert. Es wird sich also die Frage stellen, mit welchen Mitteln die Physik diese organisatorische Leistung vollbringt. Ich sehe überhaupt kein grundsätzliches Hindernis, einige dieser Mechanismen auch in den Sozialwissenschaften anzuwenden, weil viele

unserer Probleme gar nicht mehr von Einzelforschern, sondern nur in groß angelegter Teamarbeit bearbeitet werden können. Ich kann mir auch vorstellen, Erfahrungen globaler Koordination auf Bereiche außerhalb der Wissenschaft zu übertragen, denn solche Strategien sind auch in Industrie und Handel gefragt. Manche Wissenschaftsbereiche exerzieren so Lösungsmöglichkeiten vor, die sich dann auf andere Gegebenheiten übertragen lassen. Aber auch aus weiteren naturwissenschaftlichen Bereichen, wie etwa der Molekularbiologie, die ich mit meinem Kollegen Klaus Amann untersucht habe, könnte die Sozialwissenschaft etwas lernen über Kooperation, Arbeitsstrategien, Präsentationstechnik sowie vor allem über die Bedeutung von Laboratorien und die Einbindung des wissenschaftlichen Nachwuchses.
Leider haben wir noch mit den Nachwirkungen des Positivismusstreits der sechziger Jahre und wohl auch der Kritischen Theorie zu ringen, die eine Zweiteilung in Naturwissenschaften einerseits und Geisteswissenschaften andererseits nahe gelegt haben. Das waren große und schöne theoretische Debatten, die ihre Grundlagen aber eben leider in der Philosophie und der politischen Kritik, und nicht in empirischer Detailkenntnis der entsprechenden Wissenschaften hatten. Das Ergebnis ist eine Rhetorik der Differenz, die jederzeit mobilisiert werden kann, um wechselseitiges Lernen zu vermeiden. Vielleicht geht es in einer Wissensgesellschaft ja auch darum, immer wieder neu anfangen zu können. Dies ist in Hinblick auf die große Zweiteilung zwischen Natur- und Geisteswissenschaften sicherlich unsere Aufgabe.

| Wenn wir unsere Beobachtung auf die Wissensprozesse in der Gesellschaft konzentrieren, geraten dann nicht andere Aspekte aus dem Blick? Wie können wir zu einer besseren Abbildung der Wirklichkeit gelangen, die uns die Frage beantwortet, in welcher Gesellschaft wir eigentlich leben? Oder, wie es Immanuel Kant in Bezug auf sein Erkenntnisprogramm so prägnant formulierte: Was kann ich wissen? Was darf ich hoffen? Was soll ich tun?

Ich glaube nicht daran, dass die gesellschaftliche Wirklichkeit unmittelbar abgebildet werden kann. Ich denke aber, dass wir Rekonstruktionen bilden, die zentrale Aspekte gegenwärtiger Veränderungen aufzeigen, und diese dann genauer untersuchen können.
Man könnte die Sozialwissenschaft als eine Art „zweiten Kopf" sehen, durch den sich die Gesellschaft von außen selbst beobachtet. Allerdings muss man solche Metaphern gleich wieder zurücknehmen, denn die externe „Intelligenz" der Sozialwissenschaft ist nicht unter einem Dach versammelt, und sie ist selbst ein soziales System. Diese externe Intelligenz funktioniert – wenn sie gut funktioniert – vielleicht wie ein neuronales Netz. Die Sozialwissenschaftler trainieren sich dadurch, dass sie Informationen aus der Gesellschaft aufnehmen. Sie sind dann in der Lage, Diagnosen und Projektionen zu produzieren, die über die Gesellschaft hinausgehen und Entwicklungen aufzeigen. Die verschiedenen Einschätzungen der gegenwärtigen Trends halte ich sogar für recht gut, zu oft sind sie aber nicht detailliert genug.

| Von Karl Popper wissen wir, dass wir eines prinzipiell nicht wissen können, nämlich was wir künftig wissen werden, denn sonst wüssten wir es bereits. Wie ist das mit den von Ihnen beschriebenen Trends?

Wenn Sie sich Globalisierungsanalysen ansehen, dann finden Sie in ihnen eine Vielzahl bemerkenswerter Trends. Uns interessiert an meiner Universität beispielsweise die Entstehung sozialer Formen, die aus dem lokalen Kontext gelöst sind. Wir wissen noch nicht viel darüber, wie sich globale soziale Felder, deren Teilnehmer weltweit verstreut sind und oft nicht durch gemeinsame Regelsysteme zusammengehalten werden, integrieren. Auf solche Erkenntnisse können wir aber durchaus hoffen, und zwar innerhalb weniger Jahre. Dasselbe gilt bei Fragen bezüglich der Wissensgesellschaft. Wir dürfen allerdings nicht weiter die Aufmerksamkeit nur auf die eigene Nationalgesellschaft lenken, sondern müssen übergreifende Mechanismen ins Blickfeld nehmen. Wir sollten die Soziologie nicht länger als Wissenschaft von menschlichen Beziehungen außerhalb von Technik und Objektwelten betrachten, denn diese gibt es vielleicht gar nicht mehr. Die Soziologie müsste hier wieder eine Vordenkerrolle einnehmen. Aber da dies möglicherweise den heute „traditionellen" nationalstaatsgebundenen, humanistischen Vorstellungen der fünfziger und sechziger Jahre widerspricht, tut man sich schwer damit.

MULTIKULTURELLE GESELLSCHAFT

Claus Leggewie

I Woher kommen Sie?

„Ich wurde in eine Zeit hineingeboren, als Deutschland wahrscheinlich zum einzigen Mal in seiner Geschichte halbwegs ethnisch homogen war – und tiefste Provinz“, berichtet Claus Leggewie, der am 27. März 1950 in Wanne-Eickel geboren wurde. „Die Entwicklungen der letzten fünfzig Jahre haben eine neue Wirklichkeit entstehen lassen, in der nationale Identität nicht länger ganz selbstverständlich das Selbstverständnis des Menschen bestimmt.“ Die soziokulturelle Realität Deutschlands veränderte sich Mitte der fünfziger Jahre, als man Gastarbeiter anwarb und Menschen aus den verschiedensten Ländern einwanderten. Die politische Klasse und weite Teile der Bevölkerung weigerten sich lange, diesen Wandel zu akzeptieren. „Deutschland als multikulturelle Einwanderungsgesellschaft war für manche eine nüchterne Zustandsbeschreibung, für viele eine Horrorvision, aber nur für wenige ein konkretes politisches Gestaltungsvorhaben.“

Zu letzteren gehört Claus Leggewie, der auf dem Höhepunkt der Studentenrevolte sein Studium der Sozialwissenschaften und Geschichte begann. Zuerst studierte er in Köln, danach zog es ihn nach Paris, wo er mit vielen seiner späteren Themen in Berührung kam, darunter die Arbeitsmigration. Zurück in Deutschland promovierte er 1978 über das französische Kolonialsystem in Algerien, wo er mehrere Monate vor Ort recherchiert hatte. In den folgenden Jahren arbeitete er als Hochschulassistent an der Universität Göttingen. Nach seiner Habilitation über die Politik François Mitterrands wurde er 1986 zum Professor für Politikwissenschaft an der Universität Göttingen ernannt. Sein Lehrfach wünschte er sich später einmal als ein „quicklebendiges, widerspenstiges und gerade deswegen attraktives Orchideenfach.“ Drei Jahre später wechselte er zur Justus-Liebig-Universität Gießen. Über seine Arbeit in Deutschland hinaus hatte er Lehraufträge als Gastprofessor an der Universität Paris-Nanterre und am „Institut für die Wissenschaften vom Menschen“ in Wien.

Neben Publikationen zu Konservatismus und Rechtsradikalismus in

Europa und den Vereinigten Staaten von Amerika veröffentlichte Leggewie 1990 das Buch „Multi Kulti". Der Titel wurde zum Inbegriff eines gesellschaftspolitischen Gestaltungsvorhabens. Mit seinem couragierten Vorstoß für eine multikulturelle Gesellschaft, ein Einwanderungsgesetz und die Reform des Staatsbürgerrechts machte er sich nicht nur Freunde, ließ sich aber trotzdem nicht von seinen politischen Zielen abbringen.
Seither beschäftigt sich Leggewie insbesondere mit der Situation der türkischen Minderheit in Europa. In seinen Publikationen „Alhambra. Der Islam im Westen" und „Deutsche Türken. Das Ende der Geduld" (zweisprachig, mit Safer Zenocak), die beide 1993 erschienen, beleuchtet er die Reibungspunkte zwischen einem zu neuem Selbstbewusstsein gelangten Islam und einer säkularisierten christlich-abendländischen Welt. Hintergrundinformationen sammelte er auf einer Forchungsreise nach Sarajewo mitten im Krieg, wo ihn besonders die Menschen faszinierten, „die ein ungeheures Maß an Mut, Menschlichkeit und Würde bewiesen."
1994 unterzeichnete Leggewie zusammen mit anderen Autoren aus dem gesamten politischen und wissenschaftlichen Spektrum „Das Manifest der 60" und verfasste einen Beitrag für die gleichnamige Aufsatzsammlung, in der die Autoren ein Umdenken in der Migrationspolitik forderten. Ein Jahr später wurde er erster Inhaber des Max-Weber-Lehrstuhls an der Universität von New York. 1995 veröffentlichte Leggewie, der immer wieder publizistisch zu den unterschiedlichsten gesellschaftlichen Themenfeldern Position bezieht, das Buch „Die 89er. Porträt einer Generation".
Der Politikwissenschaftler war 1997/98 als Fellow am Remarque Institut in New York tätig. Seine Erfahrungen in den USA verarbeitete er in den Büchern „America First? Der Fall einer konservativen Revolution" (1997) und „Amerikas Welt", das im Jahre 2000 erschien, und den USA samt seiner Ikonen und Helden auf die Spur zu kommen versucht. Von 1999 bis 2000 war Leggewie Fellow am Wirtschaftskolleg zu Berlin.

In Gießen gründete er anschließend das „Zentrum für Medien und Interaktivität", dessen Mitarbeiter vor allem auf die neuen Medien bezogene Projekte in Forschung und Lehre an der Universität Gießen initiieren und koordinieren. Parallel zu diesen Arbeitsfeldern beschäftigt sich Leggewie in seinen Schriften mit der Globalisierung und ihren Begleiterscheinungen. In seinem 2003 erschienenen Werk „Die Globalisierung und ihre Gegner" beschreibt er Arbeit und Motive von Gruppen, die aktuelle politische und ökonomische Entwicklungen kritisieren und alternative Vorschläge unterbreiten, wie die Welt von morgen gestaltet werden könnte. Leggewie, der im Januar 2002 der Tagung des Weltsozialforums im brasilianischen Porto Alegre beiwohnte und eine Zeit lang im wissenschaftlichen Beirat von Attac in Deutschland tätig war, setzt sich in seinem Buch kritisch mit den Konzepten der so genannten „Globalisierungsgegner" auseinander. Trotz grundsätzlicher Sympathie für die globalisierungskritische Bewegung, sagt er: „Es gibt keinen archimedischen Punkt, von dem aus die Welt als Ganzes zu gestalten und zu kurieren wäre."
Themen, mit denen sich Leggewie in jüngster Zeit beschäftigt, sind die Probleme der Demokratieförderung in der islamischen Welt (u.a. am Beispiel der Türkei) und neue demokratiepolitisch interessante Entwicklungen in der Wissenskommunikation und in einem User-zentrierten „Web 2.0".

| Ausgewählte Buchveröffentlichungen:

Claus Leggewie: Multi Kulti. Spielregeln für die Vielvölkerrepublik. Rotbuch Verlag, Berlin 1990

Claus Leggewie: Die Globalisierung und ihre Gegner. C.H. Beck Verlag, München 2003

| Wohin gehen Sie?

„Ich werde mich weiterhin für die rechtliche und vor allem politische Einbürgerung der hier auf Dauer lebenden Nicht-Deutschen einsetzen. Politische Gleichheit und kulturelle Verschiedenheit in eine Balance zu bringen, heißt auch, Konflikte und Probleme geduldig zu bearbeiten."
Das Aperçu Max Webers, Politik sei das langsame und beharrliche Bohren von dicken Brettern, trifft auch auf die Arbeit von Claus Leggewie zu, der trotz Hindernissen und Rückschlägen sein zentrales politisches Ziel nicht aus den Augen verloren hat: die multikulturelle Demokratie.
„Auch wenn man sich jahrelang gescheut hat, diese Realität wahrzunehmen: Deutschland ist zum Einwanderungsland geworden. Eine Umkehrung dieser Entwicklung ist nicht möglich und auch nicht wünschenswert. Auf die Pizza um die Ecke und den türkischen Feinkostladen eine Straße weiter möchte niemand mehr verzichten. Warum aber tun wir uns heute so schwer mit der politischen Integration von Ausländern, wo doch der Blick in die Telefonbücher des Ruhrgebietes zeigt, dass polnische Einwanderer einst auch erfolgreich aufgenommen und eingegliedert wurden?"
Es ist Zeit Abschied zu nehmen von alten Mythen und sachlich über die Chancen und Risiken einer multikulturellen Demokratie zu diskutieren, in der, so Leggewies Vorschlag, jeder Mensch ein Wahlrecht haben sollte, der in Deutschland geboren wurde.

Der lange Weg zum deutschen Pass:
Ausländer werden zu Staatsbürgern.

Die multikulturelle Gesellschaft

„Es gibt zu viele Ausländer in Deutschland". Mit diesem Zitat beginnt Claus Leggewie gerne Vorträge zur Reform der Ausländerpolitik. Was zunächst wie eine Stammtischparole klingt, erweist sich als hintersinnige Kritik an den Einwanderungsgesetzen in Deutschland, wenn Leggewie fortfährt: „In der Bundesrepublik leben Millionen Menschen, die keinen deutschen Pass haben. Sie zu integrieren und einzubürgern muss vorrangiges Ziel einer Politik sein, die daran interessiert ist, sozialen Spannungen und Kulturkämpfen vorzubeugen."
Der Sozialwissenschaftler aus Gießen bekennt sich entgegen aller Anschuldigungen, er und seine Gesinnungsgenossen seien „Multikulti-Fantasten", zum Einwanderungsland Deutschland. Er setzt sich entschieden für die politische Gestaltung der multikulturellen Gesell-

schaft ein und macht Vorschläge für deren politische und rechtliche Rahmenbedingungen. Sein Vorhaben trägt der soziokulturellen Wirklichkeit in der Bundesrepublik Deutschland Rechnung. Denn seit vielen Jahren ist für ihn offensichtlich, dass nicht Einheitlichkeit, sondern kulturelle Vielfalt das Leben in Deutschland auszeichnet. Hier leben Männer und Frauen, die Deutsch sprechen, aber keine Deutschen im herkömmlichen ethnischen Sinne sind.

Mit seinem Buch „Multi Kulti" traf Leggewie 1990 den wunden Punkt einer Gesellschaft, die nach dem Fall der Mauer mit der Vereinigung ihrer beiden „Volkshälften" beschäftigt war. Nicht-deutsche Volksgruppen wurden dagegen demonstrativ ausgeschlossen, da sie nicht zur „Abstammungsgemeinschaft" gehörten. Von dieser Ausgrenzung waren fast zehn Prozent der in Deutschland lebenden Menschen betroffen, die zu einem großen Teil seit Jahrzehnten in der Bundesrepublik Deutschland leben und arbeiten, die aber „weder wählen noch sich ganz frei politisch betätigen und beteiligen dürfen", wie Leggewie herausstellt. Mit ihnen werde verfahren „wie mit Kindern einer besonderen Art: Kinder, weil sie unserem Kommando unterstehen, und einer besonderen Art, weil sie im Unterschied zum normalen deutschen Nachwuchs nie erwachsen werden dürfen".

Das politische Gestaltungsvorhaben von Leggewie und seinen Kollegen sah deshalb zuvorderst eine umfassende Reform des deutschen Staatsangehörigkeitsrechts vor, das seit 1913 auf dem „ius sanguinis", dem „Blutrecht", beruht. Einbürgerungsbestimmungen wurden in den letzten Jahren gelockert und das Staatsbürgerschaftsrecht 1999 in diesem Punkt gründlich reformiert. Danach erhält jedes Kind, das in Deutschland geboren wird, automatisch die Option auf die deutsche Staatsbürgerschaft. Leggewie fordert nun, die Einbürgerung weiter zu erleichtern. Allen Menschen, die seit fünf oder mehr Jahren in Deutschland leben und somit ihren Lebensmittelpunkt in diesem Land haben, sollte die deutsche Staatsbürgerschaft auf Wunsch gewährt werden. Die doppelte Staatsangehörigkeit kann seiner Meinung nach, vor allem bei der ersten Generation, zur Erleichterung der Einbürgerung beitragen, ist aber lediglich als Übergangsregelung zu verstehen. Auf der Höhe ihrer Möglichkeiten angelangt wäre die Bundesrepublik Deutschland nach Leggewie dann, wenn alle Menschen, welcher kulturellen Gruppe sie auch immer angehören, bürgerliche und politische Rechte ausüben könnten. Der Bewohner eines Landes muss zum Bürger gemacht werden, der sich aktiv an der Gestaltung des politischen Lebens beteiligen kann. „Da wir in einem Einwanderungsland ohne Einwanderungspolitik gelebt haben, ist ein entschlossener Schritt in Richtung einer multikulturellen Gesellschaft mit rechtlichen und politischen Rahmenbedingungen nötig." Eine geregelte Immigrationspolitik ist, so Leggewie, allerdings erst dann möglich, wenn nicht mehr geleugnet wird, dass Deutschland de facto ein Einwanderungsland ist.

Einwanderungspolitik ist grundsätzlich von der Flüchtlingspolitik zu unterscheiden, deren Inhalt sich allein nach den Bestimmungen der Genfer Konvention richtet. Die Einwanderungspolitik dagegen kann und muss auf die Kapazitäten und Präferenzen des Aufnahmelandes ausgerichtet sein.

Die multikulturelle Gesellschaft sieht Leggewie nicht als „utopisches Fantasieprodukt", sondern als „Topos der realen Welt". Nachdem diese lange Zeit auf dem „politischen Index" gestanden hat, müssen wir nun klären, wie wir künftig nebeneinander und miteinander leben wollen. Wie können wir Menschen anderer Herkunft oder kultureller Prägung integrieren, ohne sie zu vereinnahmen? Wie ist es möglich, sowohl Autonomie und Pluralität zu gewährleisten als auch angemessen mit sozialen Gegensätzen und Spannungen umzugehen?

Die multikulturelle Gesellschaft ist eine Herausforderung für alle. Jeder täte gut daran, sich auf diese Wirklichkeit einzustellen und über kulturelle Grenzen hinweg einen Dialog zu beginnen. Die Frage ist nur, ob die Mehrheit der deutschen Bevölkerung gewillt ist, dauerhaft hier lebende Nicht-Deutsche rechtlich gleichzustellen, ihre kulturellen und religiösen Differenzen anzuerkennen und ihnen gleiche soziale Chancen einzuräumen. Nur jene Gesellschaften haben nach Ansicht Leggewies eine Zukunft, denen es gelingt, sich mit verschiedensten

Lebensformen zu arrangieren, und die beweglich genug sind, diejenigen einzugliedern, die in großer Zahl eingewandert sind oder dies noch tun werden.

| Sehen Sie sich selbst als Gesellschaftstheoretiker, Gesellschaftskritiker, Gesellschaftsarchitekt oder als geselliger Zeitgenosse?

Wenn ich mich unbedingt entscheiden muss: als geselliger Zeitgenosse und „kritischer Architekt“. Gesellschaftsarchitekten haben in der Regel selbst nicht viel zu bauen, außer vielleicht, sie belegen bestimmte Nischen. Meine kleine Nische habe ich seit ungefähr zwanzig Jahren darin gefunden, in Deutschland ein anderes Verständnis von Staatsbürgerschaft zu verbreiten und an der überfälligen Reform des Staatsangehörigkeitsrechts mitzuwirken. Gewisse Erfolge kann man heute registrieren. Auffassungen konservativer Staatsrechtler und Politiker, die Veränderungen blockieren, bestimmen nicht länger die politische Praxis. Im Übrigen halte ich die demokratische Gesellschaft, in der ich lebe, wie Winston Churchill, für die schlechteste, mit Ausnahme aller anderen bekannten. Ihre ständige Reform und Innovation ist die Basis meiner Arbeit als Sozialwissenschaftler und Autor.

| Welche Rolle spielen Sie in der Gesellschaft?

Ich bin jetzt im 64. Semester Hochschullehrer, und zwar mit anhaltender Begeisterung und großem Engagement. Es ist die besondere Gnade dieses Berufs, dass er es mir ermöglicht, seit mehr als dreißig Jahren mit jungen Menschen zusammenzuarbeiten. Ich lehre nicht nur, sondern lerne in Diskussionen selbst dazu. Außerdem kann ich der Schriftstellerei nachgehen, Kolumnen, Analysen und Stellungnahmen verfassen und gelegentlich als Politikberater tätig werden, ob dies nun vor einem Ausschuss im Bundestag oder in einem eher privaten Gespräch mit Politikern geschieht. Man sagt mir nach, ich sei in politischer Hinsicht schwer einzuordnen und immer für eine Überraschung gut. Auch wenn manche Personen das eher kritisch bewerten, nehme ich es als Ausdruck intellektueller Unabhängigkeit, die ich auch dann nicht aufgab, wenn ich mich erkennbar für die linke Mitte und auch für die rotgrüne Regierung einsetzte.

| Welcher Gesellschaftsgruppe fühlen Sie sich zugehörig?

Ich gehöre zum oberen Mittelstand. Da halte ich mich ganz gerne auf und nutze ansonsten das Privileg des „freischwebenden Intellektuellen".

| Welche Gesellschaftsromane haben Sie fasziniert?

Mein Lieblingsroman war lange „Der Mann ohne Eigenschaften" von Robert Musil. Zuletzt haben mich Richard Fords Romane fasziniert, in denen es um Frank Bascombe und andere Leute an der US-amerikanischen Ostküste geht. Ich mag vor allem die US-amerikanischen Autoren, die „Short Stories" verfassen, Kurzgeschichten mit jenem unnachahmlichen lakonischen Stil. Früher habe ich viel von Theodor Fontane, Thomas Mann und Heinrich Böll gelesen. Mich haben weniger engagierte Romane interessiert als solche, die auf literarisch anspruchsvolle Weise soziologische Einsichten vermitteln. Deshalb lese ich gerne Romane und Novellen aus den jeweiligen Landstrichen, in denen ich mich gerade aufhalte.

| Welchem Gesellschaftsspiel gehen Sie gerne nach?

Ich mag Spiele, in denen man kleine Geldbeträge einsetzen kann, vom Pokern über Pferderennen bis zum Börseneinsatz. Spiele also, bei denen man ein gewisses Risiko eingeht. Das Wichtigste dabei ist die Fähigkeit, zum richtigen Zeitpunkt aufhören zu können.

| In welcher Gesellschaft leben wir eigentlich?

Wir leben in einer multikulturellen Gesellschaft, auch wenn diese Realität noch immer nicht von jedem wahrgenommen worden ist. Kultureller Pluralismus ist ein selbstverständliches Charakteristikum moderner Gesellschaften. Dass in Deutschland gesellschaftliche Zugehörigkeit oft noch immer weitgehend von Abstammung und Nationalität abhängt, ist und bleibt ein politisches Versäumnis. Daraus resultiert auch die bisher unzureichend erfolgte Integration von Menschen, die zum Teil seit Jahrzehnten in unserer Mitte leben. In Bezug auf die Reform des Staatsangehörigkeitsrechts hat die deutsche Politik kläglich versagt. Ein weiteres Versäumnis betrifft die fehlende Immigrationspolitik. Ohne geregelte Zuwanderung werden wir in Deutschland unser wirtschaftliches und soziales System auf Dauer nicht aufrechterhalten können.

| Worin sehen Sie die Stärken und Schwächen dieser Gesellschaft?

Wenn ich die Zeit seit meinen ersten politischen Handlungen als Klassensprecher und Redakteur der Schülerzeitung in den frühen sechziger Jahren rekapituliere, also fast die gesamte Geschichte der Bundesrepublik, sehe ich die Stärke moderner Gesellschaften in ihrer Anpassungsfähigkeit an sozialen und kulturellen Wandel. Damit meine ich ihr Vermögen, Krisen nicht nur zu managen, sondern sie wenigstens gelegentlich auch produktiv zu nutzen. Eine Schwäche der Gesellschaft, die sich in den letzten zwanzig Jahren immer deutlicher zeigt, sehe ich darin, dass sie wieder ungleicher geworden ist. Ich bin kein Anhänger der „equality of results“, aber mehr denn je Verfechter der „equality of opportunities“, und diese Chancengleichheit ist in unserer Gesellschaft wahrlich nicht gegeben, nicht in der Schule, nicht in der Universität und damit auch nicht auf dem Arbeitsmarkt.

| Wollen Sie die Gesellschaft verändern?

Es gibt Anlass genug, am Zustand der Welt zu verzweifeln, gerade aufgrund des seit dem 11. September deutlich gewordenen Terrors und der falschen Reaktionen darauf. Das Motto des jährlich tagenden Weltsozialforums lautet: Eine andere Welt ist möglich. Das klingt fast antiutopisch und lässt offen, ob diese andere Welt auch eine bessere sein wird. Ich setze mich ein für eine Weltordnung, die gerechter, nachhaltiger, vielfältiger und demokratischer ist. Das sind alles Kategorien, die bekanntlich erklärungs- und verhandlungsbedürftig sind.

| Wie sieht für Sie die ideale Gesellschaft aus?

Die gibt es nicht, und alle, die ihr nachjagen, wie ich selbst eine Zeit lang, sind mir verdächtig geworden. Solche Utopien sind ein Horror. Die ideale Gesellschaft ist immer noch verbesserungswürdig. Andernfalls wäre ich arbeitslos.

| Wie sieht die Gesellschaft von morgen aus?

Ich habe ehrlich gesagt keine Ahnung. Aber nichts ist in Ordnung an einer Globalisierung, die so viele ausschließt und zurücklässt. Mittlerweile formiert sich eine transnationale Gesellschaft, in welcher nichtstaatliche Akteure und verschiedenste Nicht-Regierungsorganisationen eine größere Rolle spielen. Das gibt zu denken und auch zu hoffen. Auch die digitalen Medien haben einen gewissen Fortschritt gebracht, wenn sie den kritischen Bürgern dienen, die nach Erkenntnissen des „World Values Survey“ an den etablierten politischen Verhältnissen leiden und nach neuen Betätigungsmöglichkeiten suchen.

| Mit der Anwerbung von Arbeitskräften und dem Zuzug von Menschen aus den verschiedensten Ländern dieser Welt hat sich die Zusammensetzung der Bevölkerung in Deutschland verändert. Aufgrund mehrerer Millionen Einwanderer Anfang der achtziger Jahre sprach man verstärkt von einer multikulturellen Gesellschaft. Diese Menschen wurden jedoch nicht alle erfolgreich integriert. „Die Konflikte, die einen ethnischen Hintergrund haben, nehmen zu", betont Wilhelm Heitmeyer. Was ist aus den Visionen eines friedlichen „Multikulti" geworden? Ist die multikulturelle Gesellschaft womöglich gescheitert?

Dazu kann man nur sagen: We never promised you a rose garden. Wer hat ernsthaft die Vorstellung, eine monokulturelle Gesellschaft könne überhaupt existieren und eine multikulturelle Gesellschaft ohne Konflikte sein, als mache sie alle Menschen sozusagen im Schlaf friedlich und freundlich? Eben jene Konflikte zwischen Einheimischen und Fremden, aber auch innerhalb eingewanderter ethnischer und religiöser Gruppen, sind typisch für kulturellen Pluralismus. Ich will diese Konflikte nicht beschönigen, für sie aber eine Art Kosten-Nutzen-Rechnung anregen. Was wäre denn die Alternative? Zurück zur erzwungenen ethnischen Homogenität der beiden deutschen Staaten, welche die Nationalsozialisten herbeiterrorisiert hatten? Zu einer kulturprotektionistischen Wagenburg, wie sie akademische Fantasten und fantasielose Politiker aufziehen wollen?
Der bayrische Ministerpräsident Edmund Stoiber warnte vor der „Durchmischung" und „Durchrassung" des deutschen Volkes, der ehemalige Bundeskanzler Helmut Schmidt erklärte, es sei völlig absurd anzunehmen, in Deutschland könnten irgendwann einmal mehrere kulturelle Gruppen nebeneinander leben. Und der frühere Berliner Innensenator Jörg Schönbohm schlug vor, Bezirke mit hohem Einwandereranteil zu „entmischen". Doch wie soll das eigentlich angestellt werden? Mit Zwang, mit Prämien, mit guten Worten? Schon in der Gesellschaft der fünfziger Jahre hatten wir solche Gruppenkon-

flikte, und die damaligen „Mischehen“ bestanden zwischen Katholiken und Protestanten. Damals empfand man Süditaliener oder Serben als genauso fremd wie heute Menschen aus Anatolien oder Afghanistan.
Manche polemische Feder bezeichnet mich, ähnlich wie Daniel Cohn-Bendit, als „Multi-Kulti-Fantast“. Wer das schreibt, tut so, als hätten wir den Zustand des kulturellen und religiösen Pluralismus herbeigeschrieben. In Wahrheit bildete er sich aber aufgrund der Attraktivität unseres Sozialstaates und der gezielten Anwerbung von Arbeitskräften heraus. Was wir versuchten, war, eine nüchterne Bestandsaufnahme zu liefern und Spielregeln für eine multikulturelle Gesellschaft zu erarbeiten, die politische Integration und kulturelle Differenz nach US-amerikanischem Muster kombiniert. Michael Walzer und Charles Taylor haben dies auch für die Vereinigten Staaten und Kanada analysiert, und sie sind ebenso wenig Kulturrelativisten wie die deutschen Befürworter eines „soft multiculturalism“. Übrigens: Wer sagt, dass die multikulturelle Gesellschaft gescheitert ist, muss selbst Maßstäbe entwickeln, wie sie „gelingen“ könnte.

| Unter welchen Voraussetzungen wäre die multikulturelle Gesellschaft in Ihren Augen gelungen oder aber gescheitert?

Gelungen ist sie, wenn die oft nur scheinbar neuen Konflikte gelöst werden in Foren, Institutionen und Arenen, die der pluralistischen Gesellschaft mit staatlichem Gewaltmonopol entsprechen, und wenn sich darüber hinaus nachhaltige Ethnisierungen vermeiden lassen. Gescheitert wäre die multikulturelle Gesellschaft, wenn solche Stereotype und gewaltsame Konfliktlösungen überhand nehmen. Wenn ein Zustand gegenseitiger Öffnung und Durchdringung, wie er sich im Alltagsleben – nicht zuletzt auch bei Eheschließungen und Familiengründungen – bereits eingestellt hat, zurückgenommen würde und sich Deutsche und Einwanderer, aber auch verschiedene ethnische Gruppen weiter voneinander abschotten.

I Kritiker behaupten, die multikulturelle Gesellschaft sei eine Utopie, und führen Beispiele wie Jugoslawien oder Nordirland an, wo das multikulturelle Konzept offenbar nicht funktioniert. Ist ein Zusammenleben von Menschen unterschiedlicher nationaler Herkunft und kultureller Prägung vielleicht gar nicht möglich?

Dies zu behaupten, hieße, einige Jahrhunderte Menschheitsgeschichte zu verleugnen. Es kommt schon darauf an, aus den beiden genannten Konflikten die angemessenen Lehren zu ziehen und sie nicht als Totschlagargumente in einer, bei uns doch ganz anders gelagerten Problematik zu verwenden. Jugoslawien hat eine multiethnische Vergangenheit, in der sowohl die titoistische Diktatur als auch die Zwischenlage im Ost-West-Konflikt die politische Oberfläche bestimmten. Die alten Nationalitätenkonflikte ruhten, aber es konnte sich keine multikulturelle Bürgergesellschaft entwickeln, in der die ethnische Herkunftsbestimmung aufgelöst gewesen wäre in „multiple" und sich überlappende Identitäten.
Das Beispiel Sarajewo nennt man immer wieder als scheinbar offensichtliches Argument gegen Multikulturalismus – als wäre diese Apokalypse zu vermeiden gewesen, wenn man sich abgeschottet hätte. Diese Stadt ist aber nicht daran gescheitert, dass die in ihr lebenden Christen, Orthodoxen und Muslime aus heiterem Himmel aufeinander losgegangen sind, sondern an dem gezielten Angriff außerhalb der Stadt lebender Nationalisten und Faschisten. Bosniens Multikulturalismus ist nicht an seinen eigenen Geburtsfehlern zugrunde gegangen, sondern weil eine recht gut funktionierende ethnisch-religiöse Mischung den Faschisten in Pale ein Dorn im Auge war. Auch in Nordirland ist der überwiegende Teil der Bevölkerung ganz offensichtlich daran interessiert, einen Pluralismus der Religionen aufrechtzuerhalten. In Deutschland zu behaupten, ein Zusammenleben von Protestanten und Katholiken sei prinzipiell undenkbar, wäre doch 350 Jahre nach dem Westfälischen Frieden blanker Unsinn.

| In den sechziger Jahren wollte Frankreich Zuwanderung auf Dauer, das Gastarbeitersystem in Deutschland dagegen sollte nur temporär einen Mangel an Arbeitskräften beseitigen. Der französische Anthropologe und Historiker Emmanuel Todd verweist in seinem Buch „Das Schicksal der Immigranten" auf „eine Mischung aus Ängsten, Tabus und Verbohrtheit" in der deutschen Politik gegenüber Einwanderern. Sehen Sie das ähnlich?

In dieser leidigen Frage wird eine Dissonanz zwischen sozialer Wirklichkeit und kognitiven Deutungsmustern aufrechterhalten und durch törichte Kommentare wie „die Grenzen der Zumutbarkeit sind überschritten", wie sie der ehemalige Bundesinnenminister Otto Schily abgegeben hat, immer wieder neu genährt. Sicher war Deutschland seit Ende der fünfziger Jahre ein Einwanderungsland anderen Typs als die klassischen Immigrationsländer USA, Kanada, Australien oder auch Frankreich. Aber die Bundesrepublik war eben auch Ziel einer gewollten, wenn auch ungesteuerten Einwanderung. Das ist den Leuten, die das Gegenteil unterstellen, durchaus klar. Aber sie treiben eine gezielte Politik mit der Verunsicherung, die in Teilen der Bevölkerung durch diese unerklärte Immigration entstanden ist.

| Wie lassen sich Misstrauen und Feindschaft gegenüber „den Anderen" abbauen, um Konflikten und Spannungen entgegenzuwirken? Ist Integration durch sachkundige Aufklärung über Eigenart, Mentalität, Sorgen und Lebenssituation der uns immer noch fremden Mitbürger zu erreichen, oder ist der deutsche Mythos vom „homogenen Volkskörper" nicht zu überwinden?

Sachkunde ist immer gut, und eine andere Waffe als Aufklärung hat man in unserem Geschäft ohnehin nicht. Dies zielt auch auf manche Menschen, die in guter Absicht bemüht sind, „den Anderen" einzugliedern, sich in ihrer Xenophilie aber, ähnlich wie die Integrationsgegner, bestimmter Mythen bedienen, wie etwa jener des „deutschen

Sonderwegs“ und damit der negativen Affirmation einer rassistischen Tradition der Deutschen.

| Aufgrund demografischer Entwicklungen plädiert der Bevölkerungswissenschaftler Herwig Birg für eine geregelte Zuwanderung: Nach seiner Einschätzung werden bei anhaltend niedrigen Geburtenraten am Ende des 21. Jahrhunderts nur noch vierundzwanzig Millionen Menschen in Deutschland leben, was zwischenzeitlich zu erheblichen Defiziten in den Sozialversicherungs- und Rentenkassen führen wird. Wenn Deutschland Einwanderer zur Sicherung seines sozialen Systems benötigt, wie könnte eine geregelte Zuwanderungspolitik aussehen?

Zunächst einmal ist der Eckpfeiler jeder Einwanderungspolitik nicht die Quotierung oder Kontingentierung, sondern ein „ius soli“, ein Territorialrecht, wie es von der rot-grünen Regierung nach langen Qualen eingeführt worden ist. Egal wie restriktiv Einwanderung – hierzulande sagt man immer noch Zuwanderung – gehandhabt wird, muss die Möglichkeit bestehen, Menschen anderer Herkunft oder Religionszugehörigkeit politisch als Bürger und Bürgerinnen gleichberechtigt zu behandeln. Danach kann man sich rational, und, vom Standpunkt des Aufnahmelandes aus, auch egoistisch, darüber verständigen, wie viele Einwanderer welcher Qualifikation man ins Land holen möchte – neben den politisch Verfolgten, den Bürgerkriegsflüchtlingen und den Familienangehörigen, die den schon Ausgewanderten nachziehen.

| Was hat sich von dem, was Sie 1990 in Ihrem Buch „Multi Kulti – Spielregeln für die Vielvölkerrepublik“ vorgeschlagen haben, verwirklicht?

Wir sind einen entscheidenden Schritt vorangekommen. Was die faktische Liberalisierung der Einbürgerungspraxis betrifft, war Deutschland schon vor 1998 weniger restriktiv als die klassischen Einwanderungsländer, die heute auf „immigration zero" zusteuern und auf das Abstammungsprinzip zurückkommen, also die entgegengesetzte Richtung einschlagen.

| Was halten Sie von einer festgesetzten Zuwanderungsquote?

Jedes Einwanderungsgesetz ist unter den heutigen Bedingungen ein „Zuwanderungsbegrenzungsgesetz", um einmal die Sprache der FDP zu bemühen. Wer dem widerspricht, unterliegt dem Missverständnis, Einwanderung werde aus humanitären Gründen erlaubt oder restringiert. Ihr liegen jedoch knallharte demografische, sozialpolitische und arbeitsmarktpolitische Überlegungen zugrunde, nicht Erwägungen, die gegenüber Asylbewerbern und Flüchtlingen aus Katastrophengebieten angemessen sind. Aus diesem Grunde lässt die Bundesagentur für Arbeit jedes Jahr Tausende von „Saisonarbeitern" ins Land, die Arbeiten erledigen, für die auf dem „deutschen" Stellenmarkt keine Bewerber gefunden werden. Einwanderer gegen Arbeitslose auszuspielen, ist ungerecht und, wohlgemerkt von beiden Seiten, demagogisch. Aber auch wenn hier nicht humanitäre Überlegungen im Vordergrund stehen, sondern der schlichte Eigennutz, muss man mit den Eingewanderten natürlich menschlich umgehen. Verhängnisvoll war es, zukunftsweisende Einwanderungsregelungen auf die lange Bank zu schieben, weil die demografische Lage und die Situation des Arbeitsmarktes heute noch restriktive Konsequenzen nahe legen, morgen aber eine Immigration in einer Stärke erfordern, die durch heutige Restriktionen unwahrscheinlich geworden ist. Wer will denn heute noch nach Deutschland einwandern? Faktisch haben wir schon fast die „Null-Immigration".
Modellfall einer quotierten, rationalen und integrativ gesonnenen Einwanderungspolitik war die geregelte Aufnahme der ethnischen Deutschen, der sogenannten Aussiedler, wobei ich mir darüber im Klaren bin, dass diese „Russen" in mancher Hinsicht ähnlichen Problemen und Vorurteilen ausgesetzt sind wie die „Türken".

| Befürworten Sie eine einheitliche Regelung zur Einwanderung für alle Mitgliedsländer der Europäischen Union? Wie könnte eine Migrationspolitik im europäischen Maßstab aussehen?

Die Bundesrepublik hat aufgrund ihrer liberalen Asyl- und großzügigen Sozialgesetzgebung den größten Teil der Flüchtlinge in Europa aufgenommen. Dies stellt eine schwere Belastung vor allem für die kommunalen Haushalte dar. Im Sinne europäischer Solidarität war es gut, auch die Lasten gerechter zu verteilen. Wenn die Drittstaatenregelung funktioniert und die Verfolgung von Asylbewerbern in Spanien, Österreich oder Polen tatsächlich endet, ist eine „Weiterschiebung" nach Deutschland in der Tat nicht notwendig. Insofern bin ich für die Europäisierung der Einwanderungs- und Flüchtlingspolitik ebenso wie für die Europäisierung der Sozialpolitik und des Staatsangehörigkeitsrechtes.

| Wie sieht nach einer erfolgten Einwanderung die Integration aus? Welche Maßnahmen könnten hier greifen, um Zuwanderer möglichst gut auf die Situation in der neuen Umgebung vorzubereiten?

Integration ist keine Einbahnstraße. Sowohl die in Deutschland lebenden Menschen wie auch die Zuwanderer haben sich einzubringen. Wer in das Land kommt, muss sich integrieren wollen und zur offenen Gesellschaft bekennen. Wer hier wohnt, sollte sich nicht verschließen.

| Ein Artikel von Ihnen hat den Titel „Heimat Babylon". Führt die Mehrsprachigkeit in der multikulturellen Gesellschaft zu Verwirrung? Welche Rolle spielt die Landessprache?

Jeder Immigrantenfamilie ist dringend anzuraten, möglichst gut Deutsch zu lernen. Jede Einwanderungsgesellschaft hat eine „Lingua franca", und Zweisprachigkeit ist nicht unter allen Umständen empfehlenswert. Vielsprachigkeit ist aber an sich noch kein politischer oder sozialer Sprengstoff, wie das Beispiel der Schweiz zeigt. Sie wird es erst, wenn Sprachdifferenzen politisiert werden, was man in Kanada, Jugoslawien oder Belgien beobachten kann, wo aber andere Gründe dafür ausschlaggebend waren. In der Europäischen Union haben wir die englische Sprache als neue „Lingua franca". Übersetzungsleistungen und Vielsprachigkeit sind gleichwohl erforderlich. In den USA diskutierte man über „English only", aber das hindert die Hispanics dort ebenso wenig wie die türkischen Familien bei uns daran, zu Hause in ihrer Muttersprache zu kommunizieren.

| Warum wurde das absurde Wort „Ausländer" kreiert? Warum wird es gemeinhin für die Menschen verwendet, die keinen deutschen Pass besitzen?

Wer keinen deutschen Pass besitzt, ist nun einmal Ausländer – das ist doch nicht absurd. Absurd ist allerdings, wenn Personen als „Ausländer" gelten, die seit Jahrzehnten hier leben und arbeiten oder sogar hier geboren sind und sich deutschen Lebensgewohnheiten angepasst haben.

| Welche Alternative würden Sie vorschlagen?

Eben jenes Territorialprinzip, auf das wir uns jetzt hinbewegen. Es ist dann kein Problem und auch kein Makel mehr, von „Deutschen türkischer Herkunft" oder „Deutsch-Türken" zu sprechen, genau wie in den USA von „Italian-Americans" oder „Chinese-Americans". So verbinden sich politische Gleichheit und kulturelle Differenz.

| Bedeutet eine Bezeichnung wie „Deutsch-Türke" nicht immer auch eine Etikettierung?

Etikettierungen sind in einer komplexen Gesellschaft unvermeidbar und sogar nützlich, wenn sie nicht zum reinen Makel und Schimpfwort werden. In der Berichterstattung wäre das immer noch besser, als wenn man die übliche Schlagzeile hätte: „Ausländer handelt mit Drogen“ oder „Türke beraubt Bank“. Im Fall des damals vierzehnjährigen Mehmet haben wir gesehen, wie irrational die deutsche Politik mit Einwanderern der zweiten Generation umzugehen fähig ist.

| Warum macht es Sinn, ethnische Differenzierung herauszustellen? Gibt es nicht die Möglichkeit, eine derartige Akzentuierung zu umgehen?

Weil wir alle Menschen sind? In Deutschland pochen die Leute doch auch darauf, dass sie Schwaben, Sachsen oder Friesen sind. Ethnische, oder allgemeiner, Gruppenidentitäten sind doch nicht notwendigerweise ein Stigma, sondern auch eine Ressource. Problematisch ist es aber, wenn das Verhalten Einzelner auf die gesamte Gruppe übertragen wird – wenn es also „der“ Türke oder „der“ Deutsche heißt, oder wenn Namen wie „Zigeuner“ einen fast durchgängig abwertenden Klang bekommen haben. Das wissen wir doch aus der Antisemitismusforschung, die übrigens auch die ebenso stigmatisierende Wirkung philosemitischer Stereotype belegt. Ähnlich problematisch ist es also, wenn man einer Gruppe einen permanenten Opferstatus anhängt oder aus Gruppenidentitäten bestimmte kollektive Rechte und Ansprüche ableitet, die über die Pflege der jeweiligen Religion, Sprache und Kultur hinausgehen. Dazu muss man zwei Arten von Multikulturalismus unterscheiden: „Soft multiculturalism“ lässt kulturelle und religiöse Differenz zu, betont sie sogar, weil sie dem Verfassungspatriotismus nicht widerspricht, der auf politischer Gleichheit und Indifferenz beruht. „Hard multiculturalism“ hingegen läuft auf eine ethnische Quotierung hinaus, die Individuen auf ewig an ihre Herkunft bindet und ihren Minderheitenstatus geradezu festschreibt, weil davon Vorteile zu erwarten sind – zumal dann, wenn diesem ein Opferstatus zugrunde liegt.

| Nennen Sie bitte ein Beispiel.

Manche halten es in den USA, aber auch hierzulande, für opportun, Minderheiten für aktuellen oder vergangenen Rassismus zu entschädigen. Wenn also jeder zehnte Berliner türkischer Herkunft ist, folgt für die Befürworter dieser Praxis daraus, dass zehn Prozent aller öffentlichen Ausschreibungen, Studienplätze und dergleichen an Türken vergeben werden, um Diskriminierung zu vermeiden – egal, wie qualifiziert die jeweiligen Bewerber sind. Modell hierfür ist die Frauenquote, aber in ethnischer Hinsicht sind die Auswirkungen dieser Quotierung hanebüchen. Sie provozieren vermeidbare Sekundärkonflikte und die Fixierung auf sozialstaatliche Verteilungskämpfe.

| Was halten Sie von der doppelten Staatsangehörigkeit, die in den größeren Demokratien wie Frankreich, Großbritannien, Italien, Schweiz, Niederlande sowie Kanada und USA für Minderheitengruppen längst gängige Praxis ist?

Wenig, aber wir haben uns dieses Abweichen von der „reinen Lehre", wer in Deutschland als Deutscher lebt, braucht auch nur einen Pass, selbst zuzuschreiben. Das von deutschen Politikern und Staatsrechtlern über Jahrzehnte aufrechterhaltene Dogma vom „Übel" der Mehrstaatlichkeit und das anachronistische Staatsangehörigkeitsrecht haben uns Mehrstaatler in viel größerer Zahl als anderswo beschert. Angehörige der zweiten und dritten Generation sind durch diese Politik in falsche Identitätskonflikte gestürzt worden. Die oft nicht minder ethnizistische Argumentation der Eltern, die darin einen Verrat sahen, dass ihre Kinder Deutsche wurden, verschärft die Situation noch. So kann man als Übergangslösung die Toleranz doppelter Staatsangehörigkeit befürworten, aber ich befürchte, dass man damit auf beiden Seiten kulturelle Differenz bloß politisch verdoppelt, statt sie in einer ethnisch indifferenten Bürgerschaft aufzuheben.

| Von Heiner Geißler, dem ehemaligen Generalsekretär der CDU, stammt folgendes Statement: „Für mich ist es unerträglich, in einem Land leben zu müssen, wo es zwei Klassen von Menschen gibt. Wo es also einen Teil gibt, der mehr Rechte hat, weil er völkisch die richtige Abstammung hat." Durch ein neues Konzept der Staatsbürgerschaft hätten wir weniger „Ausländer" in Deutschland.

Wenn die Deutschen etwas ironischer wären, könnte man den Satz „Es gibt zu viele Ausländer in Deutschland" durchaus formulieren. Die Staatsbürgerschaft gehört zu den zentralen politischen Institutionen moderner Gesellschaften. Sie regelt nicht nur die formale Mitgliedschaft, sondern auch Möglichkeiten zur Partizipation im demokratischen Wohlfahrtsstaat. Damit fungiert sie als externer wie interner Mechanismus der Inklusion beziehungsweise Exklusion.

| Sie sagten, die multikulturelle Gesellschaft müsse eine politische Gestalt bekommen. Welche Schritte sind bisher in diese Richtung unternommen worden? Was sollte als Nächstes getan werden?

Nach der juristischen Reform des Staatsangehörigkeitsrechtes muss es jetzt auch implementiert werden, das heißt, es muss dafür gesorgt und geworben werden, dass junge Einwanderer auch tatsächlich deutsche Bürger werden.
Das Hauptproblem sehe ich bei denen, die aufgrund der Erfahrung fehlgeschlagener sozialer Integration diesen Weg nicht gehen und sich ebenso „inländerfeindlich" abschotten wie deutsche „Ausländerfeinde". Ein deutscher Pass schützt nicht vor Diskriminierung, und er berechtigt auch nicht zu einem umgekehrten Rassismus, von dem deutsche Schulkinder ein Lied singen können. Integration beginnt im Kindergarten, in der Schule oder im Religionsunterricht. An den sozialen Brennpunkten, wo heute Angehörige deutscher Unterschichten mit marginalisierten, aber auch aufgestiegenen Einwanderern oft schon in brutaler Sprachlosigkeit und Gewalt aufeinander treffen. Dazu hat die

Sturheit der deutschen Politik, aber auch die romantisierende Laxheit der „Ausländerfreunde" geführt.

| Ist die multikulturelle Gesellschaft ein Modell, das sich trotz nationaler Selbstbestimmungsrechte durchsetzen wird?

Bitte kein Modell. Wir haben doch erörtert, dass sie Realität ist, mit all ihren erfreulichen Erscheinungen und Schattenseiten. Mit kulturellem Pluralismus lösen sich doch nicht die Nationen auf, wie man am US-amerikanischen oder schweizerischen Beispiel sehen kann. Multikulturalismus ist kein Gegensatz zur politisch begründeten demokratischen Nation. Die europäische Identität baut auch nicht auf Kulturen auf, sondern auf politischer Integration und demokratischer Mitwirkung.

| Obwohl selbst eine modellhafte multikulturelle Gesellschaft, wie Benjamin R. Barber in seinem Buch „Imperium der Angst" schreibt, zeigen die Vereinigten Staaten wenig Verständnis für kulturelle Vielfalt und religiöse Heterogenität, wie überhaupt für alles, was auf den ersten Blick US-amerikanische Ideale zu bedrohen scheint oder außerhalb der Reichweite US-amerikanischer Vorstellungskraft liegt. Könnte uns Ihrer Meinung nach ein Blick nach Amerika helfen, Maßstäbe und Kriterien für die Debatte im eigenen Land zu finden?

Das glaube ich nach wie vor, allerdings ist die Einwanderungs- und Immigrationspolitik der Vereinigten Staaten unter dem Eindruck der Terroranschläge erheblich restriktiver und unsicherer geworden. Der Politikwissenschaftler Samuel P. Huntington hat kürzlich die Mexikaner als Risiko für den sozialen und politischen Zusammenhalt bezeichnet und die anglo-protestantische Leitkultur ausgerufen.

| In seinem Buch „Der moderne soziale Konflikt" stellt Ralf Dahrendorf heraus, dass multikulturelle Gesellschaften eher die Ausnahme

als die Regel sind. Der Prozess der Zivilisation habe den Wunsch von Menschen, unter ihresgleichen zu leben, nicht besänftigt. Welche Zukunft hat die multikulturelle Gesellschaft?

Die Menschen wünschen sich vieles, unter anderem auch ethnische „Übersichtlichkeit", die sie aber nicht haben und auch nicht bekommen werden. Räumliche und soziale Mobilität waren immer schon Voraussetzung und Begleiteffekt der Modernisierung. Ralf Dahrendorf hat hier Unrecht: Es gibt keine ethnisch homogenen Nationen mehr. Dem kann man sich rhetorisch entgegenstellen, aber damit wird man die Konflikte nur verschärfen.

| Verändert sich das demokratische Staatswesen durch Immigration?

Demokratie ist ein politischer Herrschaftsverband von Bürgern, die einander fremd sind. Einwanderer fügen dem politischen Verhältnis ihrer Bürger daher prinzipiell keine neue Dimension an Fremdheit und Differenz hinzu. Mitbewohner langfristig als minderberechtigte, unmündige Bürger zu behandeln, widerspricht dem demokratischen Verständnis.

| Die Demokratie gilt nach wie vor als das attraktivste Gesellschaftsmodell, befindet sich aber auch in einer ernstzunehmenden Krise.

Mehr als die Hälfte der Mitgliedstaaten der Vereinten Nationen, vor wenigen Jahrzehnten aus überwiegend autoritären Systemen zusammengesetzt, wird heute demokratisch regiert. Doch die gute Bilanz wird unterminiert durch die Tatsache, dass Demokratie auf das Innere der gleichzeitig an Souveränität einbüßenden Staaten begrenzt bleibt, wenn jenseits des Nationalstaates nicht analoge Mechanismen der Herrschaft des Volkes durch und für das Volk gefunden werden. Mehr denn je in der deutschen Geschichte bejahen junge Menschen die Demokratie als Gesellschafts- und Lebensform. Sie misstrauen dabei aber den herkömmlichen politischen Organisationen, vor allem den Parteien. Stattdessen setzen sie auf informelle Gruppierungen und bevorzugen unkonventionelle Beteiligungsformate wie Demonstrationen und Unterschriftensammlungen.

| Welche Rolle spielt dabei das Internet?

Das Internet eröffnet neue, nie da gewesene Handlungsspielräume. Nicht das Medium selbst ist demokratisch, sondern das, was wir daraus machen können. Ob sich eine demokratische Öffentlichkeit der Netzbenutzer als „Netizens" entwickeln wird, hängt weniger vom Medium selbst ab als davon, ob und wie es sich politische Akteure und die Bürger zunutze machen. Ob das Netz ein interaktives Medium wird, scheint jedoch derzeit noch offen. Nicht unwichtig sind dabei die Vorgaben des Gesetzgebers. Das Internet ist in erster Linie ein Unterhaltungsmedium und ein Marktplatz, auf dem man möglichst viel kaufen soll. Für die Freizeitnutzer ist es außerdem ein Spielplatz ohne Grenzen. Die Demokratie auf der Datenautobahn ist auf der Kriechspur geblieben, aber es gibt auch erfreuliche Ansätze demokratischer Foren im Netz. Das Internet ist gewiss kein deus ex machina. Aber es gibt jüngere Nutzer des Netzes, die von den neuen Technologien fasziniert sind und zugleich daran interessiert, sich aktiv zu beteiligen. Sie haben begriffen, dass ihnen die neuen Medien, im Gegensatz zu den alten, sehr viele Spielräume lassen. Die Parteien und auch die Repräsentanten alter Medien befürchten, ihr Oligopol der Meinungs- und Willensbildung noch weiter einzubüßen. Deshalb reden sie gerne von eher zweitrangigen Themen wie Pornographie und Extremismus im Internet.

| Welche Möglichkeiten sehen Sie für das Internet als Medium der demokratischen Beteiligung?

Das Internet bietet eine Chance für elektronische Beteiligungsverfahren. Diese verhindern weder die Begegnung der Bürger untereinander noch beeinträchtigen sie die Entscheidungsprozesse einer parlamentarischen Demokratie. Im politischen Leben wäre das Internet eine hervorragende Hilfe. Im Vorfeld einer Debatte können sich die Bürger einfach und billig über Entscheidungsalternativen informieren. Somit können sich an politischen Diskussionen auch Menschen beteiligen, die nicht die Möglichkeit haben, zu einem bestimmten Zeitpunkt an einem bestimmten Ort zu sein. Im Nachhinein können diese Diskussionen gespeichert und für die weitere Planung dokumentiert werden. Dies ist ein kleines Beispiel für demokratische Netzkultur. Es ist keine Utopie, denn die amerikanischen und europäischen community networks arbeiten genau nach diesem Prinzip.

| War die Nation einst Fixpunkt personaler Identität und Bedingung sozialer Zugehörigkeit, entstehen heute jenseits des Nationalstaates flexible Formen von Gemeinschaft, welche die Repräsentativität und Legitimität demokratischer Herrschaft herausfordern. Welche Alternative gibt es zum Nationalstaat, wenn dieser nicht länger Grundlage politischen Denkens und Handelns ist? Welche anderen Mechanismen politischer Steuerung sind auf transnationaler Ebene möglich? Stichwort Global Governance.

Die Entgrenzung aller Lebensbereiche, die einen weltweiten Kommunikationsraum entstehen ließ, hat nicht das Ende der Nationalstaaten eingeläutet. Was wir beobachten, ist ihr Bedeutungswandel. Binäre Vorstellungen von Inland und Ausland, von Eigenem und Fremdem verlieren zunehmend an Bedeutung. Grenzen erscheinen uns wie uralte Phänomene, dabei sind sie historisch gewachsen. Grenzen sind eine Strukturierungsleistung der Moderne, die Mitgliedschaft und Zugehörigkeit suggeriert. Politische Akteure mit demokratischem Mandat sind keinesfalls überflüssig geworden. In der vernetzten Welt kommt es mehr denn je auf das „Feintuning“ von unternehmerischem Handeln, politischen Rahmensetzungen und bürgergesellschaftlicher Eigeninitiative an. Aus diesem Netzwerk sind NROs nicht mehr wegzudenken.

Die Weltbank – einer der wichtigsten Gegenspieler, aber auch Partner der Nichtregierungsorganisationen – definiert die NROs als „private Organisationen, die Aktivitäten verfolgen, mit denen Leiden verringert wird, die Interessen der Armen befördert werden, die Umwelt geschützt, die soziale Grundversorgung gewährleistet und Gemeinschaftsbildung betrieben wird."

Nicht alle politischen Aufgaben lassen sich „privatisieren" oder „outsourcen". Eher steht zu Beginn des 21.Jahrhunderts eine Renaissance des Politischen auf der Tagesordnung, wobei hier nicht allein und auch nicht mehr vornehmlich Staatlichkeit in nationaler Form gemeint ist. Auf diesem Wege, mit Versuch und Irrtum, wird sich Global Governance, ein Regieren jenseits des Nationalstaats, herauskristallisieren.

| Unter „Globalisierung" verstand der vor einigen Jahren verstorbene französische Soziologe Pierre Bourdieu „die Befreiung des Kapitals aus den regulativen Rahmenbedingungen des Nationalstaates". Welche Entwicklungen hat die Globalisierung weltweit in Gang gesetzt?

Globalisierung beschreibt eine bestimmte Art weltwirtschaftlicher Verflechtung und zugleich deren ideologische Bemäntelung. Deshalb ist Globalisierung zu einem unbrauchbaren Schlagwort verkommen. Gemeint war damit meist nur die Beschreibung eines ökonomischen Trends, wonach Handel und Investitionen häufiger und systematischer nationale Binnenmärkte überschritten. Besser als „Globalisierung" beschreibt das von Roland Robertson kreierte Kunstwort „Glokalisierung" das permanente und systematische Zusammenspiel globaler und lokaler Faktoren in der sich herausbildenden Weltgesellschaft. Das Plastikwort Globalisierung werden wir damit sicher nicht los. Sobald jedoch analytisch anspruchsvolle Sachverhalte angesprochen werden, ersetzt man das Wort „global" durch den Terminus „transnational", mit dem schon seit dem frühen 20. Jahrhundert Phänomene bezeichnet werden, deren Wurzeln und Wirkungen weit über eine Nation hinausreichen.

Der Boom der neunziger Jahre hat nicht nur das Nord-Süd-Gefälle vergrößert, sondern auch die Ungleichheit von Einkommen und Vermögen in den meisten entwickelten Ländern. Mit der Spekulationsblase der New Economy sind auch die Verheißungen des „Wohlstands für alle" geplatzt. Zwei Drittel der Weltbevölkerung sind vom Wohlstand ausgeschlossen. Knapp eine Milliarde Menschen sind unterernährt und Analphabeten, und das nicht infolge knapper Nahrungsmittel, sondern wegen mangelnder Kaufkraft, also aufgrund eines globalen Verteilungsproblems. Die soziale Kluft nimmt demokratiegefährdende Dimensionen an. Vor allem in der so genannten Dritten Welt sinkt das Vertrauen in die Demokratie als Lebens- und Herrschaftsform.
Nicht erst die Argentinienkrise hat gezeigt, wie grundverkehrt die Politik des Internationalen Währungsfonds über Jahrzehnte hinweg war. Die Organisation ist in die Hände von Marktfundamentalisten gefallen und hat Kapitalinteressen der reichen Länder bedient, während Millionen Menschen in weniger entwickelten Regionen der Welt einem unverantwortlichen Risiko ausgesetzt wurden. Das ist eine Globalisierung, die einen eklatanten Mangel an Demokratie und Beteiligung aufweist und damit die Idee des Politischen selbst im Keim zu ersticken droht.

| Was ist an der Globalisierung zu kritisieren?

Globalisierung ist, um ein Diktum Max Webers über die moderne Wissenschaft abzuwandeln, kein Fiaker, aus dem man nach Belieben aussteigen kann, wenn einem die Richtung nicht passt. Auch die Kritiker der Globalisierung sitzen mit im Fiaker. Globalisierung erscheint mir unter fünf Gesichtspunkten problematisch: Im Hinblick auf ihre soziale Exklusivität, das Fehlen ökologischer Nachhaltigkeit, die Missachtung der kulturellen Diversität, die Verhöhnung der Menschenrechte und den Mangel an demokratischer Partizipation. Deshalb ist die in Washington formulierte Glaubenslehre zu kritisieren, nach der Märkte überall effizient und Staaten weitgehend überflüssig sind, zwischen Reichen und Armen keine Interessengegensätze bestehen und sich die Wirtschaft am besten entwickelt, wenn man sie völlig in Ruhe lässt. Der so formulierte Konsens bröckelt ja auch schon.

Die Gruppen, die Globalisierung kritisieren, verdienen Respekt, wenn sie sich gleichfalls für soziale Gerechtigkeit, Umweltschutz, die Förderung von Minderheiten und kulturelle Vielfalt stark machen. Den meisten Menschen, die im November 1999 gegen die Tagung der Welthandelsorganisation in Seattle und gegen den G8 Gipfel in Genua im Juli 2001 demonstrierten, ging es nicht darum, die Globalisierung prinzipiell zu kritisieren, sondern aufzuzeigen, dass es alternative Wege zur Weltgesellschaft gibt. Angegriffen wurden die exzessive Deregulierung und Freihandelspolitik, die seit der Reagan-Regierung im Interesse der großen Firmen betrieben worden waren und sich nun über die Welthandelsorganisation global durchzusetzen drohten. Sie kritisierten also einen ökonomischen Imperialismus, der nur die Interessen der Reichen im Blick hat. Oft wurde gefordert, den armen Ländern die Schulden zu erlassen, gerechte Preise für deren Agrarausfuhren zu vereinbaren, Arbeitnehmer vor Ausbeutung zu schützen, das Klimaprotokoll zu ratifizieren und preisgünstige Medikamente für Afrika bereitzustellen. Die Umsetzung dieser Forderungen setzt eine politische Ordnung voraus, die es bisher nicht gibt. Da auch die Vereinten Nationen den effektiven Schutz der Menschenrechte nicht gewährleisten können, treten Nichtregierungsorganisationen dafür ein.

| Eine andere Forderung war die nach Einführung der so genannten Tobin-Steuer. Auf welche Überlegungen geht dieser konkrete Vorschlag zurück?

Ausgangspunkt waren der Mangel an Steuereinnahmen und generell der Verlust der Steuerhoheit, insbesondere für Gesellschaften, die ihre Wohlfahrt und Infrastruktur aus fiskalischen Einnahmen finanzieren. Auf der Suche nach neuen Quellen für öffentliche Ausgaben griff man auf das bereits vor Jahrzehnten vom späteren Nobelpreisträger James Tobin vorgelegte Konzept einer Devisenumsatzsteuer zurück, die als Tobin-Steuer bezeichnet worden ist. Deren Grundidee ist denkbar einfach: An- und Verkauf einer Währung werden mit einer Steuer belegt, dadurch werden kurzfristige Spekulationen unrentabel und erhebliche Einnahmen erwirtschaftet. Die Tobin-Steuer ist aber nur ein kleiner Baustein in der Reform des globalen finanzwirtschaftlichen Ordnungsrahmens. Auch die Forderung, eine Tobin-Steuer einzuführen, zielt letztlich darauf ab, die ungesteuerten Prozesse der Weltwirtschaft durch politische Eingriffe zu domestizieren und eine Idee gemeinsamer globaler Güter an die Stelle reinen Gewinnstrebens zu setzen.

| Viele Nichtregierungsorganisationen profilieren sich als wahrhaft demokratische Akteure. Über welchen Weg erhalten diese Organisationen ihre demokratische Legitimität?

So treffend Nichtregierungsorganisationen auf das Demokratiedefizit internationaler Regime hingewiesen haben, so sehr springt ihre fehlende Legitimation ins Auge, sobald sie an Entscheidungen faktisch mitwirken. Da sie globale Probleme auf die Tagesordnung gesetzt und ein oppositionelles Forum für Belange geschaffen haben, die von Wirtschafts- und Politikeliten vernachlässigt werden, kann man ihnen eine demokratische Rolle bescheinigen. Das Paradoxe ist also, dass sie demokratisierend wirken, ohne selbst demokratisch zu sein. Um konzeptionell, aber auch praktisch weiterzukommen, muss man offenbar Abschied nehmen vom Denkmodell des durch gewählte Vertreter repräsentierten Staatsbürgers. Man muss sich einstellen auf den in besonderen Bereichen zuständigen Unions- und Weltbürger, also Formen demokratischer Legitimation entwickeln, die nicht mehr allein territorial, sondern funktional begründet sind. Dieses Denkmodell ist föderalistisch insofern, als hier mehrere Ebenen politischer Zugehörigkeit subsidiär verschachtelt sind. Dies aber nicht im Sinne einer bundesstaatlichen Territorialföderation, sondern als Wechselwirkung nationaler und regionaler Mitwirkungsebenen.

| Wie lauten Ihre Forderungen?

Was ich fordere, spielt ja keine große Rolle. Aber neben dem gerade aufgezeigten Demokratieparadox kommen wir zu einer weiteren paradoxen Erkenntnis: Globalisierung mobilisiert den Austausch von Waren, Dienstleistungen und Menschen, gleichzeitig aber versuchen nahezu alle Staaten die Freizügigkeit von Personen einzuschränken. Die USA haben einen Grenzzaun zu Mexiko errichtet, in Europa wird zur Sicherung der EU-Außengrenzen massiv aufgerüstet. Eine wirkliche Globalisierung, die diesen Namen verdient, erfordert das Ende des unilateralen Vorgehens der USA, das aus der Globalisierung eine faktische Amerikanisierung macht. Die Welt erträgt keinen arroganten Hegemon. Die USA müssen sich nolens volens selbst „globalisieren“ und die internationale Gemeinschaft anerkennen. Die Auseinandersetzungen um den Kurs der ökonomischen und kulturellen Entgrenzung der Welt werden also zunehmen. Nur wohlverstandener Multilateralismus kann zu einer Weltordnung führen, die vielleicht gerechter, nachhaltiger, vielfältiger und demokratischer ist.

ARBEITSGESELLSCHAFT

Claus Offe

| Woher kommen Sie?

„Ein wichtiges Politisierungserlebnis hatte ich 1959 in der Kölner Mensa. Dort lag die Zeitschrift 'Konkret' aus, die zu jener Zeit von Ulrike Meinhof und Klaus-Rainer Röhl geleitet wurde. Man las hier Dinge, die man im Nachkriegs-Adenauer-Milieu nicht für möglich gehalten hatte, politisch wie auch literarisch." Claus Offe, der am 16. März 1940 in Berlin geboren wurde, begann nach dem Abitur in Wuppertal 1959, in Köln, Soziologie zu studieren. Sein Wunsch, die Gesellschaft und das politische Leben zu analysieren und zu gestalten, bestimmten seinen beruflichen Werdegang. Ein Jahr vor dem Bau der Mauer zog Offe nach Berlin und studierte dort an der Freien Universität Soziologie, Volkswirtschaft und Philosophie. Von 1965 bis 1969 war er Assistent von Jürgen Habermas am Soziologischen Seminar der Universität Frankfurt. Nach seiner Promotion zum Thema „Leistungsprinzip und industrielle Arbeit" ging er 1969 für jeweils ein Jahr als Stipendiat nach Berkeley an die Universität von Kalifornien und an die Harvard Universität nach Cambridge. Während seiner wissenschaftlichen Arbeit am „Max Planck Institut zur Erforschung der Lebensbedingungen der wissenschaftlich-technischen Welt" in Starnberg erschien 1972 das Buch „Strukturprobleme des kapitalistischen Staates". Ein Jahr später habilitierte sich Offe im Fachbereich Politikwissenschaft an der Universität Konstanz. Einen Ruf als ordentlicher Professor für Politikwissenschaft und Soziologie erhielt er 1975 von der Universität Bielefeld. Dreizehn Jahre blieb er in der westfälischen Universitätsstadt. Seine Lehre dort war unterbrochen durch Aufenthalte an Instituten in Princeton, Wassenaar, Berlin und Stanford. Zeitweilig war Claus Offe auch als Professor an der „New School for Social Research" in New York tätig.

Die Krise der Arbeitsgesellschaft, die sich in einer steigenden Zahl an Erwerbslosen zeigte, veranlasste Offe 1980, sich intensiver mit dem Arbeitsbegriff, der „Arbeitsgesellschaft" und ihren Funktionsprinzipien Leistung, Produktivität und Wachstum zu beschäftigen. Seine theoretische und empirische Forschungsarbeit mündete 1984 schließlich in einem Buch, in welchem er sich mit Strukturproblemen und Zukunftsperspektiven der Arbeitswelt auseinandersetzt. „Der Arbeitsmarkt ist ein Mechanismus, der Arbeitskräfte auf Arbeitsaufgaben und Einkommen auf die Arbeitskräfte verteilt. Der oft gerühmte Vorteil dieses Mechanismus ist, dass er Produktivität und Freiheit gewährleistet. Sein entscheidender Nachteil ist, dass er nicht funktioniert." Schon damals zeigte Offe auf, warum auch die ehrgeizigsten politischen Vorhaben nicht zu dem ersehnten Ergebnis Vollbeschäftigung führen werden. Das Buch widmet sich auch der Frage, was passieren wird, wenn formelle Erwerbsarbeit aufhört, für den Großteil der Menschen der Mittelpunkt des Lebens zu sein.

1988 wechselte Offe an die Universität Bremen, wo er neben der Lehre auch die Abteilung „Theorie und Verfassung des Wohlfahrtsstaates" am neu gegründeten „Zentrum für Sozialpolitik" leitete. Von 1995 bis 2005 war er Professor für Politikwissenschaft und Inhaber des Lehrstuhls für Politische Soziologie und Sozialpolitik der Berliner Humboldt-Universität. Dort beschäftigte er sich vor allem mit der Theorie des Wohlfahrtsstaates, Politischer Soziologie und Politischer Theorie sowie mit Sozialstruktur und sozialem Wandel.

Offe zählt sich zu den Sozialwissenschaftlern, die ihre „intellektuelle Verpflichtung gegenüber der Tradition des Historischen Materialismus oder der Kritischen Theorie anerkennen, und ihre Aufmerksamkeit darauf lenken, das Leben gegen ökonomische und politische Übergriffe zu verteidigen.

Mit Jürgen Kocka veröffentlichte Claus Offe im Jahr 2000 das Buch „Geschichte und Zukunft der Arbeit", das die gegenwärtige Beschäftigungskrise aufzeigt und Vorschläge macht, wie sie überwunden werden könnte. Darüber hinaus zeigt Offe in seinem Text, wie der gegenwärtige Gestaltwandel der Arbeit den Verlauf der Berufskarrieren, individuelle und soziale Identitäten, die Struktur und Funktion der Familien, die Beziehungen zwischen den Geschlechtern und die Welt des Rechts verändert.

Neben seiner Tätigkeit in Berlin lehrte er zwischenzeitlich auch an der „Research School of the Social Sciences“ der Australian National University in Canberra. Seine Aufenthalte im Ausland waren immer auch vom vergleichenden Blick auf den Ort der Herkunft geprägt. „Selbstbetrachtung aus der Ferne“ nannte er das Buch, welches seine Vorlesungen zu Theodor W. Adorno beinhaltet, die er 2003 in Frankfurt hielt. In dieser Publikation, in der er auch die Erfahrungen der Amerikareisen Alexis de Tocquevilles und Max Webers darstellt, schreibt Offe: „Die Betrachtung des amerikanischen Sozialexperiments war immer auch Anlass für die Reflexion und Selbstauslegung der europäischen Identität.“

| Ausgewählte Buchveröffentlichungen:

Claus Offe: Strukturprobleme des kapitalistischen Staates.
Aufsätze zur politischen Soziologie.
Suhrkamp Verlag, Frankfurt/M. 1972

Claus Offe: „Arbeitsgesellschaft“:
Strukturprobleme und Zukunftsperspektiven.
Campus Verlag, Frankfurt/M. 1984

Claus Offe: Der Tunnel am Ende des Lichtes.
Erkundungen der politischen Transformation im Neuen Osten.
Campus Verlag, Frankfurt/M. 1994

Claus Offe: Herausforderungen der Demokratie.
Zur Integrations- und Leistungsfähigkeit politischer Institutionen.
Campus Verlag, Frankfurt/M. 2003

| Wohin gehen Sie?

„Es ist schwierig, unter krisenhaften Ausnahmebedingungen Wege in die Zukunft zu weisen. Krisen haben einen ambivalenten Charakter, sie können die Lernfähigkeit der Systeme, die von ihnen betroffen sind, entweder steigern oder vollends stilllegen.“ Claus Offe, seit seiner Emeritierung im Jahr 2005 Professor für Staatstheorie an der Hertie School of Governance in Berlin, ist besorgt über die beschäftigungspolitischen Entwicklungen und die Demontage des Wohlfahrtsstaates, der – wie er betont – nicht unwesentlich zur Wahrung des sozialen Friedens und der gesellschaftlichen Stabilität in der Bundesrepublik Deutschland beigetragen hat. Offe gehört einer Generation an, die nach der erdrückenden Erfahrung des Zweiten Weltkrieges Wirtschaftsboom und Bildungsexpansion erlebt hat. Er weiß, dass die gegenwärtig ins Berufsleben eintretende Generation, im Gegensatz zu seiner eigenen, nicht vollständig zu Bedingungen, die sie akzeptieren kann, unterkommen wird. Er drängt darauf, die hohe Jugendarbeitslosigkeit abzubauen, da sonst zu befürchten sei, dass ganze Altersgruppen von der Arbeitsgesellschaft ausgegrenzt werden.
„Die Zukunft der Arbeit ist wie alle Zukunft kein möglicher Gegenstand sicheren Wissens. Auch die Vergangenheit der Arbeit kennen wir nur mittelbar aus Quellen und Zeugnissen, nicht aus unmittelbarer Anschauung. Das bedeutet freilich nicht, dass wir über die Arbeitsverhältnisse der Gegenwart in einer empirisch gesicherten und begrifflich gut strukturierten Weise zu reden in der Lage wären. Ganz im Gegenteil: Die Gegenwart ist der Punkt auf der Zeitachse, an dem stets ungeklärt ist, welche Züge des aus der Vergangenheit Gewohnten und Vertrauten Bestand haben, und welche Trends sich als zukunftsfähig herausstellen werden.“

Paradoxe Entwicklung:
Trotz Wirtschaftswachstum steigt die Arbeitslosigkeit.

I Die Arbeitsgesellschaft

Zu einer Zeit, in der die Aufnahmekapazität des Arbeitsmarktes kontinuierlich abnahm und sich eine Krise abzeichnete, erschien das Buch „Arbeitsgesellschaft". In dieser Publikation aus dem Jahr 1984 untersucht Claus Offe Strukturveränderungen in der Arbeitswelt.
Zwei Befunde sind nach Offe besonders hervorzuheben: Zum einen steigt die Arbeitslosigkeit seit Mitte der siebziger Jahre in Deutschland und anderen hoch technisierten Staaten trotz Wirtschaftswachstum kontinuierlich an, zum anderen verliert die Erwerbsarbeit im Vergleich zu anderen Lebensbereichen an Bedeutung. Wirtschaftliche Prosperität garantiert noch keine Vollbeschäftigung. Der Arbeitsgesellschaft geht zwar auch in Zeiten ökonomischen Aufschwungs nicht „die Arbeit" aus, aber die Möglichkeiten schwinden, allen Bürgern eine sozial

und wirtschaftlich gesicherte sowie kontinuierliche, abhängige oder selbstständige berufliche Tätigkeit oder Erwerbsarbeit zu bieten.
Mehr als vierzig Prozent der Erwerbstätigen befinden sich in Deutschland in „subnormalen" Beschäftigungsverhältnissen. Darunter versteht Offe unfreiwillige Teilzeitarbeit, Leiharbeit, befristete Arbeitsverhältnisse und Scheinselbstständigkeit. Hinzu kommt, dass immer mehr Menschen, die bereit wären zu arbeiten, keine Stelle finden und somit nicht dem Standard eines durch den Beruf strukturierten Lebens entsprechen können.
Auch wenn sie für die meisten Menschen unverzichtbarer Bestandteil des Lebens ist und das durch sie erzielte Einkommen eine zentrale Rolle für das Selbstverständnis spielt, wird Erwerbsarbeit zukünftig nicht mehr der bestimmende Faktor für Identitätsbildung und Lebensplanung, soziale Beziehungen und gesellschaftlichen Zusammenhalt sein. Dies ist damit zu erklären, dass es nahezu keine festen Berufsbilder mehr gibt und eine Beschäftigung nicht mehr kontinuierlich ausgeübt werden kann. Zudem geht der Anteil der Lebenszeit, der für Erwerbsarbeit verwendet wird, zurück. Der Eintritt ins Arbeitsleben erfolgt später, der Austritt immer früher. „Diskontinuität der Arbeitsbiografie und schrumpfender Anteil der Arbeitszeit an der Lebenszeit dürften darauf hinauslaufen, die Erwerbsarbeit zu einer Angelegenheit neben anderen zu machen", wie Offe betont.
Die geringere Relevanz der Erwerbsarbeit zeigt sich mitunter auch darin, dass Menschen immer weniger bereit sind, negative Begleiterscheinungen ihrer beruflichen Tätigkeit wie etwa psychische Belastungen oder Gesundheitsrisiken in Kauf zu nehmen. Die allgemeine Aversion gegenüber den Werten und Regeln der Arbeitsgesellschaft ist nach Offes Meinung besonders ausgeprägt bei Dauerarbeitslosen, die seit längerer Zeit von Transferleistungen leben, oder bei Beschäftigten, die ihre Stelle zu verlieren drohen. Darüber hinaus wird die Forderung nach dem allgemeinen „Recht auf Arbeit" abgelöst durch ein verstärktes Bedürfnis nach nützlicher, sinnvoller und zielgerichteter Tätigkeit.
Da der Weg zurück zur angestrebten Vollbeschäftigung aufgrund schwer

veränderbarer institutioneller Hürden verbaut ist, sind neue Konzepte und Ideen gefragt. Eine Zukunftsperspektive könnte laut Offe die zeitliche Umverteilung der Arbeit sein. Dies setzt aber die solidarische Bereitschaft aller Beschäftigten voraus, die eigene Arbeitszeit trotz Einkommenseinbußen zu verkürzen. Ohne das Einlenken der in einem Arbeitsverhältnis stehenden Personen läuft es früher oder später darauf hinaus, dass die weiter ansteigende Zahl der Arbeitslosen das soziale Netz zum Zerreißen bringt.
Die Wirtschaft entzieht sich der staatlichen Kontrolle, während die sozialen Folgen ökonomischer Prozesse wie Arbeitslosigkeit in den Auffangnetzen des Sozialstaates sichtbar werden. Um dieses Problem zu lösen, schlägt Claus Offe ein Modell vor, das er als „Dritten Weg" bezeichnet. Er ist kein Anhänger der orthodoxen Perspektive, die starrsinnig auf das Ziel „Arbeit für alle", also auf Vollbeschäftigung, setzt. Ebenso wenig gehört er zu dem Kreis derer, die fast schon resigniert die Verdrängung und Verelendung vieler Arbeitnehmer hinnehmen. Einen möglichen Ausweg aus dem Dilemma des Arbeitsmarktes sieht er darin, Einkommensansprüche von Arbeitsleistungen zu entkoppeln. Zum einen befürwortet er eine von der Erwerbsarbeit unabhängige Grundsicherung. Diese würde sich von der Sozialhilfe darin unterscheiden, dass sie nicht mit dem Zwang zur Aufnahme jeder „zumutbaren" Beschäftigung einhergeht. Dadurch könnte man auch Tätigkeiten im Haushalt, in der Familie und in Ehrenämtern honorieren, welche bislang noch nicht vergütet werden, und Bürgerinitiativen fördern, die für die Öffentlichkeit von Nutzen sind.
Weiterhin plädiert Offe für ein bürgerrechtliches Modell, nach dem ein sicheres Einkommen auch dem nicht beschäftigten Bürger zusteht. Sein Vorschlag beinhaltet für jeden Arbeitnehmer die Möglichkeit, für einen bestimmten Zeitraum aus dem Erwerbsleben auszusteigen, um beispielsweise einen Lebenstraum zu verwirklichen oder sich verstärkt um die Familie zu kümmern. In dieser Zeit bezieht der Betreffende einen „Bürgerlohn" beziehungsweise ein „Transfergeld", das aus allgemeinen Haushaltsmitteln zu finanzieren wäre.

Gleich welches Modell letztlich Anwendung findet, ist es laut Offe Zeit für den „epochalen Sprung des Menschen, sich endgültig von der Fiktion der Arbeitsgesellschaft zu verabschieden“, das heißt von der Vorstellung, dass Arbeit für alle zu verwirklichen ist.

| Sehen Sie sich selbst als Gesellschaftstheoretiker, Gesellschaftskritiker, Gesellschaftsarchitekt oder als geselliger Zeitgenosse?

Von der Profession her bin ich Sozialwissenschaftler, also studierter Soziologe und habilitierter Politikwissenschaftler. Ich habe auch Ökonomie studiert und bewege mich zwischen diesen Feldern zwar auch empirisch, aber überwiegend theoretisch. Deshalb würde ich die erste Antwortvariante „Gesellschaftstheoretiker" vorziehen.

| Welche Rolle spielen Sie in der Gesellschaft?

Ich befasse mich als Professor an der Universität mit Lehre, Forschung und Verwaltung. Im Übrigen bin ich ein Bürger dieser Gesellschaft und bemühe mich, mit den Mitteln, die uns in unserer Berufsposition zur Verfügung stehen – nämlich dem des beratenden Gesprächs, der öffentlichen Meinungsäußerung, der Mitwirkung in Verbänden und verschiedenen Assoziationen – die Schwächen und Mängel der Gesellschaft zu bekämpfen und gleichzeitig ihre Stärken zu verteidigen.

| Welcher Gesellschaftsgruppe fühlen Sie sich zugehörig?

Es ist offensichtlich, dass ich von Beruf Sozialwissenschaftler bin und in dieser Eigenschaft auch ein Intellektueller. Im Übrigen gehöre ich schon wegen meines Jahrgangs 1940 zu denjenigen, die eindeutig privilegiert sind. Wenn ich zwanzig Jahre später geboren worden wäre, mit den gleichen Bildungschancen und Qualifikationen, wäre mein beruflicher Werdegang mit Sicherheit nicht so glatt und erfolgreich verlaufen. Die Generation der um die 1960 Geborenen war sehr viel größeren Risiken ausgesetzt, einer viel schärferen Konkurrenz und höheren Anforderungen. Man sieht, dass der Geburtsjahrgang eine der wichtigsten Dimensionen sozialer Ungleichheit darstellt, die zudem kaum durch Umverteilungspolitik zu mildern ist.

| Welche Gesellschaftsromane haben Sie fasziniert?

Das waren die Romane von Honoré de Balzac, einem der Begründer des sozialen Realismus in der schöngeistigen Literatur, und die „Buddenbrooks“ von Thomas Mann, immer noch eine ideale Einführung in die Kultur, Politik und Ökonomie der bürgerlichen Gesellschaft. Man könnte darüber nachdenken, eine Einführung in die historisch-sozialwissenschaftliche Analyse von Gesellschaften anhand von repräsentativen Beispielen aus der Literatur zu versuchen.

| Welchem Gesellschaftsspiel gehen Sie gerne nach?

Auf dem Gebiet der Gesellschaftsspiele bin ich eigentlich nicht sehr musikalisch, aber Monopoly ist immer unterhaltsam. Monopoly ist ein beschönigendes Bild der ökonomischen Realität. Es zeigt, dass alles vom Zufall abhängt oder, in diesem Fall, von den Würfeln.
Auf der Suche nach künftigen Wachstumsstrategien halte ich es für ein unterhaltsames Gesellschaftsspiel, sich Produkte auszudenken, die für den Massenkonsum geeignet sowie arbeitsintensiv und kostspielig in der Herstellung sind. Sie dürfen aber weder in Bezug auf die Rohmaterialien noch hinsichtlich ihres Gebrauches oder der Entsorgung unvertretbare ökonomische, gesundheitliche oder ökologische Begleitprobleme hervorrufen. Bei diesem Spiel zeigt es sich oft, dass den Teilnehmern nur utopische Konsumgüter einfallen, die ökologische Probleme verursachen und nicht genügend Gewinne erzielen würden.

| In welcher Gesellschaft leben wir eigentlich?

Das Reh, das Eichhörnchen und die Spinne leben alle im Wald. Es hat keinen Zweck, den Wald im Allgemeinen zu beschreiben, weil sie ihn alle auf ihre spezielle Art wahrnehmen. Doch damit weiche ich der Frage aus. Also: Wir leben in einer demokratischen, kapitalistischen und postindustriellen Gesellschaft. In einem Nationalstaat, aber auch in Europa. Wir leben sicher in einer zunehmend pluralistischen und nach Reichtum, Lebenschancen, regionalen Traditionen und kulturellen Orientierungen differenzierten Gesellschaft.

| Worin sehen Sie die Stärken und Schwächen dieser Gesellschaft?

Eine Stärke besteht sicher darin, dass sie ein hohes Maß an Produktivität, an wirtschaftlicher Leistungsfähigkeit und technologischer Innovation aufweist. Weiterhin betrachte ich es als Stärke, wie das Prinzip der Freiheit im demokratischen Rechtsstaat institutionell verankert ist. Auch soziale Gerechtigkeit, die auf dem Grundsatz der Gleichheit beruht, hat in unserer Gesellschaft eine gewisse Geltung. Das ist zweifelsohne eine Stärke, obwohl der tatsächliche Wert der Gleichheit in Krisenlagen noch getestet werden muss.
Zu den Schwächen dieser Gesellschaft gehört ihr Unvermögen, mit den Mitteln der Staatsgewalt auf sich selbst einzuwirken. Oft herrschen gerade auch innerhalb von politischen Eliten Ratlosigkeit, Regierungsunfähigkeit und Perspektivlosigkeit. Statt politische Programme und zuversichtlich formulierte Handlungsstrategien zu entwerfen, betätigen sich unsere Politiker häufig lediglich als Selbstdarsteller. Schärfer als Richard von Weizsäcker kann man es eigentlich nicht sagen. Sinngemäß: Unsere politischen Eliten sind machtgierig, wissen aber mit ihrer Macht nicht wirklich etwas anzufangen.

| Wollen Sie die Gesellschaft verändern?

Genau genommen kommt man gar nicht umhin, das zu tun – in welcher Rolle auch immer. Wer zum Beispiel Schlaglöcher auf Verkehrsstraßen ausbessert, Kinder erzieht oder Seminararbeiten korrigiert, der verändert mehr oder weniger kleine Ausschnitte der Gesellschaft. Die Frage ist eigentlich, ob man das, was man getan hat, auch im Rückblick noch als eine sinnvolle und erfolgreiche Veränderung betrachten kann. Das würde jeder gern von seinen Taten sagen können. Ich auch.

| Wie sieht für Sie die ideale Gesellschaft aus?

Eine ideale Gesellschaft übt ein gewisses Maß an absichtsvoller Kontrolle über ihre eigenen Prozesse aus. Dadurch bewirkt sie nicht unbedingt einen Fortschritt, aber verhindert immerhin den Rückschritt. Sie ist eine disziplinierende Gesellschaft, die fähig ist, an ihren eigenen Grundsätzen, Idealen und Werten festzuhalten. Dadurch hält sie den Opportunismus ihrer Mitglieder in Grenzen.

| Wie sieht die Gesellschaft von morgen aus?

Wie kann man das wissen? Ich gehöre nicht zu denen, die den Fehler begehen, unerwartete Entwicklungen auszuschließen. Es gehört zum Wesen der Überraschungen, dass man nicht mit ihnen rechnen kann, sie dann aber trotzdem eintreten. Zum Wesen von Gesellschaften gehört, dass sie in ihrem historischen Verlauf ständig Überraschungen, häufig auch solche unangenehmer Art, produzieren. Deshalb habe ich auf dem Gebiet der sogenannten Futurologie oder Prophetie zukünftiger Zustände nicht besonders viel zu sagen. Ich weiß nicht, wie die künftige Gesellschaft aussehen wird. Hoffentlich nicht schlechter als die heutige.

I „Der Charakter der Menschen", so Daniel Bell, „und das Muster ihrer sozialen Beziehungen werden zum großen Teil durch die Art der von ihnen verrichteten Arbeit geprägt." Wenn wir heute von Arbeit sprechen, was ist damit gemeint?

Der Begriff der Arbeit ist in unserer Sprache auf vielfältigste Art und Weise zu verstehen. Wir sprechen von Schularbeiten, Hausarbeit, künstlerischer Arbeit, Familienarbeit, aktuell auch von ehrenamtlicher Arbeit. Manche Leute „arbeiten" sogar an sich selbst. Alle Arten von Beschäftigung sind dadurch gekennzeichnet, dass sie dem zukünftigen Wohlergehen des Arbeitenden oder anderen Menschen nutzen. Aber wenn heute von Arbeit, „Arbeitsgesellschaft" und ihrer Zukunft die Rede ist, denken wir in erster Linie an die Erwerbsarbeit, oder noch genauer: an die abhängige Erwerbsarbeit.

Darüber hinaus ist bemerkenswert, dass in allen europäischen Sprachen zwei Bezeichnungen für Arbeit existieren, wobei eine die negative, die andere die positiv bewertete Seite hervorhebt. Dies geht auf die schon bei den alten Griechen geläufige Unterscheidung zwischen „ponos" im Sinne von „Pein" und dem positiven Gegenbegriff „ergon" im Sinne von „Werk" zurück. Der Begriff der Arbeit changiert also zwischen dem negativen Bild einer mühevollen Angelegenheit und dem positiven Pol einer befriedigenden Tätigkeit, durch die man sich Anerkennung verschafft und „zeigen kann, was man kann."

Die meisten Arbeiten, die heute verrichtet werden, weisen wohl ein Mischungsverhältnis zwischen positiven und negativen Erfahrungen auf. Dabei verbindet sich mit dem technischen Wandel oft die Hoffnung, produktiver zu werden, indem man durch denselben Einsatz eine größere Zahl an Gütern herstellt und mehr Dienste leistet. Aber wir sollten die soziale Ungleichheit im Blick behalten, die entsteht, weil manche Beschäftigungen mehr Gelegenheit bieten, Stolz und Selbstbestätigung zu empfinden als andere, die aus anstrengenden und langweiligen Routinevorgängen bestehen. Viele Beschäftigungsabläufe haben kaum mehr als den Namen der „Arbeit" miteinander gemein.

| Jenseits der empirischen Vielgestaltigkeit von Arbeitssituationen stellt sich die Frage: Seit wann gibt es Beschäftigung, die Sie als „abhängige Erwerbsarbeit“ bezeichnen?

Diese Form der Arbeit, die als erstrebenswertes Muster der Lebensführung gilt, ist historisch betrachtet sicher nicht älter als 200 Jahre. Charakteristisch sind folgende Merkmale: Sie wird im Rahmen von Verträgen in Betrieben verrichtet. Sie ist zudem, jedenfalls in Gesellschaften wie der unseren, durch ein umfangreiches System gesetzlicher Normen wie Kündigungsschutz und tariflichen Vereinbarungen geschützt. Die mit dieser Erwerbsarbeit verbundene Vorstellung ist die einer vollzeitigen und kontinuierlichen Tätigkeit, die in Geldeinheiten belohnt wird und nicht durch Sachleistungen oder Fürsorgepflichten. Ferner ist sie in ein System sozialer Sicherungen eingebettet, die für den Fall vorgesehen sind, dass die Menschen arbeitslos oder krank beziehungsweise berufs- und erwerbsunfähig werden oder eine gesetzlich festgelegte Altersgrenze erreichen.

| Berufliche Tätigkeit sichert also ein Einkommen – und in einer Gesellschaft, die auf Erwerbsarbeit ausgerichtet ist, nicht zuletzt auch Anerkennung im sozialen Umfeld. Es gibt sehr viele soziologische Bücher, in denen behauptet wird, dass die Arbeit ihre zentrale Bedeutung für die Gesellschaft eingebüßt habe. In den sechziger Jahren hat die Philosophin Hannah Arendt in ihrem Buch „Vita Activa“ die Frage aufgeworfen, ob der Arbeitsgesellschaft die Arbeit ausginge. In den achtziger Jahren wurde, insbesondere auf dem 21. Soziologentag 1982 in Bamberg, über die „Krise der Arbeitsgesellschaft“ diskutiert. An welchem Punkt sind wir nun angelangt?

Im Augenblick haben wir in der Bundesrepublik Deutschland knapp fünf Millionen registrierte Arbeitslose. Tatsächlich versuchen sechs bis sieben Millionen Menschen vergeblich, ein Arbeitsleben im herkömmlichen Sinne zu führen. Eine Position, die ihnen lebenslang mate-

rielle und soziale Sicherheit bietet, können viele Leute heute nicht mehr finden. Aus dieser Situation ergeben sich zahlreiche Probleme. Die Menschen, die über einen längeren Zeitraum arbeitslos sind, tragen manchmal schwere Schäden psychischer und physischer, aber auch ökonomischer und familiärer Art davon. Eine ganze Reihe von Institutionen, insbesondere solche der sozialen Sicherung, möglicherweise auch die der politischen Ordnung und der parlamentarischen Demokratie, werden durch einen stetig wachsenden Strom von Arbeitslosen unterspült. Die Situation verschärft sich dadurch, dass wir uns jetzt in einem rapiden Prozess der europäischen wirtschaftlichen Integration befinden. Die Ungewissheit wird somit zu einem allgemeinen Gefühl.
Ich diagnostiziere Ratlosigkeit bei Politikern und Gewerkschaftern. Niemand glaubt an Rezepte, durch die man wieder Vollbeschäftigung erreichen könnte. Der frühere Bundeskanzler Helmut Kohl war 1996 einfach schlecht beraten, als er den Wählern in Aussicht stellte, bis zum Jahr 2000 die Zahl der Menschen ohne Beschäftigung zu halbieren. Auch Gerhard Schröder, der es sich zum Ziel setzte, die Arbeitslosigkeit in Deutschland unter 3,5 Millionen zu senken, und der seine Regierungsarbeit an der Bekämpfung der Arbeitslosigkeit messen lassen wollte, hat seine vollmundigen Versprechen nicht einhalten können.

| Der Anstieg der Arbeitslosigkeit hat in vielen hoch technisierten Gesellschaften ein politisch nicht mehr zu bewältigendes Ausmaß angenommen. Was ist die Ursache für die augenscheinlich schrumpfende Aufnahmekapazität des Arbeitsmarktes?

Dafür gibt es eine Reihe von Erklärungen. Eine, die auf der Hand liegt, ist der technische Wandel. In den meisten Sektoren stellen wir heute die gleiche Masse von Produkten mit einem Drittel der Arbeitskraft her, die wir etwa in den fünfziger Jahren benötigten. Dies nennt man manchmal etwas einseitig den technischen Fortschritt. Weiterhin

wird inländische durch ausländische Produktion ersetzt. Dies geschieht entweder, indem Investoren in andere Länder abwandern oder Produkte aus anderen Staaten importiert werden. Man bezeichnet das als Kapitalexport beziehungsweise Güterimport. Es ist auf die Dauer höchst wahrscheinlich, dass solche Entwicklungen per saldo auf Kosten des inländischen Beschäftigungsvolumens gehen. Drittens wollen heute mehr Menschen, insbesondere Frauen, für längere Zeit erwerbstätig sein. Dadurch entsteht das bekannte Gedränge auf der Angebotsseite des Arbeitsmarktes. Diese drei Aspekte sind die wichtigsten Gründe, die ich hier anführen möchte.
Man kann noch hinzufügen, dass die in den fünfziger und sechziger Jahren gehegte Hoffnung, die Probleme durch einen Umstieg auf den Dienstleistungssektor zu beseitigen, nicht oder nicht in dem erhofften Maße in Erfüllung gegangen ist. Der Grund liegt einerseits darin, dass auch Dienstleistungen – man denke nur an den Einzelhandel oder an die Bankgeschäfte – weitgehend mit der heute verfügbaren Informations- und Kommunikationstechnik automatisiert werden konnten. Andererseits werden sehr viele Aufgaben nicht als bezahlte Arbeit, sondern in Form von Selbstbedienung verrichtet. Das sehen wir bei jeder Fahrkartenausgabe, an jedem Bankschalter und in jedem Supermarkt.

| Ein soziales Sicherungssystem, das durch Beiträge und Umlagen finanziert wird, gerät bei steigender Arbeitslosigkeit in größte Schwierigkeiten. Müssen Rentner, Langzeitarbeitslose und andere Hilfsbedürftige mit weiteren Leistungskürzungen rechnen? Wie lässt sich bei anhaltender Massenarbeitslosigkeit und Unterbeschäftigung das soziale Sicherungssystem aufrechterhalten?

Es gibt zwei einander widerstreitende politische Konzepte. In äußerster Verkürzung lassen sie sich jeweils in einem Satz formulieren. These 1: Die hohe Arbeitslosigkeit untergräbt das fiskalische Gleichgewicht der sozialen Sicherungssysteme. Wir brauchen deshalb mehr Beschäftigung, um es erhalten zu können. Dagegen steht nun die These 2: Die Institutionen der sozialen Sicherheit und die übrigen Arrangements, die den Arbeitsmarkt regulieren, müssen im Sinne einer weitgehenden Liberalisierung und Deregulierung so weit zurückgefahren werden, dass Beschäftigungskosten sinken und somit mehr Arbeitsmöglichkeiten entstehen. Schon lange ist dem deutschen System der sozialen Sicherung, insbesondere auch dem der Sozialhilfe, vorgeworfen worden, dass es „Nicht-Arbeit" finanziere, das heißt, einen Teil des am Arbeitsmarkt prinzipiell durchaus verwendbaren Arbeitspotentials diesem entziehe.

Die Vertreter der zweiten These meinen nun, dass die Zahl der Menschen, die Arbeit suchen und jener, die billigere Arbeit in Anspruch nehmen, steigt, wenn die Sozialleistungen gesenkt werden. Die Vertreter beider Thesen versuchen, folgende Preisfrage zu beantworten: Wie kann man die Systeme der sozialen Sicherheit so umbauen, dass weder ihr unverzichtbarer Beitrag zur Ordnung des Arbeitsmarktes verloren geht noch eine Annäherung an das Ziel eines hohen Beschäftigungsstandes aufgrund der Arbeitskosten unmöglich wird?

| Welches Ziel verfolgt die Politik mit der Pflicht zur Arbeit? Kann sie damit dem immer wieder anvisierten Ziel der Vollbeschäftigung näher kommen? Vivianne Forrester meint in ihrem Buch „Der Terror der Ökonomie", die Arbeitsgesellschaft sei eine „untergegangene Welt". Die französische Autorin kommt zu dem Schluss, dass es angesichts des „nicht zu behebenden und wachsenden Mangels an Arbeitsplätzen lächerlich und grausig ist, jedem der Millionen zählenden Arbeitslosen eine nachweisbare und ständige Suche vorzuschreiben nach einer Arbeit, die es gar nicht gibt." Lässt sich Vollbeschäftigung nun wiederherstellen oder ist dieses Ziel eine Utopie?

Die Frage nach der politischen Machbarkeit und Wünschbarkeit von Vollbeschäftigung berührt das Fundament der gesellschaftlichen Ordnung. Mit Sicherheit sind Wachstum und Vollbeschäftigung für den

Großteil der Bevölkerung erstrebenswerte Ziele. Wie soll aber das doppelte Zuordnungsproblem gelöst werden, das alle Gesellschaften bewältigen müssen? Einerseits müssen die Menschen die Möglichkeit erhalten zu arbeiten, andererseits muss die entsprechende Beschäftigung angemessen vergütet werden.
Ich gehe davon aus, dass wir auch in Zukunft mit steigender Arbeitslosigkeit zu rechnen haben. Die Politiker sehen Vollbeschäftigung als erstrebenswertes Ziel, da sie einer gesetzlichen Pflicht unterliegen, den von Arbeitslosigkeit betroffenen Bevölkerungsteilen in gewissem Umfang Lohnersatzleistungen wie Arbeitslosengeld zu zahlen. Arbeitgeber dagegen haben ein Interesse an Wachstum, aber selten an Vollbeschäftigung.

| Der ehemalige deutsche Bundeskanzler Helmut Schmidt hat einmal gesagt: Die Gewinne von heute sind die Investitionen von morgen und die Arbeitsplätze von übermorgen. Stimmen Sie dieser Behauptung zu?

Solche Formeln liefern sowohl eine handliche Interpretation der Vergangenheit als auch Anlass für eine optimistische Sicht der Zukunft. Das hört sich zunächst gut an, ist aber zu einfach und funktioniert so in der Realität nicht. Selbst wenn man sich auf die Ausgangsannahme einlässt, dass die Wiederherstellung der Vollbeschäftigung nicht ohne wirtschaftliches Wachstum und dieses nicht ohne Steigerung der Investitionsneigung der Unternehmer möglich sein wird, ergeben sich bei der weiteren Verfolgung dieses geläufigen Denkansatzes zwei schwerwiegende Komplikationen. Erstens: Auch wenn es gelingen sollte, die Unternehmer zu Investitionen zu ermutigen, entstehen dabei nicht zwangsläufig neue Arbeitsplätze. Zweitens: Selbst wenn neue Beschäftigungsmöglichkeiten entstehen, ist ungewiss, ob auch die „Problemgruppen des Arbeitsmarktes“ von diesen profitieren werden. Denn die hohe Arbeitslosigkeit in den westeuropäischen und nordamerikanischen hoch technisierten kapitalistischen Ökonomien betrifft alle gesellschaftlichen Gruppen in gleichem Maße.

| Sie sagten, Kapitalexport und Güterimport verschärfen das Problem der Arbeitslosigkeit. Führt die Globalisierung zu einer weltweiten Umverteilung von Arbeit und Einkommen? Erzwingt sie einen Ausstieg aus der zementierten Arbeitsgesellschaft?

Globalisierung halte ich für ein Unwort, das eine ungute und die Geister vernebelnde Bedeutung in der öffentlichen Debatte hat. Es bezieht sich auf zu viele verschiedene Dinge gleichzeitig. Wir wollen schließlich verstehen, worüber genau wir reden. Aber zurück zu Ihrer Frage: Alle Ansätze laufen darauf hinaus, dass nationale Gesellschaftssysteme in Zukunft weniger in sich geschlossen und nach außen abgegrenzt sein werden. Das gilt erstens für den Handels- und Kapitalverkehr und zweitens für die militärische Supranationalisierung in Form von Militärbündnissen und gemeinsamer Politik zur Konfliktvorbeugung. Es gilt drittens für die Migration, da Menschen immer häufiger nationale Grenzen überschreiten, was Folgeprobleme für die Herkunfts- und Ankunftsländer nach sich zieht. Viertens gibt es den Gesichtspunkt der sogenannten kulturellen Globalisierung, also einer Weltkultur der Musik, der visuellen Künste, des Sports, der Fernseh- und Filmproduktionen. Fünftens existiert eine Weltkultur der Ingenieurwissenschaften, der Mathematik, der Erkenntnis- und Wissensformen, der Medizin, der Naturwissenschaften, der Ästhetik und des Bauwesens, die als modern und als alternativlos gilt. Brücken werden zum Beispiel in Korea in gleicher Weise gebaut wie in Brasilien. Schließlich gibt es sechstens die Globalisierung des Klimas, der Umwelt und die damit verbundenen Probleme mit Ressourcen.
Durch die Mittel der Informations- und Kommunikationstechnik ist es möglich geworden, sehr weit entfernte Arbeitsplätze auf hiesige Märkte zu verlegen. Ein Beispiel dafür ist die Lohnbuchhaltung. Man kann sämtliche Daten am Abend per E-Mail nach Bangalore in Indien verschicken, wo sie von vielen fleißigen, technisch hervorragend ausgebildeten und auf die deutsche Buchhaltung spezialisierten Experten bearbeitet werden, und am Morgen kommen die Berechnungen in ta-

bellarischer Form wieder in Deutschland an. Es war vor einer Generation nicht denkbar, Dienstleistungen über Kontinente hinweg auszulagern. Ein anderes Beispiel: Es ist ohne weiteres möglich, in Honduras Hemden zu einem Achtel der hiesigen Arbeitskosten nähen zu lassen, wobei man aber die Qualitätskontrolle von Deutschland aus per HDTV (High Definition Television) durchführen kann. Die modernen Transport-, Kommunikations- und Informationstechniken erlauben eine grenzenüberschreitende Kommunikation, durch die Arbeitsplätze im Inland verloren gehen.
Das alles wird zusammengerührt in dem Begriff der Globalisierung, und deshalb gehört er nicht mehr zu meinem aktiven Wortschatz. Die skizzierten Entwicklungen gibt es und man kann sie in ihren Wechselwirkungen erforschen. Wenn man aber den Begriff der Globalisierung mit der Vorstellung in Verbindung bringt, dass die Lebensweise der Menschen sich allgemein und gleichmäßig verbessert oder einheitlicher wird, übersieht man, dass Globalisierung ein Phänomen der Oberschicht ist. Ein Symbol der globalisierten Welt ist die virtuelle Kommunikation. Wie viele Personen aber haben Zugang zum Internet? Nur zwei Prozent der Weltbevölkerung hat einen Internetanschluss.

| In den Niederlanden und Dänemark ist die Arbeitslosigkeit wesentlich geringer als in Deutschland. Was machen diese Staaten anders oder besser? Könnten Sie sich vorstellen, dass das niederländische Modell in Deutschland Erfolg hat?

Das niederländische Modell besteht zum einen darin, dass der Steuerzahler einen Teil der Sozialleistungen, die in Deutschland aus Beiträgen finanziert werden, selbst übernimmt. Außerdem verkürzte man die Arbeitszeit. Dreißig Prozent der Erwerbstätigen arbeiten mittlerweile Teilzeit. Sie nehmen Einkommensverluste in Kauf, die Rentenansprüche bleiben aber unberührt. Dadurch ist der Arbeitsmarkt gewaltig entlastet worden.

Das niederländische Modell ist eine einmalige Leistung. Aufgrund der Gesetzgebung hat es die deutsche Politik bei weitem schwerer, durch staatliche Steuerung eine Veränderung herbeizuführen. In vielen europäischen Ländern hat der Staat direkt auf die Entwicklung der Einkommen Einfluss genommen und die Arbeitskosten gesenkt, was sich aber in Deutschland schon aus verfassungsrechtlichen Gründen nicht umsetzen lässt. Artikel 9 des Grundgesetzes garantiert nämlich Tarifautonomie.

Eine Option bestünde jedoch darin, zum einen die Lohnkosten, zum anderen die Lohnnebenkosten umzuverteilen. Beide könnten aus allgemeinen Steuermitteln subventioniert werden. So wäre es möglich, die Kosten der Arbeit zu senken, ohne damit gleichzeitig die Einkommen oder die soziale Sicherheit der Arbeitnehmer zu verringern. Doch dieses Modell wird nur am Rande diskutiert.

| Geht von der hohen Zahl an Arbeitslosen nicht auch eine Gefahr aus? Wirkt sie sich letztlich negativ auf die Demokratie und andere Säulen der Gesellschaft aus?

Darüber gibt es viele Spekulationen und man sollte die Situation nicht dramatisieren oder in blinden Aktionismus verfallen. Rechte, die bisher als gesichert galten, insbesondere die Freiheit der Arbeitnehmer, über ihre eigenen Einsatzgebiete vertraglich zu entscheiden, dürfen nicht ausgehebelt werden. Wenn etwas wie Zwangsarbeit um sich greifen sollte, indem man etwa Menschen, die eine Arbeit ablehnen, die Sozialhilfe halbiert oder streicht, würde dies die Substanz des demokratischen Rechtsstaates gefährden.

Daneben ist auch zu bedenken, dass sich Personen in bestimmten Regionen und Altersgruppen, die unzureichend qualifiziert und deshalb besonders stark von der Arbeitsmarktkrise betroffen sind, womöglich entscheiden, nicht-demokratische politische Parteien zu wählen, und sei es nur, um damit auf wirksame Art zu provozieren. Eine weitere Gefahr liegt darin, dass die politischen Eliten offensichtlich nicht in der

Lage sind, vernünftige, nachvollziehbare und konsensfähige Entscheidungen zu treffen und neue Richtungen zu bestimmen. Institutionen werden dann besonders rigide und wehren sich gegen Veränderungen, wenn den Akteuren bereits das Wasser bis zum Hals steht. Das Argument lautet immer, man soll die Pferde nicht im Fluss wechseln. Und wenn man auf der anderen Seite des Ufers ist, dann wechselt man sie erst recht nicht, weil es dann nicht mehr nötig scheint. Die „politische Klasse", ein ohnehin leicht zynisch gefärbter Begriff von symptomatischer Popularität, ist dabei, sich lächerlich zu machen. Demokratien sind anderen Staatsformen ja gerade deswegen vorzuziehen, weil sie einen sozialen Ausgleich und Solidarität ermöglichen. Darüber hinaus bringen sie die Bürgerrechte nicht nur nominell zur Geltung, sondern versetzen die Menschen in die Lage, von ihren Rechten auch Gebrauch zu machen. Und da stellt sich schon die Frage, ob die westlichen Demokratien heute bezüglich dieser Aspekte eine besonders gute Figur machen.
Ich bin nicht jemand, der in Deutschland einen Zusammenbruch wie in den frühen dreißiger Jahren prophezeit: Aber ich sehe durchaus eine institutionelle Auszehrung, eine Enttäuschung und Frustration, eine immer schwächere Orientierung an Ideen wie Toleranz, Kooperation und Gemeinwohl, die für demokratische politische Kultur wichtig sind. Ein Staat, der keine Jobs schaffen und nicht effektiv für seine öffentlichen Aufgaben Steuern erheben kann, der zunehmend konkurriert mit supranationalen Regierungsgewalten, ein solcher Staat hat immer häufiger Schwierigkeiten, von den Bürgern als autoritative Quelle von bindenden Normen und Vorschriften ernst genommen zu werden.

| Wie es aussieht, lässt sich Arbeitslosigkeit national auch nicht mehr bewältigen. Wie könnten solche Probleme auf europäischer Ebene gelöst werden?

Um die Rat- und Machtlosigkeit des Nationalstaates auf europäischer Ebene zu kompensieren, müsste man sich erst darüber einigen, natio-

nalstaatliche Kompetenzen unwiderruflich auf eine europäische „Quasi-Bundesregierung" zu übertragen. Der gesamte Prozess, von den Römischen Verträgen bis hin nach Amsterdam, zeigt aber, dass die einzelnen Staaten ihre Regierungsgewalt nicht aus der Hand geben wollen. Sie wollen an ihrer Sozialpolitik und gesetzlichen Krankenversicherung, ihrem Militär und Ausbildungssystem festhalten und weigern sich, diese Bereiche an eine europäische Instanz zu delegieren. Das ist auch ganz konsequent gedacht, weil Regierungen ja nationale Wahlen gewinnen müssen, wenn sie im Amt bleiben wollen, nicht europäische.
Wir befinden uns in einem schwierigen und qualvollen Prozess, in einem Interregnum, in dem die alten Regierungsformen, Zuständigkeiten und Handlungsstrategien nicht mehr intakt sind, und die neuen Modelle noch nicht existieren. In ökonomischer und sozialer Hinsicht befinden wir uns in keinem guten Zustand. Man kann schon nervös werden, und die meisten Leute, die etwas von der Sache verstehen, sind es wohl auch.

| Müssen wir flexibler auf die entstehenden Herausforderungen reagieren und uns zu einer „Rund-um-die-Uhr-Gesellschaft" entwickeln in der täglich über vierundzwanzig Stunden gearbeitet wird?

Der Gegenbegriff zu Flexibilität ist Rigidität. Hierzulande raufen sich viele melodramatisch die Haare darüber, wie stark reglementiert unsere Wirtschafts- und Arbeitsverhältnisse doch im Gegensatz zu den USA seien. Das ist zwar richtig, aber man muss auch andere Aspekte in seine Überlegungen einbeziehen. In den Sozialwissenschaften haben wir den wichtigen Begriff der path-dependency, also Pfadabhängigkeit. Er bedeutet in diesem Zusammenhang, dass es nicht möglich ist, beliebig oft zu einem Ausgangspunkt zurückzukehren oder so zu tun, als seien die in früheren Zeiten geschaffenen Strukturen und Institutionen heute wie ein großer Trümmerberg einfach aus dem Weg zu räumen. Weder lässt sich das machen, noch wären wir gut beraten, es zu versuchen. Wir haben in der Verfassung und in den Gesetzen Dinge verankert, die man nicht einfach wegstreichen kann, weil dann die Geschäftsgrundlage wichtiger Teile des sozialen und wirtschaftlichen Lebens entfallen würde. Beispiele hierfür wären die Tarifautonomie, Betriebsverfassungen oder die Selbstverwaltung der Sozialversicherungsträger. Manche Unternehmer und ihre intellektuellen Repräsentanten sind versucht, solche Rechte und Institutionen einfach abzuschaffen. Verschiedene neoliberale Ökonomen vertreten die Auffassung, dass Gewerkschaften nicht mehr in die heutige Landschaft passen. Nun muss man allerdings sehen, dass es eine gigantische, geradezu revolutionäre Utopie wäre, die Gewerkschaften, den Föderalismus oder die Rentenversicherung in der Bundesrepublik abschaffen oder auch nur gravierend reformieren zu wollen. Das ist unmöglich – ganz abgesehen davon, dass man nicht wissen kann, welche positiven Funktionen der genannten Einrichtungen einer solchen Kahlschlagpolitik ebenfalls zum Opfer fallen würden.

| Können die USA ein Vorbild sein?

Vieles von dem, was in den USA möglich ist – ob vorteilhaft oder nicht –, ist in der Bundesrepublik undenkbar und umgekehrt. Die USA sind nicht mehr der Spiegel, in dem wir unsere eigene Zukunft sehen. Sie sind Teil eines anderen Kontinents, in dem ganz andere historische und gesellschaftliche Verhältnisse sowie kulturelle und politische Strukturen vorliegen, über die man sich als Besucher immer wieder von neuem wundert und von denen man viele auch durchaus bewundern kann. Es wäre eigentlich wünschenswert, dass wir in Europa aus der Tatsache, verschiedene Arten von modernen Gesellschaften zu repräsentieren, auch ein gewisses Selbstbewusstsein schöpfen. Wir sollten nicht immer so tun, als ob von den USA lernen, siegen lernen hieße. Das ist nämlich nicht der Fall.

| Wie sehen Sie die Arbeitsverhältnisse in der Bundesrepublik im Vergleich zu anderen europäischen Ländern?

Da gibt es viele Vergleichsdimensionen. Vielleicht nenne ich einfach eine grundlegende Gemeinsamkeit. Die kontinentaleuropäischen Arbeitsverhältnisse sind dadurch gekennzeichnet, dass sie nicht nur auf einem freien Vertrag des Arbeitnehmers mit dem Arbeitgeber oder der Gewerkschaften mit den Arbeitgeberverbänden beruhen, sondern sich außerdem auf Statusrechte und -pflichten beider Seiten gründen, die von Politik und Gesetzgebung kreiert worden sind. Ein Beispiel: Ein Zehnjähriger möchte Geld verdienen, und ein Supermarkt braucht jemanden, der den Kunden die Einkaufstüten zum Kofferraum trägt. Das wäre eine beiderseits übereinstimmende Willenserklärung, die durch einen Arbeitsvertrag festgeschrieben werden könnte. Da Kinderarbeit aber verboten ist, wäre ein solcher Vertrag nicht rechtens. Diese weitgehende Einbettung des Arbeitsverhältnisses in Sicherheits- und Schutzarrangements ist ein Merkmal der europäischen Sozialverhältnisse.

| Der französische Soziologe André Gorz schreibt in seinem 1997 erschienenen Buch „Arbeit zwischen Misere und Utopie“: „Es gibt nicht und wird nie wieder genug Arbeit für alle geben.“ Ist unsere Gesellschaft trotz dieser Feststellung weiterhin über Arbeit zu definieren und zu regulieren?

Diese Frage würde ich verneinen. Erst in den letzten 200 Jahren haben wir uns an die Sichtweise gewöhnt, dass eine erwachsene Person üblicherweise in einem Mehrpersonenhaushalt lebt, der sich über ein selbst verdientes Einkommen, aus einer selbstständigen oder abhängigen Erwerbstätigkeit finanziert. Dieses Schema eines lebenslangen „Normalarbeitsverhältnisses“, das ausreichend bezahlt wird und soziale Sicherung verspricht, ist der Bezugspunkt, oder anders gesagt, das gedanklich sinnstiftende Element unseres Ausbildungssystems. Unsere gesamte Gesellschaft ist von dieser Idee bestimmt.

| Ralf Dahrendorf hat 1980 im „Entschwinden der Arbeitsgesellschaft" die Chance zur individuellen Selbstentfaltung in „frei gewähltem Tun" gesehen, das in sich selbst lohnend ist. Sehen Sie in diesem Modell einen Ausweg aus der Misere des Arbeitsmarktes?

So einfach wird man das Problem der Arbeitslosigkeit wohl kaum lösen. Es kann kein Ausweg sein, die Arbeitslosen sich selbst zu überlassen und zu hoffen, dass sie sich schon helfen werden. Abgesehen davon, dass es schlicht zynisch erscheint, die Gesellschaft in Beschäftigte und „Überflüssige" zu spalten.
Heute ist es nicht mehr selbstverständlich, dass jeder einen Ausbildungsplatz und später eine Erwerbstätigkeit findet. Deshalb funktionieren in diesem Moment auch alle anderen Rollen nicht in einer „normalen" Art und Weise. Man sieht das zum Beispiel bei der Altersarmut, das heißt bei Leuten, die nicht „lange genug" gearbeitet haben, oder bei Sinnkrisen im schulischen Bereich: Warum sollen wir etwas lernen, fragen manche Schüler, wenn wir sowieso keine Lehrstellen bekommen?
Das „Normalarbeitsverhältnis" ist ein Tischtuch, an dem man nicht beliebig zupfen und ziehen kann. Wenn man nicht vorsichtig ist, fällt alles um, was auf dem Tisch steht.

| Kann man den Tisch, um bei diesem Bild zu bleiben, mit einem anderen Besteck decken, indem man die Arbeit neu strukturiert? Bürgerarbeit wäre in diesem Zusammenhang ein Schlagwort.

Das ist eine Denkrichtung, die sich zunehmend Gehör verschafft. Bereits in den achtziger Jahren hieß es in den „Leverkusener Thesen" der Katholischen Arbeitnehmerbewegung, man müsse unbezahlte Erziehungs-, Betreuungs- und Pflegedienste, Ehrenämter sowie Hausfrauenarbeit ebenfalls als sinnvolle und sozial nützliche Tätigkeiten anerkennen und zum Bruttosozialprodukt rechnen. Für mich stellen sich dabei zwei Fragen. Die erste lautet: Welche Alternativen gibt es, wenn die

Leute nicht im Sinne einer bezahlten, betrieblichen und vertraglichen Beschäftigung arbeiten? Arbeit ist ja eine nützliche, anerkennenswerte, anstrengende und planmäßige Tätigkeit. Das trifft auch auf ehrenamtliche, am Gemeinwohl orientierte Arbeit wie etwa das Engagement in einem Verein zu. Wenn ich dort Kassenwart bin, kann ich viele Abende damit verbringen, die Konten zu führen. Das ist Arbeit, nur keine bezahlte, sondern eine freiwillige, und davon gibt es ziemlich viel. Bürgerarbeit könnte in diesem Sinne also eine Alternative zur Erwerbsarbeit sein.
Das Problem ist jedoch, und hiermit wären wir bei der zweiten Frage: Wovon sollen jene leben, die laut Definition keine Erwerbsarbeit, sondern ehrenamtliche Tätigkeit verrichten? Wie kommen sie an ihr Einkommen, ohne in der S-Bahn betteln zu müssen? Das Konzept der Bürgerarbeit ist in diesem Punkt nicht genügend durchdacht, und ich glaube, Ulrich Beck, der etwas voreilig mit solchen Ideen gespielt hat, würde das sogar zugeben. Es ist eine Sache, die Leute aufzufordern, sich an den schönen Seiten der karitativen und ehrenamtlichen Tätigkeit zu erfreuen, aber spätestens dann wird es ernst, wenn sie die Frage stellen: „Was bekommen wir dafür, wie werden wir materiell entlohnt? Wie können wir den Risiken dieser Gesellschaft wie Krankheit, Alter oder Unfällen begegnen?“ Ich sehe da nur ein einziges großes Fragezeichen.

| Welche Alternativen bleiben uns also, wenn das Konzept der Bürgerarbeit nicht aufgeht?

Es gibt den Vorschlag, denen, die nicht zum geltenden Lohnsatz arbeiten wollen oder keine Arbeit finden, ein gewisses Einkommen zu subventionieren. „Kombi-Lohn“ ist das Stichwort. Nach diesem Modell zahlt der Arbeitgeber einen niedrigeren Lohn, als er das heute darf. Der Staat wiederum gibt einen Zuschuss, damit der Arbeitnehmer letztlich insgesamt dreiundsiebzig Prozent seines letzten Nettoeinkommens hat. Andere Bestrebungen gehen in die Richtung, dass städtische Ämter oder die Bundesregierung Erwerbslosen Arbeit zuweisen, die ohne Wenn und Aber angenommen werden muss. Das nannte man früher Zwangsarbeit, eine Form von Arbeit, mit der wir unter dem Naziregime in Deutschland besonders prägende und abschrekkende Erfahrungen gemacht haben. Es ist nicht sehr realistisch, dass diese Form der Zwangsarbeit vor dem Hintergrund der deutschen Geschichte durchgesetzt wird. Man kann auch den Frauen nicht sagen: Geht doch zurück in den Haushalt. Das ist angesichts feministischer Ideen völlig undenkbar.

Wenn wir so etwas nicht wollen und gleichwohl nicht genügend Arbeit finden, um allen eine „normale" Beschäftigung zu verschaffen, dann bleibt nur die Möglichkeit einer alternativen Einkommensquelle, die aus Steuern finanziert sein müsste. Wie diese aussehen könnte, ist wie gesagt unklar. Dies ist der eigentliche Knackpunkt und die Ursache der Ratlosigkeit.

| Sie sehen also keine Chance, die Arbeit neu zu organisieren?

Möglicherweise schon, aber lassen Sie mich zunächst einmal die breite Palette der Vorschläge und Ideen zu diesem Thema skizzieren.

Es gibt drei Schulen. Die erste Schule sagt, die Löhne oder Lohnnebenkosten müssen heruntergefahren werden. Ähnlich wie auf dem Markt für Bananen: Je weniger sie kosten, desto mehr werden gekauft. Die Leute, so die Vertreter dieser ersten Denkrichtung, müssen zufrieden sein mit geringerem Einkommen und weniger Sicherheit. Das ist die neoliberale Schule.

Die zweite Schule sagt: Wir müssen die Leute besser qualifizieren. Sie müssen produktiver, flexibler, vielfältiger einsetzbar und auch bereit sein, die Risiken des eigenen Arbeitsmarktschicksals zu akzeptieren. Das bedeutet, mal in diesem, mal in jenem Beruf, mal an diesem, mal an jenem Ort und mal in dieser, mal in jener Abteilung tätig zu sein. Dazu müssen die Arbeitnehmer qualifiziert und geschult werden, und sie müssen lebenslänglich weiterlernen. Nur wenn sie das tun und sich unver-

zichtbar machen, werden sie immer wieder in einen Beruf hineinkommen. Das hat den angenehmen Nebeneffekt, dass weniger Menschen um Arbeitsstellen konkurrieren müssen.
Die dritte Schule sagt: Wir müssen die Leute aus dem Arbeitsmarkt herausholen. Es ist hoffnungslos, nach Wegen zu suchen, die Nachfrage nach Beschäftigung zu vermehren. Weder der Staat noch sonst jemand kann neue Arbeitsplätze erfinden. Die Konsequenz aus dieser Sichtweise liegt auf der Hand: Das Angebot an Arbeit muss vermindert werden.
Das Arbeitsangebot setzt sich zusammen aus der Zahl der Personen multipliziert mit der Zahl der Stunden. In der Bundesrepublik Deutschland haben wir ein jährliches Arbeitsvolumen von sechsundfünfzig Milliarden Stunden. Es gibt nun zwei Wege, dieses Volumen zu reduzieren. Einerseits könnte man die Arbeitszeit eines Lebens, eines Jahres, einer Woche oder eines Tages verkürzen. Das hat aber keine besonderen Erfolgsaussichten. Die andere Variante wäre, nicht die Arbeitszeit, sondern die Anzahl der Erwerbstätigen zu reduzieren. Da kommen wir dann zu solchen Parolen wie „Ausländer raus!“, „Frauen zurück an den Kochtopf!“ und „Alte Leute pensionieren!“. Wie man sieht, ausgesprochen autoritäre und unfreiheitliche Lösungen.

| Sie deuteten eine weniger unfreiheitliche Lösung an.

Und diese heißt Wahlfreiheit. Diese Idee besagt: Jeder Bürger hat den Anspruch, befristet aus dem Erwerbsleben auszuscheiden, ohne dass er dann sofort ohne Einkommen dasteht. Das bedeutet nichts anderes, als seinen Arbeitsplatz für eine gewisse Zeit einem anderen Menschen zu überlassen. Jedem Bürger stünde ein Transfergeld in einer fixen Höhe zur Verfügung. Wir arbeiten heute zwischen 30.000 und 50.000 Stunden pro Arbeitsleben. Ein bestimmtes Kontingent dieser Zeit sollte für die Freistellung zur Verfügung stehen. Das Ausscheiden aus dem Erwerbsleben kann motiviert sein durch Familien- oder Bildungsinteressen, durch eine Krankheit oder auch eine längere Reise.

Den Leuten würde damit die Möglichkeit gegeben, zu sagen: Na gut, ich verdiene zwar, wenn ich arbeite, mehr als ich an Transfereinkommen erhalte, aber ich habe auch freie Zeit, und die ist mir sehr viel wichtiger. Ich kann ja jederzeit in das Berufsleben zurückkehren.
Die Leute sollen tun, was sie nach sorgfältiger Erwägung als Alternative zur Erwerbsarbeit ansehen. Wenn jemand zum Beispiel plant, in drei Jahren an einem Marathonlauf teilzunehmen, und es ihm so wichtig ist, dass er sich bis dahin mit einem monatlichen Transfergeld von beispielsweise 800 Euro zufrieden gibt, dann soll er es in Gottes Namen tun. Diese Art von Freistellungsoptionen – sagen wir, von zehn Jahren pro Leben – wären ein wichtiges, die persönliche Freiheit sicherndes Element, das, wenn man es auf Teile von Langzeitarbeitslosigkeit, Langzeiterkrankung und Mutterschaftsurlaub anwendet, gar nicht mal so teuer ist, weil man die Ersparnisse bei der Finanzierung von Arbeitslosigkeit gegenrechnen muss. Ein Arbeitsloser kostet schließlich rund 30.000 Euro im Jahr. Zwar würden bei diesem Modell viele Personen aus dem Arbeitnehmerstatus herausfallen, aber dies freiwillig und befristet. Ich denke, dass ein solches System der Wahlfreiheit attraktive neue Perspektiven eröffnen könnte.

| Inwieweit werden mit diesen Denkmodellen die Verteilungsprobleme gelöst?

Zwei Vorteile sind zu erwarten. Indem ein Teil der Bürger die Option hätte, seine Zeit mit familiären, ehrenamtlichen oder politischen Tätigkeiten zu verbringen, würde der in Deutschland chronisch gewordene Überhang an Arbeitsangeboten ausgeglichen werden, ohne damit eine Verarmung der Bevölkerung in Kauf nehmen zu müssen. Ein zweiter Vorteil besteht in der Möglichkeit, das grundlegende und akute Verteilungsproblem in einer Weise zu lösen, die nicht nur als sozial gerecht, sondern zudem als verwaltungstechnisch ungewöhnlich unaufwendig zu bewerten ist. Schon heute verhält es sich ja so, dass gewisse aus Steuergeldern finanzierte öffentliche Leistungen, die einen erheblichen Beitrag zum Wohlergehen der Bürger leisten – man denke nur an Schulen, subventionierte Verkehrsmittel oder Polizeischutz – ganz ohne individuelle Bedarfsprüfung bereitgestellt werden. Wenn man diese, uns so selbstverständlich gewordene Tatsache berücksichtigt, dann erscheint der Vorschlag vielleicht weniger befremdlich, auch die individuellen Existenzminima in dieser Weise abzusichern. Die Anreize, ein darüber hinausgehendes Einkommen durch Erwerbstätigkeit zu erzielen, würden auf dieser Grundlage keineswegs reduziert. Wir kämen aber in bürokratisch unaufwendiger Weise der Lösung unseres Verteilungsproblems einen entscheidenden Schritt näher.

| In den gegenwärtigen deutschen und europäischen Debatten über die Reform von Arbeitsmarkt und Sozialstaat spielt der Vorschlag eines bedingungslosen Grundeinkommens, das an die Stelle herkömmlicher Modelle sozialer Hilfe treten würde, die Rolle eines Reformprojekts, das von einer politisch durchaus buntscheckigen Koalition von Befürwortern getragen wird. Was halten Sie von den Politikvorschlägen einer steuerfinanzierten, an keinerlei Bedingungen gebundenen, monatlich ausgezahlten Transferzahlung, die zumindest mittelfristig ein existenzsicherndes und damit armutsvermeidendes Niveau erreichen soll?

Das Grundeinkommen entschärft das Verteilungsproblem und reagiert auf die Frage, wie die Menschen, die am Arbeitsmarkt nicht unterkommen, mit einem bedarfsgerechten Einkommen versorgt werden können. Wenn jeder Bürger einen Rechtsanspruch auf eine regelmäßige, bedingungslose und steuerfinanzierte Zahlung hätte, dann erübrigte sich die amtliche Prüfung, ob eine Person arm, beschäftigungsfähig, nach ihren haushaltlichen Lebensverhältnissen anspruchsberechtigt oder in ihrer Autonomie und Würde verletzt ist. Zugleich wäre der Bürger zum Gebrauch seiner Handlungs- und Entscheidungsfreiheit verstärkt herausgefordert und in diesem Sinne aktiviert, das heißt, von dem Status eines schutzbefohlenen Klienten in den eines verantwortlichen Urhebers eigener Lebenspläne überführt. Er oder sie müsste nämlich entscheiden, welcher zusätzliche Einkommensbedarf durch Erwerbsarbeit zu decken ist, welche der rivalisierenden Zeitverwendungen für welche Lebensabschnitte zu bevorzugen sind und welcher Arbeitsplatz mit den zugehörigen Arbeitsbedingungen individuell akzeptabel ist. Die Folge wäre, dass am Arbeitsmarkt der Kern der Freiheit, nämlich die Freiheit Nein zu sagen, zur Geltung gebracht würde. Ohne Zweifel handelt es sich beim existenzsichernden Grundeinkommen um ein radikales Reformvorhaben zur Durchsetzung politischer und sozialer Gerechtigkeitsansprüche, das allerdings zur Praxistauglichkeit erst noch weiterentwickelt und konkretisiert werden muss.

MEDIENGESELLSCHAFT

Neil Postman

I Woher kommen Sie?

„Meine Vorfahren kamen aus Osteuropa nach Amerika. Bei der Einreise in die Vereinigten Staaten wurden sie auf Ellis Island von den Einwanderungsbehörden gefragt, wie sie heißen. Dabei hielten sie die Frage nach dem Namen für die Frage nach dem Beruf. Seitdem heißt meine Familie Postman."

Neil Postman erblickte am 8. März 1931 in Brooklyn das Licht der Welt. Er wuchs in einer Arbeiterfamilie auf und begann nach dem Studium an der Universität von New York seine Karriere als Grundschullehrer. Nach seinem Zweitstudium in Kommunikationswissenschaften und der Promotion an der Columbia Universität wurde Postman 1959 Professor für Medienökologie an der Universität von New York. Dort lehrte er über vierzig Jahre. Seine Arbeit verrichtete er während dieses Zeitraums in einem Arbeitszimmer im siebten Stock des Universitätsgebäudes in der Greene Street in Manhattan.

In seinem Buch „Teaching as a Conserving Activity", das er 1982 veröffentlichte, machte Postman auf die Übermacht des Fernsehens im Bereich der Meinungsbildung aufmerksam. Er betonte auch die Bedeutung der Schulen, die seiner Meinung nach ein Gegengewicht zur Informationswelt bilden sollten.

Aufsehen erregte Postman 1984 mit dem Buch „Das Verschwinden der Kindheit", in dem er die Massenmedien für das Auflösen der Grenze zwischen der Welt der Erwachsenen und der Kinder verantwortlich machte. Die Kindheit werde durch die neuen Medien entzaubert und falle dem Diktat der Unterhaltungsindustrie zum Opfer. In seinen Worten: „Es ist für die elektronischen Medien unmöglich, irgendwelche Geheimnisse zu bewahren. Ohne Geheimnisse aber kann es so etwas wie Kindheit nicht geben." Laut Postman fällt es Kindern, die viel fernsehen, immer schwerer, Lesen und damit abstraktes Denken zu lernen. Steigendes Analphabetentum sei die logische Konsequenz.

1984, als die literarisch interessierte Öffentlichkeit den gleichnamigen apokalyptischen Roman von George Orwell neu entdeckte, machte

Postman als Eröffnungsredner der Frankfurter Buchmesse die überraschende Aussage, dass die USA durch subtilere Methoden der Unterwerfung bestimmt seien als durch die Kontrollmechanismen eines Überwachungsstaates. In seinem ein Jahr später veröffentlichten Buch „Wir amüsieren uns zu Tode" beschrieb Postman die Phänomene der schönen neuen Medienwelt und brachte darin sein Unbehagen über die mächtiger werdende Unterhaltungsindustrie zum Ausdruck. Postman war ganz und gar nicht „amüsiert" über die Sinnestäuschungen, denen wir uns aussetzen, wenn wir fernsehen. Dem Erscheinen seines Buches war eine groß angelegte Studie vorausgegangen, welche die Auswirkungen des Fernsehens auf Wahrnehmung, Einstellung und Verhalten von Kindern und Erwachsenen untersuchte. Postman sammelte nicht Argumente, um das elektronische Medium zu verbannen, sondern um auf die Gefahr hinzuweisen, dass Technik als Ideologie uns beeinflusst, ohne dass wir es bemerken. „Kein Medium ist übermäßig gefährlich, sofern seine Benutzer wissen, wo die Gefahren lauern", sagte Postman. So schreckte er beispielsweise nicht davor zurück, im Fernsehen für seine Bücher zu werben, die gerade vor diesem Medium warnen. Er sprach sich dafür aus, Darstellungen harter Gewalt sowie Pornografie im Fernsehen massiv einzuschränken und darüber hinaus Werbespots in Kindersendungen zu verbieten.

1991 erschien sein Buch „Das Technopol", in dem Postman Macht und Auswirkungen der global vernetzten Computerwelt kritisierte, vor blindem Glauben an technologische Lösungen und vor der Entmündigung der Menschen warnte. Seine Analyse, unsere Gesellschaft leide an einer Art „kulturellem Aids" bezieht sich auf die Beliebigkeit und Menge der verfügbaren Informationen: „Unser Immunsystem bricht unter der ungefilterten Informationsflut zusammen", warnte Postman. Ebenso sprach er sich gegen den Einsatz von Computern in Schulen aus. Stattdessen forderte er besser ausgebildete Lehrer.

In dem 1995 erschienenen Buch „Keine Götter mehr" richtete er seinen Blick folgerichtig auf die Inhalte und Methoden des Lernens, nicht aber auf die eingesetzte Technik in Form von Computern oder Fernsehern. Sein letztes Buch „Die zweite Aufklärung“, das 1999 auf den Markt kam, schrieb Postman, wie auch alle vorangegangenen Werke, mit blauer Tinte auf gelben, linierten Blättern. Seine zentrale These hielt er bis zuletzt aufrecht: Das Medium Fernsehen gefährdet die Urteilsbildung.

Am 5. Oktober 2003 verstarb Neil Postman im Alter von zweiundsiebzig Jahren an den Folgen eines Krebsleidens. Bis zu seinem Tod lebte er im New Yorker Stadtteil Queens. Er hinterließ eine Frau und drei erwachsene Kinder. Über seine Tochter berichtete er einmal glücklich: „Sie unterrichtet, wie ich früher, in der Grundschule. Ich habe großen Respekt vor Lehrern. Was sie tun, ist von enormer Bedeutung für die Zukunft unserer Gesellschaft.“

| Ausgewählte Buchveröffentlichungen:

Neil Postman: Wir amüsieren uns zu Tode.
Urteilsbildung im Zeitalter der Unterhaltungsindustrie.
S. Fischer Verlag, Frankfurt/M. 1985
Originalausgabe: Amusing Ourselves to Death.
Viking-Penguin Inc., New York 1985

Neil Postman: Das Technopol.
Macht der Technologien und Entmündigung der Gesellschaft.
S. Fischer Verlag, Frankfurt/M. 1992
Originalausgabe: Technopoly.
Alfred A. Knopf Inc., New York 1991

Neil Postman: Die zweite Aufklärung.
Vom 18. ins 21. Jahrhundert.
Berlin Verlag, Berlin 1999
Originalausgabe: A Bridge to the Eighteenth Century.
Alfred A. Knopf Inc., New York 1999

| Wohin gehen Sie?

„Menschen, die nur nach vorne blicken, sind mir verdächtig. Worauf sollen wir denn blicken? In der Zukunft gibt es für uns noch nichts zu sehen. Wir müssen zuerst einmal erkennen, wo wir sind, welche Probleme wir heute zu bewältigen haben und welche Ideen wir in die Zukunft hinüberretten wollen."

Postman hielt sich stets im Hier und Jetzt auf. Er liebte es, mit Menschen zusammen zu sein, die in der Gegenwart leben und mit der Wirklichkeit in Berührung sind.

Die Epoche, der er sich am stärksten verbunden fühlte, war das 18. Jahrhundert. Es war die Zeit der Aufklärung, die eine neue, auf Vernunftprinzipien gegründete Welt schaffen wollte, in welcher Staaten ohne Argwohn miteinander umgehen. Sein letztes Buch „Die zweite Aufklärung" setzt sich mit dem Erbe der großen Denker des 18. Jahrhunderts auseinander. Die zentrale Frage darin lautet: Welche Bedeutung haben Kant, Goethe, Rousseau und Voltaire für das 21. Jahrhundert? Postman suchte nach politischen Entwürfen, „mit denen wir die Menschen von den Fernsehgeräten hervorlocken können." Er träumte von einer Welt, in der sich Menschen, in den Worten Kants, aus ihrer „selbstverschuldeten Unmündigkeit" befreien und die Ideale der Aufklärung verwirklichen. Neil Postman war mit diesem Traum nicht allein.

Aldous Huxley hatte Recht:
Wir amüsieren uns zu Tode.

Die Mediengesellschaft

In seinem 1985 erschienenen Buch „Wir amüsieren uns zu Tode" warnt Neil Postman vor dem Einfluss und der Suggestionskraft der elektronischen Medien und vor ihren Auswirkungen auf die Menschen. Seine Ausführungen, die er am Beispiel der US-amerikanischen Gesellschaft illustriert, gelten seiner Meinung nach auch in der Bundesrepublik Deutschland.

Nach Postmans Analyse leben wir in einer „totalen Mediengesellschaft", die durch die Allgegenwart des Fernsehens gekennzeichnet ist. Unterhaltung ist der Dreh- und Angelpunkt dieses Mediums, das die Menschen in Anspruch nimmt, ohne selbst anspruchsvoll zu sein. Problematisch ist für Postman dabei nicht das Ziel der Fernsehmacher, den Zuschauer zu unterhalten, sondern vielmehr die Absicht, „jedes Thema als Unterhaltung zu präsentieren." Denn auch eine Fernsehsendung, die sich als seriöse Informationsquelle und als Vermittler

bedeutsamer kultureller Botschaften ausgibt, ist darauf ausgerichtet, den Unterhaltungswert zu maximieren, um möglichst hohe Einschaltquoten zu erzielen.
Laut Postman ist diese Mischung von Information und Unterhaltung das Gefährliche an dem alles beherrschenden Medium Fernsehen. Nachrichten- und Informationssendungen sind so aufbereitet, dass beliebige Kurzmeldungen an die Stelle von sachlichen Beiträgen treten, die durch sorgfältig recherchierte und didaktisch gut aufbereitete Hintergrundinformationen zu einer Meinungs- und Urteilsbildung beitragen könnten. Die Nachrichten sind aus dem Zusammenhang gerissen, stellen minimale Anforderungen an das Auffassungsvermögen, erzeugen gezielt eine Stimmung und befriedigen nur oberflächlich den Informationsbedarf.
Die Fülle an Informationen, die Postman als gewaltige Anzahl von Antworten auf ungestellte Fragen betrachtet, führt gleichzeitig zu ihrer Entwertung. Die amerikanischen Fernsehzuschauer sind nach Ansicht des Medienökologen desinformiert, weil ihnen nur vorgetäuscht wird, etwas zu wissen. Tatsächlich aber hat der Mediennutzer bruchstückhafte und irrelevante Informationen erhalten, mit denen er nichts anzufangen weiß. Gut unterhalten, aber schlecht informiert, sitzt der Zuschauer am Ende des Tages im Fernsehsessel.
Im Zeitalter der Druckmedien stand der Handlungswert von Informationen noch im Vordergrund, meint Postman. Im Gegensatz zum Fernsehzuschauer kann der Leser eines Buches das Lesetempo und die Leseweise selbst bestimmen, indem er einzelne Passagen nochmals nachliest oder einfach auslässt. Informationssuche und Wissenserweiterung verlaufen somit als Prozesse mit hoher eigener Beteiligung. Vorstellungsvermögen und Phantasie werden angeregt.
Das voraussehbare Ende des Buchdrucks und der zunehmende Erfolg des Fernsehens haben nach Postman die aktive Suche nach Informationen durch die passive Berieselung abgelöst. Der Handlungswert von Informationen ist dem Unterhaltungswert gewichen. Die wortbestimmte Kultur ist durch eine bildbestimmte Kultur verdrängt worden. Das

Fernsehen setzt den Buchdruck nicht fort, erweitert ihn auch nicht, sondern trägt zu seiner allmählichen, aber sicheren Zerstörung bei. Postman geht es primär nicht darum, das Aussterben einer scheinbar veralteten Lesekultur zu beklagen, sondern aufzuzeigen, wie endlos aneinandergereihte Unterhaltungsveranstaltungen den für das Überleben einer Gesellschaft enorm wichtigen öffentlichen Diskurs verdrängen. Das Fernsehen lockt den Menschen durch Bilder, die in schnellem Wechsel und dynamischer Vielfalt gezeigt werden. Es bleibt keine Zeit, über das Gesehene nachzudenken oder in eine Diskussion einzutreten. Diskurs passt Postmans Ansicht nach ohnehin nicht zu einem Medium, das auf Effekthascherei, Oberflächlichkeit und Showbusiness ausgerichtet ist.

So schreibt Postman: „Jede Technik hat ihre eigene Logik." Die Logik des Fernsehens ist, das Publikum mit Unterhaltung zu versorgen. Dieses Medium verkörpert den Geist einer Kultur, in der öffentlicher Diskurs zu einer Varietéveranstaltung verkommt. Kommunikativer Austausch, der für Urteilsbildung, Kritikfähigkeit und Handlungskraft unabdingbar ist, findet nicht mehr statt. Letztlich schlägt sich dies negativ auf die demokratische Ordnung nieder: „Die Grundlagen der freiheitlichen Demokratie sind in Gefahr", lautet Postmans Resümee.

Um diese Gefahr zu bannen, müssen Orte existieren oder geschaffen werden, an denen Menschen das Prinzip der bürgerlichen Partizipation erlernen. Denn ohne Sinn wird die Schule ein Ort des unfreiwilligen Aufenthalts, ein Ort der Leere, nicht der Lehre. Der Auftrag der Schule ist dementsprechend, Neugier zu wecken, Aufmerksamkeit zu konzentrieren, Sinn zu stiften und die jungen Menschen von der Notwendigkeit und Bedeutung des Lernens zu überzeugen.

Durch den Verfall des öffentlichen Diskurses in der Mediengesellschaft trägt der Mensch letztlich zu seiner eigenen Entmündigung bei. Die Prognose von Aldous Huxley, die dieser in seinem Buch „Schöne neue Welt" fiktiv ausgestaltet hat, ist somit Wirklichkeit geworden.

| Sehen Sie sich selbst als Gesellschaftstheoretiker, Gesellschaftskritiker, Gesellschaftsarchitekt oder als geselliger Zeitgenosse?

Ich benutze Theorie, um Kritik zu üben. Ich mache mir keine Illusionen über den Effekt meiner Arbeit. Ich glaube nicht, gleich zum Architekten der Gesellschaft zu werden, indem ich ein Buch über sie schreibe. Aber ich versuche, Dinge, die mir auffallen, beim Namen zu nennen, auf Gefahren hinzuweisen und vor Propaganda zu warnen. Ebenfalls halte ich Ausschau nach guten Ideen und unterbreite Vorschläge, wie diese umgesetzt werden könnten. Ich sehe mich in erster Linie nicht als Antwortgeber, sondern als Fragensteller. Ich widme mich Fragen, die sonst vielleicht ungestellt blieben. Fragen zu stellen, die Skepsis und Kritik ausdrücken, gehört meines Erachtens zu den wichtigsten Aufgaben unserer Zeit.

| Welche Rolle spielen Sie in der Gesellschaft?

Ich erinnere mich an eine Rede, die ich im Jahr 1984 zur Eröffnung der Frankfurter Buchmesse gehalten habe. Ich sprach darin die Irrtümer der US-amerikanischen Gesellschaft an. Mein Nachredner war der damalige Bundeskanzler Helmut Kohl. Obwohl seine Rede vorbereitet war, ging er zunächst auf meine Worte ein. Er sagte, er bewundere es, dass jemand auf einem internationalen Forum derart harsche Kritik an seiner eigenen Gesellschaft übt. Dies verdeutliche, wie Demokratie als öffentlicher Diskurs funktionieren kann.
Ich kann gar nicht anders, als die bestehenden Missverhältnisse meiner eigenen Gesellschaft zu kritisieren. Ebenfalls versuche ich, junge Menschen zu ermutigen, ihre Kritik zu äußern.

| Welcher Gesellschaftsgruppe fühlen Sie sich zugehörig?

Mein Vater war Lastwagenfahrer und ich wuchs in der Arbeiterschicht auf. Daher weiß ich sehr genau, was es heißt, mit wenig Geld auskom-

men zu müssen und hart zu arbeiten. Als Universitätsprofessor gehöre ich heute der Gruppe der Akademiker an, die über eine gute Ausbildung und ein Einkommen verfügt, das sich wesentlich von dem der Arbeiterklasse unterscheidet.
Ich bin geprägt von der jüdischen Tradition und der amerikanischen Tradition der Freiheit und Demokratie. Diese kulturellen Einflüsse bereicherten mein Leben.

| Welche Gesellschaftsromane haben Sie fasziniert?

Meine persönlichen Favoriten sind „Schöne neue Welt“ von Aldous Huxley – das Buch erschien 1932 – und „1984“ von George Orwell aus dem Jahr 1948. Diese beiden Bücher haben mich sehr stark beeinflusst. Ich glaube, Orwell lag mit seiner Einschätzung der möglichen Zukunft falsch. Huxleys Prophezeiung war dagegen richtig. Orwell warnte vor der totalen Überwachung durch eine äußere Macht. Huxley dagegen rechnete damit, dass die Menschen langsam aber sicher abstumpfen, indem sie sich von trivialer Unterhaltung berieseln lassen. Sie verlieren die Fähigkeit, sich ein eigenes Urteil über die Gesellschaft zu bilden, in der sie leben.

| Welchem Gesellschaftsspiel gehen Sie gerne nach?

Ich bin zu unruhig für Geduldsspiele wie „Trivial Pursuit“ oder „Sharades“. Eigentlich spiele ich keine Gesellschaftsspiele im klassischen Sinn. Was ich wie ein Gesellschaftsspiel betreibe, sind Gespräche über Gott und letzte Wahrheiten. Bevorzugt stelle ich Fragen nach dem Warum. Niemand kann diese Fragen letztlich beantworten; deshalb macht es mir besonders viel Spaß, sie zu stellen.
Als Lehrer an der High School habe ich stets eine Schulstunde in der Woche darauf verwendet, die Kinder im Stellen von Fragen zu unterrichten. Dabei spielten wir ein Spiel, das in den USA unter dem Namen „Zwanzig Fragen“ bekannt ist. Die Regeln lauten: Der Lehrer

wählt eine Person aus der Klasse aus ohne sie zu nennen, und die Schüler dürfen zwanzig Fragen stellen, um diese zu erraten. Die Fragen dürfen aber nur mit „Ja“ oder „Nein“ beantwortet werden. Außerdem antwortet der Lehrer nur dann, wenn die ganze Klasse ihre Zustimmung zu der jeweiligen Frage gegeben hat. So ist gewährleistet, dass kein Schüler den Spielverlauf durch eine unüberlegte Frage stört. Schwerer wird es, wenn man einen Namen aus dem städtischen Telefonbuch aussucht, in dem viele tausend Namen aufgelistet sind. Die Frage ist: Wie muss ich vorgehen, um den Namen herauszufinden? Die Schüler lernen bei diesen Spielen, über die Technik und die Methode des Fragens nachzudenken. Ich denke, die Fähigkeit, gute Fragen zu stellen, ist das Wichtigste, was wir unseren Kindern mit auf den Weg geben können.

| In welcher Gesellschaft leben wir eigentlich?

Wir leben in einer von Technik bestimmten Gesellschaft, in der das Medium Fernsehen eine zentrale Stellung im Alltag eingenommen hat. Aber auch Videokameras und Computer diktieren das Leben vieler Menschen. Unsere psychischen Gewohnheiten, unsere sozialen Beziehungen, unsere politischen Vorstellungen und unser moralisches Empfinden werden von den neuen Medien regelrecht neu geordnet. Wir leben in einer Gesellschaft, in der sich viele Menschen den Technologien gegenüber kritiklos verhalten und sich ihnen unterwerfen.

Wir leben in einer Gesellschaft, die durch den nie endenden Kampf um das materielle Auskommen charakterisiert ist. Das beginnt schon bei der Erziehung der Kinder, denen beigebracht wird, sich selbst unter ausschließlich ökonomischen Vorzeichen zu sehen. Viele Eltern teilen die Auffassung, die Schule sei lediglich eine Ausbildungsstätte für den späteren Beruf.

Wir leben in einer Gesellschaft, die durch Klassen geprägt ist. Die Zugehörigkeit zu den einzelnen Schichten hängt in erster Linie von Geld

und Bildung ab. Die Menschen leben, je nachdem zu welcher Klasse sie gehören, in einer ganz speziellen Welt mit eigenen Hoffnungen und Möglichkeiten.
Wir befinden uns nach wie vor in einer nationalstaatlich geprägten Gesellschaft, die gekennzeichnet ist durch nationale Symbole, eine Nationalsprache, eine gemeinsame Geschichte und eine spezifische Vision der Zukunft. Der Gedanke von Karl Marx, ein deutscher Bergarbeiter habe mit einem englischen Vertreter dieses Berufes mehr gemein als mit einem deutschen Adligen, ist nicht völlig falsch, aber ich glaube, die nationale Identität ist weiterhin die stärkste Kraft, die Menschen aneinander bindet, auch wenn sie tendenziell an Bedeutung verliert.

| Worin sehen Sie die Stärken und Schwächen dieser Gesellschaft?

Die Stärken der US-amerikanischen Gesellschaft liegen, so glaube ich, in der Vitalität, Energie und Kreativität, im Tatendrang und Einfallsreichtum der Menschen. Eine gewaltige Fülle neuer Erfindungen und technischer Innovationen verheißt seit jeher Freiheit und veränderte gesellschaftliche Organisationsformen. Wenn in den USA ein Gebäude fünfunddreißig Jahre alt ist, wird es abgerissen, um einem neuen Bauwerk Platz zu machen. Der Wandel belebt das Geschäft. Die Spuren der Vergangenheit werden ausradiert. In hundert Jahren wird man von Hadrians Rom mehr Spuren entdecken können als vom heutigen New York.
Eine der Schwächen der Gesellschaft ist die Ignoranz vieler Leute gegenüber ihrer eigenen Geschichte. Die Folgen von Handlungsweisen werden oft nicht hinterfragt, negative Konsequenzen bestimmter Entwicklungen in Kauf genommen. Technischer Fortschritt geht nicht automatisch mit moralischem Fortschritt einher.

| Wollen Sie die Gesellschaft verändern?

Jeder will die Dinge besser machen, als er sie vorfindet. Ich weiß, dass ich durch das Schreiben von Büchern nicht die Welt verändern kann, aber im Grunde verfolge ich das Ziel, die Gesellschaft darauf aufmerksam zu machen, was meiner Meinung nach falsch läuft. Ich verwende viel Zeit und Energie darauf, andere zu ermutigen und Glaubenssätze eines Bill Gates oder anderer mächtiger Götter der Technologie und der Werbeindustrie zu hinterfragen. Ebenfalls bemühe ich mich, vor der Technikbesessenheit zu warnen, da wir die Auswirkungen vieler neuer Entdeckungen auf diesem Gebiet noch nicht kennen oder nicht einschätzen können. Ich beobachte die unkontrollierten technologischen Entwicklungen mit großer Sorge und Skepsis und reagiere darauf, wenn es angebracht ist.
Die US-amerikanischen Vorurteile, Neigungen und Neurosen kritisiere ich mit der gleichen Leidenschaft wie vor dreißig Jahren, habe aber in der jüngsten Zeit zu meinem Erstaunen und Amüsement entdeckt, dass ich die meisten von ihnen teile.

| Wie sieht für Sie die ideale Gesellschaft aus?

Ich habe mir darüber noch nie Gedanken gemacht. Ein Ökologe hat kein Konzept von einer idealen Umwelt. Er ist vielmehr daran interessiert, aufzudecken, welche Probleme es gibt. Er fragt sich, warum die Fische im Fluss verenden, warum der Wald stirbt und was dagegen getan werden kann. Ein Ökologe hat keine Vorstellung davon, wie der ideale Fluss oder der ideale Wald aussehen.
Genauso denke ich über die Gesellschaft. Ich konzentriere mich auf ihre Probleme und darauf, was getan werden kann, um sie zu lösen. Als Medienökologe studiere ich die symbolische Umwelt und stelle Fragen wie: Was geschieht mit Menschen, die acht Stunden am Tag fernsehen? Wie wirkt sich Werbung auf Kinder aus, die bis zu ihrem 18. Lebensjahr durchschnittlich 500.000 Werbespots gesehen haben?

| Wie sieht die Gesellschaft von morgen aus?

Unsere Vorstellung von der Zukunft ist immer nur eine Projektion der Vergangenheit. Egal welchen Science-Fiction-Roman wir lesen, jeder reflektiert eine Projektion von etwas, was bereits existiert. Deswegen halte ich die Geschichte für die wichtigste Quelle, um sich die Zukunft vorzustellen. Wenn wir uns fragen, wie die Menschen in der Vergangenheit Probleme gelöst haben, wird es uns vielleicht leichter fallen, die Probleme der Zukunft zu bewältigen.
Können wir ohne Rückbezug auf die Vergangenheit die Zukunft planen oder auch nur über sie nachdenken? Søren Kierkegaard hat in der Tat Recht, wenn er meint, es gebe in der Zukunft nichts zu sehen, es sei denn etwas aus der Vergangenheit. Ich stimme auch George Santayanas zu, der uns drängt, unsere Fehler einzusehen und uns ihrer zu besinnen, damit wir sie in Zukunft vermeiden.

| Das „Gutenberg-Zeitalter", wie Marshall McLuhan das Zeitalter der Druckerpresse nannte, ist endgültig durch das Zeitalter der elektronischen Medien abgelöst worden. Das wird keiner mehr bestreiten. Der Soziologe Niklas Luhmann beginnt sein Buch „Die Realität der Massenmedien" deshalb auch mit folgendem Satz: „Was wir über unsere Gesellschaft, ja über die Welt, in der wir leben, wissen, wissen wir durch die Massenmedien."

Das ist sicherlich richtig. Immer mehr Menschen erhalten ihre Informationen über die Massenmedien Fernsehen oder Internet. Wir können Informationen durch die technologischen Innovationen immer leichter, schneller und in größerer Menge abrufen. Aber wir müssen bedenken, dass diese sich durch das jeweilige Medium, das sie transportiert, entsprechend verändern. In der Mitte des 19. Jahrhunderts konnte man Informationen nur so schnell übermitteln, wie ein Mensch sie von A nach B bringen konnte. Mit einem schnellen Zug lag das Tempo bei etwa fünfzig Stundenkilometern.
Durch die Erfindung der Telegrafie und der Fotografie veränderten sich Form, Umfang und Tempo der Übermittlung. Informationen konnten nun in großer Menge Raum und Zeit überwinden und Neugier befriedigen. Die einschneidendsten Veränderungen in der zweiten Hälfte des 20. Jahrhunderts waren jedoch der Bedeutungsverlust des Buchdrucks und der Beginn des Fernsehzeitalters. Durch diese Entwicklungen veränderte sich auch der Inhalt des öffentlichen Gedankenaustausches. Alles wurde auf das Medium Fernsehen zugeschnitten. Nachrichtensendungen und Spielshows sind auf ein Ziel ausgerichtet: Sie wollen den Zuschauer unterhalten. Dies wird erreicht, indem man einzelne Ereignisse, die aus dem Zusammenhang gerissen sind, aneinanderreiht.
Grundsätzlich ist zu beachten, dass neue Medien nicht nur die Form der Nachricht, sondern auch ihren Inhalt verändern. Die Technologie erzeugt immer neue Möglichkeiten der Wahrnehmung. Darauf wies bereits Karl Marx hin, indem er erklärte, die Technik offenbare die Art

und Weise des Umgangs der Menschen mit der Natur und erzeuge die Kommunikationsformen, durch die sie miteinander in Beziehung treten. Dies meinte auch Ludwig Wittgenstein, der im Hinblick auf unsere elementarste Technologie sagte, dass die Sprache nicht nur das Fahrzeug des Gedankens, sondern auch der Fahrer selbst sei. Keiner aber hat diesen Gedanken besser auf den Punkt gebracht als Marshall McLuhan mit seinem Ausspruch: „Das Medium ist die Botschaft."

| Luhmann ging wie McLuhan einen Schritt weiter und fragte: „Wie ist es möglich, Informationen über die Welt und die Gesellschaft als Informationen über die Realität zu akzeptieren, wenn man bedenkt, wie sie produziert werden?"

Das Problem besteht in der Tat darin, dass sich die Menschen keine Gedanken machen über das, was sie am Bildschirm sehen. Hauptsache, es unterhält. Sie setzen sich in einen bequemen Sessel vor den Fernseher und lassen sich stundenlang berieseln. Das erinnert an die Prophezeiungen eines Aldous Huxley in seinem Buch „Schöne neue Welt".

Die Auswirkungen des Fernsehens untersuchten wir in einer Studie. Wir haben im Jahr 1980 nach der Geiselnahme in der US-amerikanischen Botschaft in Teheran Leute danach befragt, was sie über den Iran wissen. Über ein Jahr lang wurde jede Nacht im US-amerikanischen Fernsehen über jene Situation berichtet. Wir vermuteten deshalb, dass viele Leute Fragen über den Iran beantworten können müssten. Wir entschieden uns für sieben einfache Fragen wie zum Beispiel: Wo liegt der Iran? Welche Religion praktizieren die Iraner? Wer ist der Schah? Das Ergebnis gab Aufschluss darüber, was der Mensch aufnimmt, wenn er fernsieht. Beispielsweise erhielten wir Antworten wie: „Ich weiß nicht, welche Religion die Iraner praktizieren, aber ich erinnere mich, dass sie zum Gebet auf einem Teppich niederknien." Wenn Leute die richtige Antwort geben konnten – und das war nicht sehr oft der Fall – sagten sie auf unsere Frage, woher sie das wussten: „Ich weiß es, weil ich einen Artikel über den Iran in der Zeitung gelesen habe." Die meisten befragten US-Amerikaner haben kein konkretes Wissen über andere Länder, sondern nur vage Vorstellungen. Das liegt daran, dass die Sprache des Fernsehens keine Sprache ist, sondern ein eindimensionaler Fluss von Bildern. Die Flut der visuellen Eindrücke zerstört die Sprache und das Denken. Das Fernsehen unterhält, es informiert nicht.

| Was verstehen Sie unter Informationen?

Aussagen über die Welt werden erst dann zu Informationen, wenn wir sie zur Kenntnis nehmen oder verarbeiten, indem wir über sie sprechen oder schreiben. Sie sind aber auch Mittel und Zweck menschlicher Kreativität.
Jede Phase der Informationsrevolution, vom Buchdruck über die Telegrafie, die Fotografie, das Fernsehen bis hin zur Computertechnologie, brachte neue Formen, eine größere Zahl und eine immer schnellere Übertragungsweise von Daten mit sich.
Nachdem man jetzt weiß, wie die enorm gewachsene Menge an Informationen möglichst bequem und schnell erzeugt, gespeichert und verteilt werden kann, müssen wir uns nun einem neuen Problem zuwenden.

| Welches Problem meinen Sie?

Wir müssen uns nun den Problemen der Informationsübersättigung und des Informationsmülls stellen. Wir haben längst genug Informationen, um zu wissen, wie wir alle Menschen ernähren können. Dass wir es nicht machen, muss andere Gründe haben.
Es wird immer schwieriger, die wertvollen Informationen von den wertlosen zu trennen. Und es wird immer leichter, die wirklichen Probleme zu ignorieren und sich Banalitäten zuzuwenden. Was aber sollen wir mit all den falschen, irreführenden und für unser Handeln belanglosen

Informationen machen? Wer kann unsere Wahrnehmung und Urteilsfähigkeit schulen, damit wir der Flut an Neuigkeiten, die uns jeden Tag überschwemmt, nicht schutzlos ausgeliefert sind?
Denken Sie nur an die Fülle möglicher Quellen: Printmedien, Rundfunkkanäle, Fernsehsender, Telefon, Faxgerät, Internet, Speichermedien wie Videokassetten oder CDs, Reklametafeln, Briefe, E-Mails und viele andere. Von allen Seiten strömt eine gewaltige Fülle an Information auf uns ein. Das Problem der kontinuierlichen, schnellen und variantenreichen Übermittlung ist durch Druckmaschinen, Lichtwellen, Ätherwellen, Telexstreifen, Datenbanken, Telefondrähte, Fernsehkabel und Satelliten gelöst. Das neue Problem lautet aber: Wie können wir die Informationen selektieren? Welche Informationen sind relevant und welche irrelevant?

| Wie ist dieses Problem zu lösen?

Wir müssen zu der Einsicht gelangen, die Information wieder dorthin zu bringen, wohin sie gehört. Wir müssen ihr wieder einen sinnvollen und nützlichen erkenntnistheoretischen Rahmen geben. Ohne jeglichen Kontext sind die frei verfügbaren Daten, die wahllos und beliebig in Erscheinung treten und an keinen bestimmten Adressaten gerichtet sind, unbrauchbar. Langfristig können sie aber auch unvorhersehbare Folgen für deren Beurteilung haben. Das schlimmste Szenario, das ich mir vorstelle, würde so aussehen, dass nur noch Trivialitäten unser Denken bestimmen.

| Welche gesellschaftliche Institution kann die von den neuen Technologien erzeugte Informationsflut filtern oder kontrollieren?

Anscheinend ist und bleibt die Zeitung das einzige Medium, das die Informationsflut eindämmen kann. Sie ist das Medium, das Neuigkeiten organisiert, einschätzt und gegebenenfalls ausschließt. Vorausgesetzt, sie bleibt ihrem Ruf treu und unterwirft Form und Inhalt nicht dem Markt. Im Gegensatz zum Internet hat die Zeitung den Vorteil, ihre Leser mit relevanten Informationen versorgen und den Fluss an Daten in Bahnen lenken zu können, ohne dabei zu brummen, zu piepsen oder die Telefonleitung zu belegen. Die Zeitung kann man überall lesen: im Auto und im Flugzeug, im Haus und im Garten, im Bett und auf der Toilette. Der Vorteil des Computers liegt nur darin, dass er mehr Informationen liefert. Um den negativen Entwicklungen entgegenzuwirken, müssten die Zeitungen sich wieder stärker darauf konzentrieren, Wissen zu vermitteln.

| Was verstehen Sie unter Wissen, und wie lässt sich Wissen angemessen vermitteln?

Ich definiere Wissen als organisierte Information, die nicht aus dem Zusammenhang gerissen ist. Wissen ermöglicht die Einschätzung und Beurteilung von Tatsachen. Wissen bedeutet Verstehen und führt zur Meinungsbildung. Oder anders ausgedrückt: Informationen verschaffen Ansichten, Wissen verschafft Einsichten über die Welt. Deshalb müssen wir uns auch Gedanken machen, welches Medium geeignet ist, Schülern Wissen zu vermitteln. Ich betrachte die Schule nach wie vor als einen der unverzichtbaren Orte, an denen gelernt werden kann, wie man Wissen hervorbringt, wie man mit Wissen umgeht und wie man Wissen für sich nutzbar macht. Aus den bereits genannten Gründen ziehe ich die begriffliche Kultur eines Buches der visuellen Kultur eines Fernsehers vor.

| Der Pädagoge Lewis Perelman stellt in seinem Buch „School´s out" die Behauptung auf, dass moderne Technologien die Schulen überflüssig machen, da es außerhalb der Klassenzimmer sehr viel mehr Informationen gebe als in ihnen. Statt in der Schule sollten die Kinder vor dem häuslichen Fernseher die Dinge lernen, die sie auf den Einstieg ins Berufsleben vorbereiten.

Diese Vision macht deutlich: Wir werden zu Sklaven der Technologie. Wir müssen sie gebrauchen, weil sie da ist. Wir werden zu der Art von Mensch, die diese Technologie erfordert, und passen unsere Institutionen den technischen Neuerungen an, ob wir wollen oder nicht. Es wundert nicht, dass die jeweiligen Nutznießer dieses Verhalten fördern. Es ist aber nicht zu verstehen, warum sich die breite Masse von ihnen beeinflussen lässt. Dieser Trend geht sogar schon so weit, dass ein US-amerikanischer Fernsehsender einen Vertrag mit fast 5000 öffentlichen Schulen abgeschlossen hat, der vorsieht, kostenfrei teure Fernsehanlagen und Satellitenschüsseln zu installieren. Im Gegenzug verpflichteten sich die Schulen, zwei Minuten Werbung ins Lehrprogramm aufzunehmen. Wem gibt die Technologie Macht und Freiheit und wessen Macht und Freiheit wird durch sie eingeschränkt?

Die Schule ist nicht ausschließlich dafür da, Kindern Informationen zu verschaffen. Schon seit fast einem Jahrhundert können sie diese besser außerhalb der Schule als in ihr erhalten. Aus Millionen von Quellen auf der ganzen Welt stürzen die Informationen herein. Hinter jeder vorstellbaren Form der Speicherung – auf Papier, Video, Tonband, Disketten, Film und CD-Rom – steht eine noch größere Menge an Informationen, die darauf wartet, angezapft zu werden. Diese Tatsache hat die Schule jedoch nicht überflüssig gemacht und wird dies auch nie tun.

| Wofür steht die Schule dann? Welche Aufgaben hat sie und auf welchem Grundgedanken beruht sie?

Wenn die einzige Aufgabe der Schule in der Übermittlung von Informationen bestünde, dann hätten die neuen Technologien die Schule in der Tat schon überflüssig gemacht. Aber sie hat Funktionen, die keine Technologie so leicht ersetzen kann.

In erster Linie sollen Kinder in der Schule ein Umfeld erleben, wo man soziales Verhalten lernt und fördert, und wo die Verantwortung für andere gestärkt wird. Eine weitere Aufgabe der Schule besteht darin, die

Kritikfähigkeit ihrer Schüler zu entwickeln und sie zu selbstständig denkenden und urteilenden Menschen zu erziehen. In der Schule sollten die Kinder lernen, wie man argumentiert und streitet. Es ist ebenfalls Aufgabe der Lehrer zu vermitteln, welche Fragen wichtig sind, und mit den Schülern darüber zu diskutieren, welche Auswirkungen die neuen Technologien auf ihr Leben haben.
Allgemein gesprochen ist es der zentrale Auftrag der Schule, die Fähigkeiten der Schüler zu erweitern. Dies bedeutet, ihren Intellekt und ihre Sensibilität zu fördern. Überdies verfolgt die öffentliche Erziehung das Ziel, Kinder und Jugendliche zu ermuntern, über ihre individuelle Situation hinauszublicken und ihrem Leben durch die Lehrinhalte Sinn und Struktur zu verleihen. Kinder brauchen auch im Fernseh- und Computerzeitalter einen Ort wie die Schule, an dem geistige Beweglichkeit erlaubt ist und erprobt werden kann.

| Sie schreiben in Ihrem Buch „Wir amüsieren uns zu Tode": „Ein Buch ist der Versuch, dem Denken Dauer zu verleihen und einen Beitrag zum Dialog zu leisten, den die Autoren der Vergangenheit mit der Gegenwart führen." Wie lässt sich dieser Gedanke als Lehrmittel und Lernziel verwirklichen?

Die Lehrer sollten ihren Schülern verdeutlichen, wie sich Ideen über Jahrhunderte hinweg entwickeln, und aufzeigen, dass Wissen und Erkenntnis einen Prozess durchlaufen. Jedes Fach sollte deshalb auch die historischen Zusammenhänge berücksichtigen und aufzeigen, wie das jeweilige Wissen entstanden ist und wie es erweitert wurde. Unsere heutigen biologischen Kenntnisse im Unterricht darzustellen, ohne auf frühere Vorstellungen der Menschen einzugehen, würde heißen, Wissen zu einem bloßen Konsumprodukt zu verkürzen. Man muss den Schülern die Möglichkeit geben, die Bedeutung unseres Wissens und der Wege, auf denen wir es erlangt haben, zu begreifen. Durch eine solche Herangehensweise könnte sich kritisches Denken entfalten und die Schüler könnten in die Lage versetzt werden, über den Sinn und die

Wahrheit dessen nachzudenken, was sie schreiben und lesen. Solche Hinweise gehen vielleicht weit über das hinaus, was heute üblich ist. Dennoch halte ich sie für unverzichtbar.

| Kommen wir zu der wohl beherrschendsten Technologie unserer Zeit: Der Computer definiert unser Zeitalter, indem er – wie Sie in Ihrem Buch „Das Technopol" schreiben – „die Umrisse eines neuen Verhältnisses zu Information, Arbeit, Macht und Natur erkennbar macht."

Die Computertechnik hat die Menschen in dem Glauben bestärkt, technologische Innovation sei gleichbedeutend mit menschlichem Fortschritt. Ich möchte aufzeigen, warum ich diese Annahme für einen fatalen Irrtum halte und Technikverliebtheit und Technikwahn als gefährlich erachte.
Der Computer zeichnet sich zweifellos durch eine scheinbar unbegrenzte Kapazität aus, unvergleichliche Mengen an Informationen zu speichern und abrufbar zu machen. Durch diese phänomenale Leistung lässt er uns glauben, dass auch Probleme im privaten und öffentlichen Bereich durch technische Innovationen gelöst werden könnten. Ich will dagegen halten, denn unsere wirklich ernsten Probleme liegen auf anderen Gebieten und erwachsen nicht aus unzureichender Information.
In meinem Buch „Das Technopol" verweise ich auf eine Studie der Harvard Universität, in der man herausfand, dass auf dem Gebiet der Medizin vieles im Argen liegt. So wurde beispielsweise entdeckt, dass immer mehr Ärzte, die sich ganz auf ihre technischen Apparate verlassen, jegliche Fähigkeit verlieren, Diagnosen aufgrund von Beobachtungen zu stellen. Ebenfalls fand man heraus, dass sehr viele Menschen starben, weil sie unnötigen Operationen unterzogen wurden. Die medizinischen Eingriffe wurden durchgeführt, weil die Technik vorhanden war. In diesem Zusammenhang sollte auch erwähnt werden, dass der Einfluss der Arzneimittelkonzerne immer größer wird. Welche

Auswirkungen das hat, können wir auf verschiedenen Ebenen sehen, wenn wir kritisch sind und uns solche Fragen überhaupt stellen. Die Technik schafft viele Probleme, die wir zuvor nicht hatten.

| Für das nächste Jahrtausend prognostiziert Nicholas Negroponte eine gravierende Veränderung menschlicher Kommunikation. In seinem Buch „Total Digital" stellt er die Behauptung auf, „dass wir ebenso viel oder sogar mehr mit Maschinen als mit Menschen reden werden." Und er geht sogar so weit, zu sagen, dass wir in naher Zukunft mit Türklinken und Toastern sprechen werden.

Eine Gegenfrage: Welches Problem wird damit gelöst? Welchen Nutzen hat es für den Menschen, mit einer Türklinke oder einem Toaster zu sprechen? Ich bin nicht gegen technische Innovationen. Ich bin kein Technikfeind, warne aber vor der Allmacht der Technik. Und ich stelle mir, wenn ich von solchen abstrusen Innovationen lese oder höre, immer wieder die Frage, welches Problem durch sie gelöst werden soll. Was ist der Nutzen eines solchen Produktes? Wer wird hier am Ende wen beherrschen? Wir die Technologie oder sie uns? Wir müssen uns solchen Fragen stellen, um die Kontrolle zu behalten, oder, sie gegebenenfalls zurückzuholen.
In unserem Zeitalter neigen wir zu der Annahme, die neuen Technologien könnten für alle Probleme eine Lösung bereitstellen. Aber sie helfen nicht dabei, die Ozonschicht zu stabilisieren, die Zerstörung des Regenwaldes einzudämmen, das Leiden von Menschen zu lindern, die Kriminalitätsrate zu verringern, den Zusammenhalt der Familien zu stärken, Kindergartenplätze zu schaffen oder die Schulen mit qualifizierten Lehrern auszustatten.
Und wenn wir doch mit einer technischen Errungenschaft ein wirkliches Problem gelöst haben, müssen wir uns die Frage stellen: Welche neuen Schwierigkeiten könnten daraus entstehen? Beispielsweise hat die Erfindung des Autos zwar die individuelle Mobilität stark vergrößert, aber schauen Sie sich doch an, welche Probleme damit erst auf-

gekommen sind: Die erhöhte Lärmbelästigung, die Verpestung der Luft durch die Abgase und die Zerstörung ganzer Landstriche durch den Straßenbau sind nur einige Beispiele.
Diese Problematik lässt sich analog auch auf das Fernsehen übertragen. Durch dessen Entwicklung haben wir Schwierigkeiten überwunden, aber auch die Zahl der Menschen erhöht, die lesen können, es aber nicht tun.

I Es wird wahrscheinlich keine Technologie geben, die nicht ein neues Problem schafft, indem sie ein altes löst. Viele Autoren halten dem Fernsehen zugute, dass die Entwicklungen von 1989 ohne die visuelle Übertragung der Ereignisse in Osteuropa nicht so schnell und friedlich verlaufen wären.

Solange visuelle und akustische Medien die Bürger mit einer Fülle von Informationen versorgen und sie dazu befähigen, sich ein qualifiziertes Urteil über die Gesellschaft zu bilden, solange ist nichts gegen das Fernsehen einzuwenden. Und dass die elektronischen Medien einen großen Anteil am friedlichen Umschwung hatten, will ich nicht bezweifeln. Das Fernsehen hat sicher seine Vorzüge. Mir geht es darum, dass wir nicht nur immer die positiven Seiten der technischen Neuerungen betrachten, sondern unseren Blick auch auf die verheerenden Schäden richten. Das Fernsehen hat auch in Osteuropa eine Kultur ohne moralische Grundlage geschaffen. Es untergräbt geistige Prozesse und zerstört gesellschaftliche Beziehungen, ja sogar den demokratischen Prozess der Meinungsbildung.

I Die Krise der Demokratie, die spätestens im Zeitalter der Massenmedien sichtbar wird, hat bereits vor 150 Jahren der französische Gesellschaftstheoretiker Alexis de Tocqueville in seinem Werk „Über die Demokratie in Amerika" vorausgesagt. Wie ist es Ihrer Meinung nach um die Zukunft der Demokratie bestellt?

Vielleicht sollten wir uns zunächst ansehen, wo wir uns gegenwärtig befinden. Das Fernsehen hat buchstäblich alles in Unterhaltung verwandelt. Es gibt von daher keinen Unterschied mehr zwischen Showbusiness und Politik. Die Parlamentarier werden zu Schauspielern und Wahlkampagnen unterliegen den Gesetzen der Werbespots. Personen, nicht Programme bestimmen die Politik. Die Parteien sind zur Bedeutungslosigkeit verdammt. Es geht nicht mehr um politische Debatten, nicht einmal mehr um soziale und wirtschaftliche Interessen. Parteipolitische Programme, sachliche Diskussionen und vernünftige Argumente spielen keine Rolle mehr. Daran kann auch das Internet nichts ändern. Die Vorstellungen einiger Optimisten, die meinen, dass computervermittelte Kommunikationstechniken den demokratischen Willensbildungsprozess fördern, übersehen, dass das Internet in erster Linie ein Unterhaltungsmedium und ein Marktplatz ist, auf dem viel angeboten und gekauft wird. Für viele Menschen ist es einfach ein großer Spielplatz ohne Grenzen. Die moderne Konzeption von Demokratie war unlösbar mit dem gedruckten Wort verknüpft. Die Denker der Aufklärung sahen den schriftlich festgehaltenen Gedanken als Medium der Diskussion. Demokratie ist auf den öffentlichen Diskurs angewiesen, auf den Prozess der Meinungsbildung und auf die ständige Auseinandersetzung mit sozialen, politischen und wirtschaftlichen Themen. Deshalb ist die Art und Qualität des Austausches von so unvergleichlicher Bedeutung. Ein in gedruckter Form vorliegender Diskurs tendiert zu großer inhaltlicher Dichte. Die schriftliche Kommunikation förderte die Demokratie. Was geschieht, wenn diese an Gewicht verliert? Ist die demokratische Kultur am Gängelband der Medien zum Tode verurteilt? Wir sollten darüber diskutieren.

| Sie zeichnen ein düsteres Bild der Zukunft.

Ich verbrachte vor einigen Jahren sechs Wochen in Deutschland, um für eine bekannte deutsche Wochenzeitschrift über die deutsche Vision der Zukunft zu schreiben. Ich kam zu dem Schluss, dass die Deut-

schen in dieser Hinsicht keine eigene Vorstellung entwickelt haben. Die Menschen in Deutschland, das war mein Eindruck, wollen auch die Vergangenheit lieber vergessen. Und wenn sie in die Zukunft blikken, dann sehen sie im Grunde auf die Vereinigten Staaten von Amerika: die US-amerikanische Sprache, die US-amerikanischen Symbole, US-amerikanische Produkte und US-amerikanischen Geschmack.
Die US-Amerikaner arbeiten sehr hart daran, die Welt zu erobern. Nicht nur mit ihren Waffen, sondern vor allem mit ihren Symbolen und Ideen. Sie exportieren ihre Computertechnologien, ihre Fernsehshows, ihre Kinofilme und ihre Schnellimbissrestaurants. Viele Menschen identifizieren sich heutzutage nicht mehr mit einer Nationalflagge oder einem Nationallied, sondern mit Dingen, die in Hollywood oder im Silicon Valley produziert werden.

| Liegt darin nicht auch eine Chance?

Sicherlich hat diese Entwicklung auch positive Seiten. Aber wenn sich Menschen von ihrer Vergangenheit abwenden, verlieren sie meines Erachtens jeden sinnvollen Bezug zur Zukunft. Wir müssen wissen, woher wir kommen, sonst wird die Zukunft schwer begehbar. Ich stelle mir immer die Frage, was geschieht, wenn schließlich mit Hilfe der Computertechnologie zehn Prozent der Bevölkerung die gesamte Arbeit leisten, die eine Gesellschaft benötigt. Wenn das eintrifft, was geschieht dann mit dem Rest der Bevölkerung? Wir können nicht darauf warten, dass die Unternehmen eine Lösung für dieses Problem finden. Wir müssen erkennen, dass sich die Konzerne dessen erst gar nicht annehmen werden, da sie vollauf damit beschäftigt sind, mit ihren computergesteuerten Technologien die Profite zu maximieren. Wir müssen also zusehen, dass das Vertrauen in die menschliche Intelligenz und Urteilskraft nicht schwindet und wir Widerstand leisten gegen die in der Gesellschaft immer weiter um sich greifende Apathie. Wir müssen uns auflehnen gegen eine Entwicklung, die Menschen zu Verlierern degradiert. Zu Verlierern im Wettstreit mit der Maschine.

ERLEBNISGESELLSCHAFT

Gerhard Schulze

| Woher kommen Sie?

„Als ich ein Kind war, musste ich zu Fuß ins fünf Kilometer entfernte Nachbardorf gehen, um mir die Haare schneiden zu lassen", sagt Gerhard Schulze, der am 14. September 1944 als Pfarrerssohn in Neustadt an der Aisch geboren wurde. „Früher war das Leben zu einem großen Teil durch die regionale und soziale Herkunft vorbestimmt. Heute dagegen ist der Lebensentwurf weniger von vorgegebenen Bedingungen als von Wünschen, Vorstellungen und Entscheidungen bestimmt."

Von 1966 bis 1971 studierte Gerhard Schulze Soziologie, Volkswirtschaftslehre, Sozialpsychologie, Sozialpolitik und öffentliches Recht an den Universitäten München und Erlangen-Nürnberg. In seiner Dissertation „Jugend und politischer Wandel", die er 1974 in Nürnberg abschloss und in seiner zwei Jahre später veröffentlichten Habilitationsschrift „Politisches Lernen in der Alltagserfahrung" setzte er sich mit Themen aus den Bereichen Jugendsoziologie und Politische Soziologie auseinander. 1978 erhielt er den Ruf als Professor für Methoden der empirischen Sozialforschung an die Otto-Friedrich-Universität Bamberg. Seit 1985 bilden Kultursoziologie und die Theorie sozialen Wandels dort seine Arbeitsschwerpunkte. Die Diskussion um die Individualisierung der Gesellschaft veranlasste ihn 1985 zu einer Untersuchung, die er in Nürnberg durchführte und die 1992 als Buch mit dem Titel „Die Erlebnisgesellschaft" erschien. Diese Publikation avancierte zum Beststeller und sorgte auch außerhalb der soziologischen Fachwelt, insbesondere in der Werbebranche, für Aufsehen. Sie enthält soziologische Beobachtungen über eine veränderte Alltagskultur, neue Strategien der Lebensführung und einen Mentalitätswandel, den Schulze in den sechziger und siebziger Jahren selbst vollzogen hat. Nach umfassender Erhebung und Auswertung konnte er empirische Daten und subjektive Erfahrung auf ungewöhnliche Weise kombinieren und aufzeigen, dass sich die Beziehung der Menschen zu Gütern und Dienstleistungen grundlegend verändert hat. So werden Gegenstände, Waren und Dienstleistungen heute nicht mehr aufgrund ihres Gebrauchswerts, sondern aufgrund ihres Erlebniswerts nachgefragt. Der „Gebrauchscharakter" eines Gegenstandes gerät zugunsten des „Erlebnischarakters" ins Hintertreffen. Im Zuge einer sich allgemein durchsetzenden Erlebnisorientierung, so Schulze, „ist das Leben schlechthin zum Erlebnisprojekt geworden".

In den neunziger Jahren baute Schulze seine These weiter aus, belegte sie mit neu gewonnenen Erkenntnissen und machte sich mehr und mehr Gedanken, welche Konsequenzen diese Entwicklung für den Einzelnen sowie für die Gesellschaft haben wird. Bevor er die Frage nach den Folgen der erlebnisorientierten Lebenshaltung zum Ausgangspunkt eines neuen Buchprojektes machte, erschien 1999 zwischenzeitlich ein Buch, in dem Schulze die im entgrenzten Möglichkeitsraum der heutigen Gesellschaft neu entstehenden „Kulissen des Glücks" erkundet, die der individuellen Glückssuche, der Erlebnisbefriedigung und der Selbst(er)findung dienen.

Die Leitfrage seines 2003 erschienenen Buches „Die beste aller Welten" lautete, wie eine Fortsetzung der Moderne aussehen könnte. Dass diese in die Zukunft gelenkte Frage nicht mit empirischer Forschung beantwortet werden kann, hielt Schulze nicht davon ab, sie zu stellen und ihr nachzuspüren: Wohin führt das Zusammenwirken von Wissenschaft, Technik und kapitalistischer Wirtschaftsweise? Welches Ziel hat dieses Steigerungsspiel? Zur Beschreibung der Ausgangslage verwendet er die folgende Metapher: „Der gegenwärtige Übergang ähnelt dem vom Hausbau zum Wohnen. In der Phase des Hausbaus geht es um Werkstoffe, Statik, Beherrschung von Maschinen, Techniken. Dagegen geht es in der Phase des Wohnens um Ästhetik, wechselseitige Anerkennung von Rechten und Pflichten, Erfindung alltäglicher Rituale, Gestaltung gemeinsamen Alltagslebens." Nach ausführlicher Beschreibung der möglichen Richtung zukünftiger Entwicklungen konstatiert Schulze, dass nur ein verändertes Denken zu einer anderen Sicht auf das Leben und zur Gestaltung einer besseren und gerechteren Welt führen kann.

Es ist Schulzes Grundanliegen, die sozialwissenschaftlich aufbereiteten und gedeuteten Untersuchungsergebnisse über die gesellschaftliche Wirklichkeit einem breiten Leserkreis verständlich zu machen. Dabei ist er sich durchaus bewusst, dass die Gesellschaft ständig in Bewegung ist und gesammelte Daten nicht langfristig gültig sind. „Die Ergebnisse empirischer Forschung verändern sich von Generation zu Generation, aber das Streben nach einem schönen und interessanten Leben wird auch in Zukunft das menschliche Leben prägen.“

| Ausgewählte Buchveröffentlichungen:

Gerhard Schulze: Die Erlebnisgesellschaft.
Kultursoziologie der Gegenwart.
Campus Verlag, Frankfurt/M. 1992

Gerhard Schulze: Kulissen des Glücks.
Streifzüge durch die Eventkultur.
Campus Verlag, Frankfurt/M. 1999

Gerhard Schulze: Die beste aller Welten.
Wohin bewegt sich die Gesellschaft im 21. Jahrhundert?
Carl Hanser Verlag, München 2003

Gerhard Schulze: Die Sünde.
Das schöne Leben und seine Feinde.
Carl Hanser Verlag, München 2005

| Wohin gehen Sie?

„Jahrzehnte meinten wir zu wissen, wie es weitergeht: Autos werden schneller, Computer leistungsfähiger, Medien aufregender und Einkommen höher. Sogar ökologische Probleme brachten Wachstumsindustrien hervor. Aus der Suche nach der besten aller Welten ist ein Steigerungsspiel geworden", so Gerhard Schulze, der darauf hofft, dass wir die Absurdität dieser an ihr Ende gelangten Entwicklung erkennen. Hinweise sind die Verringerung der Arbeit, über die auch sogenannte Jobwunder nicht hinwegtäuschen können, und die Vermehrung von Produkten, die sich seit längerem nicht mehr wesentlich ändern. Die gewohnten Wegweiser der Moderne reichen nicht mehr aus, um die jetzt drängenden Fragen zu beantworten. Was historisch ansteht, ist die Modernisierung der Moderne: „Es bleibt uns nichts anderes mehr übrig, als den Schwerpunkt unseres Denkens und Handelns allmählich zu verlagern. Um die Zukunft in den Griff zu bekommen, müssen sich die hoch entwickelten Gesellschaften vom Prinzip des ewigen Wachstums, von der immer währenden Einführung neuer Produkte, vom Geschichtsmodell einer endlosen Reihe neu aufgestoßener Türen zu immer weiteren Möglichkeitsräumen verabschieden." Dazu bedarf es der Aufwertung des souveränen Individuums, das seine Rolle als Opfer des Marktes, der Konzerne und der Globalisierung abschüttelt und sich aufmacht, seinem Dasein eigenständige Konturen zu verleihen. „Das Steigerungsdenken der gegenwärtigen Wirtschaft, Wissenschaft, Technik, Politik und Konsumwelt muss verdrängt werden durch die Ankunft des Menschen bei sich selbst." Über seine eigenen Zukunftsabsichten sagt Schulze: „Modernität besteht in systematischer, reflektierter Suche nach der besten aller Welten. Diese ist nicht erreichbar, aber immer erstrebenswert."

Niveaumilieu

Integrationsmilieu

Harmoniemilieu

Selbstverwirklichungsmilieu

Unterhaltungsmilieu

Blick in die Wohnzimmer der Gesellschaft

| Die Erlebnisgesellschaft

Eine Bestandsaufnahme zur soziokulturellen Situation der bundesrepublikanischen Nachkriegsgesellschaft lieferte Gerhard Schulze in seinem 1992 erschienenen Buch „Die Erlebnisgesellschaft".
In der dem Buch zugrunde liegenden empirisch fundierten Studie setzt Schulze als Grundannahme voraus, dass in der Bundesrepublik Deutschland Ende der achtziger Jahre trotz bestehender Einkommensunterschiede der Großteil der Menschen über mehr Mittel verfügte, als zur Existenzsicherung nötig waren. Die Suche nach Glück

löste die Sorge um das materielle Überleben ab, was das Leben zum Erlebnisprojekt machte. Das Bestreben, etwas Schönes oder Interessantes zu erleben, steht seither im Zentrum des Daseins. Dies kommt in der wichtigsten Maxime der Erlebnisgesellschaft zum Ausdruck: „Erlebe Dein Leben!"

Die zunehmende „Erlebnisorientierung" ist nach Schulze eine Folge des Übergangs von der Knappheits- zur Überflussgesellschaft. In die Lage versetzt, über Lebenslauf und Lebensstil frei entscheiden zu können, geht es für die Mehrheit der Menschen nicht mehr um die Bewältigung äußerer Lebensumstände, sondern um die Befriedigung eines inneren Lebensgefühls. Nicht mehr nutzorientiertes oder zweckrationales Handeln, sondern „Erlebnisrationalität" bestimmt das Alltagsleben. Normen und Werte, Handlungs- und Deutungsmuster sind auf Erlebnisorientierung ausgerichtet. Dies wird beispielsweise beim Kauf eines Konsumgutes deutlich, wenn nicht mehr der Gebrauchswert, sondern der Erlebniswert darüber entscheidet, welchen Autotyp, welche Kleidermarke oder welches Genussmittel man wählt. Nicht der objektiv überprüfbare Nutzen oder die Haltbarkeit eines Produktes stehen an oberster Stelle; es sind vielmehr subjektive Erlebnisse und Kriterien wie Komfort oder Geschmack, die zur Kaufentscheidung führen. Ein chromblitzender Geländewagen wird nicht aufgrund des schlechten Straßenbelages angeschafft, sondern aufgrund des damit verknüpften, durch die Werbung vermittelten Fahrerlebnisses. Obwohl nicht allzu viele Menschen Sportler sind, ist jeder zweite Schuh, der weltweit verkauft wird, ein Turnschuh. Der Sportschuh steht für ein Lebensgefühl, das durch die Werbung suggeriert wurde – ein Lebensgefühl, das sich der Kunde von dem Kauf des Schuhs verspricht. Markenprodukte werden dabei zu Kennzeichen des persönlichen ästhetischen Lebensstils, den jeder Einzelne über das Angebot des Erlebnismarktes entwickelt.

Mit den Daten einer repräsentativen Untersuchung von 1014 Personen in Nürnberg stützte Schulze seine zentrale These, dass der Mensch trotz fortschreitender Individualisierung nicht in der Lage sei, unabhängig von anderen zu bestehen. Vielmehr orientiert er sich an Personen, die eine ähnliche Vorstellung vom „schönen Leben" haben. Die zentrale, nach innen gerichtete Erlebnisorientierung und die damit verknüpfte „Gestaltungsidee eines schönen, interessanten, subjektiv als lohnend empfundenen Lebens" hat also nicht zu einer Vereinzelung oder unüberschaubaren Vielfalt an Lebensweisen, sondern vielmehr zu einer grundlegenden Veränderung sozialer Milieus geführt. Deren Konstituierung vollzieht sich nicht mehr primär über Beziehungsvorgaben, sondern verstärkt über die subjektive Auswahl sozialer Kontakte. So entscheidet jedes Individuum nach dem Gesichtspunkt der Ähnlichkeit von Lebensstil, Alter und Bildung über seine Beziehungspartner und schließlich über die Einbindung in ein soziales Milieu. Dass die Faktoren Alter und Bildung dabei an Bedeutung gewonnen haben, lässt sich an den ästhetischen Spannungen zwischen zwei Altersgruppen – die Schnittstelle bildet das 40. Lebensjahr – und zwischen den unterschiedlichen Bildungsgraden belegen. Andere, ursprünglich relevante Aspekte wie Beruf, Einkommen, Geburts- oder Wohnort spielen hingegen für die Entscheidung, welcher sozialen Gruppe ein Individuum sich zugehörig fühlt, heute eine untergeordnete Rolle. Schulze unterscheidet fünf soziale Milieus, „die sich durch gruppenspezifische Existenzformen und erhöhte Binnenkommunikation voneinander abheben" und durch Beziehungswahl entstehen: Die ersten drei sozialen Milieus sind noch an das Modell einer vertikal gegliederten Gesellschaftsordnung gebunden. An den beiden anderen Erlebnismilieus zeigt sich dagegen eine spezifische horizontale Ausrichtung der Gesellschaftsgruppen, die auf dem vorrangigen Ziel des Erlebnisaustausches beruht.

Das „Niveaumilieu" setzt sich nach Schulze aus dem Personenkreis der über Vierzigjährigen zusammen, die über einen relativ hohen Bildungsgrad verfügen, auf Lebensqualität, eine steile Karriere und vorzeigbaren Reichtum Wert legen.

Das „Integrationsmilieu" umfasst Personen, die älter als vierzig Jahre sind und eine mittlere Bildung aufweisen. Auffällig ist eine hohe An-

passungsbereitschaft, die Angst anzuecken und die skeptische Haltung gegenüber allem Neuen und Fremden.
Das „Harmoniemilieu“ besteht ebenfalls aus über vierzig Jahre alten Personen, die jedoch vergleichsweise geringe Bildungsabschlüsse besitzen. Vorherrschend in dieser Gruppe sind die Gemeinschaftsorientierung, das Streben nach Geborgenheit und das Bedürfnis, Konflikten aus dem Weg zu gehen.
Menschen, die jünger als vierzig Jahre sind und die sich durch einen höheren Bildungsgrad auszeichnen, findet man im „Selbstverwirklichungsmilieu“. Deren herausragende Charakterzüge sind Experimentierfreudigkeit und Narzissmus.
Das „Unterhaltungsmilieu“ schließlich setzt sich ebenfalls aus einem jüngeren Personenkreis, jedoch mit geringer Bildung, zusammen. Mitglieder dieser Gruppe sind auf der permanenten Suche nach aktions- und spannungsgeladenen Situationen.
Schulze zeigt, dass – trotz der weiter fortschreitenden Individualisierung und Atomisierung ehemals kollektiver Lebensformen – weiterhin soziale Großgruppen existieren. Diese entstehen durch eine neue Form der Vergesellschaftung und sind nicht mehr vertikal nach Klassen gegliedert, sondern haben ihren jeweiligen Platz im horizontalen Aufbau der sozialen Matrix.

| Sehen Sie sich selbst als Gesellschaftstheoretiker, Gesellschaftskritiker, Gesellschaftsarchitekt oder lediglich als geselliger Zeitgenosse?

Letzteres hoffe ich zu sein, denn in meinem Beruf profitiere ich davon, ein geselliger Zeitgenosse zu sein. Meine wichtigsten Daten gewinne ich im täglichen Umgang mit Menschen, wenn ich gar nicht daran denke, Soziologe zu sein. Mit Fragebögen ist die gesellschaftliche Sphäre nicht zu erfassen, sondern nur mit umfassender, langfristiger Beobachtung des Alltagslebens.

| Welche Rolle spielen Sie in der Gesellschaft?

Meine Rolle ist die eines verdeckt teilnehmenden Beobachters, der versucht, explizit auf den Begriff zu bringen, was als Idee das Handeln der Menschen bestimmt. Ich mache Dialogangebote, versuche aber nicht einzugreifen. Ich bemühe mich, das Grundanliegen der Soziologie ernst zu nehmen, indem ich den Menschen die von ihnen selbst geschaffene soziale Wirklichkeit anschaulich zu machen versuche.

| Welcher Gesellschaftsgruppe fühlen Sie sich zugehörig?

Die Frage impliziert die Theorie, dass die Gesellschaft noch in Gruppen zerfällt. Ich bewege mich, wenn es überhaupt noch Gruppen geben sollte, in Unschärfezonen zwischen verschiedenen Gruppen. Ich gehöre einem Kontaktnetz aus Personen unterschiedlichen Alters, beiderlei Geschlechts und verschiedener Berufe an.

| Welche Gesellschaftsromane haben Sie fasziniert?

„Der Stechlin“ von Theodor Fontane und die verschiedenen Bände der Autobiographie von Elias Canetti wie „Die gerettete Zunge“, „Die Fackel im Ohr“ und „Das Augenspiel“. Ich liebe die Geschichten von Anton Tschechow, seinen unbestechlichen, illusionslosen Blick, hinter dem doch immer die Suche nach dem Guten zu spüren ist. Eigentlich lese ich jeden Roman als „Gesellschaftsroman" – ob von Knut Hamsun, John Updike oder Joyce Carol Oates. Aber nur wenige machen die Gesellschaft als solche zum Protagonisten, wie das etwa in „Satan in Goraj" von Isaac Bashevis Singer oder in „Die Teufel von Loudun" von Aldous Huxley geschieht. Das sind wirklich Romane für Soziologen, wobei anzumerken ist, dass Singer die Soziologen verachtete. Soziologische Texte bezeichnete er als „hochgestochenes Geschwätz".

| Welchem Gesellschaftsspiel gehen Sie gerne nach?

Ich gehe gerne in Kneipen, setze mich irgendwo hin, sehe mich um, höre zu. Mit Vorliebe beobachte ich auf öffentlichen Plätzen, was um mich herum gespielt wird. Außerdem pokere ich gerne. Pokern ist ein Glücksspiel, bei dem man starke Nerven braucht. Meistens verliere ich. Deshalb ist das Pokerspiel besonders spannend für mich.

| In welcher Gesellschaft leben wir eigentlich?

Ich wäre ein schlechter Soziologe, wenn ich darauf eine Antwort hätte. Diese Frage stelle ich mir die ganze Zeit. Eher könnte ich antworten auf die Frage, in welcher Gesellschaft wir nicht mehr leben, da ich die Vergangenheit besser verstehe als die Gegenwart. Ich habe damals die Gesellschaft, die ich jetzt begreife, auch nicht begriffen. Gewiss ist nur: Wir leben in einer Gesellschaft, die sich in einem kollektiven Lernprozess befindet, in dessen Verlauf die Menschen erkennen werden, dass das, was sie in der Vergangenheit gelernt haben, nicht mehr anwendbar ist.

| Worin sehen Sie die Stärken und Schwächen dieser Gesellschaft?

Das rechtsstaatliche System der Bundesrepublik Deutschland ist eindeutig eine Stärke dieser Gesellschaft. Bei all ihren Schwächen können wir doch davon ausgehen, dass bestimmte Rechte garantiert sind. Die zentrale Schwäche sehe ich in der zunehmenden Unfähigkeit, aus dem unbegrenzten Möglichkeitsraum, den wir uns technisch, wirtschaftlich und politisch erarbeitet haben, einen Vorteil zu ziehen. Ich meine dies in einem kulturellen, politischen, ökonomischen, ökologischen, aber auch in einem ganz persönlichen privaten Sinn. Wir sind überfordert durch Gestaltungsfreiheit. Vielleicht darf man hinzusetzen: noch.

| Wollen Sie die Gesellschaft verändern?

Ich würde lügen, wenn ich sagen würde, ich wolle sie nicht verändern. Es ist doch so, dass man durch ein Deutungsangebot auch Wirkungen bei anderen zu erzeugen wünscht. Und damit hoffe ich, die Gesellschaft zu verändern, obwohl ich für mich selbst keine detaillierte Utopie definiert habe und anderen keine Ziele vorgeben will – die müssen sie selbst abstecken.

| Wie sieht für Sie die ideale Gesellschaft aus?

Es gibt für mich keine beschreibbare ideale Gesellschaft. Die ideale Gesellschaft ist zum Lernen bereit. Sie orientiert sich immer wieder an neuen Horizonten.

| Wie sieht die Gesellschaft von morgen aus?

Ich habe keine Vision in Form einer „Ewigen Stadt“, in Form einer „Vollendung der Geschichte“ oder in Form eines „zu sich selbst kommenden Weltgeistes“. Ich sehe uns auf einer ewigen Wanderschaft, auf der wir immer wieder dieselben Probleme zu lösen haben werden. Es gibt drei Aufgaben, die im Laufe unserer Geschichte ständig neu auf uns zukommen. Wir müssen uns erstens die Bedingungen erarbeiten, um überhaupt leben zu können, uns also einen Möglichkeitsraum schaffen. Wir müssen zweitens unser Zusammenleben in diesem Möglichkeitsraum organisieren und drittens zu Erfolg versprechenden Formen der Orientierung kommen. Allgemein gesehen bleiben die drei Hauptprobleme immer gleich. Weil wir uns mit unseren Lösungsversuchen aber ständig in neue Horizonte hineinkatapultieren, kann es keine Dauerlösung geben. Meine Erwartung ist, dass sich die Rangordnung der Probleme verschieben wird. Nachdem sich in den letzten 200 Jahren immer stärker das Thema des Möglichkeitsraums in den Vordergrund geschoben hat, wird nun eine Zeit kommen, in der Fragen des Zusammenlebens und der Orientierung im Mittelpunkt stehen.

| Höheres Wohlstandsniveau, gestiegenes Einkommen, expansiver Ausbau des Bildungswesens, Reduzierung der Arbeitszeit, Explosion der Angebotspalette und Wegfall von Zugangsbarrieren waren die Grundvoraussetzungen für das Bild, das Sie 1992 von der Gesellschaft gezeichnet haben. Leben wir noch immer in einer „Erlebnisgesellschaft", spiegelt Ihre Analyse die soziale Wirklichkeit in der Bundesrepublik Deutschland noch angemessen wider? Oder, um es in den Worten von Karl Marx zu sagen: Hat das Reich der Freiheit tatsächlich das Reich der Notwendigkeit besiegt?

Wir leben weiterhin in einer „Erlebnisgesellschaft", in der das bewusste Erleben des Lebens im Mittelpunkt steht. Im Fokus unserer zentralen Zieldefinition befindet sich niemand anderer als wir selbst. Lebensauffassungen, die das Subjekt selbst in das Zentrum des Denkens und Handelns stellen, haben außenorientierte Lebensauffassungen verdrängt. Erlebnisse werden nicht vom Subjekt empfangen, sondern von ihm gemacht. Was von außen kommt, wird erst durch Verarbeitung zum Erlebnis. In der „Erlebnisgesellschaft" fließt immer mehr Arbeit in Tätigkeiten, die etwas mit subjektiv definierten Zielen zu tun haben. Eine riesige Konsumgüterindustrie ist entstanden, deren Artikel immer weniger unter dem Gesichtspunkt ihres objektiven Nutzens und immer mehr unter dem Gesichtspunkt ihres Erlebniswertes nachgefragt werden. Mein Buch „Die Erlebnisgesellschaft" war ein Versuch, die Entwicklungslogik dessen, was Ende der achtziger Jahre in der Bundesrepublik Deutschland wahrnehmbar war, zu rekonstruieren. Im Titel kommt nicht eine absolute, sondern eine komparative Charakterisierung der Gesellschaft zum Ausdruck. Die Bundesrepublik ist keine „Erlebnisgesellschaft" sui generis, sie ist es nur mehr als andere beziehungsweise mehr als in früheren Epochen. „Erlebnisgesellschaft" ist ein graduelles Prädikat, das die im historischen und interkulturellen Vergleich relativ große Bedeutung von Erlebnissen für den Aufbau der Sozialwelt bezeichnet. Es wäre absurd, den Aspekt der Erlebnisorientierung absolut zu setzen.

| Was verstehen Sie unter „Erlebnisorientierung“?

Erlebnisorientierung ist die unmittelbarste Form der Suche nach Glück. Als Handlungstypus entgegengesetzt ist das Handlungsmuster der aufgeschobenen Befriedigung, kennzeichnend etwa für das Sparen, das langfristige Liebeswerben, den zähen politischen Kampf, für vorbeugendes Verhalten aller Art. Bei Handlungen dieses Typus wird die Glückshoffnung in eine ferne Zukunft projiziert. Beim erlebnisorientierten Handeln richtet sich der Anspruch ohne Zeitverzögerung auf die aktuelle Handlungssituation. Man investiert Zeit und Geld, um eine bestimmte Wirkung in sich selbst zu erzeugen, und erwartet den Gegenwert auf der Stelle.
Die Erlebnisorientierung des Individuums bildet die Grundlage meiner Theorie der Konstitution sozialer Milieus. Die neue Milieustruktur gliedert sich in zwei Altersschichten, eine oberhalb, eine unterhalb der Lebensmitte. Innerhalb dieser Altersschichten finden wir hauptsächlich Gruppierungen nach Bildung vor. Ich habe in meinem Buch fünf Milieus unterschieden. Man hätte noch gröber systematisieren, einige Milieus zusammenfassen oder aber die Kategorien in sich aufspalten können. Solche Einteilungen liegen letzten Endes immer im Ermessen des Analytikers. Bei gleicher Betrachtungsweise kommen wir heute zu einem anderen Ergebnis, weil sich die Zusammensetzung sozialer Gruppen verändert hat. Die „Erlebnisgesellschaft“ ist ein Porträt der Gesellschaft zu einem bestimmten Zeitpunkt, also eine Momentaufnahme. Milieus wandeln sich immer wieder, aber die Art und Weise, wie sie zustande kommen, nämlich durch erlebnisorientierte Alltagshandlungen, ist zeitlos gültig.

| Inwiefern unterscheiden sich Ihre Untersuchungsergebnisse von denen eines Thorstein Veblen („Theorie der feinen Leute“, 1900) und eines Pierre Bourdieu („Die feinen Unterschiede“, 1984)? Was sind die Spezifika Ihrer kultursoziologischen Diagnose?

Zunächst ist festzustellen, dass ich Pierre Bourdieu sehr viel verdanke, nämlich den an einer makrosoziologischen Interpretation interessierten Blick auf „Symbolkosmen“, die sich in alltäglichen Gegenständen und Handlungen konkretisieren.
Was ist das spezifisch Neue meiner Theorie? Erstens erarbeite ich Erklärungsschemata für die Entstehung unscharfer sozialer Großgruppen. Zweitens ist mein Ansatz hermeneutisch und geht von einer milieuspezifischen Betrachtungsweise aus. Drittens wende ich mich ab von dem bei Bourdieu (und bei Thorstein Veblen als „Proto-Bourdieu“) bestimmenden vertikalen Paradigma der Milieulagerung. Stattdessen versuche ich, Milieus in einem mehrdimensionalen Raum zu verorten. Viertens verbinde ich Zeitdiagnose und historische Betrachtung, indem ich frage: Wie haben wir in der Bundesrepublik Deutschland auf den Wandel der Lebensverhältnisse seit 1945 reagiert?

| Was haben Sie herausgefunden?

Seit dem Ende des Zweiten Weltkrieges haben wir eine ständige Ausweitung unserer Handlungsmöglichkeiten erlebt. Wir leben mit der Idee einer Sozialwelt, die darauf programmiert ist, Möglichkeiten ständig zu erweitern, und die unendlich fortbestehen kann. Diese Vorstellung ist die Hintergrundtheorie unserer Kultur. So tief ist sie im Bewusstsein verankert, so sehr zur Selbstverständlichkeit geworden, dass die meisten Menschen sie nicht mehr wahrnehmen, geschweige denn an ihr zweifeln. Sie steckt als nicht mehr hinterfragte Ausgangsannahme in allen volkswirtschaftlichen Theorien, sie ermutigt zu Investitionen, lässt Kredite fließen und belebt die Börse. Sie konzentriert die Aufmerksamkeit der Konsumenten auf die jeweils neuesten Modelle des Marktes, sie bestimmt die Ziele der Bildungspolitik. Darüber hinaus prägt sie die Arbeitsweise in der Wissenschaft, in Abteilungen für Forschung und Entwicklung, in der Marktforschung und in der Unternehmensberatung. Mit Hilfe von Innovationsrhetorik beschwört man die tägliche Erfahrung einer Welt, in der Möglichkeiten unbegrenzt erweitert werden können. Ständig werden alte Zeiten totgesagt und neue verkündet. Heute überschlagen sich Modetrends und Innovationsschübe so rasch, dass die Produkte schon im Moment ihres Gebrauchs veraltet sind.

| Was sich daran zeigt, dass die Menschen das wegwerfen, was nicht mehr in Mode ist. Ist es aber nicht auch so, dass wir uns gerade in einer Phase wirtschaftlicher Stagnation befinden? Was wird passieren, wenn sich die ökonomischen Umstände weiter verschlechtern?

Gewiss, es gibt wirtschaftliche Probleme. Deshalb fragen die Menschen wieder verstärkt danach, welche Position im kollektiven Möglichkeitsraum sie eigentlich einnehmen. Aber das ändert nichts an der Tatsache, dass Ziele sich nach wie vor am Subjekt orientieren und auf das Leben des Individuums ausgerichtet sind. Wenn die Qualität des Lebens beurteilt wird, triumphiert der Aspekt des Seins über den Aspekt des Habens. Der scheinbar grenzenlose Möglichkeitsraum erzwingt dies geradezu. Das Hauptproblem ist nicht, wie man über Möglichkeiten verfügen kann, sondern wie man aus ihnen subjektiv richtig auswählt. Bloß: Was heißt „subjektiv richtig"?
Seit dem Erscheinen meines Buches über die „Erlebnisgesellschaft" hat sich die Philosophie der „Erlebnisrationalität" eindeutig radikalisiert. Dies zeigt sich in verschiedensten Bereichen: Tourismus, Fußball, Sex, politische Kultur, Essen, Werbung, Autos, Arbeit und Arbeitsverzicht.

| Was ist unter „Erlebnisrationalität" zu verstehen und worin äußert sie sich?

„Erlebnisrationalität" ist die Umkehrung des naturwissenschaftlich-technischen Denkens unter Beibehaltung seiner Logik. Das klassische instrumentelle Denken konzentrierte sich auf objektive Ziele wie den Ertrag von Anbauflächen, die Leistung von Maschinen oder die Effizienz von Produktionsvorgängen. Beim erlebnisrationalen Denken verlagert sich der Mittelpunkt der Zieldefinitionen von außen nach innen. Das Ziel liegt innen, die mobilisierten Mittel außen. Man instrumentalisiert die außerhalb des Subjekts gegebenen Möglichkeiten wie Konsumgüter, Reiseziele, Unterhaltungsangebote oder Partner, für innere Erlebnisse wie Faszination, Entspannung oder Lust. Diese Art zu denken zeigt sich vielfach in der Werbung, etwa in der Formulierung: „Betrachten Sie das Glas als Instrument des Genusses!“ Sie steckt aber auch in der häufigsten Selbstcharakterisierung unserer Zeit, die das Subjekt zum Maß aller Dinge erklärt: „Ich tue, was mir gefällt.“

| Analog dazu lautet der Werbeslogan einer Baumarktkette: „Mach Dir die Welt, wie sie Dir gefällt.“ Welche Auswirkungen hat die „Ästhetisierung des Alltagslebens“ auf das Konsumverhalten?

In den fünfziger Jahren war der bloße Besitz eines Autos oder neuer Möbel von großer Bedeutung. Das Denken der Leute war darauf ausgerichtet, sich Dinge anzuschaffen. Diese habensorientierte Haltung ist im Laufe der Zeit mehr und mehr von einer seinsorientierten abgelöst worden. Man kauft etwas, weil es mit einem bestimmten Gefühl verbunden ist. Der Erlebniswert von Angeboten überspielt somit den Gebrauchswert und wird zum dominierenden Faktor der Kaufmotivation. Fast prähistorisch mutet das Motiv an, sich zum Beispiel eine Hose zu kaufen, weil die alte verschlissen ist.
Vor allem in der zweiten Hälfte der sechziger Jahre wurde die Subjektivität zum zentralen Bezugsmaßstab des Konsums erhoben. Es ist aber nicht nur die Sphäre des Konsums, es ist das Leben in zunehmender Freiheit ganz allgemein, das die Menschen dazu zwingt, sich mit sich selbst auseinanderzusetzen. Ob man sich zu Hause aufhält, einen Partner sucht, eine Reise macht, über Religion nachdenkt, ein Auto kauft, einen Ausbildungsplatz auswählt oder im Internet surft: Es kommt immer maßgeblich auf einen selbst an. Es ist immer weniger wichtig, einfach ein Bedürfnis zu befriedigen, sondern man will durch

Konsum von Waren oder Dienstleistungen sein Lebensgefühl planmäßig beeinflussen, indem man sich auf sein psychisches Erleben konzentriert. Deshalb streichen Verkäufer, um Kunden zu gewinnen, nicht die Zweckmäßigkeit ihres Produktes heraus, sondern lieber dessen Erlebnisqualität.

| Wenn mit der Aufmerksamkeitsverlagerung auf das eigene Selbst das innere Erleben zum Bezugspunkt individuellen Handelns wird und wenn es jedermann freisteht, sein Handeln an persönlichen Neigungen und Vorlieben auszurichten, was bildet dann den sozialen Kitt der Gesellschaft? Was hält die Gesellschaft zusammen?

In der Ausbildung von Erlebnismustern, einem eigenen Ordnungsschema des Erlebens, ist das Individuum nicht auf sich alleine gestellt, sondern orientiert sich an „alltagsästhetischen Schemata", die in der kulturellen Semantik einer Gesellschaft tief verankert sind. Der Prozess der Individualisierung schließt deshalb nicht generell Vorgänge der Gruppenbildung aus, sondern gibt ihnen, gegenüber vergangenen Zeiten, lediglich eine veränderte Form. Sie bilden sich jetzt nach neuen Prinzipien. Zu größeren Gruppen schließen sich Individuen vornehmlich deswegen zusammen, weil sie sich an demselben Typ von Erlebnissen orientieren. Es ist die Entstehung solcher Erlebnisgemeinschaften, im Zuge derer sich neue soziale Milieus konstituieren, die sich von der geschichteten Milieustruktur vergangener Zeiten unterscheiden. Solche Milieus bilden sich durch Entscheidung und Beziehungswahl heraus, und nicht, wie früher, aus zwanghaften Vorgaben durch Institutionen und Traditionen. Der Modus des Wählens führt beim neuen Muster der Konstruktion von Existenzformen zur Normalität, Begrenzungen dagegen wirken entnormalisierend. Unter der Herrschaft des alten Musters verhielt es sich umgekehrt: Dort wirkten Begrenzungen normalisierend, Selbstbestimmung dagegen störend. Individualisierung bedeutet folglich nicht Auflösung, sondern Veränderung der Formen von Vergesellschaftung.

| Wird durch das von Ihnen vorgenommene Klassifikationsschema sozialer Milieus, die sich nach den Kategorien Lebensstil, Alter und Bildung zusammensetzen, die Wirklichkeit sozialer Ungleichheit nicht ausgeblendet? Ist die Frage nach Einkommens- und Vermögensverhältnissen gänzlich zu vernachlässigen?

Ich bin oft in dieser Weise missverstanden worden. In der Tat meine ich, dass wir unsere Sozialwelt immer weniger unter den Gesichtspunkten der Knappheit und der Ungleichheit verstehen können. Es sind Gruppengrenzen, Wahrnehmungsmuster und Handlungsschemata entstanden, die wenig mit Knappheit und Ungleichheit zu tun haben – natürlich gibt es andererseits Schichten der sozialen Wirklichkeit, die davon in starkem Maße bestimmt werden. Wenn man das erste behauptet, schließt man das zweite nicht aus.

| Die Daten wurden im Stadtgebiet Nürnberg erhoben. Lässt sich Ihre Theorie der Gesellschaftsbildung unter den Bedingungen fortgeschrittener Individualisierung auch auf andere Staaten übertragen?

Ich glaube, dass die Erlebnisorientierung ein weltweites Phänomen ist. Als latente philosophische Botschaft und als Denkmodell ist sie durch die Kommunikationsmedien, durch den Tourismus sowie durch Produkte wie Coca Cola in die letzten Winkel dieser Welt vorgedrungen. Die philosophische Betrachtungsweise, die das Subjekt in den Mittelpunkt stellt, ist Allgemeingut geworden. Wir haben es einerseits mit Leuten zu tun, die ganz genau wissen, wie sie etwas aus ihrer Zeit machen können. Andererseits sind viele eher ratlos und bleiben auf Angebote angewiesen. Die Lebensphilosophie der Erlebnisorientierung ist ein breit angelegter, thematisch ganz unterschiedlich nutzbarer Variationsspielraum. Den Möglichkeiten von Subjekten, sich selbst zu erfinden, sind kaum Grenzen gesetzt. Allerdings ist die Art und Weise, wie man in diesem Möglichkeitsraum lebt, geprägt durch das kulturelle Erbe einer Gesellschaft.

Ich habe in meinem Buch „Die Erlebnisgesellschaft“ nur die westdeutsche Variante dieses Phänomens beschrieben. Auf der einen Seite zeigt sich der zunehmend internationale Charakter der Erlebnisorientierung und Subjektzentrierung, und auf der anderen Seite die Nationalisierung und kulturspezifische Ausprägung dieses Prinzips.

| Ist Erlebnisorientierung auch dann möglich, wenn die Rahmenbedingungen einer Überflussgesellschaft, in der wir nach Ausführungen des US-amerikanischen Ökonomen John Kenneth Galbraith seit 1958 leben, nicht vorhanden sind? Oder anders gefragt: Kann ich nicht erst dann etwas erleben, wenn ich mich nicht mehr um das bloße Überleben kümmern muss?

Natürlich, aber bei aller Ungleichheit ist doch zumindest in den reichen Ländern die weit überwiegende Mehrheit so weit von Überlebensproblemen entlastet, dass Erlebnisorientierung materiell möglich ist. Jenseits einer von den meisten überschrittenen Untergrenze spielen Einkommensunterschiede nur noch dann eine Rolle, wenn es darum geht, welche Accessoires man sich für das Projekt des schönen Lebens leistet, nicht aber für die Inszenierung des Projektes an sich.

| Die Erlebnisindustrie bietet für dieses Projekt, das die Suche nach positiv bewerteten Erlebnissen in den Blickpunkt des Lebens stellt, ein Angebot von nie da gewesener Vielfalt. Längst sind, so schreiben Sie „auch entlegene Bereiche des Alltagslebens als Marktnischen ausgespäht und von Offerten umstellt.“ Das vermeintliche Reich der Freiheit entpuppt sich aber keineswegs als paradiesisch.

Das Leben, sollte man meinen, muss eine Lust sein. Doch die Daseinsgestaltung nach der Devise „Erlebe Dein Leben“ kann sich auch als überaus frustrationsanfällig erweisen. Steht am Anfang die Unsicherheit, ob die jeweilige Entscheidung für ein erhofftes Erlebnis auch die richtige ist – vielleicht hätte die Entenbrust doch besser geschmeckt als die Seezunge –, so droht am Ende auch noch Enttäuschung, wenn das erhoffte Erlebnis nicht eintritt. Erlebnisse lassen sich nicht programmieren, und da die schönsten Erlebnisse unbeabsichtigt kommen, sind Enttäuschungen in Kauf zu nehmen. Der Glaube, das subjektive Glück so planvoll zu steigern wie die Leistung eines Staubsaugers, beruht auf einer Illusion. Immer wenn sich der Wunsch nach einem Erlebnis erfüllt, verblasst womöglich auch das Gefühl der Befriedigung und die Unsicherheit in Bezug auf die eigenen Neigungen nimmt zu. Das Subjekt, von hundert Duftwässerchen umworben, wo ihm doch früher eine einzige Kernseife genügte, wird von der freien Entscheidung verunsichert und von der Unübersichtlichkeit der Angebote auf dem Erlebnismarkt überfordert. In der Fülle der Erlebnisangebote sieht sich der Einzelne mit seinen Wünschen allein. Jeder muss selbst Entscheidungen darüber treffen, was ihm Spaß bereitet. Kaufen lässt sich immer nur das Erlebnisangebot, nicht das Erlebnis selbst. Dieses muss jeder in eigener Regie produzieren. Gescheiterte menschliche Beziehungen sind Ausdruck einer geplatzten Erlebniskoalition.

| Was passiert mit denen, die im unteren Drittel der „Zwei-Drittel-Gesellschaft" – um einen Terminus von Peter Glotz zu benutzen – leben? Jene, deren Handlungsmöglichkeiten weiterhin durch Sorgen der Existenzsicherung drastisch eingeschränkt sind sowie jene, die ihre Arbeit verloren haben und denen deshalb unfreiwillig viel freie Zeit zur Verfügung steht, mit der sie aber nichts anzufangen wissen. Gibt es trotz Individualisierung noch so etwas wie Solidarität unter Arbeitslosen?

Ich glaube nicht, dass die Arbeitslosen von heute gute Chancen haben, sich zu organisieren, wie wir das aus der Geschichte der Arbeiterbewegung kennen. Menschen ohne Arbeit erleben ihre Lage als Schicksal, ähnlich wie die 1932 von Paul Lazarsfeld beschriebenen „Arbeitslosen von Marienthal". Losgelöst von ihrer Arbeit und ohne soziale

Kontakte sehen sich die Arbeitslosen aus einem geregelten Tagesablauf ins Ungebundene und Leere abgleiten, da sie die materiellen und moralischen Möglichkeiten verlieren, etwas mit ihrer Zeit anzufangen. Bei näherer Betrachtung erweist sich die durch Arbeitslosigkeit gewonnene freie Zeit als tragisches Geschenk.

Die Situation war damals eine völlig andere. In einer Epoche, die durch den Klassengegensatz von Kapital und Arbeit gekennzeichnet war, gab es auf der einen Seite die Besitzer der Produktionsmittel, auf der anderen Seite diejenigen, die ihre Arbeitskraft verkauften, um sich am Leben zu erhalten. In der Zeit der Klassenkämpfe hatte man als Underdog einen Topdog vor Augen, der einem etwas vorenthielt oder wegnahm. Man solidarisierte sich mit anderen Arbeitern, kämpfte um höheren Lohn, niedrigere Arbeitszeit, für die Beteiligung am Mehrwert oder schlicht um den Broterwerb. Inzwischen sind Konflikte weitgehend so institutionalisiert, dass sie aus dem Erfahrungsbereich des Alltagslebens fast verschwunden sind. Sie ereignen sich hinter den Türen. Persönliche Angelegenheiten sind zu Angelegenheiten von Parteien, Tarifpartnern, Ausschüssen, Planungsgremien und Vorständen geworden. An öffentlichen Diskussionen mangelt es zwar nicht, etwa über Steuern, Gesundheitswesen, Rentenversicherung, Arbeitslosigkeit, Wohnungsbau. Aber man empfindet sich dabei nicht als handelndes Subjekt, sondern als Betroffener. Darüber hinaus taucht das, was dem Arbeitslosen weggenommen wird, nicht als Guthaben eines anderen auf. Es ist somit nicht erkennbar, wer der Adressat einer organisierten Masse von Arbeitslosen sein könnte, wenn nicht das System in seiner Gesamtheit, über nationalstaatliche Grenzen hinweg.

Wir müssen neue internationale Organisationsformen finden, um das Problem der Arbeitslosigkeit zu lösen. Im Übrigen sind die Menschen schon längst dabei, sich von der Gleichung „Erwerbsarbeit gleich Lebenssinn“ zu verabschieden: Gerade unter dem Gesichtspunkt der Erlebnisorientierung sehen immer mehr Menschen die Loslösung von fremdbestimmter Arbeit nicht als Problem, sondern als Privileg.

| Wenn die Formel des Gegensatzes von Arbeit und Klasse die Verhältnisse nicht mehr zutreffend beschreibt – wie Sie sagen – und Arbeiter von heute keine Klasse im strengen Sinne mehr sind, keine organisierte soziale Kraft, sondern nur eine Menge ohne klare Gestalt, die nicht fähig ist, sich um die Verteilung des gesellschaftlichen Reichtums zu kümmern, wie könnten die von Ihnen erwähnten internationalen Organisationsformen aussehen? Welche Richtung könnte da die Europäische Union vorgeben?

Aus der Klassengesellschaft ist eine Interessengemeinschaft geworden. Immer weniger Menschen arbeiten nur für Geld allein. Eine feste Arbeit bedeutet heute mehr als nur ein regelmäßiges Einkommen. Sie bedeutet soziale Sicherheit, gesellschaftliche Anerkennung, Kreditwürdigkeit und die Einbindung in einen Struktur gebenden Zusammenhang.

Viele Antagonismen von einst überbrückt heute der Sozialstaat. Die Ausbeutung von Arbeitnehmern durch Arbeitgeber ist nicht verschwunden, aber es gibt auch die Umkehrung dieses Ausbeutungsverhältnisses. Lohnfortzahlung im Krankheitsfall, weitreichender Kündigungsschutz und andere Abmilderungen des Arbeitnehmerrisikos verschaffen demjenigen, der das ausnutzen will, entsprechende Spielräume. Und schließlich ermöglichen die Solidarsysteme eine kaum wahrgenommene dritte Form – die Ausbeutung der einen Arbeitnehmer durch die anderen. Es ist auch immer weniger klar, wer von wem abhängig ist. Lange Zeit war Austauschbarkeit nur ein Problem des Arbeitnehmers. Nun haben auch die Arbeitgeber dieses Problem. Bei den immer komplexeren Strukturen und Anforderungen des Arbeitsmarktes zählt in erster Linie das Wissen. Das aber gehört den Arbeitnehmern und niemandem sonst. Wenn sie gehen, nehmen sie es mit. Eine hohe Mitarbeiterfluktuation schadet den meisten Unternehmen und wirkt sich negativ auf die Produktivität aus. Qualifizierte Mitarbeiter sind Mangelware, und die Unternehmen versuchen, sie mit diversen Anreizen längerfristig an sich zu binden.

| Wie kann Reichtum gerecht verteilt werden, wenn in einer Gesellschaft Erwerbsarbeit ungleich verteilt ist?

Zu erwarten ist eine umfassende Delegitimierung hergebrachter Verteilungskriterien. Es gilt Fragen zu stellen: Warum soll jemand bessere Konsumchancen haben, bloß weil seine Ausgangsposition unverdientermaßen besser ist, beispielsweise weil er einem der reichsten Industrieländer angehört? Warum soll jemand, der arbeiten darf, höhere Konsumchancen haben als einer, der jenseits des Arbeitsmarktes auf eine vielleicht sehr nützliche Weise tätig ist? Damit kommt ein die bisherige Politik weitgehend auf den Kopf stellendes Verteilungskriterium in Sicht: die bloße Existenz eines Menschen als notwendiger und hinreichender Grund, ihn am Sozialprodukt teilhaben zu lassen. Der Widerstand dagegen wird heftig sein. Nach wie vor herrscht das Bild vor, dass Verteilung leistungsbezogen gedacht und Ungleichheit durch Leistungsunterschiede legitimiert wird. Wenn aber diese Legitimationsform noch unsicherer wird als sie es ohnehin schon immer war, so könnte es sein, dass neben den Begriff der Leistung der des Erbes tritt. Die Menschen empfinden sich als prinzipiell gleichberechtigte Erben des entwickelten Möglichkeitsraumes und verlangen eine neue Organisation der Verteilung.

| Wie stehen Sie in diesem Zusammenhang zu dem Konzept „bedingungsloses Grundeinkommen", das im Prinzip dieser Verteilungsvorstellung entspricht?

Grundeinkommen ja, bedingungslos nein. Wenn alle Stricke reißen, muss ein Sicherheitsnetz da sein, das den Absturz ins Bodenlose verhindert. Aber man sollte von jedem verlangen, dass er es aus eigener Kraft probiert und nach Möglichkeit seinen Beitrag leistet. Dabei kann und soll ihm die Gemeinschaft nach Kräften helfen, auch in der Weise, dass sie Tätigkeiten honoriert, die wenig oder nichts abwerfen, solange man ihre Entlohnung nur dem Markt überlässt: Erziehung, Pflege, bürgerschaftliches Engagement. Sinnvoll wäre eine Art Mischfinanzierung der menschlichen Existenz: Zum einen Teil können alle gleich an kollektiven Gütern wie Gesundheit, öffentliche Sicherheit, Umweltschutz, Bildungschancen oder Infrastruktur partizipieren – ohne Ansehen der Person. Das ist gewissermaßen der bedingungslose Teil des Grundeinkommens, nicht in Form von Geld, sondern als Zugang zu Möglichkeiten. Obwohl dieses „Grundeinkommen" gestiegen ist und weiter steigt, reicht es nicht aus. Für den anderen Teil soll sich jeder selbst verantwortlich fühlen, und nur wenn er dabei scheitert, greift ihm die Gemeinschaft unter die Arme. In diesem Fall könnte man gerade im Gegenteil von einem „bedingten Grundeinkommen" sprechen.

| Hinter dem von Ihnen geprägten Etikett „Erlebnisgesellschaft" verbirgt sich der Ansatz einer Modernisierungstheorie. Wie sieht Ihre Theorie der Moderne aus?

Es gibt viele Möglichkeiten, gesellschaftliche Prozesse systematisch darzustellen. Zunächst muss man den Blick auf die weit zurückliegende Vergangenheit richten, um die eigene Situation einordnen zu können und um zu entscheiden, ob die Vergangenheit fortgesetzt werden kann. Meine These lautet nun, dass wir gezwungen sind, von der Vorstellung Abschied zu nehmen, die Vergangenheit fortsetzen zu können. Rationalisierung und Modernisierung sind Formeln, die unser Denken geprägt haben, deren Voraussetzungen und Ressourcen jedoch zur Neige gehen. Ich beschreibe die Vergangenheit als eine Folge immer neuer Steigerungen. Diese umfassen sehr viele Lebensbereiche: Naturwissenschaft, Technik, Produktion, politische Organisationsformen, aber auch das Privatleben. Dieser Prozess ist zu einer Routine geworden, die nach bestimmten Regeln funktioniert und die in einer Art „dynamischer Trägheit" verharrt. Modernisierung wird in Zukunft bedeuten, von der klassischen Vorstellung der Modernisierung als Steigerung Abschied zu nehmen.

| Was stellen Sie sich konkret unter Steigerung vor?

Steigerung ist zum Beispiel der Schritt vom Kohlenherd zum elektrischen Herd. Steigerung heißt: Erhöhung der Leistungskraft und der Qualität von Maschinen. Steigerung heißt: Erweiterung des Datenspektrums. Steigerung heißt: Gewinnsteigerung und Wachstum.
Die Konzerne sind auf Leute eingestellt, die etwas Neues erwarten. Wir warten auf die nächste Generation von Autos und PCs, das verbesserte Waschmittel und den noch teurer produzierten Kinofilm. Forschung und Entwicklung werden gegenwärtig als wichtigste Bereiche begriffen, die ein Unternehmen oder eine ganze Nation weiterbringen können. Andere Vorschläge zur Lösung unserer Probleme sind nicht in Sicht. Alles wandelt sich, nur die Art des Wandels nicht. Das, was als Wandel wahrgenommen wird, ist lediglich der altbekannte Wechsel von einem niedrigen zu einem höheren Niveau von Möglichkeiten. Was uns aber bevorsteht, was sogar schon begonnen hat, ist ein Wandel des Wandels: eine Sozialwelt jenseits der Steigerungslogik.

| Würden Sie sich den Ausführungen des US-amerikanischen Systemanalytikers Dennis L. Meadows anschließen, der bereits 1972 in seinem aufsehenerregenden Buch vor den Grenzen des Wachstums warnte? Steuert die Menschheit in ihrem Streben nach Steigerung und Wachstum dem sicheren Ende entgegen?

Auf den ersten Blick scheint Meadows' These zwingend. Man kann nur so lange aus einer Flasche trinken, bis sie leer ist. Man findet nur so lange Gold, bis man am Ende der Goldader angelangt ist. Man kann mit einem Auto nur so weit fahren, wie der Benzinvorrat reicht. Es ist nicht zu bezweifeln, dass etwa die Vorräte an fossiler Energie begrenzt sind. Es gibt aber inzwischen viele, die sagen, dieser Bericht an den „Club of Rome“ sei widerlegt, wir lebten schließlich immer noch.
Man muss sich nur bewusst machen, mit welcher Selbstverständlichkeit wir zum Beispiel annehmen, dass die Automobilindustrie auch in

Zukunft eine der tragenden Säulen unserer Volkswirtschaft bleibt. Dann sehen wir, wie wenig von der Botschaft des „Club of Rome“ in unser Denken eingegangen ist. Wir sind noch nicht bereit umzudenken. Erst eine objektive Schranke wird uns aufhalten und einen schmerzhaften Lernprozess auslösen. Ich glaube jedoch nicht, dass dieser von Umweltproblemen angestoßen werden wird. Im Gegenteil. Die ökologische Frage stellt angesichts der existierenden Umwelttechnologie meiner Meinung nach eine Steigerungsressource dar. Steigerung ist dabei definiert als eine Erhöhung der Produktivität: Mit weniger Benzin größere Distanzen zurücklegen, mit weniger Strom mehr Haushalte versorgen. Die ökologische Herausforderung läutet keineswegs das Ende der an der Steigerungslogik ausgerichteten Moderne ein. Sie ermöglicht ihr vielmehr eine Ehrenrunde.

| Wann ist der Punkt erreicht, an dem es nicht mehr weitergeht wie bisher? Sind wir, wie es der US-amerikanische Politikberater Francis Fukuyama bereits 1989 konstatierte, am „Ende der Geschichte“ angelangt, und wenn ja, was ist dann zu tun?

Es gibt keinen „Endpunkt“, sondern eine lange Übergangsperiode, in der wir mit aller Macht versuchen werden, das fortzusetzen, was wir schon immer getan haben, was uns aber immer weniger gelingen wird. Die Selbsterkenntnis gestaltet sich in dieser Phase besonders schwierig, weil der Konservatismus der Moderne das Aussehen von Innovation hat, wenngleich auch von altvertrauter und stets gleichgerichteter Innovation. Das Programm einer Modernisierung der Moderne ist schwer vorstellbar – man rutscht immer wieder in das klassische Modernisierungsschema zurück, das sich an der zentralen Idee der Steigerung orientiert. Meine These ist jedoch, dass dieses auf „flüchtigen“ Orientierungsressourcen beruht, die nun allmählich zu Ende gehen. Mit „Orientierungsressourcen“ sind Denkmöglichkeiten gemeint. Um etwa zu einem neuen Impfstoff zu gelangen, müssen sich Forscher einer schier unübersehbaren Anzahl von Hilfsmitteln bedienen, etwa der Instrumente der Statistik. Von vielen solcher Strategien können Forscher in immer wieder wechselnden Zusammenhängen Gebrauch machen, man kann sie deshalb als beständige Orientierungsressourcen bezeichnen. Entscheidend ist die Überlegung, dass nicht alle Denkmöglichkeiten von Dauer sind.

| Können Sie ein Beispiel nennen?

Von der urzeitlichen Höhlenmalerei führt ein langer Weg zum Mikrochip. In den letzten Jahren ist die Technologie geradezu ins Galoppieren gekommen. Die Innovation rast voran, aber gewiss nicht ewig. Es gibt eine theoretische Obergrenze an Speicherkapazität. In absehbarer Zeit wird die „Orientierungsressource" der Perfektionierbarkeit verbraucht sein, es wird in dieser Hinsicht nichts mehr zu tun geben. Wenn alle Steigerungsmöglichkeiten ausgeschöpft sind, müssen wir einsehen, dass eine Uhr genauer als eine Atomuhr nicht mehr sein kann. Weißer als weiß kann ein Waschmittel nicht waschen. Die Vollkommenheit der Klangwiedergabe macht nur insofern Sinn, wie die Verbesserung für das menschliche Ohr noch hörbar ist. Das Steigerungsspiel geht zu Ende. Zentrales Integrationsprinzip der zukünftigen Sozialwelt wird nicht mehr dessen Erweiterung, sondern die Bewirtschaftung des nicht mehr wesentlich zu steigernden Möglichkeitsraums.

| Bedeutet das Ende der Steigerung, dass wir uns vom technischen Fortschritt, wirtschaftlichen Wachstum und der Befriedigung individueller Konsum- und Erlebniswünsche verabschieden müssen?

Ich spreche nicht vom Ende der Steigerung, sondern vom Ende des Steigerungsspiels, das im Geflecht von Wirtschaft, Technik, Naturwissenschaft, Politik und Konsumenten stattfindet.
Im Steigerungsspiel orientieren sich die Menschen an Zielen. Sie handeln, kommunizieren und gestalten die Welt entsprechend ihrer Zielvor-

stellungen. Kennzeichnend für das Steigerungsspiel sind schematisierte Abläufe. Dieses Prinzip integriert, schafft Ordnung, gibt Orientierung und macht die Welt über allen Wandel hinweg verstehbar. Es ist der soziale Kitt, der die Welt zusammenhält. Es bündelt menschliche Lebensenergie in einer kollektiven Anstrengung, deren Ziel es ist, den Möglichkeitsraum immer weiter auszudehnen. Technischen Fortschritt und Wachstum wird es nach wie vor geben, doch die Sozialwelt wird sich nicht mehr durch die platte Fortsetzung des Steigerungsspiels zusammenhalten lassen. Wodurch dies in der Zukunft möglich sein wird, kann niemand vorhersagen. Das müssen wir durch Versuch und Irrtum, Reflexion und Selbstveränderung herausfinden. Wir brauchen eine neue zentrale Idee, die es erlaubt, dem Programm der Moderne einen historisch angemessenen Inhalt zu geben. Dass wir dabei scheitern könnten, ist nicht auszuschließen. Der Erfolg wird von unserer Kraft abhängen, weiterhin modern im Sinne der Aufklärung zu denken.

| Auf dem Weg zu einem neuen Gesellschaftsvertrag

Welche Schlüsse können wir aus den gesammelten Bestandsaufnahmen und Interpretationen ziehen? Die Befunde, Analysen und Sichtweisen des vorliegenden Buches liefern ein facettenreiches Bild der Gesellschaft, die sich bereits grundlegend gewandelt hat, der aber auch noch einschneidende Veränderungen bevorstehen.

Vor siebenunddreißig Jahren konstatierte Niklas Luhmann: „Eine konsistente Gesellschaftstheorie steht noch aus.“ Heute müssen wir uns fragen, ob es überhaupt Sinn ergibt, eine solche zu entwerfen. Schließlich hat das Scheitern der kommunistischen Systeme bewiesen, dass sich eine Gesellschaft nicht auf Grundlage einer Ideologie gestalten lässt. Ökonomische und soziale Verhältnisse können nicht bewusst geplant werden. Letztlich hat das Freiheitsstreben, das in den Ereignissen der Jahre 1989 und 1990 gipfelte, die These widerlegt, menschliche Gesellschaften könnten in einen Ordnungsrahmen gezwängt oder nach ideologischen Gesichtspunkten ausgerichtet werden.

Die Gesellschaft als strukturell verknüpftes Ganzes zu sehen und erschöpfend zu beschreiben, war auch Karl Marx, Emile Durkheim, Ferdinand Tönnies, Georg Simmel, Max Weber oder Talcott Parsons nicht möglich. Obgleich diese herausragenden Sozialwissenschaftler den Anspruch erhoben, umfassende Aussagen über die Gesellschaft zu machen, verfehlten sie dieses Ziel. Sie beschrieben letztlich doch immer nur einen Ausschnitt, ein einzelnes Phänomen der Gesellschaft.

Eine klare Antwort auf die Frage „In welcher Gesellschaft leben wir eigentlich?“ wird es vermutlich nie geben. Es liegt einfach in der Natur der Gesellschaft, dass sie sich nicht kategorisieren und eingrenzen lässt, sondern immer undurchsichtiger und komplexer wird, sich ständig bewegt und wandelt. Daran wird sich auch in Zukunft nichts ändern. Das Hauptmerkmal der Gesellschaft ist und bleibt der Wandel. Unablässig verändern sich Menschen und soziale Gruppen, indem sie sich von überkommenen Strukturen lösen und neue Ideen für die Gestaltung des Zusammenlebens entwickeln. Deshalb müssen wir uns immer wieder von neuem fragen: In welcher Gesellschaft leben wir eigentlich?

Es gibt Stimmen, die behaupten, es gebe keine Gesellschaft mehr, sondern allenfalls miteinander kooperierende Individuen. Auch wenn Menschen nicht mehr in gleichem Maße wie noch vor einigen Jahren in Familien eingebunden sind, bestimmten Klassen angehören oder sich über ihre nationale Identität definieren, gibt es keinen Anlass, an der Zukunft der Gesellschaft zu zweifeln. Interessant ist also nicht so sehr die Frage, ob wir überhaupt noch in einer Gesellschaft leben, sondern was „die Gesellschaft der Individuen“, so ein Buchtitel von Norbert Elias, auszeichnet und welche neuen Wege wir gemeinsam einschlagen können, um ein friedliches und sozial gerechtes Zusammenleben zu gewährleisten.

Vieles spricht dafür, dass wir – wie es Clifford Geertz einmal treffend formulierte – in einer „Übergangsgesellschaft“ leben. Auch die hier befragten Wissenschaftler stellen fest, dass wir derzeit durchschlagende Veränderungen erleben und vor vielen ungelösten Problemen stehen. Kennzeichnend für diesen Übergang ist ein Wandlungsprozess, der alle Ebenen der Gesellschaft erfasst. So spricht Daniel Bell von der Entwicklung der industriellen Produktionsgesellschaft hin zur postindustriellen Dienstleistungsgesellschaft. Peter Gross beschreibt den Wandel von der Multiobligationsgesellschaft zur Multioptionsgesellschaft, und Claus Leggewie konstatiert den Übergang von der monokulturellen zur multikulturellen Gesellschaft. Die Phänomene des Übergangs sind widersprüchlich. Menschen orientieren sich an globalen Maßstäben und ziehen sich gleichzeitig in ein stark begrenztes Umfeld zurück. Hier verliert der Nationalstaat an Bedeutung, dort feiert er seine Renaissance. Die Dialektik des globalen Arbeitsmarktes besteht darin, dass Arbeitsplätze in einem Land abgebaut werden, während sie in einem anderen neu entstehen. Boomtowns wachsen, und anderenorts veröden ganze Landstriche. Gerade weil die Ursachen und Wirkungen der Wandlungsprozesse so komplex und widersprüchlich sind, müssen

wir uns umso intensiver über die Möglichkeiten austauschen, auf die Veränderungen zu reagieren. Nur so können wir die gesellschaftlichen Veränderungen mitgestalten und positiv beeinflussen.
Wir stehen vor der Wahl: Sollen wir die Aufgabe des Staates, für Stabilität, Sicherheit und Wohlstand zu sorgen, Schritt für Schritt global agierenden Unternehmen übertragen und jedem Einzelnen die volle Verantwortung für sein Wohlergehen aufbürden? Oder wollen wir den Staat als zentrale und wichtigste Instanz für Demokratie, Freiheit und Gerechtigkeit erhalten? Wünschen wir uns eine Gesellschaft, in der einerseits Superreiche in bewachten Wohlstandsghettos leben, und andererseits Menschen am Existenzminimum ohne feste Arbeitsverhältnisse ein Dasein am Rande des öffentlichen Lebens fristen? Können wir tatenlos zusehen, wie staatlich garantierte Grundrechte zunehmend an Bedeutung und Einfluss verlieren? Wie wollen wir das Verhältnis zwischen Staat, Unternehmen und privaten Haushalten, zwischen den Geschlechtern, kulturellen Gruppen, kinderlosen Familien und solchen mit Kindern organisieren? Wie sollen Schulen reagieren, wenn die Eltern ihre Rolle als Erzieher immer weniger ernst nehmen und Kinder sich selbst oder den Einflüssen der Medien und der Straße überlassen sind? Wie viel sind wir bereit, in Bildungseinrichtungen zu investieren, jenen Bereich, der für die Zukunft einer Gesellschaft von essentieller Bedeutung ist?
Die Reise in die Gesellschaft von morgen beginnt mit diesen und anderen Fragen. Möglicherweise folgt aus ihnen die Erkenntnis, dass jeder Einzelne mit dafür verantwortlich ist, die Lebensbedingungen der Menschen zu verbessern und die Zukunft gerechter zu gestalten. Vielleicht erkennen wir, dass diese Ziele nur über eine gemeinsame Kraftanstrengung erreicht werden können – getreu dem umgedeuteten Motto von König Ludwig XIV.: „Die Gesellschaft bin ich!" Die Macht muss von den Bürgern ausgehen, von selbstbewussten Bürgern, die wachsam sind und in eigener Initiative einen großen Anteil ihrer Interessen selbst organisieren. Eine Gesellschaft mit einem solchen Bewusstsein wäre auch in der Lage, den Staat wieder zur bestimmenden Macht

in der Weltordnung werden zu lassen, zu einem Staat, der gemeinsam mit den anderen Staaten die Regeln aufstellt, nach denen sich Banken und Finanzinstitutionen, Energie-, Automobil-, Kommunikations- und Lebensmittelkonzerne sowie alle anderen kleinen und großen Global Player zu richten haben.

Leben und Arbeiten gehen in einer sich immer stärker verändernden und vernetzten Welt mit ständig neuen Anforderungen an Beruf, das soziale Umfeld und die private Lebenswelt einher. Jeder Mensch muss – auch finanziell – in der Lage sein, eigenverantwortlich, mündig und selbstständig zu handeln. Jeder braucht einen Boden unter den Füßen, der ihm Halt gibt.

Da dieser Boden an Substanz verloren hat, ist es notwendig, einen neuen Gesellschaftsvertrag auszuhandeln, der im Sinne von Jean-Jacques Rousseau die Rechte der Individuen gegenüber dem Staat, aber auch dessen Ansprüche an die Individuen definiert. Einen Gesellschaftsvertrag, der auf den Prinzipien der Aufklärung fußt, soziale Gerechtigkeit und die Teilhabe aller Menschen garantiert. Einen Gesellschaftsvertrag, der auf die aktuellen gesellschaftlichen Herausforderungen und Probleme zufriedenstellend eingeht, der eine politische Antwort auf die ökonomische Globalisierung gibt, der jeden mit gleichen Teilhaberechten ausstattet und ihn somit befähigt, an der Gestaltung der Gesellschaft mitzuwirken und in Würde und Freiheit zu leben. Wie dieser Gesellschaftsvertrag konkret aussieht, entscheidet sich auf der Grundlage verschiedenster Wünsche und Meinungen. Alle Individuen und Interessengruppen müssen die Möglichkeit erhalten, ihre Ideen und Vorstellungen einzubringen. Auch Menschen ohne Mandat und Sitz im Parlament müssen daran teilnehmen können. Die Reife einer demokratischen Staatsform zeigt sich gerade darin, dass Themen nicht nur in elitären Kreisen, sondern in der breiten Öffentlichkeit debattiert werden. Eine der wichtigsten Aufgaben demokratischer Gemeinwesen liegt darin, mehr Menschen zu Meinungsbildung und politischen Aktivitäten zu ermuntern und öffentliche Räume für den Meinungsaustausch zu schaffen. Menschen müssen durch Bildung zu einer

politischen Selbstbestimmung gelangen, die über die freie Wahl an Konsumgütern hinausgeht.
Eine Reformidee in Richtung eines neuen Gesellschaftsvertrages ist die Einführung eines an keine Bedingungen geknüpften Grundeinkommens, das jedem Bürger monatlich ausgezahlt wird, ihm eine gewisse Existenzsicherung garantiert und die aktive Teilhabe an einer lebendigen Bürgergesellschaft ermöglicht. Finanziert würde dieses Einkommen durch ein vereinfachtes Steuersystem, den Abbau des sozialstaatlichen Verwaltungsapparates und durch die Streichung der meisten bisherigen Sozialleistungen.
Wir dürfen nicht tatenlos zusehen, wie diese Gesellschaft zerfällt, auseinander treibt und sich in jeglicher Hinsicht radikalisiert. Ebenso wenig kann es auf Dauer gutgehen, wenn Menschen rechtlich und sozial ausgeschlossen werden. Es ist der blanke Hohn, eine demokratische, offene und freie Gesellschaft zu fordern, gleichzeitig aber Menschen in unserem unmittelbaren Umfeld bewusst auszugrenzen und mit dem abfälligen Wort „Ausländer" zu etikettieren. Keine demokratische Gesellschaft kann es sich leisten, zehn Prozent ihrer Bevölkerung von Wahlen auszuschließen.
Nicht nur Menschen ohne deutschen Pass, auch Menschen ohne Arbeit erleben in der Bundesrepublik Deutschland soziale Diskriminierung. Für immer mehr Menschen schwinden die Chancen, einer geregelten Erwerbsarbeit nachzugehen. Mehr als zehn Prozent der arbeitenden Bevölkerung ist inzwischen davon betroffen. Dies hat fatale Folgen für eine Gesellschaft, in der nur Menschen mit einer Arbeitsstelle Respekt erfahren. Mit der ausgefeilten Technik, die Unternehmen heute zur Verfügung steht, verliert die menschliche Arbeit an Bedeutung. Wir müssen erkennen, dass sich Kapital auch ohne Arbeit vergrößern lässt. Von Tag zu Tag verlieren dadurch aber immer mehr Menschen ihren Arbeitsplatz, ihre Wohnung, ihr Leben in Würde.
Es ist an der Zeit, in die Offensive zu gehen und denen, die Vollbeschäftigung versprechen, vorsätzlichen Betrug vorzuwerfen. Es ist ein Armutszeugnis der deutschen Parteienlandschaft, dass sich bei den Bun-

destagswahlen der letzten Jahre alle Parteien weiterhin dem Ziel der Vollbeschäftigung verschrieben haben, frei nach dem Motto, dass nicht sein kann, was nicht sein darf. Wir müssen uns von der Idee verabschieden, dass nur Arbeit den Menschen zum Menschen macht.

Der Kapitalismus in der Form, wie wir ihn heute erleben, funktioniert nicht mehr. Ursprünglich war er darauf ausgelegt, die Produktivität entsprechend der menschlichen Bedürfnisse zu maximieren. So diente er dem gesellschaftlichen Fortschritt. Die Kapitalisten schufen nicht nur Güter, die dringend gebraucht wurden, sondern zugleich Arbeitsplätze und Wohlstand. Heute werden mehr Waren produziert, als wirklich gebraucht werden. Somit muss der Kapitalismus permanent eine Nachfrage nach eigentlich nicht gewünschten oder sogar unnötigen Produkten erzeugen. Marketing und Vertrieb sind die zentralen Industrien dieses postmodernen Kapitalismus.

Nur mit der entsprechenden Bildung können wir Kaufentscheidungen als kritische Verbraucher treffen. Wenn wir einen Zusammenhang zwischen der privaten Entscheidung und ihren gesellschaftlichen Folgen sehen, wächst unser staatsbürgerliches Verantwortungsbewusstsein. Wenn wir uns nicht stärker engagieren, dürfen wir uns nicht wundern, wenn wir eines Tages in einer Gesellschaft aufwachen, in der wir nicht leben wollen. Nicht Zerstörung, sondern Erneuerung, nicht Resignation, sondern Aufbruch, nicht Passivität, sondern politisches und gesellschaftliches Engagement sind die Stichworte der Zukunft. Wir brauchen aktive Bürger, die global denken und lokal handeln, die Verantwortung übernehmen und sich für eine Gesellschaft einsetzen, in der Menschen unterschiedlichster Herkunft und Orientierung mehr Rechte, Freiheiten und Sicherheiten für sich in Anspruch nehmen können.

Um möglichst allen Mitgliedern der Gesellschaft demokratische Mitwirkung zu ermöglichen, sind wir aufgefordert, Anschluss zu schaffen und Ausschluss zu verhindern. Erziehung und Ausbildung sind das Fundament für Demokratie, wirtschaftliches Wachstum und soziale Stabilität. Bildung im Sinne von fachlicher und kommunikativer Kompetenz, eigenständiger Urteilskraft, intellektueller Neugier und kultureller Aufgeschlossenheit ist die eigentliche Ressource, aus der mögliche Zukünfte gezielt gestaltet werden können. Bildung formt einen Raum von Freiheit, der Energien freisetzt, Konventionen aussetzt und neue Erfahrungen erschließt. Bildung ist das beste Werkzeug, um mit den schnellen Veränderungen in der Gesellschaft, im Alltag und in der Arbeitswelt zurechtzukommen. Deshalb brauchen wir ein Bildungssystem, das allen – unabhängig von Herkunft und finanziellen Voraussetzungen – offen steht und das neben der beruflichen Qualifikation auch die Fähigkeit und Motivation schafft, ein selbstständiges Leben zu führen.

Bildung hat einen emanzipatorischen Eigenwert. Bildung dient der Weiterentwicklung der Persönlichkeit, erhöht die Chancen auf Selbstverwirklichung, ermöglicht Kritikfähigkeit und Orientierung und schafft die Grundlagen für eine immer wieder neu entstehende Kultur des Zusammenlebens. Bildung entscheidet über die individuellen Chancen der Lebensgestaltung, wirkt als Stabilisator in unsicheren Zeiten und ist im Grunde auch die beste soziale Sicherung. Bildung ist das wesentliche Element des wirtschaftlichen Fortschritts und der Weiterentwicklung einer dynamischen Gesellschaft. Vor allem in einer rohstoffarmen und alternden Gesellschaft ist Bildung wichtigster Baustein einer wissensbasierten Ökonomie. Ein hoher Bildungsstand und Spitzenleistungen bei Forschung und Entwicklung sind Voraussetzung für Wettbewerbsfähigkeit in der globalisierten Welt und den langfristigen Erhalt gesellschaftlichen Wachstums und individuellen Wohlstands. Bildung, nicht Arbeit ist schon jetzt und wird auch in der Zukunft die Quelle gesellschaftlichen Reichtums sein. Wir benötigen ein neues Bewusstsein und Verständnis für die Veränderungen in unserer Gesellschaft. Um dies zu bewerkstelligen, brauchen wir eine neue Lernkultur und eine Bildungsinitiative, die von den Kindergärten bis zu den Hochschulen die Vielfalt der Bildungseinrichtungen einschließt. Wir brauchen ein neues Bildungsverständnis und ein neues Werteverständnis, wir brauchen mehr Demokratie, Freiheit und soziale Gerechtigkeit.

Die Grundlagen unseres Zusammenlebens müssen immer wieder neu verhandelt werden. Wir stehen vor zwei grundlegenden Verteilungsproblemen: Wie kann Reichtum gerecht verteilt werden, wenn Erwerbsarbeit ungleich verteilt ist? Welche Ausstattung an Bildung geben wir den Menschen, damit sie auch aus eigener Kraft Lösungsstrategien für die Herausforderungen und Probleme der Zeit entwickeln?

Wenn wir Frieden, Freiheit und Wohlstand aufrechterhalten und weiter ausbauen möchten, brauchen wir eine kulturelle und materielle Grundversorgung, die das Existenzminimum sichert und die Selbstbestimmtheit der Menschen zum Ziel hat. Das Recht auf Bildung zur Entwicklung der Persönlichkeit und das Recht auf ein Basiseinkommen zur Sicherung der Existenzgrundlage müssen die Pfeiler eines neuen Gesellschaftsvertrages werden. Dieser könnte zunächst auf nationaler Ebene Anwendung finden, langfristig sollte er aber auch in allen Gesellschaften Europas Geltung haben.

Ein solches Abkommen zwischen den Bürgern einer Gesellschaft, ein so genannter Gesellschaftsvertrag, kann nur aus einem lebendigen Verständigungsprozess und einem gleichberechtigten Miteinander von Menschen erwachsen, die sich für mehr Menschenrechte, mehr Freiheit, mehr Demokratie und mehr soziale Gerechtigkeit stark machen.

Ich möchte mit diesem Buch dazu einladen, Antworten auf die Fragen unserer Zeit zu suchen. Verstehen Sie meinen eigenen Beitrag in diesem Sinne als Anregung. Der Fragebogen, dem sich die Interviewpartner gestellt haben, richtet sich letzten Endes an alle Mitglieder der Gesellschaft.

| Sehen Sie sich selbst als Gesellschaftstheoretiker, Gesellschaftskritiker, Gesellschaftsarchitekt oder als geselliger Zeitgenosse?

Gesellschaftstheorie gehört nicht zu meinem Arbeitsfeld. Ich beobachte und verfolge vielmehr die gesellschaftliche Entwicklung und Dynamik: am Fenster, im Park, am Computer, vor dem Fernseher, im Restaurant oder im Geschäft, auf Straße und Schiene, in der Universität und anderen Bildungseinrichtungen, sowohl im kleinen Kreis als auch auf größeren Versammlungen, in Bürgerinitiativen und Wirtschaftsinstitutionen, an meinem Wohnort und auf Reisen. Die Kunst besteht darin, aus dem Flirren und Rauschen der Bilder und Töne eine Stimme herauszuhören, das Wesentliche zu erfassen und weiterzugeben. Es gibt keinen privilegierten Standpunkt, von dem man einen ungetrübten Blick auf gesellschaftliche Prozesse gewinnen könnte. Ich bin immer teilnehmender Beobachter, aber als solcher nicht immer sichtbar.
Ich bin kein Gesellschaftsromantiker, der von der arkadischen Gesellschaft träumt, in der der einzelne Mensch keinen größeren Wert hat als ein Schaf. Ich bin kein Advokat von Arkadien und kein Schönredner, sondern nenne das beim Namen, was passiert und in meinen Augen schief läuft. Missstände und Versäumnisse sind die Themen meiner Kritik. Ich halte an der Hoffnung fest, Einfluss auf die Gesellschaft zu nehmen, auch wenn ich mich von dem Glauben verabschiedet habe, als Architekt und Anwalt der Gesellschaft wirken zu können. Ich bin Architekt und Anwalt meines eigenen Lebens, umgeben und beeinflusst von vielen anderen Architekten und Anwälten. Ob ich dabei als geselliger Zeitgenosse wahrgenommen werde, vermag ich nicht zu sagen.

Welche Rolle spielen Sie in der Gesellschaft?

Ich sehe mich nur bedingt als Träger sozial vorgeformter Rollen. Ich achte stets darauf, dass ich nur in die Rollen schlüpfe, die mir genügend Raum für die Ausgestaltung meiner eigenen Ideen lassen. Ich sehe meine vordringlichste Aufgaben darin, möglichst viele Menschen auf die bevorstehenden oder bereits eingetretenen sozialpolitischen Veränderungen aufmerksam zu machen, sie dafür zu sensibilisieren, was um uns herum geschieht, was wir wie beeinflussen können und nach welchen Regeln Dinge ablaufen oder auch nicht ablaufen. Dies tue ich, indem ich zu Exkursionen einlade, auf denen wir hinter die Kulissen verschiedenster Arbeitsfelder blicken und unterschiedlichste Arbeitswelten kennen lernen. Darüber hinaus halte ich Vorträge über gesellschaftliche Entwicklungstendenzen und organisiere Podiumsdiskussionen, Tagungen und Ausstellungen. Außerdem bemühe ich mich, Netzwerke und Foren zu schaffen, in denen es zu kontroversen Diskussionen über die Fragen unserer Zeit kommt. Ich sehe mich als Vermittler zwischen Wissenschaft und Öffentlichkeit – sozusagen als Bürgerberater, der Menschen, die in einer bestimmten Lebenssituation verharren, Anregungen gibt und ihnen helfen möchte, aus den engen oder festgefahrenen Bahnen des Alltags auszubrechen und die selbst gesetzten oder von anderen auferlegten Grenzen zu überwinden.

Welcher Gesellschaftsgruppe fühlen Sie sich zugehörig?

„Wer sich traut, in zwei Richtungen zu spucken, ist ein freier Mensch." Dieses Zitat stammt von Timothy Garton Ash. Ich bin jeder Gesellschaftsgruppe gegenüber skeptisch, die meinen Lebenslauf strukturiert, mein Wahlverhalten beeinflusst und mich durch feste Mitgliedschaft an sich zu binden versucht. Ich gehöre keiner Religionsgemeinschaft, keiner politischen Partei, keinem Wirtschafts- oder Sportverband und auch keiner sonstigen Vereinigung an. Ferner gehöre ich nicht der Gruppe der Arbeitnehmer an und auch nicht der Gruppe der

Arbeitgeber. Ich gehöre zu den Menschen, die sich arbeitstechnisch und intellektuell selbstständig durch den unkartierten Dschungel der neuen Arbeitswelt bewegen und dabei neue Lebensmuster finden. Ich verfüge über ein weitgefächertes soziales Netzwerk, ein von bestehenden starren Gruppenstrukturen losgelöstes und doch ausgeprägtes Geflecht an Beziehungen, das über die Unmittelbarkeit von Familie und Freunden hinausgeht, jedoch nicht das Festgefügte von Organisationen hat. Ich bewege mich im Wirkungsfeld von verschiedenen Institutionen, bin aber nur indirekt von ihnen abhängig. Allgemein sympathisiere ich mit Individuen, die sich aus freien Stücken heraus zusammenschließen und Projekte verwirklichen, die auf die Verbesserung der Lebensbedingungen von immer mehr Menschen ausgerichtet sind.

| Welche Gesellschaftsromane haben Sie fasziniert?

Gesellschaftsromane sind für mich Romane, die den Zustand der Gesellschaft zu einer bestimmten Zeit beschreiben. Ich finde, dass es Sten Nadolny in seinem Roman „Die Entdeckung der Langsamkeit" sehr gut gelungen ist, auf die zunehmende gesellschaftliche Beschleunigung hinzuweisen, indem er die Idee der „Entschleunigung" entwikkelte. Mich hat das Buch dazu inspiriert, meine eigene Geschwindigkeit zu entdecken und diese ungeachtet der allgemeinen Hast und Ruhelosigkeit auf meine Wünsche und Bedürfnisse abzustimmen.
Während eines längeren Krankenhausaufenthaltes habe ich mit großer Begeisterung das Buch „Der Medicus" von Noah Gordon gelesen. Es zeigt die Lebensgeschichte eines Menschen, der im Mittelalter von England nach Persien aufbricht, um seinen Traum, Arzt zu werden, zu verwirklichen. Die Geschichte hat mich in dem Wunsch bestärkt, meinen eigenen Weg zu gehen, selbst ein Buch zu schreiben und einen Verlag zu gründen.
Das Buch, das für mich nach wie vor zu den Büchern gehört, in dem gesellschaftliche Zeitdiagnose und persönliches Schicksal sehr gelun-

gen miteinander verknüpft werden, ist der Roman „Erklärt Pereira“ von Antonio Tabucchi. Der Roman erzählt vor dem Hintergrund des Salazar-Regimes die Metamorphose eines Witwers, der als Kulturredakteur einer Lissabonner Tageszeitung arbeitet. Tabucchi beschreibt auf tragikomische Art das Leben dieses Mannes, der durch die Auseinandersetzung mit einem spanischen Bürgerkriegskämpfer aus seinem Alltag gerissen wird und schließlich den Mut fasst, einen Artikel gegen das portugiesische Unrechtsregime zu veröffentlichen und das Land zu verlassen. Dieses Buch treibt mich auch heute noch in meiner publizistischen Tätigkeit an.

| Welchem Gesellschaftsspiel gehen Sie gerne nach?

Schiller sagte: „Der Mensch ist nur da ganz Mensch, wo er spielt.“ „Wir alle spielen Theater“, so lautet der Titel eines Buches von Peter L. Berger. Das Leben ist das nie endende Rollenspiel von Menschen, die im Großen und Ganzen Erwartungen zu entsprechen versuchen, die sie weder erfunden haben noch verändern können. Überdies hat das Theater, in dem dieses Rollenspiel stattfindet, offenbar irgendwo Regisseure und Direktoren, was sich darin zeigt, dass man Regeln nicht brechen kann, ohne einen Preis dafür zu bezahlen.
Unter allen Würfel- und Brettspielen bevorzuge ich selbst das Schachspiel. Der Ausgang des Spiels ist davon abhängig, welche Strategie man entwickelt und verfolgt. Es kommt darauf an, möglichst viele Spielzüge vorauszuplanen. Das hat mir geholfen, eigene Strategien für mein Leben zu entwerfen. Ich habe gelernt, vorausschauend zu denken und umsichtig zu handeln, was mir im Straßenverkehr, bei Geschäftsbeziehungen und bei der Lebensplanung auch heute noch sehr zugute kommt. Das Schachspiel hat mich darüber hinaus gelehrt, das Leben spielerisch aufzufassen und auch aus den Fallstricken der eigenen Geschichte noch das Beste zu machen.
Ich meide Nullsummenspiele wie Lotterie. Ebenso habe ich nicht an jenem Gesellschaftsspiel teilgenommen, das Ende der neunziger Jahre

in Mode kam, als es darum ging, durch den Kauf von Aktien in kürzester Zeit Gewinne einzustreichen. Ich bin froh, dass mich die Goldgräberstimmung des Börsenspiels kalt gelassen hat.
Allgemein interessiere ich mich dafür, warum Menschen spielen, welchen Regeln sie sich unterwerfen und wie sie sich beim Spiel verhalten.

| In welcher Gesellschaft leben wir eigentlich?

Wir leben in einer Gesellschaft, die durch die Dynamik wirtschaftlicher und technischer Entwicklungen gekennzeichnet ist. Der Ausbau der Infrastruktur und die Verfeinerung der Technik ermöglichen es, dass Menschen, Waren und Informationen immer schneller von einem Ort zum anderen gelangen. Alte Hierarchien haben an Bedeutung verloren. Die Verflechtungen zwischen den Akteuren sind komplexer und immer weniger transparent. Es wird immer schwieriger, politisches Handeln bestimmten Denkschulen zuzuordnen. Unsere gesellschaftliche Wirklichkeit ist voller Widersprüche.
Wir leben in einer Gesellschaft, die im Zuge der Liberalisierung staatlicher Aufgabenbereiche verstärkt den Gesetzen des Marktes folgt. Kritiker der neoliberalen Ideologie sprechen sogar von der „totalen Ökonomisierung" der sozialen Verhältnisse. Die Wirtschaft verdrängt die Politik. Das Paradoxe ist, dass die Politik es der Wirtschaft überhaupt erst ermöglicht hat, die Kontrolle zu übernehmen. Die Prinzipien der Effizienz und Rentabilität scheinen immer mehr an die Stelle von Gleichheit und Gerechtigkeit zu treten.
Wir leben in einer Gesellschaft, die ihre nationale Verankerung löst und sich in eine strukturell und organisatorisch ungewisse Zukunft begibt. Mit dem Abschied von dem regulativen Ordnungsrahmen des Nationalstaates ist in vielen Bereichen die Macht demokratisch legitimierter Entscheidungsträger auf transnationale Akteure übergegangen, die mit hohen Kapitalmitteln ausgestattet eigenen Interessen nachgehen und keinem gegenüber Rechenschaft ablegen. Diese Entstaatli-

chung führt zum Verlust demokratischer Grundlagen und wohlfahrtsstaatlicher Leistungen.
Wir leben in einer Gesellschaft ohne geschlossene Räume. Kein Land kann sich vom Rest der Welt abschotten. Epidemien, Tierseuchen, Lebensmittelskandale, Tankerunglücke, Reaktorunfälle und Bilanzfälschungen sind Ereignisse, die globale Auswirkungen haben.

| Worin sehen Sie die Stärken und Schwächen dieser Gesellschaft?

Die Stärken sind leider auch die Schwächen, was sich sehr deutlich am Gesundheits- und Rentensystem zeigt. Das Verhältnis von Beitragszahlern und Rentenbeziehern hat sich aufgrund von Geburtenrückgang sowie höherer Lebenserwartung ungünstig entwickelt. Während die Nachfrage nach sozialstaatlichen Leistungen steigt, wird es schwieriger, sie zu finanzieren und die notwendige gesellschaftliche Unterstützung aufrechtzuerhalten. Reformen werden verzögert oder gar nicht in Angriff genommen, da der Großteil der politischen Entscheidungsträger und der Machtapparat der wirtschaftlichen Lobbyisten anscheinend nicht an Veränderungen interessiert sind. Darüber hinaus werden Bürgerrechte in Deutschland nicht für alle in gleichem Maße durchgesetzt. Arbeitslosigkeit gefährdet das Gefüge unserer Gesellschaft. Betrügereien und kurzfristiges Profitstreben sind nur allzu häufig an die Stelle von ehrlichem Geschäftsgebaren und einer längerfristigen Perspektive getreten. Ebenso vermisse ich die offene demokratische Auseinandersetzung, eine informierte und besonnene Debatte über die großen Fragen unserer Zeit.

| Wollen Sie die Gesellschaft verändern?

Ich habe keine Formel zur Rettung der Welt. Mein Denken und Handeln ist geleitet von dem Wunsch, einen neuen Gesellschaftsvertrag auszuhandeln. Natürlich würde ich die Ziele, an denen ich festhalte, gerne direkt und ohne Umweg verwirklicht sehen. Doch wir wirken

nicht im luftleeren Raum, sondern sind immer Teil gesellschaftlicher Zusammenhänge. Deshalb erscheinen unsere Bemühungen oft zaghaft und schwerfällig. Gegen jeden Reformvorschlag gibt es Widerstände, weil die, denen es am besten geht, auch am wenigsten verändern wollen. Ich möchte dahingehend wirken, dass wir mehr Verantwortung füreinander übernehmen sowie Freiheit und Solidarität gewährleisten und schützen.
Es ist an der Zeit, dass wir – wenn uns unsere demokratische Ordnung lieb ist – eine Diskussion über unsere Interessen und Ziele beginnen. Nur so können wir Entscheidungen treffen, mit denen die Mehrheit einverstanden ist. Dies können wir nur im öffentlichen Raum. Die neuen Medien sind zwar eine gute Erweiterung, aber kein Ersatz für die direkte Kommunikation zwischen Menschen. Was fehlt, ist das öffentliche Bewusstsein für die Herausforderungen und Probleme von heute und morgen. Deshalb müssen Möglichkeiten geschaffen werden, diese zum Ausdruck zu bringen. Institutionalisierte Politik kann nur bedingt eine gestaltende und reformerische Kraft entwickeln. Initiativen müssen von den Bürgern kommen.

| Wie sieht für Sie die ideale Gesellschaft aus?

Die ideale Gesellschaft ist, um mit Immanuel Kant zu sprechen, kein arkadisches Schäferleben in „vollkommener Eintracht, Genügsamkeit und Wechselliebe". Sie ist auch keine auf dem Reißbrett entworfene schöne neue Welt. Sie lässt sich nicht planen und verfolgen, sondern ist vielmehr das Ergebnis der Widersprüche und Konflikte eines offenen Prozesses. Wenn nicht jeder Mensch seine Ideen und Ideale in der gegenseitigen Konfrontation und Diskussion verteidigt, „würden alle vortrefflichen Naturanlagen in der Menschheit auf ewig unentwickelt schlummern", sagt Kant.
Sehr wichtig ist auch, dass Sachverstand und Urteilsvermögen von öffentlichem Interesse sind. Es ist ideal, wenn die Gesellschaft den Menschen in den Mittelpunkt stellt und ihm ausreichend Raum und Zeit

gibt, sich zu entfalten. Es wäre schon ein großer Schritt hin zur idealen Gesellschaft, wenn alle Menschen die Chance hätten, am politischen Prozess teilzunehmen und ein aktives und erfülltes Leben zu führen. Fern liegt mir dagegen eine Gesellschaft, in der einige auf Dollarmillionen sitzen, während andere auf der Straße schlafen. Ideale weisen den Weg, sind aber nicht das Ziel. Es gibt keine größere Gefahr für die menschliche Freiheit als die Ideologie, in der die ideale Gesellschaft zum Dogma wird.

Wie sieht die Gesellschaft von morgen aus?

Keiner kann mit Sicherheit sagen, was die Zukunft bringen wird. Wer hätte den Fall der Berliner Mauer vorhersagen können? Wer hätte gedacht, dass sich das Sowjetimperium auflöst? Wer hätte die Terroranschläge auf das World Trade Center und das Pentagon erwartet? Einige Entwicklungen sind aber absehbar und in Umrissen bereits erkennbar. So werden wir in den nächsten Jahren weiterhin mit terroristischen Anschlägen rechnen müssen. Wir werden Umweltkatastrophen und weitere Krisen und Kriege erleben. Die Anforderungen an Flexibilität und Mobilität werden steigen. Individuelle Zukunftschancen, persönlicher und gesellschaftlicher Wohlstand, Zusammenhalt und Zukunft unserer Gesellschaften hängen mehr denn je vom internationalen Wettbewerb um die Qualität von Bildungssystemen ab. Es wird wohl kein Weg daran vorbeiführen, dass wir einen großen Teil der Kosten für unsere Gesundheit aus eigener Tasche bezahlen müssen. Wir erleben gerade das Ende einer Epoche, die mit Bismarcks Sozialgesetzen begann. Ebenfalls wird die Arbeitslosigkeit weiter steigen, wir sind da noch nicht am Ende der Fahnenstange angekommen.

Der Prozess der globalen Transformation lässt sich nicht aufhalten, wohl aber überdenken und neu gestalten. Was wir brauchen, sind praktische Ideen für eine Politisierung des wirtschaftlichen Globalisierungsprozesses, das heißt neue transnationale Institutionen, die eine stärkere Kontrolle von Banken und Finanzinstitutionen und den Abbau des zwischenstaatlichen Steuerdumpings vorantreiben, für eine Grundsicherung eintreten und Mindestlöhne vereinbaren, die wichtig sind für den Erhalt und Ausbau unserer demokratischen Gesellschaften. Noch fehlen Mut und Entschlossenheit der Bürger, sich zu transnationalen Interessengruppen zusammenzutun und für die größer gewordene Landkarte des Lebens eigene Vorstellungen zu entwickeln. Transnational muss das Kapital reguliert, müssen die Gewinne kontrolliert werden.

Es bleibt zu hoffen, dass die nachfolgenden Generationen die entsprechenden natürlichen und sozialen Ressourcen vorfinden, um sich überhaupt noch Gedanken über die Zukunft machen zu können.

Armin Pongs

GESELLSCHAFT X

In welcher Gesellschaft leben wir eigentlich?

Auf dem Weg zu einem
neuen Gesellschaftsvertrag

Band 2

ISBN: 978-3-9805822-9-2

DILEMMA
VERLAG

Armin Pongs

GESELLSCHAFT X

In welcher Gesellschaft leben wir eigentlich?

Auf dem Weg zu einem
neuen Gesellschaftsvertrag

Band 3

ISBN: 978-3-9805822-6-1

DILEMMA
VERLAG

Das ganz normale Chaos im Verlag

Bevor Sie das Buch aus der Hand legen, werfen Sie doch einen Blick auf die Homepage des Dilemma-Verlages.

Unter www.dilemma-verlag.de finden Sie auch Informationen zu den beiden Wanderausstellungen sowie Vortragstermine zu den Themen dieses Buches.

Auf dem Internetportal www.podium24.de informieren wir ausführlich über die aktuellen Entwicklungen zum Thema „Grund- und Bürgereinkommen“.